邯郸学院学术著作出版基金资助出版

《朱子语类》文章学研究

刘振英 著

社会科学文献出版社
SOCIAL SCIENCES ACADEMIC PRESS (CHINA)

序

詹福瑞

　　振英确定博士学位论文选题时，与我商量要写《朱子语类》，他硕士论文就是以朱子为题，继续研究也很自然。但《朱子语类》收录朱熹一万四千多条语录，二百余万字，如振英所言，包括对天地、鬼神之理的探索；对性理、学行的审问和深研；对儒家核心典籍的诠释；对学术异端的论争、对道学传承和正统的捍卫；对历代卓越人物和历史事件的讲述，对社会兴衰治乱规律的总结。我感到有相当难度，心里颇犹疑。后与振英聊，发现他崇敬朱熹，《朱子语类》已经读得很熟，增强了我的信心。

　　朱熹是宋代著名理学家，历元明清，他的学术思想一直是官方主流意识形态，自宋代以后，儒学主要是通过朱熹而形成对中国影响的。正因为如此，研究朱熹的成果甚多，哲学、美学、语言学都已经研究得十分深入。朱熹也是中国著名的教育家，他为官十余年，而讲学却长达半个世纪。乾道五年（1169），朱熹返里守丧期间，创办了寒泉精舍，讲学八年之久。淳熙七年（1180）朱熹知南康军，修复白鹿洞书院，并主持、主讲书院。淳熙九年（1182），迁台州，主管崇道观，于武夷山建武夷精舍，在此讲学亦达七年之久。绍熙四年（1193），朱熹离潭州之任回归故里，又建竹林精舍，这成为他晚年居家讲学的学院。所以如果要为朱熹正名，他名副其实就是个老师。

　　老师的天职是授课，但朱子讲课的方式与今绝不相同。今日一些高校教师讲课，本科基本是满堂灌，教师讲完就走，很少与学生交流。研究生尚好，但据我所知，硕士也是以导师讲课为主，博士或许研讨较多。我一直认为，文史的教学，应以读书为主，辅之以教学辅导。而今天恰恰反而行之，孰对孰错，没人检讨。书院教学，就是以读书为主，然后师生互相研讨，老师的作用就是解惑答疑，于是有了《朱子语类》之语体。这个语体，不同于《国语》的语体，与《论语》大体相似，是一种独立的语体。它类似教材，又不同于教材。它有问有答，有来有往，形同对话；可它又不同于对话，虽然有问有答，但讲话主体却是老师。所以语非七嘴八舌的杂语，话非对等的对话。《朱子语类》的语体是建于宋代书院体制之上的讲授体，是发生在师生之间的一种讲授艺术。朱熹不仅是位教育家，还是一位文学家，其诗文在文学史上亦占有重要地位。他与学生进行学术交流，或论道，或讲经，或讲史，很重章法，颇具语言艺术，体现了朱熹文章学的深厚功力。研究朱熹的论著多矣，很少有人研究朱熹作为文学家与学生研读讲授的语言艺术；研究文体的论著亦多矣，也未见研究教育家创造的一种文体——极为特殊的讲授体。总之，立足文章学研究《朱子语类》，揭示其文体内涵和价值，振英论文的学术意义也许正在于此。

论文写作难度较大，过程并不顺利。南开大学教授查洪德研究元代文学，于理学颇有心得，我请他和我一起辅导振英的论文。我、洪德和振英几乎是在不断讨论中理清思路的。论文取得的收获，窃以为主要在于扣准文章学，首次研究并揭示出《朱子语类》作为授课语体的语言艺术。

首先是讲述语体的研究。为了总结社会兴衰和治乱规律，朱熹常与学生讲述历史、评论当代人物事件，形成了《朱子语类》的讲述艺术。振英的论文着眼于《朱子语类》人物与事件的叙述，总结其讲述人物的语言艺术：既注重人物之间的映衬关系，又注重人物学术灵魂的捕捉，气韵生动、虚实相生，立言立心。而朱熹讲述事件，注重情节的上下相接和"因果互生"，按照讲述目的来安排讲述情节的先后，讲述中的"插叙""倒叙""补叙"都能使事件讲述别开生面。

其次是讲解语体艺术的研究。朱熹与学生研讨的重要内容仍是儒家经典，即"四书五经"。在讲解儒家经典之中，亦阐述朱子理学的天地、性理之学。振英论文亦以文章学为视点，把握朱熹讲解"四书五经"的语言艺术，从体裁论、体要论、体貌论等方面分析朱熹的讲解过程，剖析理学思维与讲解方法、讲解篇体之间的内在联系。结合朱子的理学思维解析其解经的文章学内涵，应是论文的难点，总体看，此部分取得的收获也最大，在研究朱熹的论著中有其独特的价值。

最后是论辨语体艺术研究。论文把朱熹在课堂上梳理学术分歧，明辨是非，判断价值，构建道统的内容，归为论辩艺术。振英具体研究了朱熹辨析问题时，论辩之气势、论辩之节奏、论辩之语言和论辩之方法。细致到论辩的起势、蓄势、收势，虚字、文眼，造语、口语。振英论文的第一稿就是把《朱子语类》作为语料来研究的，虽然后来改变了路数，但第一稿所下的功夫，在此一部分充分展现出来。

　　振英总自谦不如别人聪明，果真如此，此论文就是笨人读书研究的成果。肯下笨功夫，爬梳文献，吃透内容，理出思路，一个问题一个问题研究清楚，写出自己的心得，由此而推进些许朱熹文章学的研究，这也许正是笨的收获。

2021 年 3 月 30 日

目　录

绪 言

一 语体及《朱子语类》研究回顾

（一）语体研究之回顾

对语体的溯源往往提及韦昭的《国语解叙》，他定义《国语》：采录前世穆王以来，下讫鲁悼智伯之诛，邦国成败，嘉言善语，阴阳律吕，天时人事逆顺之数，以为《国语》。① 这一定义概述了《国语》作为语体在政论、明德、礼教等诸方面的功能，"嘉言善语"一词，尤其成为后世学者研究语体的核心范畴。

朱熹是较早深入研究语体并取得重大成果的人。其研究《论语》的目的在于推原古经"本义""得圣人之旨"。他师从李侗，与之讨论《论语》注解，隆兴元年（1163）著《论语要义》《论语训蒙口义》，乾道八年（1172）著《语孟精义》，淳熙四年（1177）著《论语集注》《论语或问》，乾道二年（1166）编订《二程语录》。淳熙二年（1175）朱熹与吕祖谦共同编订《近思录》，其主要依据为周敦颐、二程、张载的语录。② 他说："《四子》，《六经》之阶梯；《近思录》，《四子》之阶梯。"③《论语》作为《四子》之一，成为朱熹构建理学体系的核心理论来源，朱熹不仅关注

① 徐元诰：《国语集解》，上海古籍出版社，2002，第 594 页。下引《国语集解》，皆出此本。
② 束景南：《朱熹年谱长编》，华东师范大学出版社，2014，第 527 页。下引《朱熹年谱长编》，皆出此本。
③ （宋）黎靖德编《朱子语类》，中华书局，1986，第 2629 页。下引《朱子语类》，皆出此本。

《论语》的内容，也对其语体形式有清醒的认识。他在与弟子杨长孺讲解《论语》时指出："善答莫如点，善问者莫如赐。"①《论语》的问答体式已进入朱熹研讨的视野。

朱熹弟子黄士毅与蔡抗在编纂《朱子语类》的过程中注意到了《论语》和《朱子语类》在语体上的相似性。黄士毅在《朱子语类后序》中说："夫理一而名殊，问同而答异者，浅深详略，一目在前，互相发明，思已过半。"②蔡抗在《徽州刊朱子语类后序》中说："或曰：'语必以类相从，岂《论语》意软？'曰：'《学而》一篇所记多务本之意，《里仁》七章所记皆为仁之方……'"黄士毅和蔡抗指出了《论语》与《朱子语类》在语体上存在"问同答异""以类相从"的共同特征。

明代徐师曾《文体明辨序说》列出乐语、右语两种。其称"乐语"为"优伶献技之词"，为"致语"。③其称"右语"为"宋时词臣进呈文字之词"，即"曲终奏雅"，其特征为"词皆俪语""短简特甚"。④

清代王之绩《铁立文起》在此基础上列出语体的三种形态：乐语、王言、臣语。分类标准虽然粗疏，但对语体已有较为清醒的认识，已经注意到说话人的身份、说话的场景及语体的功能。

清姚鼐认为语录一体源于唐代。他说："唐世僧徒，不通文章，乃书其师语以俚俗，谓之语录。"⑤同时他又指出宋代语录与禅宗语录的传承关系，他说："宋世儒者弟子效之，以弟子记先师，惧失其真，犹有取也。"钱大昕认为宋代语录缺失"词气"和"有言"，即缺少文气和文采。他说君子尚词气，必远鄙倍，儒家有德必有言，而语录行世，儒家则有"鄙倍之词"，出现"有德而不必有言"的状况。

刘师培在《论文杂记》中将"语"列为中国古代三类书籍之一种，这种"语"有"记事之文"，有"论难之文"，多用"单行之语"，不杂"骈俪之词"。⑥《春秋》《论语》及诸子之书是其实例。其尤他指出文章至南

---

① 《朱子语类》，第2860页。
② （宋）黄士毅：《朱子语类后序》，《朱子语类》，第7页。
③ （明）徐师曾：《文体明辨序说》，王水照编《历代文话》第2册，复旦大学出版社，2007，第2140页。下引《历代文话》，皆出此本。
④ （明）徐师曾：《文体明辨序说》，《历代文话》第2册，第2141页。
⑤ 刘师培：《论文杂记》，《历代文话》第10册，第9501页。
⑥ 刘师培：《论文杂记》，《历代文话》第10册，第9483页。

宋有"由文趋质""由简趋繁"的特征。废除骈文，据事直书必然导致"繁"的特征；语录兴起，以语为文必然导致"质"的特征。刘师培称之"不求自别于流俗"。①

王树民在评论《国语》时也提到了"语"的概念。他认为《国语》不是一部"史"，而是一部"语"，"'语'的本义是议论"。②古人收集前代圣贤有关政治、道德、礼仪等方面的精髓论语，并把它作为教材来培养后人。《楚语》有"教之《语》，使明其德，而知先王之务，用明德于民"之言。③王树民认为语体体裁广泛，其举出三类，一为《论语》，即"孔子应答弟子时人及弟子相与言而接闻于夫子之语"④。二为陆贾《新语》，是探讨政治盛衰，用来奏对刘邦的一种政论文章。三为事语，即刘向校书时所见书籍，与《国策》《国事》《短长》等书目并存，是一种发表议论、讲述故事，"事、语结合，以语为主"的语体。

1973年长沙马王堆三号汉墓出土文献也证实春秋时期语体的存在。其记事简略，记事之后有当时政治家的议论。张政烺称这些帛书为《春秋事语》，并认为这是春秋时期的一种教材，与《楚语》记载申叔时教育太子之"语"相一致。⑤

俞志慧在语体研究方面出版了专著《古"语"有之——先秦思想的一种背景与资源》。他从言类之语和事类之语两个范畴去勾勒语体的状貌，用传世文献和考古实物双重证据推论语体的存在，并将其升华为多重文化心理的体现：重视历史经验教训；关注民间的视野；天下观念和普遍性原则。⑥他认为言类之语的体用特征为"明德"，事类之语则指向"采取成败"。

廖群研究先秦"语"的目的在于寻找中国叙事传统的本原，其首先立足于"说体"。廖群用"说体"总括在先秦时期被称为"说""传""语"的源自讲说、记录成文的叙事文本，她侧重指出"先秦应该存在记录源自

① 刘师培：《论文杂记》，《历代文话》第10册，第9501页。
② 《国语集解》，前言第1页。
③ 《国语集解》，第485页。
④ 陈国庆：《汉书艺文志注释汇编》，中华书局，1983，第79页。
⑤ 张政烺：《〈春秋事语〉解题》，《文物》1977年第1期。
⑥ 俞志慧：《古"语"有之——先秦思想的一种背景与资源》，华东师范大学出版社，2010，第96页。

讲说的叙述故事文本"，口头讲说决定了语体文学叙事的情节性和描述性。① 换句话说，俞志慧"事类之语"、王树民"事语"的内涵与廖群"说体"所指的内容存在重合的地方。

吴建国从春秋这一历史特定阶段的文化特征来探讨"语"与礼乐活动之间的关系，② 他认为《国语》与《诗经》形成的背景相同，语体文学的繁荣与礼乐仪式密切相关，"语"甚至是礼乐仪式的一部分。他指出语体有对语、辩语、事语、论语、寓言等多种形式。其实质与徐师曾《文体明辨序说》、王之绩《铁立文起》所列的乐语相近。需要特别指出的是，乐语并没有像吴建国所说，随着春秋礼乐制度的消亡而消失，相反在宋代，乐语作为文体之一种仍然存在，苏轼即是乐语创作的一个重要作家。

综上，"语"作为一种文体，其在中国文学史上有两个发展期和两个繁荣期，春秋和战国时期为第一个发展期和繁荣期，这个时期的代表作品分别为《论语》和《国语》。第二个发展期和繁荣期为唐宋时期，唐代为发展期，宋代为繁荣期。寺僧语录与理学语录为其代表，如《坛经》《朱子语类》。语体有三个体用特征，其一为讲解之言，目的在于"明德"；其二为讲述历史事件、传闻和人物，目的在于"采取成败"；其三为论难之言，议论是非，批驳异端。《朱子语类》属于语体，主要形式为讲述、讲解和论辨，其体用特征不外乎"采取成败"、"明德"和"辨章学术"。

（二）《朱子语类》研究之回顾

1.《朱子语类》早期版本学研究

民国时期《朱子语类》的研究侧重在版本学范畴，其代表人物有胡适、钱穆、冈田武彦、白寿彝等。其代表作品有胡适的《〈朱子语类〉的历史》、日本冈田武彦的《〈朱子语类〉之成立及其版本》、钱穆的《〈朱子语类〉序》、白寿彝的《朱熹语录诸家汇辑》等。

2.20世纪90年代至今《朱子语类》的研究成果

自20世纪90年代以来，关于《朱子语类》的研究持续升温，形成热潮，以《朱子语类》研究为中心的专著、期刊论文、硕博学位论文大量涌现，开始由语言文献领域向其他领域拓展。

---

① 廖群：《先秦说体文本研究》，中央编译出版社，2018，第7~8页。
② 吴建国：《歌终而语——语的礼乐形态研究》，《文学遗产》2018年第6期。

（1）20 世纪 90 年代至今期刊论文成果。

这一时期学者们研究《朱子语类》发表论文约 180 余篇。20 世纪 90 年代至 2008 年约 60 余篇论文，刘杰将这些论文分为三类①，其中包括词汇方面 32 篇、语法方面 12 篇，文献及其他方面 10 余篇，涉及语言学、文献学、文字学、教育学和哲学，没有一篇涉及文体学或文章学研究。2008 年之后，《朱子语类》的研究掀起了一个高潮，期刊论文的发表日渐增多，据中国知网统计，2009～2018 年发表的期刊论文约 112 篇，梳理如下。

语言学研究类（71 篇）：冯青的《〈朱子语类〉词语考释对〈辞源〉释义的补正》（2009）、陈明娥的《从四字格看〈朱子语类〉的语言特点及对后世的影响》（2009）、刘静的《〈朱子语类〉中表"早上"的一组词的词义考探》（2009）、李潇的《〈朱子语类〉复音词统计》（2009）、李薛妃的《〈朱子语类〉中的量词"等"》（2009）、卢小彦的《〈朱子语类〉方言俗语札记》（2009）、张海媚的《〈朱子语类〉中"好看"的词汇化及使用》（2009）、徐文静的《〈汉语成语词典〉引证体例献疑》（2009）、刘杰的《"舞蹈"和"节拍"——〈朱子语类〉词语札记》（2009）、冯青的《〈朱子语类〉赣方言词考》（2010）、潘牧天的《从〈朱子语类〉看〈汉语大词典〉的修订》（2010）、任科雄的《〈朱子语类〉"诛杀"概念场研究》（2010）、蔡晓的《常用词"俟、待、候/等"历时更替考》（2010）、陈姗姗的《处置式句法核心复杂化问题初探》（2010）、张金圈的《〈朱子语类〉中"不见得"用法考察》（2010）、孙琴的《〈朱子语类〉中的"不A不B"格式考察》（2010）、张海媚的《两种诸宫调和〈朱子语类〉词语的地域差别比较研究》（2011）、刘子瑜的《〈朱子语类〉反复问句研究——兼论反复问句历史发展中的相关问题》（2011）、程碧英的《〈朱子语类〉新词札记》（2011）、范允巧的《〈朱子语类辑略〉含介词标记差比句》（2011）、高长平的《〈朱子语类〉词语拾遗》（2011）、程碧英的《释〈朱子语类〉中的"款"类词》（2012）、郑淑花的《〈朱子语类〉被字句的衍变》（2012）、王硕的《"明德"与"明明德"辨义——以〈朱子语类〉为中心》（2012）、徐时仪的《〈朱子语类〉词语考》（2012）、冯青的《〈朱子语类〉俗语词考释》（2012）、赵小刚的《〈朱子语类〉并列式复合

---

① 刘杰：《〈朱子语类〉文献语言研究》，上海师范大学博士学位论文，2010。

词语素音序的第三种规则》（2012）、徐时仪的《〈朱子语类〉同义近义词语考》（2012）、郑淑花的《〈朱子语类〉副词"没"的功能分析》（2012）、徐时仪的《〈朱子语类〉佛学词语考》（2012）、徐时仪的《〈朱子语类〉知晓概念词语类聚考探》（2012）、王小穹的《〈朱子语类〉中"把来"结构的词汇化及"把""来"的语法化过程》（2012）、胡绍文的《〈朱子语类〉词语选释》（2012）、甘小明的《〈朱子语类〉引诗的特点及其成因》（2012）、徐时仪的《〈朱子语类〉愚昧、痴狂概念词语类聚考探》（2013）、徐时仪的《〈朱子语类〉词汇研究与〈汉语大词典〉修订》（2013）、徐时仪的《〈朱子语类〉欺骗概念词语类聚考探》（2013）、徐时仪的《〈朱子语类〉方俗口语词考》（2013）、徐时仪的《〈朱子语类〉猜测概念词语类聚考探》（2013）、徐时仪的《〈朱子语类〉词组层面的语块考探》（2013）、徐时仪的《〈朱子语类〉词汇特点探略》（2013）、徐时仪的《语言研究与古典文献整理考斠》（2013）、乐爱国的《民国时期白寿彝对〈朱子语类〉的研究》（2013）、胡绍文的《〈朱子语类〉同义词语考释》（2013）、郑淑花的《〈朱子语类〉"多少"量性的研究》（2013）、徐晓蕾的《〈朱子语类〉"一向"补说》（2013）、孙玉娇的《〈朱子语类〉史料价值研究综述》（2013）、孙玉娇的《〈朱子语类〉词语考释》（2013）、郑淑花的《〈朱子语类〉助词"将"结构及功能研究》（2013）、胡绍文的《〈朱子语类〉特色词语研究》（2013）、胡绍文的《〈汉语大词典〉失收词条补——以〈朱子语类〉语料为中心》（2014）、郑淑花的《〈朱子语类〉"把V"格式研究——兼论"把V"的演化与机制》（2014）、蔡思杨的《〈朱子语类辑略〉中"X上"结构的用法考察》（2014）、吕文科的《"稍"的词义演变及其在〈朱子语类〉中的组合功能》（2014）、吕文科的《〈朱子语类〉中副词"稍"的用法考察》（2014）、李申的《从〈朱子语类〉词语看〈汉语大词典〉之疏失》（2014）、丁俊苗的《论〈朱子语类〉复句的研究价值》（2014）、李焱的《〈朱子语类〉中的后标记比较结构》（2014）、冯青的《〈朱子语类〉与〈二程语录〉词汇的南北差异》（2014）、冯青的《〈朱子语类〉的方言成分及其地域分析》（2014）、李永春的《〈朱子语类〉中介词"与"用法管窥》（2014）、张燕的《〈朱子语类〉中时体助词"着"用法考察》（2015）、冯青的《〈二程语录〉与〈朱子语类〉新词新义之比较》

（2015）、徐时仪的《〈朱子语类〉软硬反义概念词语类聚考》（2016）、孙淑娟的《从常用词的更替看〈朱子语类〉一书的方言背景》（2016）、周莹的《〈朱子语类〉"甚"系疑问句研究》（2016）、徐时仪的《〈朱子语类〉执拗概念词语类聚考》（2017）、黄冬丽的《〈朱子语类〉口语词汇与洋县方言词汇》（2017）、王树瑛的《试论〈朱子语类〉中的附加疑问句》（2017）、杨振法的《〈朱子语类辑略〉的汉语史视角研究》（2017）、沈洋的《〈朱子语类〉与同期其他作品处置式的对比整合》（2018）。

哲学研究类（13篇）：李茂群的《朱熹思想中的"天理"和"人欲"》（2010）、宋志明的《论朱熹对二程天理论的拓展》（2010）、杨永胜的《概论〈朱子语类·释氏〉中的反佛思想》（2012）、朱叶楠的《〈朱子语类〉"思想火花说"新证》（2013）、方丽青的《"心为思官"：汉语"心"的思维隐喻哲学疏解及语料分析》（2013）、张斯珉的《略论理学心性论的发展》（2014）、乐爱国的《清末民国时期对朱熹科学思想的研究》（2014）、《话头、情境与践行：〈朱子语类〉之哲学践行考察》（2015）、孔凡曦的《略探〈朱子语类〉中的易学观》（2017）、汤元宋的《语类编纂与"朱吕公案"：以〈朱子语类〉为中心的再考察》（2017）、王志阳的《朱子对杨时学行出处的继承与发展考论——以〈朱子语类〉中朱子对杨时评价为中心》（2018）、余治平的《宋明儒家对仁的本体化提升——以周敦颐、二程、朱熹、王阳明为例》（2018）、赵玫的《朱子思想中的"实体"与"本体"概念》（2018）。

版本学研究类（6篇）：徐时仪的《朝鲜古写徽州本〈朱子语类〉考》（2012）、胡秀娟的《〈朝鲜古写徽州本朱子语类〉的传播过程考订》（2012）、杨艳的《日本九州大学图书馆馆藏〈朱子语类〉版本辨正》（2015）、杨艳的《〈朱子语类〉版本与语言问题考论》（2016）、杨艳的《黎靖德与〈语类大全〉》（2018）、潘牧天的《〈晦庵先生朱文公语录〉存世本考论》（2018）。

文化学研究类（5篇）：何融融的《朱子理学与中国茶道》（2010）、王小穹的《〈朱子语类〉中"只是"的主观性和主观化》（2011）、程碧英的《从〈朱子语类〉看朱熹的"俗语"观》（2012）、程碧英的《〈朱子语类〉中"涵"类词群的文化解读》（2015）、程碧英的《〈朱子语类〉"体"类词群的文化阐释》（2015）。

书评类（5 篇）：冯兵的《经学苑中的哲学花》（2012）、林志刚的《我国第一部系统研究〈朱子语类〉经学思想的学术专著》（2012）、黄晓宁的《据江海之大，我独取一瓢之精华》（2014）、曾昭聪的《〈〈朱子语类〉词汇研究〉读后》（2014）、温端政的《建立〈朱子语类〉语汇研究理论框架》（2016）。

文献校勘学研究类（4 篇）：张春雷的《〈朱子语类〉校补疏误订正》（2011）、甘小明的《〈朱子语类〉校勘十则》（2011）、许家星的《人心与人欲——〈"朱子语类"中两条重要语录辨误〉之辨误》（2012）、刘杰的《中华书局本〈朱子语类〉校读札记》（2014）。

教育学研究类（3 篇）：曹儒的《从〈朱子语类〉看朱熹的教育理念》（2009）、卫阿利的《〈朱子语类〉之读书法》（2011）、王敏维的《重新认识朱子的"读书法"——以〈朱子语类〉之"卷十""卷十一"为例》（2015）。

美学研究类（1 篇）：刘基玫的《〈朱子语类〉"乐"论诠释学美学初探》（2012）。

政治学研究类（1 篇）：李琴的《浅谈南宋官场"苞苴"现象》（2010）。

文学研究类（1 篇）：郝永的《朱熹辞赋通论》（2015）。

音乐学研究类（1 篇）：郑天熙的《〈朱子语类〉中音乐著述的研究》（2017）。

音韵学研究类（1 篇）：万曼璐的《朱熹究竟懂不懂古音？》（2018）。

综上，此十年间关于《朱子语类》的期刊论文研究与之前相比，打破了《朱子语类》语言学研究一枝独秀的局面，由语言学扩展到哲学、教育学、版本学、校勘学、文化学、政治学，甚至音乐学领域。但是文学领域只有郝永的《朱熹辞赋通论》一篇文章。

（2）以《朱子语类》为研究对象的硕博学位论文。

1997~2018 年，以《朱子语类》为研究对象的硕博学位论文约 76 篇，梳理如下。

语言学研究类论文（38 篇）：杨永龙的《〈朱子语类〉完成体研究》（复旦大学 2000 年博士学位论文）、姜勇仲的《〈朱子语类〉词汇研究》（北京大学 2006 年博士学位论文）、李敏辞的《〈朱子语类〉的文献学研究》（北京大学 1998 年博士学位论文）、唐贤清的《〈朱子语类〉副词研究》（湖南师范大学 2003 年博士学位论文）、韦伟的《〈朱子语类〉助动词研究》（南京师范大学 2005 年硕士学位论文）、王树瑛的《〈朱子语类〉问句系统研究》（福建师范大学 2006 年博士学位论文）、刘文正的《〈朱子语类〉量词研究》（贵州大学 2006 年硕士学位论文）、王克荔的《〈朱子语类〉介词研究》（四川大学 2007 年硕士学位论文）、袁勤的《〈朱子语类〉复音连词研究》（四川大学 2007 年硕士学位论文）、肖术全的《〈朱子语类〉词语考释及相关辞书书证辨说》（华中师范大学 2008 年硕士学位论文）、赵金丹的《〈朱子语类〉新词新语初探》（陕西师范大学 2007 年硕士学位论文）、姚晓霞的《〈朱子语类〉语气副词研究》（山东师范大学 2008 年硕士学位论文）、张伟博的《〈朱子语类〉的解释学思想研究》（黑龙江大学 2008 年硕士学位论文）、崔兰的《〈朱子语类〉词缀时空性研究》（南京师范大学 2008 年硕士学位论文）、刘杰的《〈朱子语类〉文献语言研究》（上海师范大学 2010 年博士学位论文）、陈丹丹的《〈朱子语类辑略〉中"来"的用法考察》（福建师范大学 2010 年硕士学位论文）、沈叶露的《〈朱子语类〉异形词举隅》（上海师范大学 2011 年硕士学位论文）、骆娟的《〈朱子语类〉四字格词语研究》（上海师范大学 2011 年硕士学位论文）、刘建国的《〈朱子语类〉比较句研究》（北京大学 2011 年硕士学位论文）、任科雄的《〈朱子语类〉义刚所录朱熹词汇研究》（四川外语学院 2012 年硕士学位论文）、马雯的《〈朱子语类〉义类词群研究》（上海师范大学 2012 年硕士学位论文）、薛娇的《〈朱子语类〉的处置式研究》（辽宁师范大学 2012 年硕士学位论文）、胡秀娟的《〈朝鲜古写徽州本朱子语类〉研究》（浙江大学 2012 年博士学位论文）、甘小明的《概念场词汇系统及其演变研究——以〈朱子语类〉为中心》（上海师范大学 2012 年博士学位论文）、黄小玉的《〈朱子语类〉（七、八册）疑问句研究》（北京大学 2013 年硕士学位论文）、祁秋艳的《〈朱子语类〉之〈论语〉观研究》（扬州大学 2013 年硕士学位论文）、罗惜的《〈朱子语类〉反复问句研究》（苏州大学 2013 年硕士学位论文）、黄河的《中华本〈朱子语类〉小字注的相关问题》（上海师范大学 2013 年硕士学位论文）、史小贺的《〈朱子语类·诗说〉研究》（河南大学 2013 年硕士学位论文）、刘兴忠的《〈朱子语类〉词语与〈汉语大词典〉订补》（江苏师范大学 2014 年硕士学位论文）、沈叶露的《〈朱子语类〉语言思想研究》（上海师范大学 2014 年博士学位论文）、黄冬丽的《〈朱子语类〉语汇研究》（上海师范大学 2014 年博士学位论文）、蔡思杨的《〈朱子语类辑略〉方位词研究》（苏州大学 2014 年硕士学位论文）、孙玉娇的《〈朱子语类〉时间副词研究》（浙江财经大学 2014 年硕士学位论文）、潘牧天的《朱熹语录文献语言研究》（上海师范大学 2016 年博士学位论文）、李顺的《〈朱子语类〉词义类聚研究》（广西师范学院 2016 年硕士学位论文）、马克文的《〈朱子语类〉语词翻译研究》（上海师范大学 2018 年硕士学位论文）。

文艺学研究类（14 篇）：胡琴的《朱熹〈诗集传〉研究》（南昌大学 2005 年硕士学位论文）、陈海燕的《戴震与朱熹诗经学比较》（安徽大学 2005 年硕士学位论文）、袁宝宇的《朱熹创作理论研究》（长春理工大学 2005 年硕士学位论文）、林怡的《论"东南三贤"的散传》（浙江师范大学 2006 年硕士学位论文）、周娟的《〈国风〉中的隐喻运用和〈诗集传〉中的隐喻解释》（华中师范大学 2006 年硕士学位论文）、陈良中的《朱子〈尚书〉学研究》（华东师范大学 2007 年博士学位论文）、刘振英的《朱熹〈诗集传〉研究初探》（河北大学 2007 年硕士学位论文）、李丽琴的《道之文——论经学信仰与儒士对文道关系的理解》（首都师范大学 2008 年博士学位论文）、林海霞的《醇儒与英雄——朱熹陈亮论辩研究》（苏州大学 2009 年硕士学位论文）、吴志翔的《朱熹理学的美学意蕴》（武汉大学 2010 年博士学位论文）、肖薇的《朱熹艺术美学浅析》（四川师范大学 2011 年硕士学位论文）、杨艺馨的《朱熹北宋文学批评之研究》（复旦大学 2011 年硕士学位论文）、林姗的《宋代屈原批评研究》（福建师范大学 2011 年博士学位论文）。

教育学研究类（11 篇）：常建勇的《朱熹自我教育思想探析》（首都师范大学 2000 年硕士学位论文）、陈扬东的《朱熹阅读教学理论研究》（广西师范大学 2000 年硕士学位论文）、张华冕的《试论朱熹的书院教学思想》（华中师范大学 2003 年硕士学位论文）、郭兆云的《朱熹阅读教育理论述评》（扬州大学 2002 年硕士学位论文）、王淑霞的《圣贤——朱熹的思想政治教育目标》（首都师范大学 2005 年硕士学位论文）、刘培军的《朱熹的德育方法及其现代价值》（西南大学 2008 年硕士学位论文）、程婷的《朱熹的教育思想研究——以克服时弊为中心》（苏州大学 2011 年硕士学位论文)、张白波的《试论朱熹师生关系及其现代启示》(北方工业大学2012年硕士学位论文)、李琳的《〈朱子语类〉对语文教学的启示》(南京师范大学2015年硕士学位论文)、阮慧玲的《朱子语文教育教学思想研究》(闽南师范大学2017年硕士学位论文)、彭旅从的《朱熹为学之方研究》(湖南师范大学2017年硕士学位论文)。

哲学研究类论文(11篇):付长珍的《宋代理学境界论》(华东师范大学2001年博士学位论文)、宁新昌的《本体与境界——论新儒学的精神》(南开大学1997年博士学位论文)、董煜宇的《朱熹科学思想管窥》(郑州大学2001年硕士学位论文)、杨顺利的《"理一分殊"与"理想人格":宋代理学教育哲学的一种解释》(华南师范大学2005年硕士学位论文)、李文菊的《对朱熹格致之学的辩证审视——兼论"格致"之学对马克思主义哲学中国化的启示》(安徽师范大学2007年硕士学位论文)、冯志坚的《以至善的视角解读朱熹的理欲观》(辽宁大学2008年硕士学位论文)、李锋的《朱熹政治哲学研究》(南开大学2009年博士学位论文)、张建的《朱熹人性论研究》(河南大学2010年硕士学位论文)、李月芳的《朱子"持敬"思想探析》(河北大学2010年硕士学位论文)、许慧敏的《朱子"礼即理"思想研究》(西北师范大学2016年硕士学位论文)、彭朝政的《朱熹居敬的修养工夫》(西南政法大学2017年硕士学位论文)。

法学研究类(2篇):宋大琦的《天理循环——程朱礼法学研究》(中国政法大学2007年博士学位论文)、孙璎珞的《朱熹法律思想研究》(山东大学2007年硕士学位论文)。

综上,1997~2018年,《朱子语类》成为学术界研究的热点,集中在语言学、文艺学、哲学、教育学等领域,尤其在语言学方面,其研究成果占到成果总数的1/2。文艺学领域有14篇硕博学位论文,占成果总数的18%。在文艺学领域,针对《朱子语类》进行文体学或文章学研究的论文还没有出现。

(3)研究《朱子语类》的专著。

1991~2018年研究《朱子语类》的专著共有9部,仍然集中在语言学领域,大多是博士学位论文的出版,包括祝敏彻的《〈朱子语类〉句法研究》(长江文艺出版社,1991)、吴福祥的《〈朱子语类辑略〉语法研究》(河南大学出版社,2004)、杨永龙的《〈朱子语类〉完成体研究》(河南大学出版社，2001)、刘子瑜的《〈朱子语类〉述补结构研究》（商务印书馆，2008)、杨燕的《〈朱子语类〉经学思想研究》（东方出版社，2010)、徐时仪的《〈朱子语类〉词汇研究》（上海古籍出版社，2013)、杨艳的《〈朱子语类〉版本与语言问题考论》（广西人民出版社，2015)、黄冬丽的《〈朱子语类〉语汇研究》（语文出版社，2016)、刘杰的《〈朱子语类〉文献语言研究》（浙江工商大学出版社，2018)。这些成果也未涉及文章学研究的领域。

二 《朱子语类》文章学研究的价值和方法

（一）《朱子语类》文章学研究的价值和创新点

1. 两个误区的摆脱与选题的创新

本书初稿，完全不得要领，写成阅读《朱子语类》的札记，局限于对文本琐碎的分析，有类于教师"讲章"，不成系统，虽逶迤、琐碎至40万字，但缺少纲领性的"统帅"，整个写作陷入语言学研究的迷雾之中，如行沼泽，步履维艰。詹福瑞师提出从朱熹的讲解艺术、讲述艺术、论辨艺术三个维度去阐释《朱子语类》语体特征和语体风貌，呈现《朱子语类》的文章学成就的思路，如拨云见日，帮我找回写作的信心和方向。查洪德师提出重读文本、重新梳理材料的要求，遂抛开本书的写作初稿，反复对《朱子语类》文本深入细读，对当前研究语体的成果认真体悟，尤其对刘师培、王树民、廖群、俞志慧、吴建国等人的语体研究成果咀嚼、涵泳，重新撰写出近20万字的论文。但本书第二章又走进对朱熹史学分析的迷阵，詹福瑞师再次提点，指出此章的撰写中心是人物和事件的讲述策略。心中有所体悟，然一文一字写来又因识见的狭隘和文笔的拙劣而踉踉跄跄。第二章煞了尾，对恩师的选题之用心才有了深刻的领会。通览20世纪胡适、钱穆时代关于《朱子语类》版本学的研究成果，延及近年来徐时仪以上师为阵地的《朱子语类》语言文献学研究成果，180余篇期刊论文、70余篇硕博学位论文、9部专著，成果夥矣，但无一系统论述《朱子语类》的文章学成就。别检王水照《历代文话序》对文章学范畴的概括："以文评著作为主要载体之我国古代文章学，内涵丰富复杂，却自成体系，最具民族文化之特点"，其大端包括文道论、文气论、文境论、文体论、文术论、品评论、文运论，① 勿可置疑，朱熹在《朱子语类》中对各个领域都有所论及，故朱熹是宋代文章学大家，《朱子语类》为文章学批评专书当之无愧。詹福瑞师把"《朱子语类》文章学研究"作为我博士学位论文题目是精思深虑的，具有创新卓见。

2.《〈朱子语类〉文章学研究》的起点与主要范畴

承"语体研究之回顾"一节所述，前人研究语体各有侧重，并呈现为不同风貌。王树民把《国语》称为事语，指出其重议论、以语为主、事语结合的特征，但仍不能摆脱"史书"这一根本性质。张政烺以《春秋事语》为教材，指出了语体与教育活动的关联性。俞志慧把语体分为言类之语和事类之语两类，仍不出韦昭"嘉言善行"的规矩。吴建国对乐语的研究侧重于春秋礼乐文化的背景，这与王之绩在《铁立文起》所列"乐语"一体相类，其关注到了语体与贵族生活方式、礼仪活动的关系。而作为语体之一种的《朱子语类》，则与以上学者所论语体，有着本质的不同。

《朱子语类》作为语体，是一种讲授体，是宋代书院讲学的基本形式。师生首先要明确需要解决的问题，然后围绕这一问题或讲解，或讲述，或论辨，既包括生问师答，也包括师问生答，在往返问答中深入探讨，甚至争论。因此《朱子语类》的语体是建于宋代书院体式之上的讲授体，是发生在师生之间的一种讲授艺术。廖谦所记语录记载了朱熹主持岳麓书院讲学时的情景。众人抽签，选出两位学生讲《大学》，学生所讲语意不明。朱熹借机阐述了设置书院的目的，他说："前人建书院，本以待四方士友，相与讲学，非止为科举计。某自到官，甚欲与诸公相与讲明。"② 其中"相与讲明"一语，已经清楚地指出这种语体是师生共同参与并讨论的一种课堂讲学语体。朱熹在《谕诸职事》中又称之为"讲问之法"。③

《朱子语类》中的答问渊源有自，朱熹在《策试榜谕》一文中，将问答追溯到《孟子》。他说："孟子称君子所以教者五，而答问居一焉。今发策以观二三子之所蕴而折中之，是乃古之所谓答问者。"④ 因此书院讲学中

---

① 王水照：《历代文话序》，《历代文话》第 1 册，第 5 页。
② 《朱子语类》，第 2655 页。
③ （宋）朱熹：《谕诸职事》，朱杰人、严佐之、刘永翔主编《朱子全书》第 24 册，上海古籍出版社，2010，第 3568 页。下引《朱子全书》，皆出此本，
④ 《策试榜谕》，《朱子全书》第 24 册，第 3569 页。

的问答又被称为"策问"。朱熹有《策问》一文，其中列出 33 个问题来考问学生。这种以问答为主的讲学语体可以被称为讲授语体，或书院讲课语体。

基于《朱子语类》可被作为讲授语体这一根本判断，服务于书院讲学的讲授语体，就成为《〈朱子语类〉文章学研究》的论述起点，在讲授语体的基础上，本书把《朱子语类》的语体分为三个方面来论述，第一是讲解，把《朱子语类》中涉及对性理之学、天地之理、古代经典的分析和阐释，归为讲解艺术。第二是讲述，把朱熹在课堂上对历代、当代人物和事件的叙述，归为讲述艺术。第三是论辨，把朱熹在课堂上梳理学术分歧，明辨是非，判断价值，构建道统的内容，归为论辨艺术。这三个方面的论述都以讲授语体的根本性质——"讲"，作为立论之基，同时，《朱子语类》可被作为讲授语体这一基本判断，也是笔者与其他语体研究者持论相异的根本所在。

3. 从理学思维方式与语体关系上探讨朱熹的讲解艺术

查洪德师强调"研究中国文学须有中国思维"，因为中国古人思维影响并创造了特定时期的文学形态。①《朱子语类》就是一个范例，朱熹"理一分殊""格物穷理""万物有对"等思维模式直接影响到他的讲解方法和讲解风格。他由"理一分殊"而派生出比类讲解方法，由"格物穷理"而形成"说经铿锵法"，由"万物有对"而生成"锦扇开合"之法等。这些讲述方法都植根于其思维品质。

4. 语体文学性的尝试性研究

语体具有一定的文学性，第二章侧重从《朱子语类》在人与事件的讲述艺术方面进行文章学角度的剖析，开辟了《朱子语类》研究的新视野。在人物讲述方面，朱熹用细节讲述突出人物的神韵；在虚实相生的基础上强调人物异同的辨析；与小说的艺术真实不同，朱熹讲述人物重在格物穷理；朱熹在抑扬法则运用上独具特征，体现了文章学意义的转折艺术；本书从朱熹讲述的苏轼、王安石出发，分条驳斥了杨慎、李贽的误读；引入角色讲述，对朱熹模拟的角色语言要素进行了推测性归纳。关于朱熹讲述事件的艺术，论文着重从时距与讲述策略、时序与讲述顺序、从旁讲述视

---

① 查洪德：《研究中国文学须有中国思维》，《文学遗产》2018 年第 5 期。

角与虚实、小说与讲述情节衔接的不同、首尾安排的两种方法、讲述的理学色彩等六个方面展开论述。贯穿文学叙述与语体讲述相异的主线，突出朱熹讲述艺术的特性。

5. 作为论辨语体的《朱子语类》之艺术特征

本书把《朱子语类》论辨的内容分为术辨、政辨、史辨、文辨四类，并对论辨艺术的"势""节奏""语言艺术""技巧"等范畴做了深入梳理，分析和概括了朱熹论辨艺术的风貌。

6. 对语体发展史的简单勾勒

在中国文学史上，语体经历了两个盛衰循环。第一个盛衰期肇始于春秋之前或春秋早期，鼎盛于战国，结束于东汉末。第二个盛衰期肇始于刘宋，发展于唐代，鼎盛于南宋，结束于明末。两次高潮都形成于学术发展的轴心时期，同时也是社会发展动荡时期。钱穆把朱熹与孔子并列，认为孔子在学术史上集前古之大成，对儒学有开创之功，堪为"中国文化传统中一主要骨干"①。孔子之后，战国诸儒重"明道作人"②，汉代儒生重"传经言治"，而《朱子语类》的讲学实录，融通前代，既有战国诸儒"明道作人"的内蕴，又有汉代儒生"传经言治"的意指，其既集北宋理学之大成，又"集孔子以下学术思想之大成"，两个伟人异代矗立，都能"汇纳群流，归之一趋"，而其学术成果又分别以《论语》和《朱子语类》这两部语体著作来承载。

7. 文章学诸家论述与《朱子语类》的关联

王水照"三个遮蔽"的论断③，恢复了中国古代文章学研究的传统视野，使得《朱子语类》进入文章学研究的领域，但《历代文话》仅收录其"论文"部分内容，没有把整部《朱子语类》作为文章学理论和实践研究的内容。

饶宗颐认为唐宋八家中，朱熹应占一席，④ 并在朱子学研究上开辟了

---

① 钱穆：《朱子新学案》第 1 册，九州出版社，2011，第 2 页。下引《朱子新学案》，皆出此本。
② 《朱子新学案》第 1 册，第 5 页。
③ 王水照：《三个遮蔽：中国文章学遭遇五四》，《中国古代文章学的成立与展开》，复旦大学出版社，2011，第 2~6 页。
④ 饶宗颐：《唐宋八家朱熹宜占一席论》，钟彩钧编《国际朱子学会议论文集》，台北文史哲筹备处，1993，第 1159~1162 页。

文章学研究的新领域。其立论以《四书集注》《诗集传》为据，又言之太简。曾枣庄提出了语体文是"宋文之一体"，将语体文分为三类（僧人语录；以《朱子语类》为代表的道学家文集或语录；以《晁氏客语》为代表的文士之文）①，并对这一文体进行了学史梳理和价值评判，但对整部《朱子语类》缺乏深入的关照。

祝尚书将文章学定义为"研究所有单篇文章写作的学问"，认为文章学研究的对象是文章学文献，而把文章文本的解读、分析以及对其写作方法、艺术技巧的探讨等范畴归为文章研究。② 其实对文章写作规律的研究与对文章文本的解读同属于文章学研究的范畴，没有本质的区别。

第一，传统的文章学文献，大多以具体的篇章分析为基础，不存在不以具体篇章分析为基础的文章学理论。例如宋代陈骙《文则》的丙卷涉及大量对《周易》《国语》《新书》《大学》等具体篇章的分析，③ 吕祖谦《古文关键》涉及韩柳欧苏四家文章的读法，④ 叶适《习学记言序目》四卷涉及欧阳修《朋党论》、苏轼《春秋》、黄庭坚《书义》、宋祁《祖宗配侑议》等具体的文章，⑤ 黄震的《黄氏日抄·读文集》也涉及对韩、柳等十家具体文章的解读。⑥ 第二，其所列的文本解读、写作方法、艺术技巧等属于文章研究的内容，同样也属于文章学研究的内容。

周振甫《中国文章学史》选入了朱熹，并把朱熹文章学理论和实践的特征概括为"以理评文""以理作文"。⑦ 关于朱熹文章学的论述，周振甫列举了七个例子，其中《斋居感兴》二十首小序、《沧洲精舍谕学者》、《唐论》三例出自《朱文公文集》，其他四例皆出自《朱子语类》。周振甫同样忽视了朱熹关于"四书""五经"的文章学讲解，只注重《朱子语类》中的"论文"一节内容，其论"以理评文""以理作文"是正确的，

---

① 曾枣庄：《宋文通论》，上海人民出版社，2008，第1050~1051页。
② 祝尚书：《对当前文章学研究中几个问题的思考》，王水照、侯体健主编《中国古代文章学的衍化与异形》，复旦大学出版社，2014，第3~4页。
③ （宋）陈骙：《文则》，《历代文话》第1册，第146~163页。
④ （宋）吕祖谦：《古文关键》，《历代文话》第1册，第234~235页。
⑤ （宋）叶适：《习学记言序目》，《历代文话》第1册，第241~300页。
⑥ （宋）黄震：《黄氏日抄》，《历代文话》第1册，第595~902页。
⑦ 周振甫：《中国文章学史》，江苏教育出版社，2006，第250~251页。下引《中国文章学史》，皆出此本。

但《百丈山记》不是朱熹"以理作文"的代表作，而《朱子语类》当中大量的语言材料恰恰是朱熹"以理作文"的明证，周氏忽略了这一点。

周振甫《文章例话》涉及四个文章学范畴，即阅读、写作、修辞、风格。其征引朱熹文章学文献有两处，其一，阅读编中的"比较"法，"读书有疑，有所见，自不立空论……"出自《朱子语类·论读书》。① 其二，阅读编中的"去成见"之法，② "今人观书，先自立了意后方观……"出自《朱子语类·读书法》。周振甫《文章例话》征引的朱熹文章学文献，皆出自《朱子语类》，但涉及朱熹文章学理论较少，不能代表朱熹文章学的全部成就。

清人论文重道，与朱熹文章学观点一致。钱大昕、焦循、章学诚为其代表。

钱大昕《味经窝类稿序》云："尝慨秦、汉以下，经与道分，文又与经分，史家至区《道学》《儒林》《文苑》而三之。夫道之显者谓之文，《六经》子史皆至文也，后世传《文苑》，徒取工于词翰者列之。"③ 焦循《与孙渊如观察论考据著作书》云："惟经学可言性灵，无性灵不可以言经学……以经学为词章者，董贾崔蔡之流，其词章有根柢，无枝叶……萧统所选，专取词采之悦目。历至于唐皆从而仿之，习为类书，不求根柢，性情之正，或为之汩。"④ 清代的钱大昕和焦循都强调道与至文的关系，道为文章之根柢，离开了道，文章则没有性灵，六经是文道的最佳结合体，因此文也不离六经，脱离了六经的文章，同样是没有根基的文章，华而不实，苗而不秀。

章学诚论文，继承了朱熹的文论思想，以理衡文，提出"学业事功、文章性命"的观点。其《天喻》篇以三垣、七曜、二十八宿、十二次、三百六十度、黄道、赤道等概念与"浑然无名"的天体运行之关系设譬，学术文章和社会兴衰风俗的关系与之相类似，"汉学宋学之交讦""训诂辞章

---

① 周振甫：《文章例话》，江苏教育出版社，2006，第 17 页。下引《文章例话》，皆出此本。
② 《文章例话》，第 45 页。
③ （清）钱大昕：《潜研堂文集》卷 26，《四部丛刊初编》本。
④ （清）焦循：《雕菰集》卷 13，道光四年本。

之互诋""德行学问之纷争"，都源于社会风俗的兴衰变化。① 他进一步提出 "学业将以经世"，"如治历者，尽人功以求合于天行"。很显然，章学诚把文章学术看作教化世俗的工具，揭示社会发展规律，警醒世人遵循 "天行" 和 "性命"。章学诚提出 "人定亦能胜天"，即 "学问亦有人定胜天之理"。②"性分义理气质"，章学诚强调 "圣人之意""后贤意测"，其实就是学问文章，借助学问文章之助，就可以达到 "希圣""希天" 的境界。

章学诚《与吴胥石简》言："古人本学问而发为文章，其志将以明道，安有所谓考据与古文之分哉？学问文章，皆是形下之器，其所以为之者道也。彼不知道，而以文为道，以考为器，……其谬不待辨也。"③ 章学诚从更为宏大的学术视野，考察文章、道、学问之间的关系，三者融会贯通，合而为一，不可分割，但三者关系，有主有次，道为主，为根本，考据学问、文章都是器，都是为道这个根本服务的，道可遵循而不可强制，道至，学问自来，文章自来。其中的道不是文章技巧，而是来源于六经，对自然、人类、社会等范畴规律的哲学把握，是对六经作为哲学文本的回归。

章学诚的这种文章学观点影响到了现代学人，欧明俊提出了 "古代文章学的本质精神" 这一范畴，他解释说："古代文章学真正的本质精神是 '道' 而非 '艺'，是 '道' 本位而非 '艺' 本位，道本艺末，道体艺用，写文章的目的是载道、明道、传道，道是根本、灵魂，而现代引进的西方 '纯文学' 的散文学是 '艺' 本位，艺本道末，甚至排斥 '道'。"④ 这种观点仍然是对宋学精神的回归。

因此，《朱子语类》文章学研究，必须在借鉴前贤研究成果的基础上，力求对《朱子语类》做更全面研究，既重视朱熹文章学的理论，又注重朱熹文章学的实践，不仅注重《朱子语类》"论文" 部分，而且也重视其对

---

① （清）章学诚撰，叶瑛校注《文史通义校注》，中华书局，2014，第 362 页。下引《文史通义校注》，皆出此本。

② 《文史通义校注》，第 363 页。

③ （清）章学诚：《章学诚遗书》，文物出版社，1985 年影印本，第 79 页。

④ 欧明俊：《学术视野中的古代文章学》，王水照、侯体健主编《中国古代文章学的衍化与异形》，复旦大学出版社，2014，第 37 页。

天地、性理、"四书五经"的讲解，对前代历史事件和人物的讲述，还关注到他建立道统、驳斥异端的论辨，不停留、不局限于某个局部内容。

所谓全面研究，不仅关注《朱子语类》所言之"道"，所言之"理"，更关注《朱子语类》之文，即《朱子语类》的讲解、讲述、论辨艺术，其实质也是文艺之道。

《朱子语类》所说之道应该是指为宋代人所认识、所接受，并认真践行的关于自然及人类社会诸领域的规律。

首先，朱熹推崇"三代之治"，与同时期的文人阶层关于文章的意旨和价值判断具有趋同性。周必大在《皇朝文鉴》序中明确指出"欲约一代治体归之于道，而不以区区虚文为主"，强调"以道为治"，注重"义理"。① 叶适在《总论》中说："夫三代之英及孔氏，岂于家法之外别有妙用，使英豪窃闻之哉？"②《皇朝文鉴》是吕祖谦在宋孝宗淳熙四年奉旨编纂的，代表了官方的文论趋向，也是上层知识分子对北宋文章价值的评判。其中收录了王安石337篇，苏轼289篇，欧阳修170篇，苏辙66篇，曾巩44篇，苏洵14篇。③ 毫无疑问，朱熹对唐宋文章家创作意图和价值的判断，与同时期的吕祖谦、周必大、叶适相比，有着相似之处，即对前代政治理想的追慕，对南宋政治前途的探索。"三代之治"是体现在唐宋八家政论文当中的"道"。而这一"道"的本源何在？其存于"四书""五经"之中。朱熹对"四书""五经"的解释，其目的是对"三代之治"的研究和探索。

其次，《朱子语类》中的理还包括对天地、阴阳、太极等自然世界的把握，对以人为中心的性理之学的把握。

再次，对历代政治人物和历史事件的讲述，探究北宋政治的历史真相，以期矫正南宋政治的方向、内容和进程。

最后，《朱子语类》通过对汉唐诸子作历史性的回顾和总结，对老庄、释氏等异端邪说的批驳，对湖湘学、金溪学、婺学、永嘉学等学术本质及其指归的批驳，确立了闽学为学术正宗的学术地位。

① （宋）周必大序，（宋）叶适著《习学记言序目》，《历代文话》第1册，第243页。
② 《历代文话》第1册，第300页。
③ 杜海军：《吕祖谦与"唐宋八大家"》，《广西师范大学学报》2006年第1期，第144页。

基于以上《朱子语类》所言之道,《朱子语类》的艺术表现又是一个什么状态,这是《朱子语类》文章学研究的重点。首先,把语体研究作为第一目标,重在对讲解、讲述、论辨等语体艺术的深度挖掘。其次,对语体的体裁、提要、体貌做精细探究,归纳出《朱子语类》的个性特征。如语体的纪实性、通俗性、朴实性等特点。再次,对单篇语录的结构、讲述技巧、语篇风貌作了分析和归纳。如"忧患感、悲凉感和旷达感"的宋文气质。① 最后,对多篇语录的体例、讲解方法、讲解风格进行了概括。

(二)《朱子语类》文章学研究的方法

读书笔记法。从《全宋笔记》中辑录出与《朱子语类》中朱熹讲述之共同事件及共同人物,参以《宋史》,边阅读,边记笔记,最后在笔记的基础上,分析、概括相关内容,提炼出观点。

文献综述法。对相关、相近文献资料深入思考,用文字叙述出多种文献之间的关系和要点,以备行文之需。

沉思积淀法。本书草稿撰写完毕之后,放置一段时间,重读文字,重读材料,不合己意者则推倒重写,反复推演,反复思索,以达到相对妥帖之意。对"《朱子语类》的讲解风格——体貌论"一节的撰写使用了这一方法。

分类辑录法。为了研究朱熹某一学生的资料,就必须从《朱子语类》当中辑录出此一人物所记的语录,以求得到相对丰富完整的材料。

统计归纳法。对某一时期研究《朱子语类》的成果进行分类统计,以求获得某一时期的热点和焦点,寻找研究的薄弱区域,以求突破。以此法确证《朱子语类》的研究成果集中在语言文献和版本校勘领域,而文章学研究则是薄弱环节。

文本比较法。为了对某些范畴和概念的特征进行区别,而选取两类或多类文本内容进行对比,使得概念和范畴的界限更加清晰和明确。例如对讲述和叙述的区分,选取了史书、小说和《朱子语类》的文本加以对照。

---

① 曾枣庄:《"散文至宋人才是真文字"》,《文学遗产》2009 年第 3 期,第 63 页。

第一章

《朱子语类》的成书阶段与文本概貌

朱子学术继踵前代，汲取北宋五子的思想精华，秉承二程传播思想学术的形式，以"四书"为核心，广开讲筵，培养人才，其目的是挽救宋代之危亡。王夫之在《宋论》中说："呜呼！不测其不敢深求之情，弱者靡、强者嚣，纵使泛澜而流及于广远，天且无如人何，而万古之纲维以裂。故曰中国之无人，非一晨一夕之故也。"① 王夫之指出，宋朝危亡的根本原因是没有人才，没有人才使得"万古之纲维以裂"。朱熹也认识到了这一点，他在《送李伯谏序》中说："国家建立学校之官……教天下之士，使之知所以修身、齐家、治国、平天下之道而待朝廷之用也。"② "教天下之士而待朝廷之用"的学术理想与多途径的讲学实践，使朱熹闽学在中国学术史上独树一帜。他穷其一生致力于讲学，培养了大批人才，据陈荣捷《朱子门人》一书辨析厘定，朱熹的学生达"四百八十七人之多"③。朱门弟子中，廖德明、辅广等九十七人在向朱熹求学过程中，勤奋严谨，客观真实地记录朱熹讲学和日常生活中的语言，后经多人搜集、编纂、订正，最后形成约二百余万字的皇皇巨著——《朱子语类》，它的形成历时约一个世纪，对后世产生了深远的影响。

《朱子语类》的成书大致可分为两个阶段。朱熹生前，《朱子语类》的素材文本已经形成，即朱门弟子在不同时间、地域所记录的朱熹讲学话语，是弟子们的实录手稿。因求学地域与时间的不同，语录资料零散地保

---

① 刘韶军译注《宋论》卷九钦宗，中华书局，2013，第595页。
② 《送李伯谏序》，《朱子全书》第24册，第3637页。
③ 陈荣捷：《朱子门人》，华东师范大学出版社，2007，第7页。下引《朱子门人》，皆出此本。

存在学生本人手中，属于个人所记语录，这是第一阶段的情况。朱熹死后，李道传等人开始寻访、搜集、辑佚、整理，出版了《朱子语类》的不同版本，它们主要是按时间和内容类别来编纂的。语录的整理工作使得朱熹的学术内容和讲述、讲解、论辩艺术更为清楚地呈现在读者面前，形成一个更为完整的理论体系，这是第二阶段的情况。

第一节　胡适研究的忽略和个人所记语录的形成

胡适是近代较早研究《朱子语类》且成就突出的学者，他的论文《〈朱子语类〉的历史》详细地记述了《朱子语类》由"语录"到"语类"演变的历史，时间起于庆元六年（1200），即朱熹去世之年，终于十七世纪。他以时间为序对十二种版本进行了梳理，论证了刻书者、刻书时间和地点、版本的内容、书序等要素，结果如下：①

（1）《池录》（李道传池州刻三十三家）1215 年。

（2）《蜀类》（黄士毅编，史公说眉州刻七十家）1217~1220 年。

（3）《饶录》（李性传饶州鄱阳刻四十一家）1238 年。

（4）《婺录》（王佖婺州编刻三十余家）约 1245 年。

（5）《饶后录》（蔡抗饶州刻二十三家）1249 年。

（6）《徽类》（徽州翻刻蜀类增入饶录九家）1252 年。

（7）《徽续类》（王佖徽州刻四十卷）1252 年。

（8）《建别录》（吴坚建安刻二册）1265 年。

（9）《语类大全》（黎靖德江西建昌刻）1270 年。

（10）《语类》成化重刻本（成化九年江西藩司刻）1473 年。

（11）《语类》万历重刻本（万历三十一年至三十二年婺源朱崇沐刻）1603~1604 年。

（12）《语类》吕氏宝诰堂刻本（吕留良刻）十七世纪。

---

① （宋）黎靖德：《朱子语类》，台北中文出版社，1979，第 1~4 页。（缩印本，明成化九年江西藩司覆刻宋咸淳六年道江黎氏本，据日本内阁文库藏覆成化本修补）

胡适的论文侧重于对朱熹去世之后的《朱子语类》的搜集和整理，印行和传播等情况进行分析和研究。其论文开篇即"朱子死在庆元六年（1200）"，而对朱熹生前语录的形成阶段只字未提，从而忽略了对《朱子语类》文字初稿形成时期的研究，这一阶段虽然《池录》等语录和《蜀类》等语类都没有付梓，但是所有的文本都已形成，这是《朱子语类》成书的最初阶段。这一阶段的特点具有文本生成的原始性、一时一地一人的零碎性、片面性，并且客观上所有文稿都是"第其岁月"的。

本节主要对朱熹生前语录的形成阶段的情况进行勾勒。这一阶段从宋孝宗乾道六年（1170），朱熹 41 岁，至宋宁宗庆元五年（1199），朱熹 70 岁。这大约三十年的时间可以称为《朱子语类》的记录时期，主要在朱熹的中年和晚年。《朱子语类》的形成与朱熹本人的相关著述、朱熹这一时期学术活动及学术思想形成过程有千丝万缕的联系，与朱门弟子的兴趣爱好、学术取向密不可分。

为了勾勒这一时期个人所记语录的文本特征，本书从黎靖德《朱子语类》中辑取了宋孝宗乾道六年、宋光宗绍熙五年、宋宁宗庆元五年三个年份中杨方、吴琼、袭盖卿、李儒用、陈淳等 24 人的个人所记语录，以期获得每人所记朱子语录的情况，研究个人所记语录文本的内容和不同风貌，还原《朱子语类》初生时的原始状态。

一 乾道六年语录——最早的个人所记语录

宋孝宗乾道六年是《朱子语类》"朱子语录姓氏"记载中出现最早的年份。朱熹的学生杨方，字子直，福建汀州人，是第一位在朱熹讲课时做笔记的门生。杨方是隆兴元年的进士，后经赵汝愚的推荐，升擢宗正寺簿。伪学禁行，坐赵朱党，后官至广西提刑。杨方曾劝阻朱熹与韩侂胄相争，朱熹失意后，杨方没有与老师共进退，遭到同门黄干的指斥。但杨方与朱熹之间的交往却从来没有中断过。陈荣捷根据《朱子语类》诸条及杨方与朱熹来往书信对杨方作了评价："以半世纪之交与期望之厚而卒失意如此。"[1] 杨方是朱熹最不得意的学生。

在黎靖德编撰的《朱子语类》中杨方有 26 则记录，主要讲"仁""持

---

[1] 《朱子门人》，第 185 页。

守""力行"。宋孝宗乾道六年朱熹 41 岁，母亲去世，朱熹在建阳崇泰里后山天湖之阳寒泉坞庐墓守丧，建寒泉精舍，接待四方的学者，讲学著述。束景南《朱熹年谱长编》说，蔡元定、何镐、杨方聚集在寒泉精舍讲论学问，"有诗唱酬，遂始著《西铭解》"①，杨方从学朱熹最长达近两个月，就在此年，杨方时任广南路清远县主簿，又调任弋阳尉，路过武夷山，在寒泉精舍与朱熹讲论学问。朱熹在《答胡广仲》的信中讲述："此书附新清远主簿杨子直方，因其入广西，取道岳前，属使求见。渠在此留几两月，讲会稍详……"②《宋元学案》记载："杨方，字子直……调弋阳尉，还道崇安，参谒面授所传而归。"③《朱子语类》中杨方在乾道六年（根据《朱子语类》前语录姓氏推知）记载："何丞说：'敬不在外，但存心便是敬。'"④ 由此推知，杨方跟从朱熹讲论学问时，有蔡元定、何镐等人在场。杨方所作《朱子语录》的文字初稿，是朱熹乾道六年在寒泉精舍学术讲论的课堂笔记，这 26 条语录是朱熹在一时一地的学术思考，也是杨方在一时一地所作的语言记录，从朱熹、杨方一生的学术发展来看，这些记录是片面的、单一的、不成熟的，但带有原生性，是朱熹学术思想在某一时间迸发和闪耀的火花。如《朱子语类》乾道六年杨方所记：

> 万物生长，是天地无心时；枯槁欲生，是天地有心时。⑤

杨方所记语录的文本特征非常突出，因为是零星片段的思想感发，即时的口语表达，故文字简短、素朴，从正反两个方面记录了朱熹对"天地之心"的感性认识，反映了朱熹理学形成初期的思想特点。

时隔五年，到了淳熙二年（1175）夏天，朱熹在《近思录》中引用程颐《易传》的两段文字，较好地用易学理论解释了"天地之心"这一概念：

---

① 《朱熹年谱长编》，第 429 页。
② 《答胡广仲》，《朱子全书》第 22 册，第 1905 页。
③ （清）黄宗羲著，（清）全祖望补修《宋元学案》，中华书局，1986，第 2296 页。下引《宋元学案》，皆出此本。
④ 《朱子语类》，第 212 页。
⑤ 《朱子语类》，第 5 页。

剥之为卦，诸阳消剥已尽，独有上九一爻尚存，如硕大之果不见食，将有复生之理。……以气消息言，则阳剥为坤，阳来为复，阳未尝尽也……

一阳复于下，乃天地生物之心也。先儒皆以静为见天地之心，盖不知动之端乃天地之心也。非知道者，孰能识之？①

这两段文字揭示了剥卦（☷）到坤卦（☷），再到复卦（☷）的演变过程，从剥卦到复卦的演变揭示了自然界阴气渐盛、万物枯槁，又至阳气复萌、万物重生的季节变化过程，其中复卦中的初九阳爻，被程颐解释为天地之心。综合杨方记载的语录与《近思录》中的文字，可以看出朱熹的理学思想由感性走向理性、由单一走向系统、由素朴走向成熟的痕迹。《朱子语类》成为朱熹理学思想由涓滴之水汇成浩瀚之洋的明证。

二　绍熙五年语录——四书学与朱子的人生转变

宋光宗绍熙五年（1194），朱熹 65 岁。《朱子语类·朱子语录姓氏》著录"甲寅（1194）所闻"的有袭盖卿、廖谦、孙自修、潘履孙、董拱寿、钟震、萧佐、舒高、李杞、杨骧、杨至等 11 人，著录"甲寅记见"的有杨长孺、吴琮等 2 人。此外束景南《朱熹年谱长编》还辑录了邹䌽、丘膺、晏渊、黄干、刘黻等人的相关情况。但邹䌽、丘膺 2 人不见于语录，晏渊、黄干、刘黻所记语录见于别年。因此前 13 人所记语录是本节研究的重点。这一年朱熹的仕途达到顶峰，同时也是朱熹政治思考、理学沉潜、教育思想最有建树与学术活动最频繁的一年，此年的语录也最具特色。

这一年中，朱熹活动的地点较多，遍布福建、江西、安徽、湖南、浙江五省，语录作者的籍贯也在这些地域，袭盖卿系衡州常宁人，钟震是潭州湘潭人，萧佐为潭州湘乡人，李杞为岳州平江人，廖谦是衡州衡阳人，此五人都系湖南人。杨至是福建晋江人。杨骧是福建建宁人。吴琮在潭州和朱熹相遇。孙自修是安徽宣城人。舒高字里不详。潘履孙是浙江金华人。董拱寿是饶州鄱阳人。杨长孺吉州庐陵人。以时间为序，朱熹此年活动的地点依次是考亭（建阳）—临川—新喻—宜春—醴陵—湘潭—平江—

---

① 《近思录》，《朱子全书》第 13 册，第 168~169 页。

潭州—岳麓书院—嘉王府行在—潭州—湘西精舍—宜春—临江—丰城—临
川—信州—衢州—钱塘（宋都杭州）—桐庐—三衢—玉山县—上饶—武夷
（武夷精舍）—考亭（沧洲精舍）。其讲学活动涉及福州郡学、岳麓书院、
玉山书院、湘西精舍、武夷精舍、沧洲精舍（竹林精舍）六所书院。湖南
的岳麓书院和福建的武夷精舍、沧洲精舍是朱熹讲学的中心。潭州和临安
是朱熹政治活动的中心。

绍熙五年语录呈现四个特征。

（1）此年朱门弟子所记语录内容，主要是朱熹关于"四书"的讲解，
这不仅是朱熹日常讲学的内容，也是他在宋宁宗讲筵上讲解的主要内容。
朱熹的学术重心从性理之学转向四书学，由格物转向格帝王之心，开始有
意识地用《大学》的学术思想影响南宋政治。

绍熙五年袭盖卿等13人所记语录共390余条。其中涉及四书学内容的
有：吴琮3条，孙自修4条，舒高6条，廖谦10条，李杞2条，钟震16
条，杨骧15条，董拱寿9条，潘履孙22条，萧佐19条，杨至17条，袭
盖卿42条，杨长孺1条，共计166条。四书的内容占13人所记语录的
43%。朱熹在讲学过程中对《论语》《孟子》《中庸》《大学》的讲解是朱
熹此年讲学的中心内容。

四书学是朱熹对中国古典文献学的总结，他在廖谦所记语录中说：

> 先看《大学》，次《语》《孟》，次《中庸》。果然下工夫，句句
> 字字，涵泳切己，看得透彻，一生受用不尽。只怕人不下工，虽多读
> 古人书，无益。书只是明得道理，却要人做出书中所说圣贤工夫来。
> 若果看此数书，他书可一见而决矣。[①]

朱熹把《大学》推崇到最高的地位，勉励学生痛下"工夫"学习以
《大学》为中心的"四书"，并且认为"四书"通，则"他书可一见而决
矣"。袭盖卿所记语录，也是"四书"并提：

> 读书，且从易晓易解处去读。如《大学》《中庸》《语》《孟》四

---

① 《朱子语类》，第249页。

书，道理粲然。人只是不去看。若理会得此四书，何书不可读！何理不可究！何事不可处！①

《大学》《论语》《孟子》《中庸》并提最多见于绍熙五年语录，从语录内容上也可推究朱子学术研究的轨迹。不仅朱熹与学生的学术活动以"四书"为中心，而且朱熹在皇帝身边侍讲的内容也集中在《大学》上。此年十月十四日、十八日晚朱熹为宋宁宗讲《大学》，二十三日讲筵进讲。闰十月一日晚讲、三日早讲、四日晚讲，十九日晚又讲。《文集》卷第十五收录了朱熹此年《经筵讲义》一文，其中朱熹引用二程之言"《大学》乃孔氏遗书，须从此学则不差"，此篇"可见古人为学次第"，其他书籍则"莫如论、孟"。《经筵讲义》具体详尽地讲解了《大学》的经文和传文。文中说："心得其正，则身之所处可不陷于其所偏而无不修矣。"② 朱熹的《经筵讲义》以帝王的"正心修身"为中心内容，并且认为"身为本，而天下、国家为末"③。朱熹希望通过帝王的"正心修德"挽救岌岌可危的南宋王朝。

在此年，陈文蔚来信与朱熹讨论对《中庸》《大学》两书中字词文意的理解，作为学生定期向朱熹汇报自己的读书思考心得，《陈克斋集》卷一《通朱先生书》云：

> 子思之学广大精微，固未能窥其万一，乃得于《章句》《或问》间窃见先生指示学者工夫切要处，且"戒谨恐惧"与"慎独"二条，近世儒者多滚作一片说，不知其间该动静体用之全，而先生剖析发明，最为精密。④

在十九日晚经筵结束之后，朱熹恳请宋宁宗罢黜韩侂胄，遭到了宋宁宗的排斥，宋宁宗赵扩在朱熹的奏章内批"除宫观"。一月有余的经筵讲学结束，标志着朱熹在与韩侂胄政治集团斗争中的失败，也标志着朱熹

① 《朱子语类》，第249页。
② 《经筵讲义》，《朱子全书》第20册，第697~698页。
③ 《经筵讲义》，《朱子全书》第20册，第698页。
④ 《朱熹年谱长编》，第1108页。

"讲筵救国"之理想的碰壁。朱熹在这一年讲学的内容是以《大学》为中心的四书学，并与其政治主张一致，学生所记语录也客观反映了这一事实。

（2）绍熙五年语录，也详细勾勒了朱熹主持下的岳麓书院的办学思想及其讲学方法，为中国书院传统文化的研究提供了第一手资料。

正月三十日，赴潭州任前，朱熹给福州州学教授常濬孙写信，帮助辛弃疾、常濬孙修建并整顿郡学。① 在六月潭州任上，朱熹修复岳麓书院，并莅临讲学。吴琼所记语录载：

> 在潭州时，诣学升堂，以百数签抽八斋，每斋一人，出位讲《大学》一章。讲毕，教授以下请师座讲说大义。②
>
> 曰："先生如此教人，可无躐等之患。"曰："躐等何害？若果有会躐等之人，自可敬服。"曰："何故？"曰："今若有人在山脚下，便能一跃在山顶上，何幸如之！政恐不由山脚，终不可以上山顶耳。"③

吴琼所记语录非常重要，还原了朱熹及其弟子讲学的具体场景、讲学方法、讲学过程，揭示了教育讲学文字实录这一有别于禅宗语录的、《朱子语类》语录体独有的性质特征，即《朱子语类》所有语录都是围绕教书育人、学术商榷、经世致用这一学术工程所作的记录。这两则语录，显示了朱熹独特的办学思想，他打破了师传生受的模式，培养学生自学的潜能，用分组抽签的办法，让学生讲论《大学》，老师进行点评。这在宋代无疑是一种先进的教学模式。

第二则语录的对话极为精彩。学生对朱熹的讲学方法做出"学无躐等"的评价，朱熹却反其意而行之，创造性地提出"躐等无害"的主张（实质上朱熹给所有学生提供了更为广阔的培养自我、提升自我的空间），学生不解"躐等无害"的含义，朱熹将基础较弱的学生譬作"人在山脚下"，经过讲学磨砺，既增进了对经典的理解，又锻炼了口才，就会进入

---

① 《朱熹年谱长编》，第1104页。
② 《朱子语类》，第2654页。
③ 《朱子语类》，第2654~2655页。

一个更高的学术层次，朱熹称之为"人在山顶"。在学生看来，非常幸运，在老师看来，非常欣悦。这将学生引入一个大胆质疑、勇于挑战和创造的学术研究境界。

廖谦所记语录：

> 先生至岳麓书院，抽签子，请两士人讲《大学》，语意皆不分明。先生遽止之，乃谕诸生曰："前人建书院，本以待四方士友，相与讲学，非止为科举计……且学问自是人合理会底事。只如'明明德'一句，若理会得，自提省人多少。明德不是外面将来，安在身上，自是本来固有底物事。只把此切己做工夫，有甚限量！此是圣贤紧要警策人处，如何不去理会？不理会学问，与蚩蚩横目之氓何异？"①

廖谦所记语录，开篇增加了简短叙事，交代了语言发生的具体环境和朱熹发言的缘由，接下来的语录部分，句法章法清晰，结体成篇。语义层次鲜明，语脉流转自如，贯穿始终。叙事指出"两士人讲《大学》，语意皆不分明"，语录主体部分阐明讲学的重要性，指出建书院的宗旨是讲学，而讲学非只为科举，其终极目的是明德切己，超越"蚩蚩横目之氓"之低级层次，培养有更高精神境界和学术思想的经世致用之才。朱熹始终明确自己培养人才的目标和规格，并且向这一理想不折不扣地推进。

（3）朱门弟子绍熙五年语录客观反映了朱熹重大的人生转折。此年朱熹在政治上开始退隐，由参与政治、格帝王之心转向兴办学校、讲学育人。

宋孝宗赵眘逝去，宋光宗赵惇内禅，宋宁宗即位前，宰相留正以疾辞去相位，宋宁宗即位后，"以宜州观察使韩侂胄兼任枢密都承旨"，起居舍人刘光祖、中书舍人陈傅良以及吏部侍郎彭龟年连续被韩党弹劾，相继离职，从此韩侂胄把持朝政。② 朱熹在此年闰十月十九日晚，乞赐宋宁宗施行前所奏四事，宋宁宗内批除宫观。年居六十五岁的朱熹在政权交替的斗争中被排挤出京。李杞所记语录从侧面反映了当时的客观情况：

---

① 《朱子语类》，第2654~2655页。
② （元）脱脱等：《宋史》，中华书局，1985，第717~718页。下引《宋史》，皆出此本。

> 绍兴甲寅良月，先生由经筵奉祠，待命露芝，杞往见……①

此则语录中"绍兴"当为"绍熙"（绍兴甲寅为 1134 年，此年朱熹仅 4 岁）。在朱熹将离临安，待命灵芝寺时，李杞拜见朱熹，这则语录中师生二人讨论的中心课题是"致知在格物"，这一命题仍出于《大学》，与朱熹经筵侍讲的内容一致。他在与李杞的问答中继续阐述自己的观点：

> "《大学》论治国、平天下许多事，却归在格物上……"
> "如'人君止于仁，人臣止于敬'之类，各有一至极道理。"
> "凡万物莫不各有一道理，若穷理，则万物之理皆不出此。"

朱熹坚信，理是万物存在与活动的基本规律，而探究事物规律的唯一途径就是格物，这是朱熹理学的核心。李杞的这则语录是一个分水岭，此前朱熹在政治上汲汲以求，此后朱熹完全致力于学术研究和讲学活动。

朱熹离开临安，十一月十一日应县宰司马迈的邀请，在玉山县庠讲学，其讲学文字被编成《玉山语录》。朱熹在《答林德久》其二中表达了自己此次讲学的感受：

> 昨在玉山学中，与诸生说话，司马宰令人录来，当时无人剧论，说得不痛快。归来偶与一朋友说，因其未喻，反复晓譬，却说得详尽。因并取两次所言，录以报之。试取一观，或有助于思索也。②

从朱熹的这段话中也能揣摩出语录文体特征，朱熹边说，学生边听，直录原话，讲学过程中缺乏"剧论"和兴致，智力因素没有彻底参与，有时思维不严密就会讲得不透彻、不全面，文字散乱而不连贯，语义枝蔓而不凝聚，造成令理学大师朱熹都不满意的讲学效果。相反"反复晓譬"，才能把道理讲得透彻。

朱熹还与长沙宰饶干、属官陈彦忠、参政王谦仲筹划重建湘西精舍。

---

① 《朱子语类》，第 2878～2879 页。
② 《答林德久》其二，《朱子全书》第 23 册，第 2934 页。

《晦庵先生朱文公文集》卷二十九《与王枢使谦仲札子》云："湘西精舍，……俾遂其役，千万之望。"① 十一月中旬，朱熹从国都回到福建武夷山，与众弟子会集武夷精舍，讲论学问。十二月十二日沧洲精舍建成，十三日朱熹带领门生弟子行释菜之礼，把全部心力投入到学术研究和讲学、立德树人、培养后进的教育活动中来，并以之作为自己人生的最后归宿。

叶贺孙 1194 年所记语录详细保存了朱熹带领弟子行释菜礼的全过程，诠释了中国古代尊师重教的文化传统：

> 新书院告成，明日欲祀先圣先师，古有释菜之礼，约而可行，遂检《五礼新仪》，令具其要者以呈。先生终日董役，夜归即与诸生斟酌礼仪。鸡鸣起，平明往书院，以厅事未备，就讲堂礼……先生以坐中多年老，不敢居中位，再辞不获，诸生复请，遂就位，说为学之要。午饭后，集众宾饮，至暮散。②

释菜在《礼记》中有记载："上丁，命乐正习舞释菜。""习舞释菜"，郑玄解释为"将教习舞者，则先以释菜之礼告先师也"③。它是一种尊崇师道的礼仪活动。叶贺孙所记语录，是朱熹带领学生行释菜礼的实录，这次祭祀活动历时一天，祭祀的先师包括孔子、颜渊、曾参、孔伋、孟子、周敦颐、程颢、程颐、邵雍、司马光、张载、李侗共 12 人。朱熹是这一祭祀先师活动的筹划者、组织者和实施者，实至名归地成为东南学术领袖，而学术活动和学术研究也成为他后来岁月的中心。绍熙五年十二月十二日沧洲精舍建成，其作《水调歌头》云："春昼五湖烟浪，秋夜一天云月，此外尽悠悠。永弃人间事，吾道付沧洲。"④ 这首词正是他由仕途转向学术的心迹流露。

（4）绍熙五年语录开始出现朱熹对学生的训词，朱熹在传播学术的同时，走向学生的内心世界，矫正学生的错误行为，雕琢其心灵，培养其内

---

① 《与王枢使谦仲札子》，《朱子全书》第 21 册，第 1271 页。
② 《朱子语类》，第 2295~2296 页。
③ （元）陈澔注《礼记集说》，上海古籍出版社，1987，第 86 页。
④ 《朱熹年谱长编》，第 1202 页。

在品格。朱熹与廖谦的对话侧重评价科举程文，矫正世俗观念对学生心理的不良影响；与袭盖卿的对话针对格物致知与应事接物的关系；与吴琼的问答则完全从培养其性格着眼。

训导廖谦的语录：

> 问谦："曾与戴肖望相处，如何？"曰："亦只商量得举子程文。"曰："此是一厄。人过了此一厄，当理会学问。今人过了此一厄，又去理会应用之文，作古文，作诗篇，亦是一厄。须是打得破，方得。"①

朱熹获悉廖谦在某一时期专注于科举和程文，学子应举是理学研究的一大困厄，引导学子走向功名利禄。打破此关，超越功名利禄才能潜心于学问，然而一味地专注于古文技巧和诗歌艺术的追求，也会妨碍道学，这是理学研究的另一困厄，不过分地追求形式，而去探究万物万理，完善自我道德，恰恰是理学的终极追求。朱熹通过与廖谦的谈话，把他引向更高的做人和做学问的境界。这种境界超越了世俗功利，也超越了文学艺术追求，其终极目标指向人的自我完善和对真理的追求。朱熹对袭盖卿的训导也不仅仅停留在学问上，如：

> 盖卿因言："致知、格物工夫既到，然后应事接物，始得其宜。若工夫未到，虽于应事接物之际，未尽合宜，亦只得随时为应事接物之计也。"曰："固是如此。若学力未到时，不成不去应事接物……人若学力未到，其于应事接物之间，且随吾学力所至而处之。善乎明道之言曰：'学者全体此心。学虽未尽，若事物之来，不可不应；但随分限应之，虽不中不远矣。'"②

朱熹与袭盖卿的对话，反映了朱熹对理论与实践的态度，格物致知是理论范畴，但是它一刻也离不了应事接物这一生活实践，掌握理论的目的

---

① 《朱子语类》，第 2792 页。
② 《朱子语类》，第 2791 页。

就是更好地指导实践，格物致知增进自我修养，其目的也是应事接物，二者是不可分割的，理论和实践不能相互等待，而是一个统一体。朱熹的答问从事物发展变化的角度出发，指出"随分限应之"，以求得中，这是对袭盖卿关于理论与实践关系认识的改造，也是对袭盖卿处理做人与做学问二者关系的引导。

培养学生性格，引导学生树立高远志向是朱熹训导学生的立足点，如他对吴琮的训词：

> "圣贤言语，只管将来玩弄，何益于己！"……曰："不问如此。只合下立脚不是，偏在语言上去，全无体察工夫，所以神气飞扬。且如仲方主张'克己'之说只是治己，还曾如此自治否？仁之为器重，为道远，举莫能胜，行莫能至。果若以此自任，是大小大事！形神自是肃然，'无有师保，如临父母'。曾子所谓'战战兢兢，如临深渊，如履薄冰'！如此气象，何暇轻于立论！仲方此去，须觉识见只管迟钝，语言只管畏缩，方是自家进处。"①

这段训词中朱熹揭示出吴琮本身存在的问题，只玩味"圣贤言语"，而缺少"体察工夫"，从而妄下断论。朱熹认为正确的做法是，既要知"圣贤言语"，又要切己体察，把吴琮的"克己"主张转化为"如此自治"。仁成为一个人的材具和品德，需要在内心世界长期体察和培养，然后才能做到"形神肃然"，因此处事要敬笃，"如临父母"，要谨言慎行，"如临深渊"。朱熹认为，当吴琮感觉到自己"识见迟钝""语言畏缩"时，就是学问长进了。朱熹的训词使吴琮受到震动，吴琮回应朱熹说"深中膏肓"，"如负芒刺"！并表示"持其志，毋暴其气"。朱熹继续针砭吴琮存在的问题：没有志向，如何持得！吴琮进一步请教志向所在，朱熹给吴琮指出一条光明大道："'大学之道，在明明德，在新民'，是立志处。"做学问的根本目的是完善自我，自臻善境。朱熹这是在对学生心灵和性格进行塑造，引导学生以明德新民为志向，体察培养。这些训词已经超越了学问本身而拥有了新的意义和价值。

---

① 《朱子语类》，第 2864~2865 页。

朱熹对学生的训词不仅仅出现在绍熙五年语录中，在《朱子语类》中也占很大比例，这些训词直指学生在性格、品德甚至内心世界存在的弊端和尘垢，或一针见血、语词犀利，或迂回委婉、含蓄深挚，或环环相扣、步步紧逼，深刻影响了学生的品格和行为，成为《朱子语类》中语言的珍宝。

三 庆元五年语录——内容各异的个人所记语录

宋宁宗庆元五年（1199），朱熹七十岁，是朱熹辞世的前一年，也是《朱子语类》"朱子语录姓氏"记载的最晚一个年份。著录"己未所闻"的有李儒用、陈淳、吕焘、刘子寰、刘砺、林学履等六人。六人语录，内容各有侧重，并且详略不一，显示了他们不同的学习志趣和价值取向。

（一）以理学为中心的陈淳所记语录

陈淳所记语录约618条，十万余字，其中涉及性理类43条、为学类37条、《大学》类27条、《论语》类145条、《孟子》类32条、《中庸》类26条、《易》类27条、《尚书》类3条、《诗经》类8条、《春秋》类10条、《礼》类52条、《乐》类3条、孔孟周程张类78条、朱子类26条、朱子训门人类45条、吕氏类3条、陈君举类1条、陆氏类1条、老庄类2条、释类7条、本朝类13条、历朝类12条、战国类3条、杂志类8条、论文类6条。陈淳所录的内容极为全面，涉及《朱子语类》140卷所有内容（不包括《孝经》）。尤以性理类、为学类、《大学》类、《论语》类、《孟子》类、《易》类、《礼》类、孔孟周程张类、朱子训门人类九种为详。《宋元学案》载："文公曰：'凡阅义理，必穷其源。'先生闻而为学益力，日求所未至。文公数语人以'南来，吾道喜得陈淳'。"① 陈淳的记录，侧重于理学"工夫"，显示了他本人的兴趣与学术方向，在语体上带有理学思辨的色彩。

（1）学尚质疑，答贵解疑，问答联绵是语录体的根本特点。在陈淳所记的以下语录中，师生间往还追问，穷根溯源，数问数答，连缀成篇，显

---

① 《宋元学案》，第2220页。

示了南宋学人的良好学风。

> 淳冬至以书及自警诗为贽见。翌日入郡斋，问功夫大要。曰："学固在乎读书，而亦不专在乎读书。公诗甚好，可见亦曾用工夫。然以何为要？有要则三十五章可以一贯。若皆以为要，又成许多头绪，便如东西南北御寇一般。"曰："晚生妄意未知折衷，惟先生教之。"先生问："平日如何用工夫？"曰："只就己上用工夫。""己上如何用工夫？"曰："只日用间察其天理、人欲之辨。""如何察之？"曰："只就秉彝良心处察之。"曰："心岂直是发？莫非心也。今这里说话也是心，对坐也是心，动作也是心。何者不是心？然则紧要着力在何处？"扣之再三，淳思未答。先生缕缕言曰："凡看道理，须要穷个根源来处。如为人父，如何便止于慈？……上下数千年，真是昭昭在天地间，前圣后圣相传，所以断然而不疑。夫子之所教者，教乎此也；颜子之所乐者，乐乎此也。……"问："颜子之乐，只是天地间至富至贵底道理乐去。乐可求之否？"曰："非也。此一下未可便知，须是穷究万理，要令极彻。"已而曰："程子谓：'将这身来放在万物中一例看，大小大快活！'又谓：'人于天地间并无窒碍处，大小大快活！'此便是颜子乐处。这道理在天地间，须是真穷到底，至纤至悉，十分透彻，无有不尽；则与万物为一，无所窒碍，胸中泰然，岂有不乐！"①

这段语录详尽地记录了陈淳与朱熹的关于"道学原委"的讨论。语录中以朱熹的发问为多，首先将陈淳置于疑问和思索的状态，"扣之再三，淳思未答"，然后指出格物穷理的方法，进而指出道学的渊源以及学者应以"前圣后圣相传"为楷式，将学术真谛传承下去。陈淳尽得朱熹真传。从形式上讲，朱熹的问和答是语录的核心，问答之间思维缜密，层次鲜明，语脉联绵，无割裂之感。天下万事、世间万理都须经追根溯源一途，先从陈淳本身出发，从孔子、颜子再到程子，再到朱熹与陈淳。文意周转如常山蛇势，首尾相应，灵活多变，不离本根。

---

① 《朱子语类》，第2814~2816页。

（2）篇幅增大，融入叙事、抒情等诸多文学要素，注重丽辞，由语录体变为叙事散文体。我们看其中的一条语录：

> 先生庚戌四月至临漳。淳罢省试归，至冬至，始克拜席下。明年，先生以丧嫡子，丐祠甚坚……先生在临漳，首尾仅及一期，以南陬僻陋之俗，骤承道德正大之化，始虽有欣然慕，而亦有谔然疑，哗然毁者。越半年后，人心方肃然以定。僚属厉志节而不敢恣所欲，仕族奉绳检而不敢干以私，胥徒易虑而不敢行奸，豪猾敛踪而不敢冒法。平时习浮屠为传经礼塔朝岳之会者，在在皆为之屏息。平时附鬼为妖，迎游于街衢而掠抄于闾巷，亦皆相视敛戢，不敢辄举。良家子女从空门者，各闭精庐，或复人道之常。四境狗偷之民，亦望风奔遁，改复生业。至是及期，正尔安习先生之化，而先生行矣！是岂不为恨哉！①

语录追叙自己与先生在临漳相识，即倾慕先生为人、理政与学术，纪实精确，印象深刻。"欣然慕""谔然疑""哗然毁"写出了朱熹理政与学术思想在当地引起的波动，然后用整句叙写"僚属""仕族""胥徒""豪猾""浮屠""从空门者""狗偷之民"等不同阶层的人在朱熹的教化下，事业开始走向正轨，社会风气转向良好。最后以"先生行矣"作结，表达了遗憾之情。通观全文，似乎不属于语录体，而是陈淳追忆与老师朱熹交往的叙事散文，叙事简洁有层次感，句式整散结合，活泼多变，临别相送，真情绵邈。这篇语录是语录体中的特例，通篇不见一条语言记录，不是名副其实的语录体，究其实质是陈淳的自言自语，是内心世界的真情流露，这是长期记录语言所致。由关注朱熹的语言，进而关注朱熹的行为，陈淳内心世界产生了由语言到行为的全面观照，在文字上也必然形成语录体向文章体的转变，这是自然而然的。

（二）以两宋政事为中心的李儒用所记语录

李儒用所记语录共约 79 条，两万余字。其中涉及性理类 2 条、为学类

---

① 《朱子语类》，第 2653～2654 页。

4条、《大学》类3条、《论语》类12条、《孟子》类3条、《易》类1条、《尚书》类1条、《诗经》类1条、《礼》类3条、孔孟周程张类6条、朱子类3条、本朝类38条、战国汉唐诸子类1条、论文类1条。李儒用所记语录集中在本朝类，语涉人物都是朝廷要员，语录所述包括探索两宋政事兴废之由，讨论"敕、令、格、式"等朝廷公文的写法、修史与科举、与高丽之关系等方面的内容。但最突出的是议论朝政，显示了与他人语录不同的文体风格。

（1）选材立其体，李儒用兴趣在于两宋国事，他所记语录共79条，其中38条为本朝类，占总语录条数近二分之一，这些语录论人即谈两宋君臣，诸如太祖、神宗、高宗、孝宗，范仲淹、吕夷简、王安石、陈康伯、司马光、章惇、蔡京、曾巩、曾布、邢恕、宇文虚中、徐处仁、孙傅、宗泽、李伯纪、张邦昌、汪伯彦、黄潜善、秦桧、张浚等，论事则讲朝廷用人、中原恢复。诸如"问荆公得君之故""元祐诸贤议论""章子厚与温公争役法""章蔡之奸何如""论靖康执政""天下不可谓之无人才""魏公何故亦尝论列李丞相""中兴贤相，皆推赵忠简公""赵忠简公与魏公材品如何""孝宗初，起魏公用事""问胡文定公与秦丞相厚善之故""范文正公经理西事，看得多是收拾人才""本朝建国，何故不都关中"等。① 选择这些重大题材，客观上就决定了与之相符的文体结构、文气和文势。篇章谨严，逻辑绵密，文气磅礴，语义广大，文势犀锐，摧坚克难，激浊扬清，褒贬分明。

（2）"本朝类"语录，章句谨严，多以总分谋篇。在每则语录之前，用一句或两句话概括出讨论的范畴或主旨，言简意赅，切中要害。开篇的一两句话可以作为整则语录的题目和中心。有了开篇，然后分宾主辨析，最后得出结论。例如：

> 或问："赵忠简公与魏公材品如何？"曰："赵公于军旅边事上不甚谙练，于国事人才上却理会得精密，仍更持重，但其心未必如张公辨得为国家担当向前。自中兴以来，庙堂之上主恢复者，前有李伯纪，后有张公而已。但张公才短，处事有疏略处。他前后许多事，皆

---

① 《朱子语类》，第3042~3190页。

是竭其心力而为之。少有照管不到处，便有疏脱出来。"①

这则语录，开篇明旨，设置了对比赵鼎和张浚两人材品的话头，接下来的评述都是围绕这个中心展开的，开篇一句"赵忠简公与魏公材品如何"，譬如北辰，下面分述二人譬如众星。总分结构清晰谨严，如北辰居中，众星拱卫。分述赵鼎与张浚时，一主一次，赵鼎是次，张浚是主，故赵鼎简，张浚详。南宋在偏安一隅的现实下，更需要臣民承担家国责任，尽管张浚才短，但语体也以评述张浚为主，突出了张浚，也就突出了南宋政治首要而尖锐的问题——恢复中原。下一则语录也具备相同的文体结构。

天下不可谓之无人才，如靖康建炎间，未论士大夫，只如盗贼中，是有多少人！宗泽在东京收拾得诸路豪杰甚多，力请车驾至京图恢复。只缘汪黄一力沮挠，后既无粮食供应，泽又死，遂散而为盗，非其本心。自是当时不曾收拾得他，致为饥寒所迫，以苟旦夕之命。后来诸将立功名者，往往皆是此时招降底人。所以成汤说："万方有罪，在予一人！"圣人见得意思直如此。②

这则语录一开篇就切入南宋最核心的政治——朝廷用人和中原恢复，这是综述。实据靖康建炎年间的形势，列出主战派宗泽与主和派汪伯彦、黄潜善的不同做法，以及由此招致的国命倒悬。分述中宗泽主战一脉是主，汪、黄主和一脉是次，故详述宗泽遗部后来情况，并为之辩解。最后引入《尚书·汤诰》中的商汤之言，委婉指出宋朝最高统治者赵构用人失当。结构绵密，无枝蔓零碎之感。

（3）出语多石破天惊，文气浩然，文势凌厉，指斥忠奸善恶，抑多扬少，情感充沛，忧国之情溢于唇齿之间，增强了文学性。

熙宁《三舍法》，李定所定。崇观《三舍法》，蔡京所定。胡德辉

---

① 《朱子语类》，第 3149 页。
② 《朱子语类》，第 3135 页。

尝作记。学者，所以学为忠与孝也。今欲训天下士以忠孝，而学校之制乃出于不忠不孝之人，不亦难乎！①

宋代太学分上舍、内舍、外舍，根据学生不同的材具给予不同的待遇，梯次培养人才。制定学校法则的人应该是德高望重之人，一世楷模。而熙宁、崇观《三舍法》的制定者却是李定、蔡京，皆属奸臣，蔡京名登《宋史·奸臣传》，他们制定学校育人的规范是天下人才的灾难。言说者以"不忠不孝"一词点评蔡京之流，振聋发聩，石破天惊，文气充沛，文势汹涌，善恶之辨在弹指一挥间。又如：

> 问："庚辰《亲征诏》，旧闻出于洪景卢之手。近施庆之云，刘共甫实为之。乃翁尝从共甫见其草本。未知孰是。"曰："是时陈鲁公当国，命二公人为一诏，后遂合二公之文而一之，前段用景卢者，后段用共甫者。"问："此诏如何？"曰："亦做得欠商量，盖名义未正故也。记得汪丈尝以此相问，某答曰：'此只当以渊圣为辞。盖前时屈己讲和也，犹以鸾辂在北之故，今其祸变若此，天下之所痛愤，复仇之义，自不容已，以此播告，则名正言顺。如八陵废祀等说，此事隔阔已久，许多时去那里来！'"②

这则语录涉及"庚辰《亲征诏》"（按《宋史·高宗纪》与《陈康伯传》绍兴三十一年，辛巳，1161年，宋高宗下诏亲征。语录有误），专门研读诏书内容，并指出诏书措辞不当，语意不明。诏书分两个部分，洪景卢与刘珙（共甫）分拟前后两段文字。李儒用与朱熹共同讨论"亲征诏"的起草原委，在宋金对峙、两宋交替的政治变局中抽绎出事件的内在规律，明理而后辞壮。显示了朱熹的理学智慧、政治敏感度和文章学才能。正确措辞应当为"鸾辂在北"及"复仇之义"，诏书才能"名正言顺"，理直气壮。篇中文字"祸变若此，天下之所痛愤，复仇之义，自不容已"，激昂慷慨，情绪飞扬，豪情振奋，不能自已。设想当时李儒用记录之实

① 《朱子语类》，第3080页。
② 《朱子语类》，第3058~3059页。

景，朱熹及其弟子必然扼腕浩叹，捶胸顿足，气结声悲。我们再看下篇语录中的文气和情感因素。

> 问："或言孝宗于内殿置御屏，书天下监司帅臣郡守姓名，作揭贴于其上，果否？"曰："有之。孝宗是甚次第英武！刘共甫奏事便殿，尝见一马在殿廷间，不动，疑之。一日问王公明。公明曰：'此刻木为之者。上万几之暇，即御之以习据鞍骑射故也。'"又曰："某尝以浙东常平事入见，奏及赈荒。上曰：'其弊只在后时失实。'此四字极切荒政之病。"①

这段语录是朱熹及其弟子们对国君的评点，气势浩然，褒贬分明，度越常人所能议论指摘，俨然以圣哲自居，担纲重任，言辞犀利，直陈政失。文字以两件事褒扬孝宗皇帝不忘恢复，厉兵秣马，韬光养晦；书写军事将领的姓名，并贴在屏风上，时时见之；以木刻马，习据鞍骑射。文字以孝宗自述，自评心不恒定，赈荒失察。对前者，用"是甚次第英武"，勾勒一代明君形象，感奋褒扬之情溢于言表，对后者，用"荒政之病"，尖锐犀利，极具针对性，可谓"一棒一条痕！一掴一掌血"②。整段文字文气贯穿，语脉勾连，正气凛然，真情潜然，文体与文意浑然一体，气势贯通，界限莫辨。

（三） 以 《周易》 为中心的林学履与刘砺所记语录

林学履所记语录约 134 条，15000 余字，内容涉及 《易》 类 133 条、张子之书类 1 条，也事关易理，而对性理类、为学类、《大学》 类、《中庸》 类、《论语》 类、朱子类等其他内容，没有一字记录。刘砺所记语录约 80 条，7000 余字，内容涉及 《易》 类 77 条、《论语》 类 2 条、《诗经》 类 1 条。林学履与刘砺两位学生都对 《周易》 有着浓厚的学术兴趣，故所记语录都集中在这一内容上。

林学履与刘砺的语录本质上是学习 《周易》 的课堂笔记，由于 《周易》 文本不同，卦画抽象，含蕴丰富，爻辞省练晦涩，词义艰深，所以这

---

① 《朱子语类》，第 3060 页。

② 《朱子语类》，第 164 页。

一部分的语录呈现为释象解画、训诂爻辞、评史释理的体貌特征。

（1）以象为中心，通过释象解画来阐述六爻所代表的意义。朱熹与学生讨论《周易》之象与对应的象征意义时，将《周易》中的象分为三种，一是卦画本身的奇偶之象，分别代表了某种事物的两个方面，如阴和阳、男和女、刚和柔。二是八卦所指之象，以天地雷风之象称代乾坤六子。三是圣人自取之象，即用事件来类比意义。所以每一则语录都在通过分析象的特征来释义。

> 卦中要看得亲切，须是兼象看，但象不传了。郑东卿《易》专取象，如以《鼎》为鼎，《革》为炉，《小过》为飞鸟，亦有义理。其他更有好处，亦有杜撰处。[①]
>
> "山上有泽，《咸》"，当如伊川说，水润土燥，有受之义。又曰："上若不虚，如何受得？"又曰："上《兑》下《艮》，《兑》上缺，有泽口之象；《兑》下二阳画，有泽底之象；《艮》上一画阳，有土之象；下二阴画中虚，便是渗水之象。"[②]

《朱子语类》解释《周易》爻辞首先从卦画出发。分析侧重的是阴画和阳画。以上两例主要从卦画上谈《周易》的象征意义，实际上就是研究《周易》符号的形状特征，根据形状特征建立与现实事物的相似关系，从而推测和阐释其中的意义。第一则语录朱熹评价了郑东卿解释《周易》的特点，认为"有义理""有好处"，客观上反映了朱熹对"兼象看"（以象解义）的重视。例如郑东卿认为鼎卦（䷱）的卦画像炉的形状，初六是鼎之两足，九二、九三、九四是鼎之身，六五是鼎之两耳。小过卦（䷽）的卦画像飞鸟的形状，中间九三、九四是飞鸟之身，初六与六二是鸟之一翼，六五与上六是另一翼。第二则语录是对咸卦（䷟）的解释，上六被解释为"泽口之象"，初六与六二两卦画被解释为"渗水之象"。通观以上两则语录，都是从卦画出发解释语义，就使得语体的语义呈现为多层次的意义，卦画意义成为第一层意义，即象辞，然后在第一层意义的基础上再派

---

① 《朱子语类》，第1643页。
② 《朱子语类》，第1811~1812页。

生出其他意义，这样语体意义就具备了多层次的特征，而语体结构也必然呈现为多层次的特征，以适应这样的释义原则。

> "密云不雨，尚往也"，是阴包他不住，阳气更散，做雨不成，所以尚往也。①

"密云不雨，尚往也"，是对姤卦（☰）的卦辞，朱熹从分析卦画入手，初六为阴气，数量较少，九二、九三、九四、九五、上九为阳气，数量较多，阳气散开，所以尚往。因此这则语录的语体结构可分为三个层次，"阴包他不住，阳气更散"为第一层次，"做雨不成"为第二层次，"所以尚往"为第三层次。

一般情况下，学生的提问不是语体的主体部分，朱熹的回答是语体的主体，但是也有特例。下面这则语录，学生的提问就成为语体的主体部分，而老师的评价就成为语体的次要部分，前者呈现为多重结构和多重意义。学生的提问是就对遁卦（☰）的解释向朱熹请教。

> 问："《遁卦》'遁'字，虽是逃隐，大抵亦取远去之意。天上山下，相去甚辽绝，象之以君子远小人，则君子如天，小人如山。相绝之义，须如此方得。所以六爻在上，渐远者愈善也。"曰："恁地推亦好。此六爻皆是君子之事。"②

这一则语录第一重语义结构是"天上山下，相去甚辽绝"，这重语义结构建立在天地雷风这一基本之象的基础上，遁卦内卦三画遁为山，外卦三画遁为天。第二重语义结构是"象之以君子远小人，则君子如天，小人如山"。第三重语义结构是"六爻在上，渐远者愈善也"。三重语义结构之间是依次衍生的关系。除了从阴画、阳画与天地雷风诸象来解释卦义之外，爻辞中还存在"圣人自取之象"，那么有些语录的第一重语义就建立在"圣人自取之象"上。例如：

---

① 《朱子语类》，第 1755 页。
② 《朱子语类》，第 1822 页。

《渐》九三爻虽不好，"夫征不复，妇孕不育"，却"利御寇"。今术家择日，利婚姻底日，不宜用兵；利相战底日，不宜婚嫁，正是此意。盖用兵则要相杀相胜，婚姻则要和合，故用不同也①。

这则语录主要是解释渐卦（䷴）第三爻阳画的意义。"九三，鸿渐于陆，夫征不复，妇孕不育，凶；利御寇。"② 士兵出征没有返回，妇人怀孕没有生产，这是不好的事，但是抵御外侮是可以做到的，这是第一重意思。士兵作战双方要互相杀戮，男女婚姻双方要相亲相爱，这样才能达到用兵和婚嫁的目的，两件事双方关系正好相反，这是第二重语义。朱熹从来都如此强调，《周易》最重要的作用是用来占卜，因此他推导出了第三重语义：有利于婚嫁的日子，不利于用兵，相反，有利于打仗的日子绝不利于婚嫁。这一语录的语义结构，首先从象（爻辞中的事件）的意义出发，依次衍生新的语义层次，最后达到解经的目的，这是这类语录的语体和语义特征。

（2）训诂爻辞、考释名物、衍生新意是林学履和刘砺所记语录的第二个语体特征。二人所记语录中，有大量的语篇涉及对爻辞中的事件如"师或舆尸"、事物如"井"与"金矢"之类、单字如"孚"等进行训诂、考证、纠谬、推理，从而得出对某一卦辞或某一爻辞较为合理妥帖的解释。

　　　问："'师或舆尸'，伊川说训为'众主'，如何？"曰："从来有'舆尸血刃'之说，何必又牵引别说？某自小时未曾职训诂，只读白本时，便疑如此说。后来从乡先生学，皆作'众主'说，甚不以为然。今看来，只是兵败，舆其尸而归之义。"③

这则语录是对师卦（䷆）第三爻爻辞的阐释，同时也是对程颐解释的纠谬。"六三，师或舆尸，凶。"④ 程颐解释为"众主"，从实际阴阳卦画

---

① 《朱子语类》，第 1859 页。
② （宋）朱熹撰，廖明春点校《周易本义》，中华书局，2012，第 190 页。下引《周易本义》，皆出此本。
③ 《朱子语类》，第 1752 页。
④ 《周易本义》，第 63 页。

分析，师卦只有九二爻是阳爻，其他是阴爻，九二应该解释为"众主"。朱熹认为这是"兵败，舆其尸而归之义"，当然，朱熹的解释是正确而客观的，程颐的解释可能是错简的原因。除了对爻辞阐释进行纠谬之外，语体还对具体的事物进行考索推测，以期得出合理而准确的意义。我们来看以下四则语录。

　　问"《井》，德之地。"曰："井有本，故泽及于物，而井未尝动，故曰'居其所而迁'。如人有德，而后能施以及人，然其德性未尝动也。'《井》以辨义'，如人有德，而其施见于物，自有斟酌裁度。"①

　　问："《噬嗑》'得金矢'，不知古人狱讼要钩金束矢之意如何？"曰："不见得。想是词讼时，便令他纳此，教他无切要之事，不敢妄来。"又问："如此则不问曲直，一例出此，则实有冤枉者亦惧而不敢诉矣。"曰："这个须是大切要底事。古人如平常事，又别有所在。"如剂石之类。②

　　苋、陆是两物。苋者，马齿苋；陆者，章陆，一名商陆，皆感阴气多之物。药中用商陆治水肿，其子红。③

　　问："《中孚》，'孚'字与'信'字恐亦有别？"曰："伊川云：'存于中为孚，见于事为信。'说得极好。"因举《字说》："'孚'字从'爪'，从'子'，如鸟抱子之象。今之'乳'字一边从'孚'，盖中所抱者实有物也。中间实有物，所以人自信之。"④

以上四则语录训诂考证了"井""金矢""苋""陆""孚"等五种事物。"井"这一事物出自井卦（䷯），朱熹在该则语录中，把"井"解释为"井有本，故泽及于物"，从而推导出"人有德，而其施见于物"，这是朱熹解释井卦的核心意义。朱熹在《周易本义》中也是用这一核心意义解释井卦，例如《本义》对第三爻的阐释："王明，则汲井以及物，而施者

---

① 《朱子语类》，第1953页。
② 《朱子语类》，第1781页。
③ 《朱子语类》，第1837页。
④ 《朱子语类》，第1867页。

受者，并受其福也。"①《周易本义》与《朱子语类》中关于"井"的意义阐释是一致的，并且互为表里，相辅相成，一用书面语，一用口语，语体色彩不同但语义殊途同归。

"金矢"这一事物出自噬嗑卦（☲）九四爻辞："噬乾胏，得金矢；利艰贞，吉。"②朱熹在《周易本义》中将胏解释为带骨之肉，引用《周礼》狱讼缴纳钧金束矢之传统，将九四爻辞解释为"所噬愈坚，而得听讼之宜"，将这则语录解释为"教他无切要之事，不敢妄来"。朱熹探本溯源，用《周礼》的传统来解释"金矢"，从而进一步解释爻辞的意思，释义准确。《朱子语类》与《周易本义》都将解释"金矢"作为解释经义的关键，对事物的训诂考证成为得出经义的一个正确途径。因此训诂考证是《朱子语类》讲解语体的一个重要特征。

"苋、陆"二物出自夬卦（☱）九五爻辞：苋陆夬夬，中行无咎。语录中对苋、陆两种事物的考证，是从二者的医药特性出发的。朱熹指出，陆是章陆，又称商陆，是治疗水肿的药材，苋是马齿苋，两种事物均为药材，共性是"感阴气多"。朱熹在《周易本义》中解释夬卦九五爻辞说，"九五当决之时，为决之主，而切近上六之阴，如'苋陆'然"。这就将对苋、陆的训诂考证结果用于解释《周易》经义。将《朱子语类》与《周易本义》相关的文段做对比，《朱子语类》对苋、陆二物的训诂要比《周易本义》详尽得多。也就是说在南宋林学履与刘砺的时代，学习《周易》，不仅要看《周易本义》，而且要看《朱子语类》，《朱子语类》是学习古代典籍的重要参考资料，甚至是必备之工具书，因为《朱子语类》客观上记录了典籍中所涉事物的训诂过程及最详尽的意义，对通晓经义起着不可低估的作用。

如果说前三则语录训诂考索的是事物本身，那么第四则语录训诂考证的却是字形。"孚"字出自中孚卦（☲）卦名。朱熹在《周易本义》中解释卦辞：

孚，信也。为卦二阴在内，四阳在外，而二五之阳，皆得其中，

---

① 《周易本义》，第175~176页。
② 《周易本义》，第102页。

以一卦言之为中虚，以二体言之为中实，皆孚信之象也。又下说以应上，上巽以顺下，亦为孚义。①

朱熹这段文字从阴阳卦画出发来解释孚字的意义。其中"一卦言之"，是指六个卦画所组成的图形，所以中虚。"二体言之"，是指九二之爻在内卦兑卦三卦画之中得其中位，九五之爻在外卦巽卦三卦画之中得其中位，所以中实。而《朱子语类》中林学履所记条目是从字形训诂角度来解释"孚"字意义的，朱熹指出"孚"字，从"爪"从"子"，象鸟抱子之形。又举一"乳"字，也有抱子之形，进而得出"孚"字之义："中间实有物，所以人自信之。"这则语录使用的是字形训诂的方法，因此语体便带上了训诂字形、考究字义的色彩。

（3）评史释理，语体染上浓烈的史学与理学的思辨色彩。在林学履和刘砺所记这部分语录中发现，作为讲述者的朱熹在解释《周易》经义时，也引进了对历史的评述，将史评与《周易》释义结合起来，使哲学之理与历史沉思融为一体，从而使《朱子语类》中的部分语录带上了历史评述的语体特征。

问："《蛊》是坏乱之象，虽乱极必治，如何便会'元亨'？"曰："乱极必治，天道循环，自是如此。如五胡乱华，以至于隋，乱之极，必有唐太宗者出。又如五季必生太祖，若不如此，便无天道了，所以《彖》只云：'《蛊》元亨而天下治也。'"②

这则语录讨论的是蛊卦的内容，朱熹在《周易本义》中解释卦辞：治蛊至于"元亨"，则乱而复治之象也。乱之终，治之始，天运然也。③ 朱熹在解释卦辞的时候引入了天理循环论，他完全接受了邵雍所谓的"元会运世"说，并且在《朱子语类》中与学生吕焘探讨了这个问题，指出：十二万九千六百年为一元，一元有十二会；一万八百年为一会，一会有三十

① 《周易本义》，第209~210页。
② 《朱子语类》，第1772~1773页。
③ 《周易本义》，第93页。

运；三百六十年为一运，一运有十二世。以小推大，以大推小，个个一般，谓岁、月、日、时皆相配合也。如第一会、第二会时尚未生人物，想得地也未硬在。第三会谓之开物，人物方生，此时属寅。到得戌时，谓之闭物，乃人消物尽之时也。大率是半明半晦，有五六万年好，有五六万年不好，如昼夜相似。到得一元尽时，天地又是一番开辟。问："先生诗云：'前推更无始，后际那有终！'如何？"曰："惟其终而复始，所以无穷也。"① 这一理论就是朱熹所说的天理的组成部分，即天运说。在此基础上推导出人类社会的盛衰循环论。乱极必治，乱之终就是治之始，成为解释蛊卦的理论基础。并且将这一天运循环说应用到历史的兴衰治乱中，五胡乱华、南北对峙，发展到隋代时人世衰落到了极点，所以以唐太宗为标志的治世开始出现，并发展到了极点，所以唐末五代十国的局面出现了，而后才出现了宋太祖。

从《周易》的哲理思辨，到理学的精研细思，再到史学的例证思考，又重新回到蛊卦卦辞的阐释，哲学思辨的方向与史学潜思的过程是一致的，朱熹将蛊卦中蕴含的哲理通过历史分析显露出来，最后又统一在理学的思想体系之中，使得他与学生们的讨论笼罩着史学的色彩，他们赖以推进思考的语体，客观上也必然融进了史论的氛围，带有鲜明的理学与史学特色。

同样，朱熹在与其弟子林学履、刘砺等人讨论和解释遁卦、夬卦、师卦时，也引入了对历史事件的讨论和评述，并且将卦辞、爻辞的解释与对历史事件的分析结合起来，以达到明白、显豁的解经释义目的。我们来看以下三例：

> 伊川说"小利贞"云，尚可以有为。阴已浸长，如何可以有为？所说王允、谢安之于汉晋，恐也不然。王允是算杀了董卓，谢安是乘王敦之老病，皆是他衰微时节，不是浸长之时也。兼他是大臣，亦如何去！此为在下位有为之兆者，则可以去。大臣任国安危，君在与在，君亡与亡，如何去！又曰："王允不合要尽杀梁州兵，所以

① 《朱子语类》，第 596~597 页。

致败。"①

九三"壮于頄"，看来旧文本义自顺，不知程氏何故欲易之。"有愠"也是自不能堪。正如颜杲卿使安禄山，受其衣服，至道间与其徒曰："吾辈何为服此？"归而借兵伐之，正类此也……②

"开国承家，小人勿用"，旧时说只作论功行赏之时，不可及小人，今思量看理去不得。他既一例有功，如何不及他得！看来"开国承家"一句，是公共得底，未分别君子小人在。"小人勿用"，则是勿更用他与之谋议经画尔。汉光武能用此义，自定天下之后，一例论功行封。其所以用之在左右者，则邓禹、耿弇、贾复数人，他不与焉……③

第一例阐释遁卦（☷）的意义。朱熹在语录中首先指出了程颐对彖辞"小利贞"的解释是错误的，所举汉末王允、东晋谢安的例子也是不妥当的。程伊川解释彖辞"小利贞"，是可以有所作为的，因此王允乘势杀董卓，谢安乘势杀王敦。朱熹认为"小利贞"是浸而长，即小人势力正盛，君子不宜有所作为。程伊川所举之董卓势力式微，王敦正在卧病，不是浸而长，所以两例不恰当。

但同时朱熹又陷入历史思辨的矛盾之中，"小利贞"，浸而长，是在下位而有为之兆，但同时又要离开，在这一矛盾之时，朱熹指出国家大臣须与国君共进退，同生死。通过对这则语录的分析，我们可以看出朱熹严谨的治学态度，将历史事件的各种条件与遁卦卦辞丝丝入扣地结合起来，以求准确地解经释义，但不可避免地囿于经义，陷入理学思辨的旋涡。

第二则语录是对夬卦（☱）九三爻辞的讨论和释义。夬卦九三爻辞云：君子夬夬，独行遇雨，若濡有愠，无咎。朱熹针对"有愠"二字，结合对历史事件的分析对爻辞辞义进行阐发。颜杲卿出使安禄山，不愿与之同流，借兵讨伐安禄山，从而揭示夬卦具有决绝之义。

朱熹在《周易本义》揭示夬卦九三爻辞时也引证了历史事件，"温峤

---

① 《朱子语类》，第 1823 页。
② 《朱子语类》，第 1837 页。
③ 《朱子语类》，第 1753 页。

之于王敦，其事类此也"①。《晋书·温峤传》云："峤知其终不悟，于是谬为设敬，综其府事，干说密谋，以附其欲。深结钱凤，为之声誉……由是凤谋不行，而峤得还都，乃具奏敦之逆谋，请先为之备。"② 无论《朱子语类》中引证的颜杲卿之于安禄山事，还是《周易本义》中引证的温峤与王敦的事件，都是为了准确解释夬卦九三爻辞的意义，朱熹说，九三之爻处在阴画与阳画当决之时，是同小人决裂，如果表现在面目上，必然有凶道。如果在众多阳画之中，与上六呼应，果敢决绝，不出于一己之私，即使"独行遇雨"，至于沾湿衣物心生愠怒，但终究无害。历史分析与思辨成为《朱子语类》某些语录解经释义的有力佐证，增强了解经释义的权威性和说服力。

第三则语录是讨论并阐述师卦（䷆）上六爻辞"大君有命，开国承家，小人勿用"的。朱熹《周易本义》如此解释这一爻的爻辞："师之终，顺之极，论功行赏之时也。坤为土，故有开国承家之象。然小人则虽有功，亦不可使之得有爵土，但优以金帛可也。"③

在《朱子语类》中朱熹引用了汉光武帝对臣下论功行赏之事，详尽解释并纠正《周易本义》的解释，他指出"小人勿用"不是不赏小人，而是不让小人参与到制定并实施论功行赏之计划的行动中。汉光武帝只信任邓禹、耿弇、贾复数人，让他们制定、实施东汉开国之后论功行赏的计划，拒绝小人参与其事，汉光武帝的行为与师卦上六爻辞的辞义要求是一致的。

比较《周易本义》与上文所选第三例语录关于师卦上六爻辞的解释，林学履所记朱熹晚年所述语言要比《周易本义》的阐释更为详尽、合理。历史材料与爻辞释义，相互佐证，相互发明，使得历史规律与易学哲理都相得益彰。不难看出，朱子晚年林学履、刘砺所记《朱子语类》对朱熹著作《周易本义》起到了补充完善的作用。

《朱子语类》中林学履与刘砺所记内容、历史事件与解经释义互为表里，相互作用，既显示了朱熹广博笃深的史学素养，也反映出《朱子语

---

① 《周易本义》，第 162 页。

② （唐）房玄龄等：《晋书》，中华书局，1974，第 1787 页。下引《晋书》，皆出此本。

③ 《周易本义》，第 64 页。

类》独有的语体色彩。这一特点是研究《朱子语类》语体学的一个重要内容。

（4）林学履与刘砺所记语录多涉口语，多用譬喻，话语亲切，明白易晓，便于面对面地交流与沟通；句式较短，结构简单，语气与节奏较为舒缓自然；客观真实地反映了南宋讲学用语的自然形态。如以下五例：

> 是火中有风，如一堆火在此，气自薰蒸上出。①
>
> ……"类族"，如分姓氏，张姓同作一类，李姓同作一类。"辨物"，如牛类是一类，马类是一类。就其异处以致其同，此其所以为同也。伊川之说不可晓。②
>
> "九二爻自不可晓。看来'我有好爵，吾与尔靡之'，是两个都要这物事。所以'鹤鸣子和'，是两个中心都爱，所以相应如此。"因云："'洁净精微'之谓《易》，自是悬空说个物在这里，初不惹着那实事。某尝谓，说《易》如水上打球，这头打来，那头又打去，都不惹着水方得。今人说，都打入水里去了！"③
>
> 问"范围天地之化而不过"。曰："天地之化，滔滔无穷，如一炉金汁，镕化不息。圣人则为之铸泻成器，使人模范匡郭，不使过于中道也。'曲成万物而不遗'，此又是就事物之分量形质，随其大小阔狭、长短方圆，无不各成就此物之理，无有遗阙……"④
>
> 问："'畜臣妾吉'，伊川云，待臣妾之道。君子之待小人，亦不如是。如何？"曰："君子小人，更不可相对，更不可与相接。若臣妾，是终日在自家脚手头，若无以系之，则望望然去矣。"又曰："《易》中详识物情，备极人事，都是实有此事。今学者平日只在灯窗下习读，不曾应接世变；一旦读此，皆看不得。某旧时也如此，即管读得不相入，所以常说《易》难读。"⑤

---

① 《朱子语类》，第 1828 页。
② 《朱子语类》，第 1765 页。
③ 《朱子语类》，第 1868 页。
④ 《朱子语类》，第 1894 页。
⑤ 《朱子语类》，第 1823~1824 页。

高亨《周易古经今注》指出："据先秦载籍，殷代已有筮书。至于《周易》古经，则周代之筮书也。"①公元前11世纪的周代至朱熹生活的12世纪后半期之南宋，已跨越2300多年的历史。时隔久远使得南宋人对《周易》难通难解，这是毋庸置疑的事实。同样，南宋讲学的经师给学子们透彻讲解《周易》，并让他们领会贯通，顺利通过科举考试，这无疑是一种挑战。《朱子语类》对《周易》的解释，不仅是成功的，而且影响深远，这与《朱子语类》相关语篇的文体特征密不可分。

通读以上五则语录，不难发现他们共有的特征。

首先，五则语录都使用了譬喻，突出了形象思维。第一则用一堆火来譬喻风自火出，从而推导出人应该言有物，而行动有恒心。这是从家人卦（☲）的卦画图形特征来取譬的，内卦是火，外卦是风。第二则用姓氏类、牛类、马类来譬喻同人卦（☲）中离卦遇到乾卦，火上同于天，属于同类。第三则用水上打球来譬喻中孚卦（☲）解释之巧妙，九二的中位与九五上应，共同解释爻辞之义，这是水上打球的境界，即《周易》的所谓"洁净精微"之最高层次。第四则用一炉金汁来譬喻系辞上的句子"天地之化"。圣人铸泻成器，陶钧万物，与天地之化相配合。第五则用学者灯窗下读书来譬喻缺乏应接世变，无法搞清楚遁卦（☲）之义。因为遁卦之中涉及世情，灯窗下读书之人没有阅历，无法理解臣妾之道，作为臣妾，如果不以其道待之，则会径直从主人的视线中离开。有了这些譬喻，深奥的经义都变得浅显易懂了。

其次，这五则语录在用词上都多用口语，语体色彩接近有声语言，而不是书面语，这就还原了朱熹面对学生讲学时的话语系统，让人如临其境，如见其人，如听其语。第一则语录中的"薰蒸"，第二则语录中的"马类""牛类""不可晓"，第三则语录中的"悬空""这头打来""那头又打去"，第四则语录中的"阔狭""遗阙"，第五则语录中的"自家脚手头""不相人"等，可能有些词我们现在读起来不容易理解，但是南宋人在这些话音刚落时，就已经全晓得意思了。这是《朱子语类》最大的语体特色。

最后，研玩五则语录的句子之后，发现600多字的内容，没有长句，

①　高亨：《周易古经今注》，中华书局，1984，第10页。

几乎全是简单句，最短的只有四字，最长的也不过十一二字。简单句使得句意较为单一，信息量减少，节奏和语气变弱，如同磁带中的录音，是最原始、最生动活泼的家常语。简单句将复杂的内容分成若干个细碎的单元，每一个单元都比较容易理解。这是《朱子语类》中较为普遍的语体特点。

正是《朱子语类》以上三种语体特征使得《周易》的解经释义变得晓畅明白，简单生动，流传久远，从而受到人们的欢迎。

（四）以《四书》为中心的吕焘所记语录

吕焘所记语录约 332 条，29000 余字，内容包括性理类 6 条、为学类 16 条、《大学》类 8 条、《论语》类 146 条、《孟子》类 41 条、《中庸》类 20 条、《易》类 23 条、《尚书》类 6 条、《诗经》类 5 条、《春秋》类 1 条、《礼》类 18 条、孔孟周程张类 5 条、朱子类 15 条、老庄类 1 条、释类 2 条、本朝类 7 条、历代类 1 条、战国汉唐诸子类 1 条、杂类 2 条、论文类 8 条。吕焘所记语录集中在语孟之学上，语录条数约 187 条，约占语录总数的 1/2。

吕焘所记语录主要研究的是《论语》和《孟子》这两部经典作品，所以朱熹和吕涛等人探讨的内容主要是解释这两部经典作品的文本及其思想意义，这就决定了这一部分语录的语体特征。

（1）以问答为基本语体，每一则语录开篇即问。或问字词之义，或问句子之义，或问篇章之义，或问人物，或问事件，或问概念，或问事理，或辨析词语，或问句子之间关系，或问语义章法，有疑必问，穷根溯源，探求字义、句义、章义，探求作文之法，深察事物之理，明白人物优劣，以求增进自我学识和品德素养、扩大思维视野、增长才干。

①问字词之义。

　　问"体信达顺"。曰："'体信'，是实体此道于身；'达顺'，是发而中节，推之天下而无所不通也。"①

　　问："'萧墙'，'萧'字为义如何?"曰："也不曾考究。但据旧

---

① 《朱子语类》，第 1145 页。

说云，诸侯至屏内，当有肃敬之意，亦未知是否。"①

　　问"颜子深潜淳粹"。曰："'深潜'，是深厚不浅露。恁地时，意思常藏在里面。"②

　　"体信达顺"出自朱熹《论语集注》中程子之言："君子修己以安百姓……唯上下一于恭敬，则天地自位，万物自育，气无不和，而四灵毕至矣。此体信达顺之道，聪明睿智皆由是出，以此事天飨帝。"③ 这是程颐解释《论语·宪问》"子路问君子"一节中的句子。程子认为修己以安百姓，首先应从恭敬做起，这样就能体信达顺，聪明睿智。吕焘针对"体信达顺"之义提问，朱熹从尊德性角度进行了解答，亲身体验恭敬的过程，尽己性而行中庸，就能聪明睿智，无所不通。

　　"萧墙"出自《论语》"季氏将伐颛臾"一节，将"萧"字解释为"肃敬"。

　　"颜子深潜淳粹"出自朱熹《论语集注》"吾与回言"一节，"愚闻之师曰：'颜子深潜淳粹，其于圣人体段已具。其闻夫子之言，默识心融，触处洞然，自有条理。故终日言，但见其不违如愚人而已……'"④ 朱熹解释"深潜"一词极为巧妙，语言极近白话，"深厚不浅露"一句，无一字艰深，无一字让人迷惑，下面行文"藏在里面"，将"深潜"一词的语义解释得光明澄澈，没有一点渣滓。语义明白，恍然如朱子亲临，语音发于唇齿间，浑然不见语体形式，觉溪水从山石间自然流淌。

　　这种针对字词的问，将《论语》的内容化整为零，化难为易，学生所问都是某一处的迷惑，朱熹通过讲解，使学生今日获一词义，明日获一词义，时日迁延，就会把文句搞清楚，甚至把文句所在的整个文段理解得更加透彻明白。

　　②问句子之义。

　　《朱子语类》中，除了针对某一个词进行问答之外，还有大量的针对某一句话的问答，如以下三例。

---

① 《朱子语类》，第 1171 页。
② 《朱子语类》，第 568 页。
③ 《论语集注》，《朱子全书》第 6 册，第 199 页。
④ 《论语集注》，《朱子全书》第 6 册，第 78 页。

问"宾不顾矣"。曰:"古者宾退,主人送出门外,设两拜,宾更不顾而去。国君于列国之卿大夫亦如此。"①

"宾不顾矣"出自《论语·乡党》,吕焘等人既是对这一句话进行提问,也是对古礼的形式进行提问,朱熹针对"宾不顾"这一古礼,做了详尽的解答,描述了礼节发生的动作、场景和适用人群,使得学生对这一礼节有了感性的理解。

问:"'割不正不食',与'席不正不坐',此是圣人之心纯正,故日用间才有不正处,便与心不相合,心亦不安。"曰:"圣人之心,无毫厘之差。谓如事当恁地做时,便硬要恁地做。且如'不得其酱不食',这一物合用酱而不得其酱,圣人宁可不吃,盖皆欲得其当然之则故也。"②

"割不正不食"与"席不正不坐"出自《论语·乡党》,这一提问,仍然关乎礼节,是古代的饮食之制。朱熹将它提到了"天理、人欲"的高度,他在另一则语篇中说,"一言一语,一动一作,一坐一立,一饮一食,都有是非。是底便是天理,非底便是人欲"③,由此可见,朱熹对句子的解释都关乎他的理学思想体系,用一字一义、一句一义,向受众渗透、融入自己的整体学说思想,由字义、句义到学说,由尽精微到致广大。

问"王者之迹熄而诗亡,诗亡然后《春秋》作"。曰:"这道理紧要在'王者之迹熄'一句上。盖王者之政存,则'礼乐征伐自天子出',故《雅》之诗自作于上,以教天下。王迹灭熄,则礼乐征伐不自天子出,故《雅》之诗不复作于上,而诗降而为《国风》。是以孔子作《春秋》,定天下之邪正,为百王之大法也。"④

---

① 《朱子语类》,第 1000 页。
② 《朱子语类》,第 1004 页。
③ 《朱子语类》,第 1004 页。
④ 《朱子语类》,第 1350 页。

"王者之迹熄而诗亡，诗亡然后《春秋》作"出自《孟子·离娄下》。对这一句的解析关乎对整个文段的理解，所以朱熹首先从"王者之迹熄"下手，侧重从史学角度进行解析，"王者之迹熄"就是"王者之政不存"。在《孟子集注》中，朱熹解释这一句："王者之迹熄，谓平王东迁，而政教号令不及于天下也。"而《诗》《礼》《乐》都是王政的反映，王政式微，《诗》《礼》《乐》发生改变是顺理成章的事情，孔子作《春秋》的意义就彰显出来了。对这两句话的解析，显示了朱熹推崇三代政治的思想倾向。学生对某些句子的提问，便成为一个契机，使得朱熹借助平易的细言碎语，营造亲切融洽的谈话氛围，与学生展开政治与历史范畴下思想学术的讨论，细微处见真章，润物无声。

③问一章之义。

由字及句、由句及章是问答语体的基本形式，对章节之义的提问，是朱熹及其学生对古代经典文献之学术思想较为宏观的把握。我们来看以下三例。

> 问："'樊迟问仁、知'一章，熹看来，不惟治天下国家如此。而今学者若在一家一乡而处置得合义时，如此。"曰："这'仁、知'两字相须。但辨别得分晓，举错得是当，便是仁之事。且如人在乡曲处置得事是当，教一乡之人不至于争斗，即所以仁之也。"①

在这一语录中，吕焘的提问超越了字、句较小的语义单位，转向对章节之义进行提问，这必然步入归纳、提炼学术思想和学术范畴的思维过程。吕焘和朱熹对"仁"这一学术范畴展开交流，吕焘将"仁"的适用范围推广到一家一乡，朱熹指出"仁"的关键，无论何时何地何事，只要"辨别得分晓，举错得是当"，便属于"仁"的范畴。很显然，问答语体非常适合学术讨论和学术思想的提炼、升华。

> 问"富与贵是人之所欲也"一章。曰："如孔子言此，便是自平居时说到那造次、颠沛之际。如孟子说义重于生处，却又说急处有打

---

① 《朱子语类》，第 1095 页。

得过时，如闲居时却有照管不到处，或失之。"①

这则语录讨论的是"仁义"的范畴，跨越了《论语·里仁》和《孟子·告子上》两章的内容，因为讨论的内容上升到学术思想领域，或者说义理范畴，议论所及就不限于一字一句等较小的范围了。朱熹阐释《论语·里仁》中孔子的主张，无论平居还是颠沛，都要坚守仁义立身的原则。进而联系到《孟子·告子上》一章，朱熹把孟子所言"舍生取义"诠释为"急处打得过"，将孟子所言因为"宫室之美""妻妾之奉""所识穷乏者得我"，而去做违背仁义的事情，概括为"闲居时却有照管不到处"。正如朱熹在《孟子集注》中所说：此章言羞恶之心，人所固有。或能决死生于危迫之际，而不免计丰约于宴安之时，是以君子不可顷刻而不省察于斯焉。② 对"仁义"范畴的讨论是较高的学术层次讨论，超越了字、词、章的范围，同时读者可以看到不同文本语体的一个天壤之别，《朱子语类》的语体，无论用词，还是语气、节奏，都简单平易，极尽口语化，有四两拨千斤之效。《孟子集注》中朱熹的语言就显得文辞深奥，文言气息浓重了。

> 问"十五志学"章。曰："这一章若把做学者功夫等级分明，则圣人也只是如此。但圣人出于自然，做得来较易。"③

对章节意义的探讨是在一个较大范围内对文辞整体意义的概括和归纳，吕焘所记的这则语录就是一个明证，这则语录是朱熹及其弟子们对《论语·为政》"吾十有五而志于学"一节的讨论。其中"把做学者功夫等级分明"是对整章文意的概括，联系《朱子语类》中其他语篇，这种概括归纳的功能就显而易见了。我们看朱熹另一位学生甘节所记语录：

> 十五志于学，三十守得定，四十见得精详无疑，五十知天命。天

---

① 《朱子语类》，第 650 页。
② 《论语集注》，《朱子全书》第 6 册，第 405 页。
③ 《朱子语类》，第 558 页。

命是这许多柄子，天命是源头来处。又曰："因甚恁地知得来处？"①

这段语录是对"十五""三十""四十""五十"等人生不同阶段问学经历的一个分析，是分而析之，相反，吕焘所记语录就是对孔子一生的总而括之，孔子生知安行，自然而然。

④问事理。

针对一字、一句、一章提问是语体的形式范畴，针对事理进行提问是语体的义理范畴。义理范畴更为广大，不限于一字、一句、一章的局部讨论，而是对人物和事件做深入的分析，探究其中所蕴含的事理。例如：

> 或问："闵子不仕季氏，而由、求仕之。"曰："仕于大夫家为仆。家臣不与大夫齿，那上等人自是不肯做。若论当时侯国皆用世臣，自是无官可做。不仕于大夫，除是终身不出，如曾、闵，方得。"②

这则语录是朱熹及其学生针对朱熹《论语集注》"雍也第六"中程子之言和谢氏之语所发的议论。程颐说："仲尼之门，能不仕大夫之家者，闵子、曾子数人而已。"谢良佐说："闵子得圣人为之依归，彼其视季氏不义之富贵，不啻犬彘。又从而臣之，岂其心哉？"又说："如由也不得其死，求也为季氏附益，夫岂其本心哉？盖既无先见之知，又无克乱之才故也。然则闵子其贤乎？"在《论语集注》中，程颐与谢良佐评价的是孔门弟子闵子骞、曾参、季路、冉求四人的德行和才能。程颐和谢良佐的评价突出了闵子骞和曾参的品行和才能，褒扬二人能坚持原则、谨慎出处，同时指出季路、冉求在品行和才能上的不足之处。朱熹从"士大夫谨于出处"的角度回答学生的提问，推崇曾参、闵子骞宁可终身不仕，也不能出为家臣、奴仆的立身处世的原则。探求事理是较高层次学术思想的讨论，建立在对《论语》和《论语集注》透彻理解的基础之上，这种思想讨论牵涉文本较多，人物较多，事件较多，层次复杂，内蕴丰富。

---

① 《朱子语类》，第 553 页。
② 《朱子语类》，第 793 页。

⑤问句子之间关系与义法层次。

吕焘所记语录，除了对一字、一句、一章、一理进行提问外，还针对文本句子间的关系和义法层次进行提问，以求对经典文献做更深层次的探究。如以下两例：

> 问："'视其所以，观其所由，察其所安'三句，前一句是兼善恶而言，后两句是专言善。寻常有一样人，所为虽不善，然其意之所发，却不是要做不善，而心终亦不安于不善。是这般样人是如何？"曰："这个也自有，于'观过知仁'可见。"①

这则语录首先讨论的是句群的层次划分，第一句"视其所以"是讲人在天地间行事，有各色人等，有善人、恶人之分。第二句、第三句是从善人做善事上论说，做事的目的和出发点是好的，做完事之后，即使是错事也不后悔。提问之人只针对第二句、第三句提问，这样的善人是否存在？是什么样的人？发问者谈的是《论语·为政》的内容。朱熹回答，这样的善人存在，并且以《论语·里仁》中的例子做论据：人之过也，各于其党。观过斯知仁矣。朱熹《论语集注》中引程子言："人之过也，各于其类。君子常失于厚，小人常失于薄；君子过于爱，小人过于忍。"② 从句子的分属关系出发，划分句子层次，从而考究句意、文意的指归，使得句意和文意更为显豁、透彻，仁人所犯的错误仍然是由于仁，"人焉廋哉"？可见，探讨句子之间的关系是吕焘所记语录分析文献文本的一个重要突破口。此外，研读文本文脉，把握章节内部的语义层次也是吕焘所记语录的一个特点。

> 或问："'自得'章，文义莫有节次否？"曰："此章重处只在自得后，其势自然顺下来，才恁地，便恁地，但其间自不无节次。若是全无节次，孟子何不说'自得之，则取之左右逢其原'？"曰："尹先生却正如此说。"曰："看他说意思自别。孟子之意，是欲见其曲折而

---

① 《朱子语类》，第 572 页。
② 《论语集注》，《朱子全书》第 6 册，第 94 页。

详言之；尹先生之言，是姑举其首尾而略言之。自孟子后，更无人会下这般言语。"①

吕焘所记这段语录，记录了朱熹及其学生对《孟子·离娄下》"自得"章文义层次及顺序所做的讨论。朱熹说，这一段的重点在于"自得"之后，即"自得之，则居之安；居之安，则资之深；资之深，则取之左右逢其原，故君子欲其自得之也"②。孟子"见其曲折而详言之"，就是指这句话。语录中尹先生是指尹焞，是程颐的嫡传弟子。朱熹《孟子精义》中引尹焞之言说"深造然后可以自得，道非自得，则岂能左右逢原。左右逢原，则无所施而不可矣"③，语录中尹先生"姑举其首尾而略言之"，就是指这句话。那么孟子"曲折而详言之"的这几句话的语义层次和顺序怎样？朱熹在《孟子精义》中集录了程颢的解释，程明道说："学问，闻之知之者，皆不为得，得者须默识心通。学者欲有所得，须是笃诚烛理。上知则颖悟自别，其次须以义理涵养而得之。"④ 又说："学者须是潜心积虑，优游涵养，使之自得。"又说："学者须敬守此心，不可急迫，当栽培深厚，涵泳其间，然后可以自得。若急迫求之，只是私己，终不足以达道。"揣摩明道先生的话，孟子曲折详言的这段话可以理出三个层次的语义。

第一，学者应该首先具备默识心通，笃诚烛理的心理状态，这是一个光明澄澈，不含尘滓的境界。只有这样学问才能自来而不自去。学问自来，如一粒粒种子在光明澄澈的心境中发芽生根，并牢固地与心灵结合在一起。此谓"居之安"。

第二，学者必须敬守此光明澄澈之心境，潜心积虑，栽培深厚，义理涵养，昔日发芽之种必然于今日生长、开花。此谓"资之深"。

第三，岁月既久，心灵之南亩必然硕果累累，左右采撷，最能果腹润喉。此谓"逢其原"。

这三个语义层次必须次第展开，不能颠倒，更不能错乱。只有这样，语脉才能贯通始终，语义才能豁然明朗，最终完成对"学问自得"一义的

---

① 《朱子语类》，第 1345 页。
② 杨伯峻：《孟子译注》，中华书局，1960，第 189 页。下引《孟子译注》，皆出此本。
③ 《孟子精义》，《朱子全书》第 7 册，第 733 页。
④ 《孟子精义》，《朱子全书》第 7 册，第 733 页。

解释。

由吕焘所记语录，我们可以看到《朱子语类》的一些特点：由字及句，由句及章，由章及理，是《朱子语类》问答语体的一种纵向深入的思维顺序，由字义、句义、章义到句子之间的关系，再到语义层次的次序布局，是一种由内容到形式的横向思维顺序。以纵向与横向的思维所结成的思维网络，全面探索分析古代文献文本，这种讲学活动之后必然形成朱熹学术的思想体系，并带有"致广大，尽精微"的特征。

（2）问答是语录文体的基本形式，答言是语体的主体，朱熹的答言形式灵活，不拘格套。有问必答，或简或详。有诠释概念，有譬喻义理，有引证历史，文言与口语并用。用口语，如话家常，拉近师生间距离，便于教学讨论；用文言，气氛严肃，显示了对真理和学术的尊重和推崇，使人印象深刻。

①诠释。诠释概念明确，条理清楚，层次明白。

> 知言，则有以明夫道义，而于天下之事无所疑；养气，则有以配夫道义，而于天下之事无所惧。①

这则语录共解释了两个概念，先解释"知言"，后解释"养气"。知言就是读书明理，通过语言文字探求万事之理。养气就是培养性情和胸襟，必须经过涵养义理之途，这样才能无所畏惧。这条语录语脉清晰而流畅，释义准确而通达。

> "以意逆志"，此句最好。逆是前去追迎之之意，盖是将自家意思去前面等候诗人之志来。又曰："谓如等人来相似。今日等不来，明日又等，须是等得来，方自然相合。不似而今人，便将意去捉志也。"②

这则语录突出了对"逆"字的解释，朱熹将"逆"解释为"追迎"

---

① 《朱子语类》，第 1241 页。
② 《朱子语类》，第 1359 页。

和"等候"，为了突出这一解释，朱熹设置了一个场景去加强这种解释，如同在某地迎候客人到来，今日不来，便等明日，明日不来，便等将来，诗人之志与读者意思是自然的契合，既不能改变诗人之志，也不能牵强读者之思，二者应相合。虚拟场景，使行文活泼有趣，是中国古代对快乐阅读心理的最早探索。

②譬喻。吕焘所记朱子语录，其设喻有的与夸张结合，有的以时政取譬，有的出自日常生活，构思独出机杼，形象逼人。

> 问此章。曰："君子譬如纯白底物事，虽有一点黑，是照管不到处。小人譬如纯黑底物事，虽有一点白处，却当不得白也。"①

这则语录是朱熹对《论语·宪问》"君子而不仁者有矣夫，未有小人而仁者也"的解释。参看朱熹《论语精义》辑录范祖禹对此句的解释："君子之行，未必皆能仁也，故有时而不仁。至于小人，则与君子反，故未有仁者也。夫用君子犹有不仁，况小人岂有仁哉？"② 对比朱熹与范祖禹对《论语·宪问》"君子不仁"一句的解释，朱熹使用了譬喻，将点黑之纯白以譬君子，将点白之纯黑以譬小人，譬喻中隐含夸张，给人以深刻印象。

> 仲弓"出门如见大宾"为仁，如把截江淮；颜子"克己为仁"，便如欲复中原！③

颜子"克己为仁"出自《论语·颜渊》第一则，颜渊问仁，孔子的答语是"克己复礼为仁，一日克己复礼，天下归仁焉"④。朱熹《论语集注》辑录程子的解释："非礼处便是私意。既是私意，如何得仁？须是克尽己私，皆归于礼，方始是仁。"程子又说："由乎中而应乎外，制于外所以养其中也。颜渊事斯语，所以进于圣人。"朱熹《论语集注》按语："此章问

---

① 《朱子语类》，第 1122 页。
② 《孟子精义》，《朱子全书》第 7 册，第 476 页。
③ 《朱子语类》，第 1073 页。
④ 《论语集注》，《朱子全书》第 6 册，第 167~168 页。

答，乃传授心法切要之言。非至明不能察其几，非至健不能致其决。故惟颜子得闻之。""仲弓'出门如见大宾'为仁"出自《论语·颜渊》第二则，冉雍问仁，孔子的答语是"出门如见大宾，使民如承大祭"①。程子解释此句曰："观其出门、使民之时，其敬如此，则前乎此者敬可知矣。"朱熹《论语集注》按语："克己复礼，乾道也；主敬行恕，坤道也。"颜、冉之学，高下深浅，于此可见。

程子与朱熹认为，前一则语录强调"克尽己私，皆归于礼"是仁的核心，是孔子传授心法的切要之言，并为颜渊所继承。后一则语录强调"主敬行恕"可以"克尽己私"，为冉雍所继承。这是朱熹语录中设譬的对象。

"把截江淮"与"欲复中原"是朱熹选择的两个喻体。前者是主和派的守势，以江淮为界，与金对峙。后者是主战派的攻势，击退金人，收复黄河流域失地，政治色彩浓重，客观体现了南宋的学术精神：经世致用。朱熹的设譬一石三鸟，既是对孔子仁学思想的推崇，也是对颜渊、冉雍二人才德高下的评价，更是对南宋时局政治战略的呼吁。譬中设比，旨意深刻，褒贬鲜明，如水行留痕。比中有譬，形象谲警，气势汹涌，如风过有声。

> 问经、权之别。曰："经与权，须还他中央有个界分。如程先生说，则无界分矣。程先生'权即经'之说，其意盖恐人离了经，然一滚来滚去，则经与权都鹘突没理会了。"又问："权是称锤也。称衡是经否？"曰："这个以物譬之，难得亲切。"久之，曰："称得平，不可增加些子，是经；到得物重衡昂，移退是权，依旧得平，便是合道，故反经亦须合道也。"②

这则语录中的譬喻是朱熹的学生提出来的，权是秤锤，经是秤衡，来源于日常生活，得到了朱熹的称赞。朱熹调整了喻体，平的状态是经，移退秤锤，依旧得平是权。这种细微的调整更准确地传达了经、权的内涵和功效。

---

① 《论语集注》，《朱子全书》第6册，第168页。
② 《朱子语类》，第988页。

③引证。为了更好地说明经典中的义理，在《朱子语类》中，朱熹较多采用历史评述的方法，引述历史事件，将《论语》中的义理与历史人物的行为进行对照，指出历史人物的言行得失，从而阐明自己对《论语》的理解和主张。

> 问"以德报德，以直报怨"……又云："'以德报怨'，是著意要饶他。如吕晦叔为贾昌朝无礼，捕其家人坐狱。后吕为相，适值朝廷治贾事，吕乃乞宽贾之罪，'恐渠以为臣与有私怨'。后贾竟以此得减其罪。此'以德报怨'也。然不济事，于大义都背了。盖赏罚出于朝廷之公，岂可以己意行乎其间？"①

这条语录研讨的文本"以德报德，以直报怨"出自《论语·宪问》。朱熹在《论语集注》中说："于其所怨者，爱憎取舍，一以至公而无私，所谓直也。于其所德者，则必以德报之，不可忘也。"② 吕焘所记的这则语录讨论的重点在"以直报怨"上，朱熹引述吕公著与贾昌朝之间恩怨，吕公著不以怨报怨，而是以德报怨，为贾昌朝开脱罪责。朱熹评论吕公著"大义都背了"，"赏罚出于朝廷之公，岂可以己意行乎其间？"指斥吕公著的过错，加深了学生对"以德报怨"的理解。

> "仁与义相拗，礼与智相拗。"问云："须是'仁之至，义之尽'，方无一偏之病。"曰："虽然如此，仁之至自是仁之至，义之尽自是义之尽。舜之于象，便能如此。'封之有庳，富贵之也'，便是仁之至；'使吏治其国而纳其贡赋'，便是义之尽。后世如景帝之于梁王，始则纵之太过，不得谓之仁；后又窘治之甚峻，义又失之，皆不足道。唐明皇于诸王为长枕大衾，虽甚亲爱，亦是无以限制之，无足观者。"③

"仁与义相拗，礼与智相拗"是《孟子·万章上》中由舜与象之间的

---

① 《朱子语类》，第 1136 页。
② 《论语集注》，《朱子全书》第 6 册，第 196~197 页。
③ 《朱子语类》，第 1359 页。

关系引发的评论。这则语录主要以《孟子·万章上》中舜的所作所为来矫正古代帝王所犯之错。舜对待象的做法是"使吏治其国而纳其贡赋"。朱熹指责汉景帝对梁王，初"入则侍帝同辇，出则同车游猎上林中"，后"遣使冠盖相望于道，覆案梁事"①，不能仁至义尽。同时引证唐明皇溺爱诸王事作为补充。对历史事件的引述、评论与对《孟子》之义的阐发相得益彰。

④吕焘所记语录，大量使用南宋白话口语，平易通俗，条分缕析，层次鲜明，语气畅达，氛围亲切霭如，偶用文言调节行文的语气、节奏和氛围，使得语气庄重，氛围严肃，与所表达的意思相契合。

> 问"浸润之谮，肤受之愬"。曰："谮，是谮人，是不干己底事。才说得骤，便不能入他，须是闲言冷语，掉放那里，说教来不觉。愬，是逆，是切己底事。方说得缓慢，人便不将做事，须是说得紧切，要忽然间触动他，如被人骂，便说被人打；被人打，便说人要杀。盖不如此，不足以触动他也。"又问："明而远，是见得到否？"曰："是。'明'字说不足，又添个'远'字赞之。"②

"浸润之谮，肤受之愬"出自《论语·颜渊》"子张问明"一节。朱熹《论语集注》解释这两句话："毁人者渐渍而不骤，则听者不觉其入，而信之深矣。诉冤者急迫而切身，则听者不及致详，而发之暴矣。"③

对比这两处文字，选词、句子结构、语体色彩迥然相异，《朱子语类》之语，选择日常用语，如"如被人骂，便说被人打；被人打，便说人要杀"纯用口语，生活气息浓烈。而《论语集注》皆书面语，仅用两个短语"急迫而切身""发之暴矣"表达了相同之义，概括力较强，语气庄重。《朱子语类》多用短句，文本将近二十个句子，每句字数少则三四字，多至六七字，如话家常，有亲和力。《论语集注》对句子精雕细酌，使用丽辞。文本共六句话，上三句与下三句对应，结构也相应，字数相同，有骈

---

① （东汉）班固：《汉书》，中华书局，1962，第2209~2210页。
② 《朱子语类》，第1083页。
③ 《论语集注》，《朱子全书》第6册，第170页。

俪之风。两种文本，一种章法谨严，多有文采，利于著书立说。一种自由活泼，质朴无华，利于交流思想。又如：

> 或问："子路'愿车马，衣轻裘，与朋友共'，是他做功夫处否？"曰："这也不是他做工夫。亦是他心里自见得，故愿欲如此。然必有别做工夫处。若依如此做工夫，大段粗了。"又问："此却见他心。"曰："固是。此见得他心之恢广，磨去得那私意。然也只去得那粗底私意。如颜子，却是磨去那近里底了，然皆是对物我而言。"又云："狂简底人，做来做去没收杀，便流入异端。如子路底人，做来做去没收杀，便成任侠去。"又问："学者做工夫，须自子路工夫做起。"曰："亦不可如此说。且如有颜子资质底，不成交他做子路也！"①

这则语录与上例的语体色彩相近，多用口语，与上例不同之处在于对人物的品评。语录文字开辟了一个非学术的境界，却谈论着学术的内容，这种非学术的境界，抛开了学术至高无上和耀人眼目的光环，进而进入了南宋的日常生活，让人感觉子路和颜渊不像是春秋时期的人，倒像是南宋朱熹身边的人，至如说狂简的人或出家做和尚，即是异端，或成为任侠，更是南宋时期的普遍现象。语言朴实简单，质素通俗，贴近人的生活，这是《朱子语类》语体的魅力。

但是《朱子语类》并没有全部抛开文言，偶尔也用文言词语，使得轻松活泼的氛围一下子严肃起来，庄重起来。例如：

> 问："而亲仁。"曰："此亦是学文之本领。盖不亲仁，则本末是非何从而知之！"②

这则语录讨论的是孝弟、仁爱，这是一个重大而严肃的话题。《论语》思想理论的出发点与核心是"仁"，因此，这则语录用了一句话"盖不亲

---

① 《朱子语类》，第751页。
② 《朱子语类》，第498页。

仁，则本末是非何从而知之"来阐述"仁"的重要性，强调"仁"不仅是中国古代社会关系的根本，也是儒家思想学术的基石。先是一个判断句，阐述"亲仁"与"学文"的关系，然后用一个感叹句加强语气，纯粹文言句式，完全是书面语，塑造了庄严、肃穆的气氛，这种语体色彩与要表达的主题一致，并且优化了表达效果。

（五）空疏的刘子寰所记语录

刘子寰所记共两条，600 余字，《大学》类 1 条，周子之书 1 条。无可言之处。

总体来说，宋宁宗庆元五年（1199）语录，陈淳详且全，李儒用喜本朝议论，刘砺重易学，吕焘重语孟经义。文体与宋孝宗乾道六年（1170）、宋光宗绍熙五年（1194）差别很大，文字渐趋成熟，语体风格渐趋稳定，文本结构开始由散句、文段走向篇章，有明显语体文的倾向。

第二节　编年语录与类别语录

朱熹去世之后，朱门弟子开始搜集个人所记语录，并整理刊刻。从宋宁宗嘉定八年（1215），至宋度宗咸淳六年（1270），历时 56 年，是《朱子语类》成书的第二阶段，是由个人所记语录汇聚成编年语录，再分门整理成类别语录的时期。

其间先后出现了 1215 年的《池录》（李道传在池州刻朱子语录三十三家），1217~1220 年的《蜀类》（黄士毅编，史公说在眉州刻语类七十家），1238 年的《饶录》（李性传在饶州鄱阳刻语续录四十一家），1245 年的《婺录》（王佖在婺州编刻语录三十余家），1249 年的《饶后录》（蔡抗在饶州刻语后录二十三家），1252 年的《徽类》（徽州翻刻蜀类增入饶录九家），1252 年的《徽续类》（徽州刻王佖语续类四十卷），1265 年的《建别录》（吴坚在建安刻语别录二册），1270 年的《语类大全》（黎靖德在江西建昌刻的《语类大全》）。

这些著作可以分为两类，一类可以称为编年语录，以记录人为编排次序，客观上以从师朱熹的时间为顺序，包括南宋宁宗嘉定八年（1215）李道传编辑的池州刊《朱子语录》、南宋理宗嘉熙二年（1238）李性传编辑的饶州刊《朱子语续录》、南宋理宗淳祐九年（1249）蔡抗编辑的饶州刊《朱子语后录》、吴坚编辑建安刊《朱子语别录》。一类可以称为类别语录，即"语类"。它是按照朱熹所讲内容之门类为序来整理的，包括《蜀类》、《徽类》、《续徽类》和《朱子语类》。它们编纂的原则是以类相从，打破了以人相从、以时为序的编辑原则，完全从朱熹理学体系的整体角度出发，以理学体系各部分之间的逻辑关系为顺序整理成书，这些语录文献由零散到汇集、由残缺到完整、由芜杂到系统、由作者编年到类别整理，在南宋就已成为研究中国古代典籍——"四书""五经"的重要工具书，同时也成为后人研究以朱熹为中心的宋代理学的经典著作。

一　编年语录——个人所记语录的汇编

（一）第一部语录的刊行与编年情况

根据黎靖德《朱子语类》"朱子语录姓氏"及朱熹门人黄干《池州刊朱子语录后序》，可以对《池录》的编年情况进行一个勾勒。

宋宁宗嘉定八年（1215），李道传在朱熹学生黄干、潘时举、叶贺孙等人的协助下在池州搜辑朱子门生的个人所记语录，共33家，刻成43卷。黄干专门为此书写了序，这本书被称为《池录》。

李道传，字贯之，隆州井研人，庆元二年进士。谥文节先生。他钦仰和沉迷朱熹学术，《宋史》载其向宋宁宗赵扩进言："取朱熹《论语孟子集注》《中庸大学章句》《或问》四书，颁之太学。"[①]《宋元学案》载："先生少长，读河南程氏书……虽不及登朱子之门，而访求所尝从学者与讲习，尽得遗书读之，笃于践履，气节卓然。"[②]他在临安就已收藏了很多"记录者之初本"，出守仪真、持节池阳时，与朱门弟子潘时举、叶贺孙等人校雠、编纂并印行《池录》，开朱子语录编纂之先河，有首创之功。

《池录》搜集到的个人所记语录，最早的是廖德明在乾道九年（1173）所记笔记，其时朱熹44岁。最晚的是李儒用在庆元五年（1199）所记笔记，其时朱熹70岁。时间跨度近26年。《池录》对内容的编辑是以作者为顺序的，依次是：廖德明（卷1）、辅广（卷2）、余大雅（卷3）、陈文

---

① 《宋史·列传第一百九十五》，第12946页。

② 《宋元学案》，第1090页。

蔚（卷4）、李闳祖（卷5）、李方子（卷6）、叶贺孙（卷7至11）、潘时举（卷12）、董铢（卷13）、窦从周（卷14）、金去伪（卷15）、李季扎（卷16）、万人杰（卷17）、杨道夫（卷18至19）、徐㝢（卷20至21）、林恪（卷22）、石洪庆（卷23）、徐容（卷24）、甘节（卷25）、黄义刚（卷26至27）、㬊渊（卷28）、袭盖卿（卷29）、廖谦（卷30）、孙自修（卷31）、潘履孙（卷32）、汤泳（卷33）、林夔孙（卷34）、陈埴（卷35，内容为朱子答陈埴书，后删去）、钱木之（卷36）、曾祖道（卷37）、沈僩（卷38至41）、郭友仁（卷42）、李儒用（卷43）等。共33人43卷。

从廖德明至徐容等人的前24卷，以记录人为顺序，不分从师朱熹的时间先后，从甘节到李儒用等人的后19卷，不仅以记录人为序，而且按照记录人从师朱熹的时间先后为次第，即以记录时间为序。有的记为"某某年所闻"，有的则记为"某某年以后所闻"，可能该记录人不能确记时间，抑或从师朱熹时间较长。

根据《朱子语录姓氏》、《宋元学案》、陈荣捷《朱子门人》、束景南《朱熹年谱长编》等书，对《池录》后19卷的14位记录人（不包括陈埴）从师朱熹的时间梳理如下。

甘节《朱子语录姓氏》：癸丑（1193）以后所闻；《朱子门人》同；《朱熹年谱长编》无记载；《宋元学案》无从师时间。

黄义刚《朱子语录姓氏》。癸丑（1193）以后所闻；《朱子门人》：据田中谦二记载，义刚师事朱熹两次，第一次为1193年，第二次为庆元三年（1197）至五年（1199）；《宋元学案》：事文公最久；《朱熹年谱长编》无记载。

㬊渊《朱子语录姓氏》。癸丑（1193）所闻；《朱子门人》同；《文集》《与㬊亚夫》："奉别年逾……熹去岁到阙"①（时在1194年）；《朱熹年谱长编》：㬊渊绍熙三年（1192）自蜀来考亭受学，至绍熙五年随朱熹赴长沙任，后朱熹赴阙，㬊渊归蜀。

袭盖卿《朱子语录姓氏》。甲寅（1194）所闻；《朱子门人》同；《朱子语类》："甲寅八月十三日盖卿以书见先生于长沙郡斋。"

廖谦《朱子语录姓氏》。甲寅（1194）所闻；《朱子门人》："从朱子

---

① 《与㬊亚夫》，《朱子全书》第23册，第3049页。

讲学于湖南南岳。"

孙自修《朱子语录姓氏》。甲寅（1194）所闻；《朱子语类》："适值先生去国"；《朱子门人》同；《宋元学案》："偕从弟自新、自任从朱子游"，无年载。

潘履孙《朱子语录姓氏》。甲寅（1194）所闻；《朱子门人》：淳熙丙午（1186），潘履孙年才十三，文公见其侍立祖父旁。

汤泳《朱子语录姓氏》。乙卯（1195）所闻；《朱子门人》：泳于乙卯（1195）所闻百余条。

林夔孙《朱子语录姓氏》。丁巳（1197）以后所闻；《朱子门人》：据《渊源录》云，党禁起（1196），学者更事他师，夔孙与傅定从文公讲学不辍。

钱木之《朱子语录姓氏》。丁巳（1197）所闻；《朱子门人》："木之录丁巳（1197）所闻近百余条，范围甚广"。

曾祖道《朱子语录姓氏》。丁巳（1197）所闻；《朱子门人》：庆元丁巳（1197）三月见朱子于考亭；《宋元学案》同。

沈僩《朱子语录姓氏》。戊午（1198）以后所闻；《朱子门人》：据《渊源录》谓其寓居建宁府建阳县。

郭友仁《朱子语录姓氏》。戊午（1198）所闻；《朱子门人》无年载。

李儒用《朱子语录姓氏》。己未（1199）所闻；《朱子门人》：据《一统志》云，朱子帅长沙，与道人吴雄同受业于门。

根据以上材料的梳理，《池录》的后 19 卷是按照记录人的见闻时间进行编排的，与门人弟子师从朱熹听课的年代顺序相一致。这种根据记录人的见闻时间编辑语录内容的原则，到了《饶录》就更为明显了。

（二）《饶录》的编年与目的

宋理宗赵昀宝庆二年（丙戌，1226），李性传开始继续搜访、集录朱子语录，至嘉熙二年（戊戌，1238）历时 13 年，收集了 41 家语录，共 46 卷，在鄱阳学宫刊刻，李性传为此书写了序言，是为《饶录》。

《饶录》集录的个人所记语录中最早的是何镐所记，因为何镐在淳熙二年（1175）死去，朱熹亲往邵武哭吊，为之作墓碣与圹志。[①] 其次是黄

---

① 《朱熹年谱长编》，第 540 页。

干，淳熙三年（1176）黄干从学朱熹，初登师门，[①] 他所记语录只能在此年之后。但黄干所记语录放在了卷1，何镐所记语录放在了卷2，这是一个特殊情况。

接下来的32人：程端蒙卷3，己亥（1179）以后所闻；周谟卷4至5，己亥（1179）以后所闻；潘柄卷6，癸卯（1183）以后所闻；魏椿卷7，戊申（1188）五夫所闻；吴必大卷8，戊申（1188）、己酉（1189）所闻；黄䢵卷9至10，戊申（1188）所闻；杨若海卷11，无年载；杨骧卷12，己酉（1189）、甲寅（1194）所闻；陈淳卷13至14，庚戌（1190）、己未（1199）所闻；童伯羽卷15，庚戌（1190）所闻；郑可学卷16，滕璘卷17，王力行卷18，游敬仲卷19，佚名卷20，黄升卿卷21，皆为辛亥（1191）所闻；周明作卷22，壬子（1192）以后所闻；蔡念录卷23，壬子（1192）所录；杨与立卷24，壬子（1192）同见；郑南升卷25，欧阳谦之卷26，游倪卷27，皆为癸丑（1193）所闻；杨至卷28，癸丑（1193）、甲寅（1194）所闻；潘植卷29，癸丑（1193）所闻；王过卷30，甲寅（1194）以后所闻；董拱寿卷31，甲寅（1194）所闻；林学蒙卷32，甲寅（1194）以后所闻；林赐卷33，乙卯（1195）以后所闻；胡泳卷34，戊午（1198）所闻；吕焘卷36至37，己未（1199）所闻；佚名卷39至42，己未（1199）同舍共录。以上都是以所记时间先后排序的。

《饶录》最后四卷没有第其岁月，其中43、44、45卷分别是吴寿昌、杨长孺、吴琮三人所记，46卷是廖德明、潘时举、董铢、万人杰、徐寓、林恪等六人"池录所余"积为一卷。《饶录》所记最晚在宋宁宗赵扩庆元五年（1199），时间跨度约25年。

李性传《饶录》之所以这样编年，是因为他想建立一个与朱熹著作系年相比照的语录系统。他说：

先生《家礼》成于乾道庚寅，《通鉴纲目》《西铭解义》成于壬辰，《太极通书义》成于癸巳，《论孟注问》《诗集传》成于淳熙丁酉，《易本义》《启蒙》成于乙巳、丙午之间，《大学中庸章句》《或问》成书虽久，至己酉乃始序而传之，《楚辞集注》《韩文考异》成

---

① 《朱熹年谱长编》，第548页。

于庆元乙卯,《礼书》虽有《纲目》,脱稿者仅二十有三篇,其著书岁月次第可考也。①

按照李性传所述,朱熹的重要著作形成了一个较为准确的系年。《饶录》也是按照岁月编辑的,《饶录》与朱熹著作的相互参证、对比,使得语录系统与作品系统之间能够相互指瑕、相互彰明,进一步梳理出朱熹学术思想形成的阶段,推断出哪些内容是经过长时间的思考、沉淀才形成的定论。他说:"故愚谓《语录》与《四书》异者,当以书为正。而论难往复,书所未及者,当为助。与《诗》《易》诸书异者,在成书之前亦当以书为正,而在成书之后者,当以语为是。学者类而求之,斯得之矣。"② 用语录系年与著作系年对照的方法来研究朱熹学术的思想是科学的,这是李性传强调的编年语录的重要作用和意义,也是《饶录》以编年为序的根本原因。《朱子语类》在"朱子语录姓氏"中保留了《饶录》的编年顺序,对研究朱熹理学形成的发展阶段有独特的作用和意义。

(三) 其他语录的编年情况

《饶后录》是蔡抗于宋理宗淳祐九年(1249)在饶州刊刻的语录。书中有蔡抗所作《饶州刊朱子语后录后序》,共26卷。

蔡抗《饶后录》的贡献,在于补充了杨方、包扬、刘炎等二十家新的内容,这些内容是《池录》和《饶录》所没有的,但是这些语录顺序较乱,没有编年。《饶后录》收录最早的个人所记语录是杨方在乾道六年(1170)所记语录,这是《朱子语录》记载最早年份的语录,但校记有"间有可疑"四字。收录最晚的个人所记语录是林学履、刘砺、刘子寰在庆元五年(1199)所记语录,《饶后录》所记内容的时间跨度约为30年。

蔡抗在《饶州刊朱子语后录后序》中提到另一部语录《婺录》,他说"既而东阳王元敬佖亦以所集刊本见寄"③,可见王佖刊刻的《婺录》在《饶后录》之前。

《朱子语别录》(又称《建别录》)是天台吴坚于宋度宗咸淳初年

---

① 《朱子语类》,第3页。

② 《朱子语类》,第3~4页。

③ 《朱子语类》,第4页。

（乙丑，1265）在建安刊刻的个人所记语录汇编，书中有吴坚所作《建安刊朱子语别录后序》。他在该序中说："池录三十有三家；鄱本《续录》四十有二家，其三十四家，池本所未有也，再见者两家，《录余》凡六家。又《后录》二十三家，其二十家亦池本所未有也，再见者三家。合三录为八十七家。"① 可见《朱子语别录》是《池录》《饶录》《饶后录》的合订本，同时增加了李壮祖、张洽、郭逍遥三人的语录，是收集最全的一本个人所记语录，这是吴坚《朱子语别录》的最大贡献。

以上所提到的五录，分别是《池录》《饶录》《婺录》《饶后录》《建别录》，属于个人所记语录的汇编。其中，《池录》最早，《饶录》编年最明，《建别录》内容最详。毫无疑问，无论以记录人为序，还是以记录人闻见时间为序来组织语录内容，都不能层次清晰地展现朱熹的理学体系。这就要求寻找一种内在的逻辑顺序，并用它来组织约 230 万字、近 14275 则的语录内容。

二　类别语录——编书传统与理学体系影响下的分类整理

（一）史书、政论、小说中的门类和分类标准

史书中有一种体例，它既不是以时间为序展开叙述的编年体，也不是以人物为中心的纪传体，它按照历史文献资料的范畴进行分类，把相同范畴标为一个门类，集中具有相同属性的丰富材料阐述该领域的问题。杜佑的《通典》与李心传的《建炎以来朝野杂记》就是这种类别体史书。

按照类别编纂文章顺序的体例起源于史书《周官》。延及唐代，杜佑著《通典》也借鉴了这种方法。《四库全书总目》说："先是刘秩仿《周官》之法，摭拾百家，分门诠次，作《政典》三十五卷。佑以为未备，因广其所阙，参益新礼，勒为此书。凡分八门：曰食货、曰选举、曰职官、曰礼、曰乐、曰兵刑、曰州郡、曰边防。每门又各分子目。"② 这是史书编纂的一种体例，根据门类，汇集相关内容，为当政者提供参考和行政依据。类别的排列有一定的逻辑顺序，杜佑在《通典》自序中说："既富而

---

① 《朱子语类》，第 5 页。

② 《钦定四库全书总目》，中华书局，1997，第 1077 页。下引《钦定四库全书总目》皆出此本。

教，故先食货。行教化在设官，故次职官。任官在于审材，故次选举。人才得而治以理，乃兴礼乐，故次礼、次乐。教化隳则用刑罚，故次兵、次刑，设州郡分领，故次州郡，而终之于边防。"《通典》是关于社会群治的政书，这些类别的编排次序，首先从社会群治的角度考虑，追本溯源，由本至末，由重至轻，由始至终。

李心传《建炎以来朝野杂记》也属类别史书体，《四库全书总目》说："心传长于史学，凡朝章国典，多所谙悉。是书取南渡以后事迹，分门编类。甲集二十卷，分上德、郊庙、典礼、制作、朝事、时事、故事、杂事、官制、取士、财赋、兵马、边防十三门。乙集二十卷，少郊庙一门，而末卷别出边事，亦十三门。每门各分子目。虽以'杂记'为名，其体例实同'会要'。"①《四库全书总目》指出了李心传《建炎以来朝野杂记》一书的文体特征，属于史书中的"会要"体例。从《周官》《通典》，到《建炎以来朝野杂记》，他们都使用了以类相别的方法，并沿袭形成一种体例。

与史书相同，政论中也存在着以类相从的编纂原则，例如刘向的《说苑》和扬雄的《法言》，这两部书是类别政论体的代表著作。

刘向的《说苑》非常注重门类。《四库全书总目》引晁公武《读书志》说："刘向《说苑》以君道、臣术、建本、立节、贵德、复恩、政理、尊贤、正谏、法诫、善说、奉使、权谋、至公、指武、谈丛、杂言、辨物、修文为目，阳嘉四年上之，阙第二十卷。"②《说苑》以类相从的编纂原则非常明晰，目录上的分类，实质是范畴分类，在某一范畴中，突出核心范畴和概念，旁及相关范畴和概念。既有宏观关照，又有微观洞烛，条理清晰，便于读者拣择、阅读和思考。

扬雄《法言》模仿《论语》，但它实际上是政论。《四库全书总目》说："雄本传具列其目，曰：《学行》第一，《吾子》第二，《修身》第三，《问道》第四，《问神》第五，《问明》第六，《寡见》第七，《五百》第八，《先知》第九，《重黎》第十，《渊骞》第十一，《君子》第十二，《孝

---

① 《钦定四库全书总目》，第 1079 页。
② 《钦定四库全书总目》，第 1198 页。

至》第十三。"①《法言》总体结构是以类相从，纪国泰在《〈扬子法言〉今读》中说《法言》"十三篇之间其实是有逻辑联系的，贯穿全书的行文脉络就是对'圣人'和'圣人之道'的高度赞赏"②。他对各篇主题进行了归纳。例如，《吾子》篇的主题：论述学习对象，强调必须辨别圣人之道的真伪。③

扬雄《法言》不是讲学实录，只是虚拟答问形式，语言深奥隐晦，简短曲折，委婉发表自己的政治主张。其文体与《说苑》相同，属于政论类别体，《四库全书总目》将这两部书归为子部儒家类。

《四库全书总目》子部小说家类也有用"以类相从"的方法来成书的小说作品。例如《世说新语》和《唐语林》。

《世说新语》是南朝宋刘义庆编纂的一部笔记小说集。全书分上、中、下三卷，上卷分为德行、言语、政事、文学四门，中卷包括雅量、识鉴、赏誉、品藻等九门，下卷二十三门，包括容止、自新、企羡、伤逝等。《四库全书总目》说其"所记三十八门，上起后汉，下讫东晋，皆轶事琐语，足为谈助"④。《四库全书总目》指出《世说新语》语录的性质是"轶事琐语"，其中的"语录"与讲学语录不同，《世说新语》的"语录"指向人物风神的塑造，目的是"足为谈助"。上、中、下三卷在全书中的地位不同，上卷德行、言语、政事、文学四门属于孔子教学的科目，是儒家崇尚的范式，中卷属杰出人物的言行，下卷属普通人物的言行，这样的标准是受曹魏以来九品中正制的濡染而形成的。

唐刘肃所撰《大唐新语》，其编撰方法与《世说新语》相似，《四库全书总目》指出："所记起武德之初，讫大历之末，凡分三十门。皆取轶文旧事，有稗劝戒者……然其中《谐谑》一门，繁芜猥琐，未免自秽其书，有乖史家之体例。今退置小说家类，庶协其实。"⑤ 该书与《世说新语》文体性质相同，《四库全书总目》纠正了《唐书·艺文志》将其归入

① 《钦定四库全书总目》，第 1199 页。
② 纪国泰：《〈扬子法言〉今读》，巴蜀书社，2010，第 44 页。下引《〈扬子法言〉今读》，皆出此本。
③ 《〈扬子法言〉今读》，第 44 页。
④ 《钦定四库全书总目》，第 1836 页。
⑤ 《钦定四库全书总目》，第 1837 页。

"杂史"一类的错误做法，而将《唐语林》与《世说新语》归为一类，放置到子部小说家类，然《大唐新语》分类标准却与《世说新语》相异，其目的是"有稗劝诫"，其内容"繁芜猥琐"，这与《世说新语》崇尚孔门四科的标准分道而驰。

（二）《朱子语类》的门目与类分缮写的五大原则

《朱子语类》是类别语录体，这与以上谈到的类别史书体、类别政论体、类别小说体既有相同之处，又有本质的区别。《朱子语类》编纂方法与上述类别相近，但其文体属于讲学语录的性质。《朱子语类》的原始形态是个人所记语录，经李道传、李性传等人的努力，汇聚成编年语录。随着语录被反复编纂、勘误，这些编纂者们逐渐找到了科学高效的编辑方法——以类相从，使"语录"成为"语类"，历经《蜀类》《徽类》《徽续类》不同时期，最后形成最完整、最清晰、最系统的《朱子语类》。

黄士毅《蜀类》的编纂过程使用了"以类相从"的方法，具有里程碑的意义。在《饶录》《饶后录》刊刻之前黄士毅的"朱子语类"140卷就出现了。它以《饶录》做底本，增加了38家。嘉定十二年到十三年（1219~1220），史公说（又名史廉书）在眉州刊印，此书中有黄士毅《朱子语类后序》《又序》及临印魏了翁《眉州刊朱子语类序》，是谓《蜀类》。

《蜀类》彻底打破"以人相从，以时为序"的编年语录的原则，将约14295则语录重新编排为理气（2卷）；鬼神（1卷）；性理（3卷）；学（7卷）；大学（5卷）；论语（22卷）；孟子（21卷）；中庸（3卷）；易（13卷）；书（2卷）；诗（2卷）；孝经（1卷）；春秋（1卷）；礼（8卷）；乐（1卷）；周程张邵朱子（29卷）；吕东莱（1卷）；陈叶（1卷）；陆子静（1卷）；老氏（1卷）；释氏（1卷）；本朝（7卷）；历代（3卷）；战国汉唐诸子（1卷）；作文（2卷）；杂类（1卷）。[①] 共26个门目，140卷。这是黄士毅所做的突出贡献。这样，在不同时地记录、丰富而庞杂的个人所记语录就变得层次清楚、系统周详了。

---

① （宋）黄士毅："晦庵先生朱文公语类总目"，第1~9页，（宋）黄士毅编，徐时仪、杨艳汇校《朱子语类汇校》，上海古籍出版社，2014。"晦庵先生朱文公语类总目"内容为宋刻原貌，见《朱子语类汇校》前言第46页。

黄士毅26个门目分类依据是什么？他在《朱子语类后序》中做了详尽的阐发：

> 既以类分，遂可缮写，而略为义例，以为后先之次第。有太极然后有天地，有天地然后有人物，有人物然后有性命之名，而仁义礼智之理则人物所以为性命者也。所谓学者，求得夫此理而已。故以太极天地为始，乃及于人物性命之原，与夫古学之定序。次之以群经，所以明此理者也。次之以孔孟周程朱子，所以传此理者也。乃继之以斥异端，异端所以蔽此理，而斥者，任道统之责也。然后自我朝及历代君臣、法度、人物、议论，亦略具焉。此即理之行于天地设位之后，而著于治乱兴衰者也。凡不可以类分者，则杂次之，而以作文终焉。盖文以载道，理明意达，则辞自成文。后世理学不明，第以文辞为学，固有竭终身之力，精思巧制，以务名家者。然其学既非，其理不明，则其文虽工，其意多悖，故特次之于后，深明夫文为末，而理为本也。①

黄士毅阐述的《蜀类》"类分缮写"的五大原则，使之成为《朱子语类》的经典"义例"。

第一，天道原则，即天理至上论。朱门理学信仰者认为宇宙天地和人类的生成发展都遵循某种规律，是谓天理。太极、仁义礼智信皆为天理，因此出现了太极→天地→人物→性命的顺序。这一部分语录，黄士毅放在了《蜀类》的最前面。

第二，明道原则，即学为君子论。朱门弟子认为求学的目的是为己，最终达到完善自我的境界，因此出现了古学定序→群经明理的顺序。这部分语录是朱熹对为学方法和读书方法的阐述，还包括对古代经典"四书""五经"的讲解，是《朱子语类》的主要内容。

第三，道统原则，即"传此理、斥异端"。朱熹推原孔孟学术，融汇周程张邵，集理学之大成，同时批驳其他学说，维护道统，故呈现为孔孟周程朱子→吕氏、陈叶、陆氏、老氏、释氏的顺序。

---

① 《朱子语类》，第6~7页。

第四，道用原则，即天理作用论。黄士毅把历代的兴衰治乱皆归因于"天理流行"，因此有我朝→历朝的顺序。这部分语录的内容主要是朱熹对历代重大历史事件的理学讲述，尤其是对两宋的重大事件和帝王将相的讲述，其目的是揭示治乱兴衰之理。

第五，道本文末原则，即文道关系论。黄士毅坚持"文为末、理为本"的原则，因此他将作文两卷放在第 138、第 139 卷。这种做法显示了宋代理学重理轻文的态度，认为文章诗词妨碍对事理的阐发。这部分语录放在了最后。

黄士毅对《蜀类》类分依据的说明，究其实质是对朱熹理学思想的追本溯源，其目的是阐述和维护朱熹的理学精髓和理学精神，中心是弘扬朱熹的天理论和道统论，阐述过程以"天理论"贯穿始终。黄士毅在此序中阐明的编书"义例"，是对朱熹学术思想体系的梳理和尊奉，后来的《徽类》《徽续类》《朱子语类》保留了这种义例，其缘由也在此。

淳祐十二年（1252）徽州翻刻了《蜀类》，此书有蔡抗写的《徽州刊朱子语类后序》，是谓《徽类》。《徽类》虽对《蜀类》有增加和订正的内容，但也存在问题。黎靖德有"徽类虽翻蜀本，已增入饶录九家，然亦有差误，今刊正"之语。① 最重要的是《徽类》沿袭了《蜀类》的义例，蔡抗对黄士毅《蜀类》义例极为推崇，其在《徽州刊朱子语类后序》中专门阐明：

> 《论语》一书，乃圣门高第所集，以记夫子之嘉言善行，垂训后世。《朱子语类》之编，其亦效是意而为之者也。或曰："语必以类相从，岂《论语》意欤？"曰："《学而》一篇所记多务本之意，《里仁》七章所记皆为仁之方；若《八佾》之论礼乐，《乡党》之记言行，《公冶长》辨人物之贤否。《微子》载圣贤之出处，亦何尝不以类哉！天下之理，'同归而殊涂，一致而百虑'，非有以会而通之，则只见其异耳。《大传》曰：'触类而长之，天下之能事毕矣。'而伊川之诲学者亦必曰：'将圣贤言仁处类聚观之。'然则《语类》之集，其有功于

---

① 《朱子语类》，第 27 页。

学者多矣!"①

　　蔡抗在上文《徽州刊朱子语类后序》中阐述了他推崇并沿用黄士毅《蜀类》义例的原因。他指出《蜀类》"以类相从"义例的两大学术根源。

　　其一,《论语》义例是黄士毅《蜀类》编纂的第一学术根源。《蜀类》的编纂以《论语》为楷式,孔子及记录夫子嘉言善行的《论语》与朱子及记录朱熹理学思想的《朱子语类》形成一个对照系统,二者之间有着清晰的源流关系。每一部书中的所有类别范畴都统属于各自的学术体系,每一类别范畴又围绕一个学术门目,从不同角度展开讨论,精辨详析,追本溯源。这不仅是文献编纂的方法,也是一种探究学术思想的优良之法,使得南宋理学与先秦学术传统一脉相承,并融为一体。

　　其二,"理一分殊"思想是黄士毅《蜀类》编纂的第二学术根源。蔡抗认为天下之理能够殊途同归,为学之人能够百虑一致,其出发点是程朱理学的核心思想——理一分殊。朱熹在这样的思想指导下,引导弟子将历代圣贤的学术思想和文献著作"类聚观之",并使他们"触类长之",他把"四书""五经"以及周张程朱甚至程门弟子对圣贤之书的注疏融会贯通,分门别类地讲解给弟子。同样,黄士毅用"以类相从"的方法编纂了《蜀类》,他将朱子及朱门弟子在不同时间、不同地域研讨同一范畴学术的个人所记语录汇聚到一起,使南宋朱熹及其学生所讨论的理学成果得以重生,尤其便于后来学者对朱熹学术思想范畴和脉络进行精细梳理和深度研究,实现了"历千载而如会一堂"②的学术研究奇迹。故,黄士毅《蜀类》的义例受到蔡抗的推崇并为《徽类》沿用顺理成章。

　　淳祐十二年(1252)王佖刊刻的《徽续类》也使用了黄士毅的"门目"成果,此书四十卷,与《徽类》一并刊刻,有王佖所作《徽州刊朱子语续类后序》,他在序中明确写道:"用子洪已定门目,粹为续类,凡四十卷。"③可见王佖对黄士毅"已定门目"的肯定和接受。《徽续类》是《徽类》的一个补充。

―――――――――――

① 《朱子语类》,第10页。
② 《朱子语类》,第2页。
③ 《朱子语类》之《徽州刊朱子语续类后序》,第11页。

（三）黎靖德《朱子语类》的成书与门目

宋度宗咸淳六年（1270），导江黎靖德在建昌府刊刻《朱子语类大全》，此书有黎靖德在宋理宗景定四年（1263）和宋度宗咸淳六年（1270）两度题跋，以及一篇订正文字。这是现行通行本《朱子语类》的定本。

黎靖德编纂《朱子语类大全》时使用了李道传的《池录》、李性传的《饶录》、蔡抗的《饶后录》、吴坚的《建别录》、黄士毅的《蜀类》、蔡抗的《徽类》、王佖的《徽续类》等七种书。在景定四年（1263）《朱子语类大全》已初步完成。黎靖德在此年题跋中说："靖德忘其晚陋，辄合五书而参校之，因子洪门目以《续类》附焉，饶《后录》入焉，遗者收之，误者正之，考其同异，而削其复者一千一百五十余条，越数岁编成，可缮写。"① 此时，吴坚《建别录》还没有刊刻，黎靖德所说"合五书而参校之"的五书，不包括《建别录》，但是黎靖德序中有"史廉书公说刻之蜀，近岁徽州又刻之"之语，可见黎靖德看到了《徽类》，所以黎靖德采用的是六种书，即《池录》《饶录》《饶后录》《蜀类》《徽类》《徽续类》。宋度宗咸淳初年（1265）吴坚在建安刊刻出《建别录》，黎靖德根据《建别录》的内容对《朱子语类大全》做了一番补充和订正。他在咸淳六年（1270）的题跋中说："近岁吴公坚在建安，又刊《别录》二册，盖收池饶三录所遗，而亦多已见他录者，并参校而附益之，粗为定编。靖德适行郡事，因辄刻之郡斋，与学者共之。"② 至此，黎靖德将《池录》《饶录》《饶后录》《建别录》《蜀类》《徽类》《徽续类》等七种书收进《朱子语类大全》一书中，黎靖德在该书题跋之后有一篇订正文字，详细记录了《朱子语类大全》在编纂过程中删削冗余、比较优劣、纠正谬误、增补遗阙、考证姓氏等整理情况。因此，该书是内容最全、分类最细、编年最精（保留了朱子语录姓氏）、耗时最长、订正最严的《朱子语类》的版本。

与其他"语类"的编纂者一样，黎靖德《朱子语类》完全接受并使用了黄士毅《蜀类》的 26 个门目，其序中有"因子洪门目"之语。但是详

---

① 《朱子语类》，第 25 页。
② 《朱子语类》，第 26 页。

细比照二者的门目，其中还存在细微的差别。①

其一，名称不同。《蜀类》门目标题为 "晦庵先生朱文公语类总目"，《朱子语类》门目标题为 "朱子语类门目"。第 16 门目《蜀类》题为 "周程张邵朱子"，《朱子语类》题为 "孔孟张邵朱子"，多 "孔孟" 二字，少 "周程" 二字。第 17 门目《蜀类》题为 "吕东莱"，《朱子语类》题为 "吕伯恭"。第 19 门目《蜀类》题为 "陆子静"，《朱子语类》题为 "陆氏"。"总目" 意思接近纲目，是一书的总纲和要领，门目仅指一书内容的分类。《朱子语类》门目多 "孔孟" 二字，其目的是强调道统，树立朱熹理学思想的正统地位，并且称吕祖谦为 "吕伯恭"，称陆九渊为 "陆氏"，将二人与 "老氏" "释氏" 归为一类，这就与朱熹尊崇道学、排斥异端的精神统一起来。

其二，门目卷数不同。第 6 门目 "论语"，《蜀类》为 22 卷，《朱子语类》为 32 卷。第 7 门目 "孟子"，《蜀类》为 21 卷，《朱子语类》为 11 卷。但《蜀类》的实际卷数却与《朱子语类》一致。《蜀类》的最初版本恐怕已失传。

其三，顺序倒置。《蜀类》第 139 卷门目为 "作文"，第 140 卷门目为 "杂类"。《朱子语类》第 139 卷门目为 "杂类"，第 140 卷门目为 "作文"。黎靖德真正贯彻 "道为本、文为末" 的理学思想，把朱门弟子关于文学理论的语录放置在全书最后，旗帜鲜明。

小结：从宋孝宗乾道六年（1170）杨方开始为朱熹的讲学活动做记录，至宋度宗咸淳六年（1270），整整一百年，这本中国历史上形式最独特、传承最有序、参与人数最多、信息量最大、最具学术价值、将近 230 万字的语录体课堂笔记形成了。此书的形成包含两个阶段，一是宋孝宗乾道六年（1170）至宋宁宗庆元五年（1199），近 30 年的时间，是朱熹讲学和理学思想体系形成时期，也是朱门弟子个人所记语录之文字初本形成时期，考察个人所记语录可以看到朱熹学术思想和学生学术成长的历程，语录文字由简单数句到篇幅近千字，由散乱到系统，由感性到理性的发展变

---

① 《蜀类》用黄士毅著，徐时仪、杨艳汇校的《朱子语类汇校》，上海古籍出版社，2014。该书底本为朝鲜古写本宝祐二年再校徽州本《朱子语类》，通校本为成化九年陈炜覆刻本的影印本，参校本为王星贤点校本、郑明点校本。《朱子语类》用黎靖德编的《朱子语类》，中华书局，1986。

化过程。二是从宋宁宗嘉定八年（1215），至宋度宗咸淳六年（1270），近56 年的时间，《池录》《饶录》《婺录》《饶后录》《蜀类》《徽类》《徽续类》《建别录》《朱子语类大全》先后刊刻，在池州、饶州、徽州、眉州、建安等地，出现了编纂、刊刻语录和语类及学习研讨朱熹理学思想的高潮，朱熹所领起的理学学术活动及其影响规模远远超越了中国历史上任何一位思想家。黄士毅"以类相从"的编纂方法，打破了编年语录的窠臼，完成了从《朱子语录》到《朱子语类》质的飞跃，使得朱熹"致广大、尽精微"理学思想在范畴上更为明晰，在体系上更为完整。

从文体结构上讲，《朱子语类》的文体既有别于《通典》《建炎以来朝野杂记》等类别史书体，又有别于《说苑》《法言》等类别政论体，还不同于《世说新语》《唐语林》等类别小说体，《朱子语类》是朱熹讲学语言的客观实录，它与朱熹及其弟子们的学术活动密切相关，是以"尊德性、道问学"为指归的讲学语体。

第二章

《朱子语类》的讲述艺术

讲述是《朱子语类》的语体要素之一，有着中国特色和本土气息。章学诚把历史典籍分为"撰述"和"记注"两类，其中"撰述"一词有类于"讲述"之义，他说："'蓍之德圆而神……'闲尝窃取其义，以概古今之载籍，撰述欲其圆而神……神以知来……撰述欲来者之兴起……而撰述知来拟神也……知来欲其决择去取，故例不拘常，而其德为圆。"① 史城在《影印〈章学诚遗书〉序》中解释了"撰述"一词，他说："撰述"，即用史事引出教训和经验，以备将来借鉴，故必须"抉择去取"，发挥见解，不拘定体。② 但"撰述"的定义与朱熹"讲述"之义还有区别，其区别在于，一个是文字创作，一个是口头创作。参酌"撰述"之义，可以尝试把"讲述"定义如下：艺术地抉择并剪裁历代与当代人物及历史事件，然后以面对面讲述的形式，展开对所讲人物和事件的叙述和评论，伴之从中抽绎事理、判别是非、对错，以备当代和将来治国理政之借鉴。

本章主要从《朱子语类》讲述的独特性、讲述的目的以及关于人物和事件的讲述艺术等四个方面加以论述，把以朱熹文章学实践为载体的人物和事件讲述技巧作为论述的核心。

第一节 《朱子语类》讲述的独特性

叙述是西方文学理论的核心范畴。艾略特认为叙述是一种社会科学，

① 《文史通义校注》，第58页。

② 《章学诚遗书》，第3页。

这种叙述连接着社会世界和他人经历的意义。① 赫尔曼把叙述看成一种认知方式，认为在叙述过程中产生的作用于理解虚构心理的方法补充了别的地方理解心理的不足。艾波雅则注重叙述者身份确认，认为叙述本身对叙述者产生了慰藉和生命意义。米克·巴尔定义叙述是叙述者的一种行为，即叙述者诉诸语言，通过时间斟酌、顺序安排、节奏调节、频率关注、人物特征叙述、空间感知、聚焦和视觉故事等一列手段把素材编排成故事的呈现过程。②

中国叙事学理论受西方影响，并在努力回归自身传统。傅修延提出中国叙事学要"回望自身传统"③，其关于人的叙事技巧涉及传神理论、语言运用、文化影响与构成规律，详细解说听觉叙事和聚焦叙事。刘勇强反思中国小说叙事，提出未被充分认识的、可以重新激活的思路，可能存在于所谓的陈旧观念之中。④ 杨义提出"返回中国叙事"本身，其追溯中国古代叙事为"序事"，并认为叙事是跨越了许多文体的文章门类，以记人记事为中心。他列出了中国传统叙事的相关文体，梳理了戏剧形式、历史形式和小说形式这三大主流叙事。⑤ 其理论中心在于中国本土叙事技巧。

《朱子语类》的讲述是朱熹讲学活动的主要方式，其讲述中心立足于历代的卓越人物和历史事件，其教学目的在于澄清历史事实，探索社会兴衰治乱的规律，鉴衡人物，发明事理。朱熹的讲述遵循了中国传统叙事的某些规律，具有中国传统叙事的特征，甚至在某些方面与西方叙事理论有相通的地方，但是朱熹的讲述，绝不是西方文学理论中的叙述，也有别于中国的传统叙事，有着自身的独特性。

一 《朱子语类》的讲述是一种教育教学活动

《朱子语类》的讲述作为一种教育教学活动，其本质是一种认知方式和学习途径，朱熹和弟子们通过这种讲述活动来实现对历代和当代历史事

---

① 〔英〕保罗·科布利著《叙述》，方小莉译，四川大学出版社，2017，第 148~168 页。
② 〔荷兰〕米克·巴尔著《叙述学——叙事理论导论》，谭君强译，北京师范大学出版社，2015，第 76~170 页。下引《叙述学——叙事理论导论》皆出此本。
③ 傅修延：《中国叙事学》，北京大学出版社，2015，第 4 页。
④ 刘勇强、潘建国、李鹏飞：《古代小说研究十大问题》序一，北京大学出版社，2017，第 125 页。
⑤ 杨义：《中国叙事学》，中国社会科学出版社，2006，第 7~11 页。

件真实性和规律性的理解，对历史人物的立身行事、精神层面形成一个全面而深刻的认识，进而影响到朱门弟子的学术品格和道德观念。

（一）事件讲述与"无征不信"的学术品格

朱熹的讲述是一种对历史事件的怀疑和推测，是一种认知和研讨历史真相的学习活动，帮助学生确立了优良的学术品格。如他对长平之战的讲述：

> 春秋时相杀，甚者若相骂然。长平坑杀四十万人，史迁言不足信。败则有之，若谓之尽坑四十万人，将几多所在！又赵卒都是百战之士，岂有四十万人肯束手受死？决不可信。又谓秦十五年不敢出兵窥山东之类，何尝有此等事？皆史之溢言。①

朱熹讲述长平之战，提出自己的怀疑"史迁言不足信"，然后与学生进行研讨和分析，他说出自己怀疑的两个原因。其一，"将几多所在"。这个埋葬赵国40万将士的大坑在哪里？坑的容量之大让人怀疑。其二，赵国40万军队战斗力强。面对40万"百战之士"，秦国军队无法用"坑杀"的手段来处理。朱熹在这种研讨、商榷过程中讲述出结论，朱熹称《史记》中"坑杀四十万人""秦十五年不敢出兵"是"史之溢言"。朱熹的讲述作为一种怀疑、研讨的学习方式，其实质是教育教学活动，不仅探讨了历史真相，而且还塑造了学生"无征不信"的学术品格。

（二）人物讲述对学生道德观的影响

朱熹在讲述人物时，突出讲述人物的品格，并将之分为君子、小人两类，朱熹认为小人聚集朝廷，成为执政的主要力量，必然陷害君子，导致朝政败坏。政治清明的关键是如何对待小人，任用小人。将人物讲述与学生的研讨相结合，使君子、小人观念对学生的精神世界产生深刻的影响。如他讲述曾布：

> 昔曾布当建中靖国初，专欲涵养许多小人，渐渐被他得志，一时诸君子皆为其所陷。②

---

① 《朱子语类》，第3214页。
② 《朱子语类》，第3123页。

朱熹指出，君子不免与小人同朝，教化小人与任用小人的关键是讲明是非善恶。君子与之"开说是非善恶"，如果小人能"依自家话"，方可"以事付之"。如果小人不能"依自家话"，则务去小人，不能"含含胡胡"，贻误政事。

朱熹通过与学生讨论友人方叔圭的信件来讲述"君子、小人"。方叔圭来信主要意思是，宋朝人物鼎盛，而功业反比不上汉唐，其根本原因是"要去小人"①。参与这次学术讨论的有学生郑可学和刘晦伯。

研讨中朱熹用"一薰一莸，十年尚犹有臭"设喻，强调君子立朝当尽去小人。以"小人不可去，则舜当时去'四凶'是错了"，作为归谬结论，反推舜"去四凶"的正确及方叔圭持论的荒谬。

朱门弟子郑可学在朱熹的讲述引导下，明确意识到小人陷害君子的手段，他说"小人谮君子，须加以朋党叛逆"，朱熹进一步挖掘其中深意："如此，则一网可打尽。"即小人用"朋党、叛逆"罪的借口，把所有持不同政见的君子全部清理出朝廷。

学生刘晦伯发言指出，"小人道消，乃是变为君子"。朱熹认为刘晦伯所说的情况固然存在，但是君子打击小人，不可过当。他说元祐党人刘安世贬斥蔡确过当，致"绍圣则祸甚酷"。通过与郑可学、刘晦伯的讨论，朱熹在讲述中得出自己的结论："以此观君子之于小人，未能及其毫毛；而小人之于君子，其祸常大，安可不去！"

朱熹通过自己的讲述实现了对学生学术品格和道德观念的教育，从而对学生的身心产生深刻的影响。

二　它是一种非叙述虚构的讲述

朱熹的讲述与文学叙事的本质不同在于其讲述的非虚构性，这种非虚构性与中国传统"记事"的尚实精神有相通之处。刘师培在《文说》中溯源，"记动记言，实为史职"，讲究"文以记事""事外无文"，他崇尚记事之文要"无征不信"，反对"词涉不经"和"言等子虚"。②为此，他归纳记事失实的三种弊病，其一，妄托无稽，流于寓言。其二，曲笔阿时，

---

① 《朱子语类》，第 3092 页。

② 刘师培：《文说》，《历代文话》第 10 册，第 9527~9529 页。

喻过其体，流于虚设。其三，言与事违，真伪相乱，流于讹误。朱熹对人物和事件的讲述继承了中国传统记事尚实求真的精神，不存在无稽、虚设和讹误的弊端，是一种非叙述虚构的讲述。

如果把《朱子语类》中诸葛亮北伐事件的文本与历史散文、历史小说进行对照，《朱子语类》与文学叙事之相异，而与记事传统之相通的特征就非常明显了，而这种"相通"和"相异"，恰恰是《朱子语类》讲述的独特之处。

（一）《朱子语类》与《魏书》《蜀书》《汉晋春秋》记事的一致性

《朱子语类》：

> 直卿问："孔明出师每乏粮。古人做事，须有道理，须先立些根本。"曰："孔明是杀贼，不得不急。如人有个大家，被贼来占了，赶出在外墙下住，杀之岂可缓？一才缓，人便一切都忘了。孔明亦自言一年死了几多人，不得不急为之意。司马懿甚畏孔明，便使得辛毗来遏令不出兵，其实是不敢出也。国家只管与讲和，聘使往来，贺正贺节，称叔称侄，只是见邻国，不知是仇了！"①

《魏书》：

> 青龙二年，诸葛亮率众出渭南。先是，大将军司马宣王数请与亮战，明帝终不听。是岁恐不能禁，乃以毗为大将军军师，使持节；《魏略》曰：宣王数数欲进攻，毗禁不听。宣王虽能行意，而每屈于毗。②

《蜀书》：

> 冬，亮复出散关，围陈仓，曹真拒之，亮粮尽而还。
> 九年，亮复出祁山，以木牛运，粮尽退军。③

---

① 《朱子语类》，第 3237 页。
② （晋）陈寿撰，（宋）裴松之注《三国志·魏书》，中华书局，1959，第 699 页。下引《三国志》皆出此本。
③ 《三国志·蜀书》，第 924~925 页。

《汉晋春秋》：

> 自臣到汉中，中间期年耳，然丧赵云、阳群、马玉、阎芝、丁
> 立、白寿、刘郃、邓铜等及曲长屯将七十余人。①

朱熹在《朱子语类》上面这则语录中的讲述有四处事实，全部与史书的记事相吻合，真正做到了不妄托无稽、不曲笔阿时、不真伪相乱，远离了文学叙事的虚构特征。

其一是蜀军"乏粮"退兵。朱熹讲述"乏粮"事实与陈寿《三国志·蜀书》所述相关内容一致，诸葛亮在建兴六年（228）冬、建兴九年（231）的两次军事行动都因为"粮尽"而退兵。朱熹师生的讲论是以历史为根据的。

其二是蜀军"死了几多人"。《蜀书·诸葛亮传》对诸葛亮的北伐事件做了概要式的记录，习凿齿的《汉晋春秋》对以赵云为代表的刘蜀主要将领的死亡情况做了补充，其行文重在史实。朱熹讲述"死了几多人"的事实与《汉晋春秋》所记载赵云等七十余人之死的内容一致。

其三是"辛毗来遏令不出兵"。《魏书》记载，魏明帝曹叡担心司马懿冒进的军事行动，故此差遣辛毗加以节制，朱熹的讲述与这一历史事实基本吻合。

其四是"称叔称侄"。朱熹讲述"贺正贺节，称叔称侄"之语，出自南宋与金隆兴和议的真实历史。《宋史》载："正皇帝之称，为叔侄之国。"② 朱熹讲述刘蜀与曹魏的关系，以曹魏为"贼"，为敌国。同样，南宋与金国也应该是"仇"国、敌国的关系。朱熹的讲述符合三国和南宋这两段历史的真实，其目的是以史鉴今，正是因为他依据历史事实讲述，所以他的以古鉴今的讲述才变得更有力量、更有可信度。

史书记事是为了记录、保存历史的真实，因此，还原历史本来面目就成为史书记事的灵魂。《朱子语类》的讲述目的是对历史事件作出评判，若不澄清历史真相，其是非判断就会大相径庭，也无从为后世政治提供借

---

① 《三国志·蜀书》，第 923 页。
② 《宋史·孝宗一》，第 630 页。

鉴，因此史书记事与《朱子语类》的讲述都是建立在历史事实这一基础上的，二者有相通之处，绝对不允许虚构。

（二）《朱子语类》与《三国演义》文学虚构性叙述的相异

忽一阵大风，自东北角上而起，把庭前松树吹折。众皆大惊。孔明就占一课，曰："此风主损一大将！"诸将未信。正饮酒间，忽报镇南将军赵云长子赵统、次子赵广，来见丞相。孔明大惊，掷杯于地曰："子龙休矣！"二子入见，拜哭曰："某父昨夜三更病重而死。"①

叡览讫，乃谓多官曰："司马懿坚守不出，今何故又上表求战？"卫尉辛毗曰："司马懿本无战心，必因诸葛亮耻辱，众将忿怒之故，特上此表，欲更乞明旨，以遏诸将之心耳。"叡然其言，即令辛毗持节至渭北寨传谕，令勿出战。司马懿接诏入帐，辛毗宣谕曰："如再有敢言出战者，即以违旨论。"众将只得奉诏。懿暗谓辛毗曰："公真知我心也！"于是令军中传说：魏主命辛毗持节，传谕司马懿勿得出战。②

以上两处引文是《三国演义》对"赵云之死"和"辛毗来遏令不出兵"两个事件的叙述，深入研读《朱子语类》和《三国演义》相关内容不难发现两者之间的巨大差异，《朱子语类》是立足历史事实的讲述，而《三国演义》则是带有虚构性的文学叙述。

在"赵云之死"这一事件的叙事处理上，《朱子语类》《汉晋春秋》《三国演义》各不相同。《朱子语类》的讲述只有两句话，并且没有具体讲出赵云的名字，而是一语带过，"死了几多人"，并把它作为诸葛亮军事行动之"急"的根据之一。习凿齿的《汉晋春秋》列出了蜀军死亡将士的具体时间、名字和人数，体现了历史记事的尚实特征。裴松之在《进书表》中提到针对陈寿没有书写的历史事实，要"以补其阙"。很显然《汉晋春秋》中的"赵云之死"事件是裴松之补充《三国志》的一项重要内容。

---

① （明）罗贯中，（清）毛宗岗评《注评本三国演义》，上海古籍出版社，2014，第 934 页。下引《注评本三国演义》，皆出此本。
② 《注评本三国演义》，第 999 页。

作为小说的《三国演义》对"赵云之死"这一事件进行了大幅度的虚构，创造了"东南风吹折松树"，"孔明占课、掷杯"，"赵云二子拜哭"等情节。这些情节的虚构，使得单一的历史事实变得波起云涌，跌宕多姿，增加了阅读趣味，并且使诸葛亮多智的形象呼之欲出，恍若鬼神。而《朱子语类》要表现的是诸葛亮北伐之急以及对刘蜀政权之忠，目的是为下文讲述不正常的宋金关系张本，南宋与金不应是"叔侄之国"。

在"辛毗来遏令不出兵"这一事件的叙事处理上，《三国演义》纯为虚构性叙事。写辛毗宣谕，虚构司马懿"千里请战"一节，属于"因文生事"，罗贯中叙述司马懿之移花接木，辛毗之料事于几微，曹叡之果断应对，都是为了突出司马懿之诈。然而读者不仅不觉其虚构，反而产生一种美人熨帖、天衣无缝之美妙感觉。《三国演义》对诸葛亮北伐一事用了十回文字播演出人意表的故事情节，从而使读者达到娱情悦性的目的。关于小说的创作目的，施耐庵在《水浒传》自序中作了三方面的总结，[①] 其一，为了作者创作，进入到一种艺术自由境界，所谓"心闲试弄、舒卷自恣"；其二，为了读者阅读，所谓"无贤无愚，无不能读"；其三，为了快乐，所谓"吾友读之而乐，斯亦足矣"。悦性娱情是小说虚构叙述的目的，施耐庵的自悟说出了真谛。

《朱子语类》的讲述，以探索以诸葛亮为中心的刘蜀与以司马懿为中心的曹魏之间的对抗关系为目的，同时也将南宋与金的和议纳入讲述视野，探讨历史事件对南宋处理对外关系的意义，讲述事件的意图是明理。其中也涉及对诸葛亮、司马懿的讲述。对这些历史人物讲述有着不同的意义。讲述诸葛亮是讲述他的"急"，为了显示他对北伐事业和对刘备的竭忠尽智。讲述司马懿的"畏惧"，其用意是指敌国金朝的不足为惧。其讲述辛毗这个人物，是为了突出司马懿与魏主的矛盾，进而映射金朝内部的分裂。《朱子语类》对人物和事件的讲述完全是立足于事实的讲述，如果对人物和事件进行了虚构，那么朱熹的教世传道和讲学育人，就失去了依据和意义。

---

① （明）施耐庵著，（清）金圣叹评《注评本水浒传》，上海古籍出版社，2015，第1006页。下引《注评本水浒传》，皆出此本。

三 它是一种选择省略的讲述

当一个人的注意力集中在某一点上的时候，他就省略了整个世界。人类的记忆依靠历史典籍把自己认为有意义的事件记载下来，但同时对其他大量的事件选择了省略。朱熹的讲述也是这样，在讲述之前，朱熹对前代和当代大量对社会发展有重大作用和影响的事件进行精思熟虑，对历代和当代的重大人物进行鉴衡和圆照，然后去粗取精、去枝存要、去繁就简、去伪存真，对于人物和事件的"精""要""简""真"部分进行讲述，而对非精、非要、非简、非真的内容选择了省略。

（一） 对人物和事件的选汰

社会由形形色色的各种阶层的人组成，朱熹按照自己的讲述目的选择了对社会发展影响最大的两种人进行讲述，一是政治家。政治家包括历代帝王和大臣。二是士人。士人在这里尤其是指从事讲学和学术研究的人，是历代和当代的思想家和学问家。对于政治家和士人之外各阶层的人，朱熹采取了省略讲述的方法，例如商人、手工业者、农民等阶层的人。即使是政治家这一阶层朱熹也进行了选汰。他所讲述的政治家一般是对社会历史发展的某一阶段产生过重大作用和深远影响的人物，如汉高祖、张良、宋太祖、宋神宗、王安石、宋高宗、秦桧等，而对其他阶段的帝王和大臣，则选择了省略。具体到某一人物，朱熹也采取了选择性省略的讲述方法，例如宋徽宗，众所周知，其瘦金体和花鸟画等艺术成就空前绝后，这些角度就没有成为朱熹讲述的重点。

朱熹对事件的选汰也遵循一定的讲述目的。社会历史由大量的大大小小的事件组成。朱熹没有像历史年表那样依次展开讲述，而是选择了影响历史进程的重大政治、军事事件进行讲述，例如玄武门之变、靖康之难、熙宁改革、长平之战、大仪镇之战等。而对制造业、农业生产、社会贸易、绘画艺术等领域的事件绝少提起。

（二） 讲述过程中的选择省略

在具体讲述过程中，朱熹遵循简练、达意的原则对讲述的内容进行省略，或提炼事件的主题，直接进行评论，而省略事件的过程讲述；或仅存事件的简述，而省略了评论；或仅选取事件的开头，而省略了结尾；或直接讲述事件的结局，而省略了对事件发生和发展的讲述。

1. 省略事件过程，只保留对人物语言的转述和对人物的评论

如：

> 辛幼安为闽宪，问政，答曰："临民以宽，待士以礼，驭士以严。"恭甫再为潭帅，律己愈谨，御吏愈严。某谓如此方是。①

朱熹对辛弃疾和刘珙（恭甫）的讲述就采取了省略讲述的策略。其讲述辛弃疾在福建做执政官，就引述辛弃疾为政之语，而对辛弃疾为政期间所处理的政治事件采取省略。其讲述刘珙（恭甫）在潭州执政，只评论其"律己""御吏"的特点，也没有讲述具体的事件。这种对具体事件的省略，使得讲述更加简单明了，突出了朱熹的为政原则：治民以宽，律己以严。达到了讲述的目的。

2. 省略自己的评论，只讲述事件的过程，用事件本身来表达自己讲述的意旨

如：

> 近年有洪邦直为宰，以赃被讼，求救于伯圭。伯圭荐之甘抃，甘抃荐之。上召见，赐钱，以为此人甚廉而贤，除监察御史。②

朱熹讲述了洪邦直由"以赃被讼"到"甚廉而贤"而晋升为监察御史的过程。没有进行任何评论，但是听众从事件的由"黑"变"白"过程中，已经领悟到南宋大臣的结党营私和在上者的偏听偏信所致。朱熹没有直接评论宋孝宗和甘抃③等人，一是因为他们都是当今炙手可热之政治巨头，二是他对事件的讲述言简意赅，不需再置一辞进行评论了。

3. 省略结尾和过程，只讲述事件开端

如：

---

① 《朱子语类》，第3180页。
② 《朱子语类》，第3181页。
③ 据《中国名人志·南宋卷》299页：甘昪为宋孝宗时内侍押班甘泽之子。朱熹评之曰："奸人无才，何以动人主？"疑甘昪即甘抃。

李椿年行经界，先从他家田上量起，今之辅弼能有此心否？①

确定土地归属权利必须丈量土地的大小、划定界限，这是解决税收问题的基本，涉及垄断地主、地方官吏的基本利益，较难推行。朱熹从李椿年做地方官"行经界"讲起，只讲述了事件的开端，先丈量自家土地，而对于这件事的过程和结局则没有展开讲述。朱熹为何只讲述事件的开端，这与他的讲述目的紧密相关，朱熹认为执政者只有秉持公心，剔除官员自己的私心和贪欲，国家的施政方针和政策才能得以顺利执行，推行土地政策的困难才会迎刃而解。这是朱熹讲述的目的。朱熹所讲述的事件开端，"先从他家田上量起"一语，已经把李椿年作为秉持公心的官吏楷模树立起来了，并把他与"今之辅弼"作了对比，足以达意，因此展开对这一事件过程和结局的讲述已经没有必要了。

4. 省略开端和过程，只讲述结尾

如：

荀文若为宦官唐衡女婿，见杀得士大夫厌了，为免祸计耳。②

朱熹讲述荀彧足智多谋，为了避祸投靠宦官唐衡。其中"杀得士大夫厌了"一语，是对唐衡与宦官单超等五人诛灭梁冀事件的总结。朱熹并没有把这件事的全过程讲述一遍，而是对这件事造成的汉桓帝政坛时局作了总结，人人自危的局面就是唐衡宦官集团诛灭士大夫这一事件的结局。面对这样的时局荀彧能够审时度势，避祸自保，这是荀彧的大智慧，也正是朱熹讲述荀彧的意旨所在。朱熹只选择事件的结局来讲述，避免了讲说时的繁琐，话语简单，却能激发听众对东汉桓帝时局和荀彧处境的联想和思索，有万取一收之功效。

朱熹在讲述过程中选择省略，其实质是为了突出和提炼所讲述人物的核心品格和最经典的意义，这种讲述最省笔墨，又能快速达意的讲述，它具有淡化背景、省略支脉、突出主题的作用，讲述越简单，越臻于化境，

---

① 《朱子语类》，第 3176 页。

② 《朱子语类》，第 3232 页。

越能使听众对人物和事件领悟得深邃而真切。

四　讲述与评论相结合，注重价值判断

朱熹的讲述不是无目的的讲述，其讲述事件和人物往往是为了引出自己对历史事件和人物的观点和评论，在讲述的基础上做出是非和价值判断。这种价值和是非判断往往鞭辟入里，能洞察事件的本质和人物存在的弱点。与范仲淹同立于仁宗朝的吕夷简，是身处政治枢纽中的宰辅，朱熹评价他"最是个无能底人"，显示出理学大师冷峻的政治思维：

> 某尝说，吕夷简最是个无能底人。今人却说他有相业，会处置事，不知何者为相业？何者善处置？为相正要以进退人才为先，使四夷闻知，知所率畏。方其为相，其才德之大者，如范文正诸公既不用，下而豪俊跅弛之士，如石曼卿诸人，亦不能用。其所引援，皆是半间不界无状之人，弄得天下之事日入于昏乱。及一旦不奈元昊何，遂尽挨与范文正公。若非范文正公，则西方之事决定弄得郎当，无如之何矣。今人以他为有相业，深所未晓。[①]

讲述与评论相结合是讲述语录的基本特点，上则评论的要点就是对吕夷简做出的价值判断。朱熹的叙述是围绕"最是个无能底人"这一价值判断来展开的。此论断是一个纲领，而所有关于吕夷简事件的讲述都成为这一评论的事实支撑。作为宰辅不能恰当地"进退人才"是朱熹对吕夷简的第二个评论。朱熹讲述了吕夷简两类事件。第一是用人。不用"才德之大者"和"豪俊跅弛之士"，而用张方平、王拱辰、李淑等人。[②]在范仲淹上书"百官图"时，吕夷简竭力排挤，使范仲淹落职饶州，在下不能任用石曼卿等人，因此天下之政治"昏乱"。第二是处理边事。在处理北宋与西夏关系问题上，朱熹使用"无能""昏乱""不奈元昊何""郎当"等词语，来讲述吕夷简，对吕夷简直呼其名，极其贬低。而对范仲淹则称范文正公，把他作为处理西夏边事的功臣。朱熹对范仲淹的评价远远超擢于吕

---

① 《朱子语类》，第3088页。
② "吕公所引，张方平、王拱辰、李淑之徒，多非端士"见《朱子语类》，第3087页。

夷简之上，朱熹对吕夷简的讲述，紧密地融入了自己的评论，这些评论显示了朱熹对吕夷简的行为是非和政治价值的评判。

朱熹对吕夷简的讲述，以评论为主，以讲述事件为补充，因此整个语段议论尖利，话锋直露，融入了朱熹个人的情感、价值判断，声势逼人，充满张力，给人以不容置疑、寸步不让的印象。

但有的讲述中的评论则潜滋暗长，不动声色。如其对种师道的讲述：

> 姚平仲出城劫寨，不胜。或问计于种师道，曰："再劫。"时不能从。使再劫，未必不胜也。曾有人问尹和靖："靖康中孰可以为将？"曰："种师道。"又问："孰可以为相？"良久，曰："也只教他做。"①

以上是朱熹对姚平仲劫寨事的讲述，但以讲述种师道为主，中间也结合了评论，然所占比重不大，只有一句话"未必不胜也"，与讲述吕夷简的语段相比，朱熹此处的评论不突出，甚至让人觉察不到。但这种评论却起到了转折语意和突出主题的作用，讲述的主旨由劫寨转移到评论种师道的智谋和才干上。接下来讲述尹和靖与别人的对话，则完全以这个评论为中心，听众能很快领悟朱熹讲述的用意，即种师道之谋略和才干堪任将相。一句话的评论可以扭转整个讲述的乾坤。

上述引文以讲述为主，以评论为补充，虽然评论所占比例极少，但这句话是整篇的文胆，在结构上具有连接上下、凝结成篇的作用，在语意上有峰回路转、登堂入室之效。

朱熹把讲述与评论结合，无论是对吕夷简，还是对种师道，其评论都是从事件讲述本身出发，对人物在该事件中的才干和作用做出判断，其实质是对一个人的价值做出判断。这种评判既是对个人才能、品德等要素的考量，也是对个人的社会作用、社会价值的考量。朱熹对吕夷简与种师道的价值判断呈现两极趋势，一是堪为将相，趋向有用的一极；一是"不会处置相事"，趋向无用的一极，有霄壤之别。

---

① 《朱子语类》，第 3133 页。

五　多重身份与面对面之场景对讲述的影响

朱熹在理学、经学与文章学等方面成就斐然，因此朱熹一人便荣膺了理学大师、经学大师和文章学家诸多身份，这也必然使朱熹对历代与当代人物及事件的讲述变得深刻、复杂和丰富。

（一）理学大师身份与人物及事件的讲述

作为理学家，朱熹秉承格物穷理的理学精神，竭尽全力探究人本身、存在世界和社会发展的本质及规律，并且探究如何使得三者能和谐发展，臻于善境。朱熹研究和解析了《太极图说》《通书》《西铭》，并以周敦颐、张载、二程等四人语录及学术成就为核要，编成《近思录》一书，这本书被称为"四书"之门径。其在《伊洛渊源录》中确认周敦颐为二程所师承，梳理了理学的体系和脉络，并直追孔孟，建立道统。朱熹融通周敦颐之"太极图"、二程之"理一分殊"论，开创了"理同气异"的天理说。故朱熹被称为宋代理学之集大成者。

朱熹是宋代将理学与经学结合得最深刻的人，朱熹强调"借经以通乎理"，并断然以为"理得则无俟乎经"。[①] 理学与儒学的结合点在哪里？在"格物"上。"格物"出自《礼记·大学》，这是朱熹理学的理论基点，同时也是经学的重要范畴。经学指归是增进自身修养，学为君子。学为君子的出发点在哪里？孔子提出"克己复礼"，孟子提出"收放心"。朱熹将"克己""收放心"与"格物"结合起来，把理学格物的视野从外部世界转化到一己上来，由格物转向格人、"格君心"，最后把对自然世界的思考转向对人类世界的思考。对人类世界的思考，必须以历代和当代历史事件为中心，以归纳事件的规律及其蕴含的道理为指归。

理学家身份与"格物穷理"之理学精神贯穿于讲述始终，使朱熹的人物讲述呈现得更加深刻而丰富。在人物讲述过程中，他不仅注重人物外在语言、行动的勾勒，更注重人物内在精神层面的剖析，对人物性格的把握、品德的体察、才干的衡量、学术的论判等都成为其讲述人物内在精神世界的重要因素。他不仅注重内外层次之素质的归纳和品鉴，更注重从人

与社会、人与政治、人与人之间的关系上去讲述人的社会意义和社会作用，并对人本身之价值做出客观判断，细致入微地去分解、拆格人物。

格物穷理对朱熹讲述事件也产生了巨大作用，它使朱熹不仅考虑所讲事件的"时序"和"时距"，而且斟酌讲述的结构和首尾的设计；不仅考虑文章学的艺术实践，而且在讲述事件的同时，进行事件表象下的哲理探索、事件之间的因果关系探索、事件对王朝兴衰成败之作用探索。朱熹把文章学的艺术实践和对历代及当代历史事件的规律探索作为讲述事件的两翼，通过巧妙的运用和搭配，使之成为最佳的语言表达和口头创作。

（二） 经学家身份与人物讲述

众所周知，朱熹《诗集传》对诗序、《诗经》之内容与作者都有独到的解释，奠定了其在宋代诗经学的轴心地位。《周易本义》对《周易》性质的确定，为宋代易学研究注入了新的活力。《朱子语类》对"六经"又作了逐章逐节的讲解，同时对各家注解作了梳理，形成了经学研究的新成果。朱熹在研究经学的基础上又推尊孔孟，把四书放到与"六经"并肩的高度，这是朱熹对宋代经学的贡献。因此，朱熹理所当然地成为宋代最卓越的经学家。

其经学家身份，对朱熹的人物讲述产生了深刻影响。尤其是对战国、汉唐诸子的讲述，显示了其独尊孔孟的意识导向，并成为判断人物学术正邪的首要标准。

其讲述"管子之书杂"①，荀卿则"全是申韩"②。其论扬雄，"到急处，只是投黄老"。其称赞韩愈《原道》对郊庙之礼的解释，"说得极无疵"，但是不认同韩愈文章之论"自屈原、荀卿、孟轲、司马迁、相如、扬雄之徒"，原因是韩愈"把孟轲与数子同论"，故朱熹认为韩愈此处行文，"无见识，不成议论"。其讲述王通，肯定其"识得仁义礼乐都有用处"，否定其"欲别做一本'六经'"，而不知"圣人所说之义理无穷"。③

依上诸条，凡朱熹所否定管子、荀卿、扬雄、韩愈、王通处，皆是他们与孔孟相异处，与"六经"相违背处；凡朱熹所肯定管子、荀卿、扬

---

① 《朱子语类》，第 3252 页。
② 《朱子语类》，第 3255~3256 页。
③ 《朱子语类》，第 3257 页。

雄、韩愈、王通处，皆是他们与孔孟相同处，与六经相一致处。朱熹对经学的精熟和成就，深刻影响了他对人物的讲述，孔孟和"六经"的观点俨然成为一个分水岭，左右着朱熹在人物讲述过程中，把所讲述的人物，依据不同的学术倾向，放置到不同的地域空间之中，留下鲜明的痕迹。

（三）文章学家身份与讲述话语的体貌

朱熹文章学家的身份确认，基于他对两个领域的认识。一是文章艺术的理论探讨，二是文章艺术的具体实践，二者都在《朱子语类》中得到了很好的体现。尽管朱熹提出"道本文末"的观点，但他从来没有在探索文章艺术的道路上止步。《朱子语类》论文部分是其对诗文规律的独到而精辟的总结，受到以后文章学研究的重视，成为《历代文话》中不可或缺的内容。更值得注意的是，朱熹对"四书""六经"等这些中国古代最经典的文章进行分析，虽然还原"圣人本意"是其根本指归，但是，他客观上对这些经典作品作了文章学方面的探讨，并进行了精要的论述，此不多言（详见第三章第四节）。

朱熹在文章艺术的具体实践上所做出的非凡成就，使其文章学家的身份实至名归。《诗集传》《四书集注》代表了朱熹文章艺术的最高成就，因此，饶宗颐把它们作为"唐宋八家，朱熹应占一席"的实据。但是，更需要关注的是《朱子语类》的讲述艺术，它集中体现了朱熹文章学理论与讲述技巧的融会贯通，体现了朱熹讲述语体的风貌。二者的融会贯通主要表现在三个方面。

第一，结体的方法。《朱子语类》作为讲述语体，章法谨严、整饬，得益于朱熹对结构的斟酌和安排。他通过"断语""弄引""獭尾"来开篇和收尾，按照讲述的逻辑来组织讲述内容的顺序，这样使得朱熹对人物和事件的讲述都浑然一体，语脉流转自然，无斧凿之痕。第二，人物塑造的方法。在人物塑造上，朱熹注重细节讲述、虚实讲述、突出语言、抑扬分明。于细节处见神韵，于虚实中见映衬，于语言中见性格，于抑扬中见情感与价值判断。第三，讲述事件的方法。朱熹选择省略讲述的方法来缩短讲述时间，使得讲述简洁而重点突出；朱熹选择从旁讲述的视角，使事件的讲述虚实有度，留白处有余味；情节的相接按照一定的逻辑，讲述思路清晰；朱熹注重探究事件的实际因果关系，与"因缘生法"的虚构因果有不同之处。

（四）面对面的场景对讲述的影响

朱熹讲述的场所是课堂，是一种与学生面对面的讲述，事件与人物的讲述者就是朱熹本人。这与小说中的叙述者有着很大不同，小说中的叙述者是作者设定的一个叙事角色，他对叙述方式的选择可以改变小说的文本特征，有时重叠为聚焦者和行动者。[①] 小说作者与小说叙事者身份判若天壤。《朱子语类》的讲述者与听众面对面的场景在小说中根本不会存在，因此也赋予了朱熹讲述的更多独特性。

首先，面对面的讲述增加了事件与人物讲述主旨的精确性、真实感和可信度。如朱熹对董仲舒和王通的讲述，起于"子升问仲舒、文中子"。[②]朱熹安排学生评论董仲舒、王通、扬雄、韩愈的优劣，学生对四人褒贬不一，然后朱熹对四人进行分别讲述，肯定董仲舒"自是好人"，贬抑扬雄"不足道"。再对王通、韩愈二人的学术进行对比。沈僴和钱木之是朱熹这次讲述的见证者和记录者。朱熹在讲述过程中与学生的言语往来使其讲述之义理更加明晰。朱熹弟子黄干对这种面对面的场景所形成的教育氛围深有感触：师生函丈间，往复诘难，其辨愈详，其义愈精。[③]

其次，面对面讲述能充分发挥言传身教的作用。在人物讲述中有一个特别之处就是朱熹的自述。朱熹把自己为学的经历讲述给学生们听，自塑了一个勤奋不辍、持之以恒的学者形象。朱熹讲述自己的目的是强调"功夫论"，学习没有别的捷径，只有铢累寸积的下功夫，方能增长学问。他对叶贺孙说：

> 某年二十余已做这工夫，将谓下梢理会得多少道理。今忽然有许多年纪，不知老之至此，也只理会得这些子。岁月易得蹉跎，可畏如此！[④]

---

① 《叙述学——叙事理论导论》，第 15 页。
② 《朱子语类》，第 3260 页。
③ 《朱子语类》序，第 2 页。
④ 《朱子语类》，第 2621 页。

面对面的讲述，使讲述者成为教育教学的一部分，其举手投足、言语声咳都会给学生留下深刻的印象，有身教言传的作用。朱熹自述常自称"某"，这是南宋白话，是面对面讲述的明证。朱熹在讲述中提到的"这工夫"，指的是自己对为学规律的自悟，是增进学问的唯一途径，这种规律性的总结在客观上道出了为学之难。朱熹的自述道出了此生做学问的得失，以及对生命本身的感悟和惋惜。生命有限而求知无限，其对生命的感叹和动情，现身说法，具有教育教学的示范意义，进一步成为鼓励学生前行的动力。这种示范意义影响深远，甚至朱熹去世后，面对《朱子语类》的文本，黄干还有"如侍燕闲，如承声咳"的感伤。

第二节 《朱子语类》的讲述目的

朱熹生于宋高宗建炎四年（1130），卒于宋宁宗庆元六年（1200）。这一时期的南宋社会表面看来相对稳定，却危机四伏。在政治上，王安石改革失败的阴影挥之不去，余英时称朱熹的时代为"后王安石时代"①。这一时期，南宋主战与主和的"国是"，摇摆不定。在军事上，金兵多次进犯，虽互有胜败，但先后签署了戊午和议（1138）、绍兴和议（1141）和隆兴和议（1164）等不平等条约。在民族生存上，金兵多次长驱直入，使南宋濒于亡国的边缘。朱熹讨论时政的书信多达142封，其《与黄枢密书》讨论了金主完颜亮之死所形成的北伐机会，朱熹提出"因其人以守，因其粮以食"②的策略，对巩固边塞很有建设意义。毋庸置疑，研究历代和当代事件及人物，总结社会发展之规律，探索南宋恢复之路，勾勒清明之政治，期许理想之国君、治国之良相等问题就成为南宋士大夫政治文化的中心。时局和时事深刻地影响到了学术活动，学术讲述和师生研讨开始转向解决当时的实际问题成为必然。本节主要从政治复兴、培养人才、学术发展等三个方面，论述朱熹讲述历代和当代人物及事件的目的。

---

① 余英时：《朱熹的历史世界》自序二，生活·读书·新知三联书店，2011，第9页。下引《朱熹的历史世界》，皆出此本。

② 《与黄枢密书》，《朱子全书》第21册，第1077页。

一 为南宋政治复兴开一剂良药

朱熹一生汲汲于政治，渴望有所建树，其《感怀》诗有"经济夙所尚，隐沦非素期"之句，① 在隆兴元年（1163）即向孝宗面奏"格物致知之道""复仇之义""言路壅塞、佞幸鸱张"等内容。② 淳熙十五年（1188）再向孝宗进《戊申封事》，提倡要任用"刚明公正""天下第一流"人才。③ 绍熙五年（1194）如临安，立朝四十日，为宋宁宗讲《大学》。其希望能"得君行道"，但因韩侂胄的排挤，而远遁沧洲。其所任职位较高的地方官职是荆湖南路安抚使，为时较短。李心传在《建炎以来朝野杂记》乙集中梳理了朱熹的政治历程，竭力申明其"难进易退之大节"。④ 但是朱熹一生孜孜于讲学事业，并通过讲学的形式来表达自己的政治主张和政治理想。其在讲学过程中对历代和当代人物及事件的讲述表达了他的政治理想，以及对开明国君和治国良相的基本要求，其实质是为挽救南宋朝廷危亡、政治复兴开一剂良方。

（一）朱熹的讲述与对"三代之政"的憧憬

朱熹对历史事件的讲述大多集中在政治事件上，其在讲述事件的同时都及时进行了批判，客观上都进行了古今对比，这个古即三代之政，是朱熹讲述政治事件并作出评论、鉴衡的标准。

什么是宋代士大夫心中的三代之政？尹洙称"三代何从而治？其教人一于学而已"⑤。欧阳修称"尧、舜、三代之际，王政修明，礼义之教充于天下"⑥。李觏称三代之人"尽可以为君子"的原因，是"仁义礼乐之教浸淫于下，自乡徂国，则皆有学"。⑦ 通过宋人对三代之政的评述可以归纳其略貌，即通过讲学推行"仁义礼乐之教"，提高全社会成员的基本素质，从而力至"天下太平"。北宋士大夫将其奉为至高理想，李心传称"本朝

---

① 《感怀》，《朱子全书》第 20 册，第 358 页。
② 《与魏元履书》，《朱子全书》第 21 册，第 1082～1083 页。
③ 《戊申封事》，《朱子全书》第 20 册，第 599 页。
④ （宋）李心传：《建炎以来朝野杂记》，上海师范大学古籍整理研究所编《全宋笔记》第 6 编第 8 册，大象出版社，2013，第 128 页。
⑤ （宋）尹洙：《岳州学记》，《河南先生文集》卷四。
⑥ （宋）欧阳修：《本论》上，《欧阳文忠公集》卷十七。
⑦ （宋）李觏：《典章密校书》，《盱江集》，卷二十七。

之治独与三代同风",并尊奉为"祖宗之家法"。① 王安石在《上仁宗皇帝
万言书》中尽管讨论了"二帝三王"的时代与神宗时代所遭遇的"势"
"变"不同,但仍然心向三代,提出"当法其意"的主张。② 宋代士大夫
在理想政治的认识上空前一致,这一思想延续至朱熹的时代,朱熹以之为
讲述事件和人物过程中评价得失和价值的一个核心标准。如:

> 问:"'孟子露其才,盖亦时然而已。'岂孟子亦有战国之习否?"
> 曰:"亦是战国之习。如三代人物,自是一般气象;《左传》所载春秋
> 人物,又是一般气象;战国人物,又是一般气象。"③

朱熹在《朱子语类》中使用"三代"一词共 106 处。其中论述到三代
的人物和礼乐制度时都持肯定态度,以上语录比较了孟子与三代人物"气
象"之不同,指出孟子"露其才"与战国策士纵横游说、善谈多思的气度
和形象相一致,而三代和春秋时期的人物又具有各自的时代特征。在朱熹
的思想体系里,孟子自然不可与尧、舜同日而语。又如其讲述三代政事:

> 今欲行古制,欲法三代,煞隔霄壤。今说为民减放,几时放得到
> 他元肌肤处!且如转运使每年发十万贯,若大段轻减,减至五万贯,
> 可谓大恩。然未减放那五万贯,尚是无名额外钱。须一切从民正赋,
> 凡所增名色,一齐除尽,民方始得脱净,这里方可以议行古制。④

在讲述中,朱熹对三代政事推崇备至,其使用了"煞隔霄壤"一词,
三代政治成为以朱熹为代表的宋代士大夫心目中憧憬的理想之政、完美之
政。他说到转运使征税,如从十万贯减至五万贯,其他"所增名色",全
部废除,才能恢复到百姓"元肌肤处",使百姓无伤害。这样的治国施政
才能与三代之政相提并论。朱熹讲述事件的意识倾向和目的十分明朗,三
代之政是其讲述过程中衡量是非得失的圭臬,也是其讲述的最终指归。

---

① (宋)李心传:《建炎以来朝野杂记》,《全宋笔记》第 6 编第 8 册,第 55 页。
② (宋)王安石:《上仁宗皇帝万言书》,《临川先生文集》卷三十九。
③ 《朱子语类》,第 2475 页。
④ 《朱子语类》,第 2713 页。

（二）对历代和当朝国君的讲述与对开明君主的期盼

朱熹用"圣人"的称呼来表达自己对开明君主的期许，这一称呼不是指孔子，而是指尧、舜、商汤、周公等人。例如朱熹称汉高祖、宋太祖有"圣人之材"①。又如他在讲述宋高宗处理靖康建炎政事时也使用了这一称呼，他说："成汤之言'万方有罪，在予一人！'圣人见得意思直如此。"②此处"圣人"是指商汤，客观上将宋高宗与商汤进行了对比，指出高宗不能反思己过：错用汪伯彦、黄潜善沮挠宗泽抗金，以致政局不可收拾。

尧、舜及三代帝王之政是一个标准，朱熹讲述历代帝王并以此来"格君心"。在这一标准下，朱熹进行价值判断和素质衡量。宋孝宗在高宗去世时，能够尊尚古礼，三年不改孝服，朱熹评价为"上正千年之失"③。宋孝宗的行为与三代之政的"仁义礼乐之教"相一致，因此得到了朱熹高度赞誉。相反，他对宋太宗、宋徽宗有所指责，他讲述太宗下苦功看《太平广记》，写字作诗，而不能讲学。徽宗治理国家，"无一著下得是"。宋朝联合女真灭契丹，女真获取契丹大量财物，而徽宗反竭尽国库之银去换契丹空城；又招降契丹将领，建"常胜军""义胜军"，供养军队而耗费国力。朱熹对宋太宗和宋徽宗的评述也是围绕三代之政这一标准来进行的，两位国君都不能注重"礼乐仁义"之教而推行讲学，宋徽宗甚至崇尚穷兵黩武之政，与"礼乐仁义"之教背道而驰。因此两位国君都是朱熹否定的。

朱熹对理想国君有什么要求？第一，当然是推行与"三代之政"相一致的治国方略。此处毋庸赘言。第二，是具备"与士大夫共治天下"的理念。帝王能够做到君臣相合，大臣能够"得君行道"。朱熹称赞王安石遇到宋神宗，"可谓千载一时"。宋神宗是"与士大夫共治天下"的楷模，他讲述道：

> 神宗聪明绝人，与群臣说话，往往领略不去；才与介甫说，便有

---

① 《朱子语类》，第3042页。
② 《朱子语类》，第3135页。
③ 《朱子语类》，第3061页。

"于吾言无所不说"底意思，所以君臣相得甚欢。①

朱熹用"君臣相得甚欢"来评价宋神宗与士大夫共治天下的优良素质。相反，他讲述宋仁宗，虽然德行仁慈，但不懂用人，对大臣"骤进骤退"②，他衡量宋仁宗也是从能否"与士大夫共治天下"这一标准出发的。

符合了以上两个标准，就是朱熹心目中的理想帝王，因此无论是前代帝王，还是当朝帝王，朱熹对存在于这两个标准之外的帝王都持批评、校正的态度。

（三）对宰辅的讲述与对治世良相的期许

朱熹对士大夫这一群体的讲述集中在政治家身上，其讲述此类人物的目的就是勾勒治世良相的形象，朱熹从张良、诸葛亮讲到王安石，再到蔡京、秦桧等人，数量众多，但得到其认同的只有三人，即范仲淹、司马光、程颢，三人各具备了治世良相素质之一种。范仲淹之才能杰出，才胜其用；司马光活国救世，为人严正；程颢学术端正，能格君心。三人的叠加就是朱熹期许的治世良相，因此朱熹在讲述士大夫群体时对三人赞誉有加，对其他人则指斥校正。如其讲述范仲淹：

> 某尝谓，天生人才，自足得用。岂可厚诬天下以无人？自是用不到耳。且如一个范文正公，自做秀才时便以天下为己任，无一事不理会过。一旦仁宗大用之，便做出许多事业。③

范仲淹，才能超远、卓迈，堪称第一流之人才。朱熹尤其强调他才堪其用，正是他的才堪其用，因此"做出许多事业"。如范仲淹驳斥吕夷简用人不当而向仁宗进"百官图"，砥砺了一代士大夫风气；再如他整顿西北边事，使宋与西夏的边境归于稳定，其才能在士大夫群体中出类拔萃。朱熹除了肯定范仲淹，还肯定司马光，他说：

---

① 《朱子语类》，第 3095 页。
② 《朱子语类》，第 3044 页。
③ 《朱子语类》，第 3088 页。

温公可谓知、仁、勇。他那活国救世处，是甚次第！其规模稍大，又有学问，其人严而正。①

宋神宗在永乐城战败后郁郁而终，宣仁太后垂帘听政，司马光自洛还朝主政，废止了熙宁新法，朱熹称之为"活国救世"。司马光从义利之辩中推行元祐之政，即从百姓利益出发来处理政事，而不是熙宁新政的便利国家。另外，人品严正，也是朱熹推崇司马光的地方。除了范仲淹、司马光之外，朱熹还称许一人，即程颢。程颢最突出的地方是学术端正，能格君心，这是范仲淹和司马光都不具备的。朱熹与弟子杨道夫讨论熙宁革新用人时，对程颢大加称赞：

"新法之行，诸公实共谋之，虽明道先生不以为不是，盖那时也是合变时节。但后来人情汹汹，明道始劝之以不可做逆人情底事。及王氏排众议行之甚力，而诸公始退散。"道夫问："新法之行，虽涂人皆知其有害，何故明道不以为非？"曰："自是王氏行得来有害。若使明道为之，必不至恁地狼狈。"问："若专用韩富，则事体如何？"曰："二公也只守旧。""专用温公如何？"曰："他又别是一格。"又问："若是二程出来担负，莫须别否？"曰："若如明道，十事须还他全别，方得。只看他当时荐章，谓其'志节慷慨'云云，则明道岂是循常蹈故块然自守底人！"②

熙宁改革是朱熹浓墨重彩反复陈述的重要内容，朱熹在上则语录中肯定熙宁改革是"合变时节"，指出各派政治力量对改革的议论和存在的矛盾，强调王安石力排众议，独树一帜。但朱熹讲述的重点并非在此。当道夫问及程颢为何赞同改革时，朱熹评述了熙宁之政的用人之失及假设的诸种用人结果。他用"恁地狼狈""也只守旧""别是一格""岂是循常蹈故"等语句，分别评述王安石、富弼与韩琦、司马光、程颢等各派执政的结果。王安石"恁地狼狈"是据实讲出，富弼与韩琦、司马光是推测讲

---

① 《朱子语类》，第3103页
② 《朱子语类》，第3097页。

出；程颢是朱熹讲述的中心，朱熹赞叹他有志向，不因循守旧，是"志节慷慨"的人，如果被神宗任用为宰相之职，一定能开辟出一番天地来。朱熹的根据是什么？朱熹认为程颢学术端正，尤其是能"格君心"，"格君心"即通过经筵讲学，探寻帝王内心性情之规律，以理学之格物之道，将帝王之心引向"诚心、正意"，引向治国正途。

朱熹在回答朱门弟子郑可学之问时，指出了程颢这种素质。郑可学问："设使横渠明道用于当时，神宗尽得其学，他日还自做否？"郑可学询问，如果熙宁中任用的是张载和程颢，宋神宗受到两位理学家的学术影响，是否还要独自主持元丰之政？朱熹回答说：

> 不然。使二先生得君，却自君心上为之，正要大家商量，以此为根本。君心既正，他日虽欲自为，亦不可。[1]

朱熹在这里讲述了两个要点，一个是"格君心"，即"自君心上为之"，张载和程颢这两位理学家都具备这些素质。另一个要点朱熹指出"正要大家商量"，这种"大家商量"是指君臣关系，是"帝王与士大夫共治天下"的原则表述。这种原则约束了宋神宗不能抛开大臣，而独自管理天下。

朱熹关于士大夫群体的讲述，其目的是寻找治世之良臣，这是朱熹的一种理想，也是宋代士大夫政治文化培育出来的责任感，治世良臣的基本素质是范仲淹、司马光、程颢三者的叠加，既要有卓越之才能，还要有活国救世之良心，更要具备与帝王沟通的能力，以格君心的途径，最终实现"士大夫与帝王共治天下"的理想，这是朱熹对治世良相的期许，也是他讲述历史事件和人物的根本目的之一。

二 科举考试、培养人才与"学为君子"的需要

政治的兴衰成败在于人才，人才是施政之本。宋代书院林立，讲学蔚然成为风气，其根本目的在于培养人才。朱熹讲述历代和当代的人物涉及人物的学术、思想和政治主张，讲述当代与历代重要事件，既是培养人才

---

[1] 《朱子语类》，第 3096 页。

的需要，更是直接满足科举考试的需要。

朱熹主张科举考试要"罢诗赋，而分诸经、子、史、时务之年"①，根据学科性质和修学年限在不同的年份举行不同科目的考试。例如《易》《诗》《书》在子年、午年考试，《礼》科在卯年考试等。他提出"诸史"是科举考试不可或缺的科目，因为它"该古今兴亡治乱得失之变"。他甚至把"诸史"分为三科，一为《左传》《国语》《两汉》；一为《三国》《晋书》《南北史》；一为《新唐书》《旧唐书》《五代史》。《宋史》称朱熹此议未上，而"天下诵之"。科举考试的内容影响着宋代书院讲学的内容，也与朱熹的讲述息息相关。如朱熹与弟子张毅然、郭友仁讨论漕试的内容：

> 张毅然漕试回。先生问曰："今岁出何论题？"曰："论题云云，出《文中子》。"曰："如何做？"张曰："大率是骂他者多。"先生笑曰："他虽有不好处，也须有好处。故程先生言：'他虽则附会成书，其间极有格言，荀扬道不到处。'岂可一向骂他！"

漕试是宋代一种考试制度，是针对转运司内部子弟的一种选拔考试形式。其考试内容关涉文中子王通，是朱熹在《朱子语类》中所讲述的汉唐诸子的一部分内容。朱熹询问张毅然答卷状况并阐述自己对王通、荀卿、扬雄的看法。这引起了另一位学生郭友仁的兴趣，朱熹作了进一步的讲述：

> 友仁请曰："愿闻先生之见。"曰："文中子他当时要为伊周事业；见道不行，急急地要做孔子。他要学伊周，其志甚不卑。但不能胜其好高自大欲速之心，反有所累。二帝三王却不去学，却要学两汉，此是他乱道处。亦要作一篇文字说这意思。"②

朱熹的讲述不仅仅是为了科举考试，其根本目的是引导学生对历史人

---

① 《宋史·选举二》，第3633～3634页。
② 《朱子语类》，第3266～3267页。

物进行全面而深刻的认识。所谓全面认识，就是要看到文中子王通的优缺点，其志向远大，要学伊周，做孔子，这是其优点；好高骛远，不能脚踏实地，则是其缺点。其不学尧、舜及三代之政，而取法两汉，这与宋代士大夫心向"三代之政"的愿望相违背，也与朱熹的学术主张格格不入。因此朱熹留下作业，让学生专门写一篇文章，批驳王通存在的问题。

朱熹对王通的讲述属于科举考试的内容，表面来看其讲述目的是面向科举考试，但朱熹的讲述目的绝不止步于科举考试，而是培养学生的能力，从学术角度评述王通的价值及其对南宋政治的意义。

朱熹与学生讲述人物，研讨学问，有时其目的仅仅是学问本身，是对自我的一种完善，即所谓"学为君子"。朱门弟子窦从周，淳熙十三年（1186）偕弟窦澄千里求学于建阳，师事朱熹，时年五十岁。他对朱熹说："先妣不幸，某忧痛无所措身。因读《西铭》，见说'乾父坤母'，终篇皆见说得是，遂自此弃科举。某十年愿见先生，缘家事为累。今家事尽付妻子，于世务绝无累，又无功名之念，正是侍教诲之时。"① 窦从周向朱熹的自述，阐明了自己对理学境界的向往和热爱，他以师事朱熹、研讨学问为此生最高追求，为了实现自己跟从朱熹做学问的愿望，孤独地等待了十年。他的自述展示了宋代士人至为难得的纯净的学术品格和学术追求。也因此，他才能更为深刻地理解朱熹所讲述的颜子形象。他说："仰慕颜子，见其气象极好。"这不仅是朱熹人物讲述的效果，更是朱门弟子研讨和讲述历史人物和事件的最崇高目标——"学为君子"。

三　理学探索的必然追求

朱熹的讲述与其学术研究关系密切。讲述成为其学术讨论的方法，讲述的内容隐含着理学研究的重大课题，通过讲述历代和当代人物及事件，来获得学术探讨的结论，甚至重大突破。另外，朱熹还通过对理学人物的讲述，构建学术道统，与《伊洛渊源录》的内容相互补充。因此，朱熹选择对历史事件和人物的讲述不是偶然的。

（一）朱熹的人物讲述重在探索人物心性，有"内圣"的理学倾向

朱熹讲述人物以研讨心性为揭橥，是内圣的一种要求，显示了朱熹的

---

① 《朱子语类》，第 2764 页。

理学思维和理学目标。"性即理""心统性情"是朱熹理学的重要范畴。这些内容在朱熹讲述人物过程中都体现出来了。如其讲述蔡京，先对蔡京之性做出评断，朱熹用"京之奸恶又过于惇"之句，[①] 揭出蔡京的"奸恶"本性，然后再具体讲述蔡京的行为，他讲述道：

> 方惇之再入相也，京谒之于道，袖出一轴以献惇，如《学校法》、"安养院"之类，凡可以要结士誉买觅人情者，具在。[②]

性即天理，人物之性即人物最本质的东西，是一个人较难改变的、相对最稳定的心灵特质。朱熹用"奸恶"一词，揭示出蔡京的心灵特质，对其"道中献轴"之事的讲述也是在塑造人物之"性"，人物之"天理"。它是朱熹人物讲述中所包含的最深邃的理学内容。

又如"心统性情"这一理学范畴在人物讲述中的渗透。心统性情，即心为性情之官，对人物的情性有统摄的作用。对人物的改变，首先是对其心性的改变，在处理大臣与国君关系上，朱熹主张"开导人主心术"。如他对刘安世（字元城）的讲述：

> 诗胡说，何足道？定策谋，他又不说了，又无缘治得他，都不消问了。其本原只在开导人主心术，使人主知不赏私恩，不罚私怨之理，则蔡何足虑！元城亦不是私意。只是言不当如此，却不知以诗治人不当，又欲绝其定策奸谋。如此治之，岂不使人主益疑？[③]

朱熹对刘安世的讲述，旨在对其处理蔡确事件之失当作理学分析。在朱熹看来"开导人主心术"是处理蔡确事件的关键，这是从"心统性情"这一理学范畴出发的，使宋哲宗明白"私恩""私怨"都不能作为处理国家大事的依据，车盖亭诗案属于"私怨"，不能作为制裁蔡确的理由。"定策奸谋"属于国是方针，应该作深入分析，考索蔡确之罪。刘安世不能开

---

① 《朱子语类》，第3107页。
② 《朱子语类》，第3127页。
③ 《朱子语类》，第3107页。

导人主，使之明白"私怨"与"国是"之别，从而使宋哲宗疑惑而做出错误判断，因车盖亭诗案流放蔡确。

朱熹对人物的讲述贯穿了理学思维，对人物心性的探讨成为其讲述人物的核心内容和根本目的，研究君心的存在状态及其发展变化规律，并引导其达到"内圣"的至善之境。

（二）朱熹讲述事件旨在探索事理，是理学家主体对"外王"思想的追求

余英时称"外王"的实现离不开权力的运用。① 权力运用的具体表现就是"得君行道"。宋代的理学家都有"得君行道"的理想。

程颐在《上仁宗皇帝书》中有"愿得一面天颜，罄陈所学""苟实可用，陛下其大用之"之语。② 陆九渊轮对宋孝宗之后反思：至于遇合，所不敢必。③ 张栻轮对宋孝宗之后，写信给朱熹表达自己的心理状态：凡三得对，区区之诚，不敢不自竭。④ 李心传评价朱熹"欲行道而未得其方"。⑤ 其实朱熹在讲学过程中无时无刻不在表达自己对"外王"的追求，尤其是在事件的讲述中，这种愿望非常炽烈。

朱熹讲述事件有两个中心，一是抽绎时代转折时期大事件蕴含之道，一是大臣"得君行道"后处置政事之非，朱熹通过这两个中心实现对"外王"理念的表达。

从宋太祖肇创宋朝始，王安石熙宁新政是宋朝历史的一大转折，靖康之变又为一大转折，朱熹对这两大转折涉及的事件重点讲述，但他的讲述似乎存在矛盾：

> 本朝全盛之时，如庆历元祐间，只是相共扶持这个天下，不敢做事，不敢动。被夷狄侮，也只忍受，不敢与较，亦不敢施设一事，方

① 《朱熹的历史世界》，第 421 页。
② （宋）程颢、程颐：《二程集》，中华书局，1981，第 514 页。下引《二程集》，皆出此本。
③ （宋）陆九渊：《陆九渊集》，中华书局，1980，第 96 页。下引《陆九渊集》，皆出此本。
④ （宋）张栻著，杨世文点校《张栻集》，中华书局，2015，第 1099 页。
⑤ （宋）李心传：《建炎以来朝野杂记》，《全宋笔记》第 6 编第 8 册，第 123 页。

> 得天下稍宁。积而至于靖康，一旦所为如此，安得天下不乱！①

他讲述靖康之乱，首先引入对庆历、元祐政事的讲述，在朱熹看来，宋仁宗与吕夷简执政集团、宋哲宗与司马光执政集团"共治天下"，采取"守成"之国是，"不敢施设一事"，所以获得天下安定。接下来他又说延续这种国是，到了靖康时期，还要守成，必然导致靖康之祸。朱熹似乎把靖康之祸的原因归结为"不敢施设一事"的"守成"国是。

朱熹讲述熙宁革新，他说"介甫变法，固有以召乱"，又说"撞着介甫出来承当，所以作坏得如此"，至于蔡京后来推行钞法，他又说，"其原自荆公"。沿着这样的思路，靖康之祸，其根源又在于王安石推行"变法"的国是。

表面看朱熹对靖康之祸归因的讲述似乎矛盾，其实朱熹讲述的意旨并不在此。朱熹无论讲述靖康之祸，还是讲述王安石变革的失败，他要表达的核心意旨都在于，执政大臣在"得君行道"后处置政事的不当，不能算作"外王"理想的实现。

朱熹并不反对熙宁新政，因为他认为"盖那时也是合变时节"②。只是"后来又却不别去整理，一向放倒"，因此"亦无缘治安"。③"不别去整理"是指元祐之政治集团没有对熙宁新法采取"扬弃"的处置措施，而是一味地推翻。

同样，靖康之耻的根本原因也在于执政者处置政事不当。朱熹说："今看着徽宗朝事，更无一着下得是。"④ 又说，"使无虏人之猖獗，亦不能安"。朱熹否定徽宗朝对宋金联合灭辽事件的处置，以致读此段史书头痛难忍，发出"无一版有一件事做得应节拍"的感慨。

因此，按照朱熹讲述的逻辑，大臣"得君行道"后，如果处置政事失误，不能算作实现了"外王"；如果处置政事得当，才算真正实现了"外王"的理想。

---

① 《朱子语类》，第 3051 页。
② 《朱子语类》，第 3097 页。
③ 《朱子语类》，第 3095 页。
④ 《朱子语类》，第 3048 页。

（三）朱熹对理学人物的讲述旨在学术道统的构建

在《朱子语类》讲述的各色各类人物中，理学人物是朱熹着重讲述的内容，并形成清晰的讲述脉络。朱熹按照历时的向度讲述，突出孔孟儒学发展的线索和学术地位，以程朱理学为讲述的落脚点，较为完整地展示了理学视野下道统人物的学术精神和学术成果，确立了道统体系。

朱熹勾勒道统流衍，树立道统，大多是通过对圣贤气象和圣贤著述的讲述来完成的。朱熹讲述的圣贤气象是指学术大师的风神气度、精神品格和学术价值。例如朱熹对孔子的讲述：

> 或问："孔子当衰周时，可以有为否？"曰："圣人无有不可为之事，只恐权柄不入手。若得权柄在手，则兵随印转，将逐符行。近温《左氏传》，见定哀时煞有可做底事。"①

朱熹讲述孔子，注重还原孔子独特的"定哀"时期，并给予极高的评价——"无有不可为之事"，真正做到"兵随印转"，做到"将逐符行"，必将改写历史的风貌，这是朱熹在读史过程中的体悟，并通过讲述传达给学生，勾勒出孔子的入世的精神品格和扭转乾坤的气度。朱熹对学术大师的讲述是学术史的讲述，不局限于某一人物，而是做整体观照和整体讲述。如：

> 此道更前后圣贤，其说始备。自尧舜以下，若不生个孔子，后人去何处讨分晓？孔子后若无个孟子，也未有分晓。孟子后数千载，乃始得程先生兄弟发明此理。今看来汉唐以下诸儒说道理见在史策者，便直是说梦！只有个韩文公依稀说得略似耳。②

一代有一代人物，一代有一代圣贤。朱熹在上则语录中讲到的尧舜、孔孟、二程、韩愈等，是各个历史时期最卓异脱俗之人物。朱熹的讲述虽为点评，但抓住了人物要害，针对人物的学术贡献和学术地位进行评论，

---

① 《朱子语类》，第 2351 页。
② 《朱子语类》，第 2350 页。

突出其在学术史上的地位和价值。

朱熹讲述人物不只是停留在对人物事迹的讲述上，也不仅仅停留在对人物的评述上，他还关注圣贤的著述。朱熹认为"圣贤代作"①，无尧舜，则无《典谟》；无孔子，则无《论语》；无孟轲，则无《孟子》；无商周，则无《风》《雅》《颂》。这些学术成果成为古代圣贤的灵魂和血肉，与圣贤事迹共同构成"圣贤气象"。

朱熹构建道统的重要一环，在于对二程的讲述，在于对师门家法、学术传承的讲述。在程氏学术传承中朱熹讲述了杨时、吕大临、谢良佐、侯仲良等人，其后又讲述了杨时门人，诸如罗从彦、萧子庄、廖用中等人，之后又讲述了罗氏门人，仅述李侗一人。这样，二程一传为杨时，杨时一传为罗从彦，罗从彦一传为李侗，朱熹师从李侗，成为二程的四传弟子。客观上勾勒了理学脉系。这一理学脉系成为道统的一部分，上接孔孟，直追尧舜。朱熹在学术传承的讲述上注重不同学人的个性和价值评判，如他对程氏门人的讲述：

> 伊川之门，谢上蔡自禅门来，其说亦有差。张思叔最后进，然深惜其早世！使天予之年，殆不可量。其他门人多出仕宦四方，研磨亦少。杨龟山最老，其所得亦深。②

朱熹对程颐的弟子做了全面讲述，阐明了谢良佐、张绎、杨时等人的学术个性和学术价值，并讲述到伊川门人的寿命及职业对学术造诣的影响。朱熹对学术传承的梳理和讲述，不止停留在概念和名称上，更是深入到对师门弟子的学术品格，如谢良佐与禅学关系，杨时"所得最深"等要素上来，甚至把张绎的思维品格、寿命，与学术价值结合起来进行思考，融入了情感因素。

朱熹对理学人物的讲述，有似于《伊洛渊源录》的人物安排，是一种道统的构建。

---

① 《朱子语类》，第 2350 页。
② 《朱子语类》，第 2555 页。

第三节 《朱子语类》讲述人物的艺术

中国自汉代以来就有人物品评的传统，其中以探讨人物与社会的治乱兴衰关系为目的的代表著述是刘邵的《人物志》。

刘邵在《人物志·流业》中把人才分为雄杰、口辨、儒学、文章、智意、伎俩、臧否、器能、国体、术家、法家、清节家等十二种情况，并认为这十二种人堪为"人臣"。《人物志》以"众材得其序，而庶绩之业兴"为创作目的，① 显示了中国传统文化对人本身才能和价值的重视和理解，其叙述人物、指摘臧否皆得其宜。

《朱子语类》也有讲述和品评人物的内容，其讲述人物集中在"本朝""历代""汉唐诸子"等三个方面。"本朝一"主要讲述从宋太祖至宋宁宗十二位帝王，"本朝三"至"本朝七"分别讲述"自国初至熙宁人物""自熙宁至靖康用人""中兴至今日人物""盗贼""夷狄"等内容；"历代"主要讲述从春秋至五代期间的政治家、智谋之士、杰出帝王等；"战国汉唐诸子"主要讲述管仲、荀子、扬雄、贾谊、董仲舒、王通、韩愈等人的学术成就。人物之多，形象之突出，讲述之巧妙给人留下深刻的印象。

《朱子语类》对人物的讲述，显示了朱熹文章学理论与讲述内容的完美结合，创造了极高的艺术成就。朱熹讲述了政治家、军事将领、士人、刺客、盗贼、夷狄等社会群像，真切地展示了以宋代社会为主的特定阶层人物的性格、智谋、学术和能力，并评价了他们的社会作用和价值。作为理学家，朱熹不仅通过细节讲述、虚实互衬、立言立心等艺术手段传达人物的神韵、性格及内心世界的变化，而且用澄怀格物的方法探索人物的本真状态，鉴衡人物的优缺点，揭示人物背后的社会规律，评价人物的政治得失。其讲述王安石、苏轼，善于从学术角度表达自己对王安石、苏轼的独特见解。其讲述过程灵活运用抑扬法则，流露出对所讲述人物的感情态度和情感判断。

本节主要从人物群像、细节讲述、虚实互生、格物穷理、抑扬法则、

---

① （三国）刘邵著，梁满仓译注《人物志》，中华书局，2014，第1页。

王安石与苏轼、立言立心等七个方面论述朱熹讲述艺术的特征。

一 《朱子语类》通过讲述创造的系列人物群像

（一）政治家群体

在政治家群体中朱熹讲述了历代和当时的政治杰出人物，这些人物包括帝王和臣宰。他讲述了管仲、张良、曹操、汉武帝、诸葛亮、范仲淹、吕夷简、包孝肃、富弼、韩琦、王安石、司马光、二程、苏轼等，主要突出他们的出处、言行、学术、能力、性格，以及他们在政治实践中的作用和意义。在讲述政治家群体时，朱熹有自己的评鉴，如张良之智、唐太宗之欺、诸葛亮之忠、王安石之误国、蔡京之奸、秦桧之诈、赵鼎之贤、宋太祖之圣、宋真宗之奢、宋徽宗之弱、宋孝宗之正等。其叙述章惇与蔡京之事迹曰：

> 京之奸恶又过于惇。方惇之再入相也，京谒之于道，袖出一轴以献惇，如《学校法》、"安养院"之类，凡可以要结士誉买觅人情者，具在。惇辞曰："元长可留他时自为之。"后京为相……至诣学自尝馒头，其中没见识士人以手加额，曰："太师留意学校如此！"京之当国，费侈无度……京四次入相，后至盲废，始终只用"不患无财，患不能理财"之说……又以盐钞、茶引成柜进入，上益喜，谓近侍曰："此太师送到朕添支也。"由是内庭赐予，不用金钱，虽累巨万，皆不费力。钞法之行，有朝为富商，暮为乞丐者矣！①

朱熹在讲述中，以蔡京为主，突出其奸恶过于章惇。其以《学校法》、安养院广结士誉、买觅人情，尤其是在太学中亲尝馒头，突出其伪诈、奸险之本性。四次入相，惯用王氏主张"患不能理财"，变本加厉，施行盐钞、茶引搜刮民财，致使徽宗之社会陷入"朝为富商，暮为乞丐"的状况，埋下靖康之耻的隐患。蔡京是政治家中之"奸恶者"。

（二）军事家群体

两宋与夏、金、辽的对峙，使得军事人才进入朱熹的讲述视野，尤其

---

① 《朱子语类》，第3127页。

是宋室南渡前后，朱熹讲述了一些出色的军事指挥人才。南渡前主要讲述种师道、宗泽、李纲等人，他们坚持抗金，成为保卫宋室的中流砥柱。南渡后，朱熹着力讲的是中兴四将岳飞、韩世忠、张俊、刘光世等。朱熹这样讲述宗泽：

> 因论人物，云："浙人极弱，却生得一宗汝霖，至刚果。"某云："明州近印《忠简遗事》，读之使人感愤流涕！如请驾还都之事，皆备载，当时只是为汪黄所沮。"曰："宗公奏札云：'陛下于近处，偶得二人为相。'当时驾既南下，中原群盗四起。宗公使人招之，闻其名，皆来隶麾下。欲请驾还都，自将往河北讨伐金虏。庙堂却行下，问所招人是何等色，以沮其策，遂至发病而死。"①

这段文字记录了朱熹与弟子郑可学的一段对话，二人依据《忠简遗事》和宗泽《奏札》，讲论靖康之变中的主要人物宗泽，以宗泽这一人物为中心，揭示出北宋覆亡过程中中央政权决策的分歧。宗泽主张"请驾还都"，积极招募军事力量，坚持抗金。这一时期政治力量的另一极，是汪伯彦、黄潜善。二人鼓动高宗，向南退避，阻挠宗泽抗金。朱熹通过对两种政治力量斗争的讲述再现了北宋灭亡、南宋肇始的历史状态。

（三）士人群体

宋代士的政治地位发生了质的飞跃，进士考试受到前所未有的礼遇，太宗以下诸帝往往亲临殿试，进士一旦步入仕途，也受到重视，《宋朝家法》有"不杀大臣及言事官"的制度，士大夫甚至产生了与皇帝"同治天下"的意愿。② 朱熹对士人群体的讲述，以"士大夫风气"为核心。所谓士大夫风气，即由士大夫内在的节操和外在的行为共同形成的士大夫阶层整体的风气、风尚。

> 某问："已前皆袞缠成风俗。本朝道学之盛，岂是袞缠？"先生曰："亦有其渐。自范文正以来已有好议论，如山东有孙明复，徂徕

---

① 《朱子语类》，第3135页。
② 《朱熹的历史世界》，第199~208页。

有石守道，湖州有胡安定，到后来遂有周子程子张子出。故程子平生不敢忘此数公，依旧尊他。若如杨刘之徒，作四六骈俪之文，又非此比。然数人者皆天资高，知尊王黜霸，明义去利。但只是如此便了，于理未见，故不得中。"①

在师生的对话之中，他们肯定道学为一代风气。范仲淹首开其先，后有孙复、石介、胡瑗，而后有周敦颐、程颐、程颢和张载。其中心人物为程颐。道学的核心是什么？朱熹在讲述杨亿、刘筠骈俪之文时提到了它，他认为刘杨二人"知尊王黜霸，明义去利"，但是"于理未见"，不能得中，也就是说范仲淹至程子等人能够"见理""得中"。什么是见理？即在纷繁芜杂的万事万物中明辨是非，并且能够做到是是非非；在形形色色的人物和行为中洞悉善恶，并且能够做到扬善惩恶。如此便形成一种风气。"见理"是朱熹讲述士气这一范畴的理论依据，道学影响着宋代士大夫风气，朱熹以士大夫风气为主题统领他讲述的宋代人物，从而形成其讲述的一个纲领。

（四）刺客

朱熹在人物讲述中说到了三位刺客，一是施全，刺杀秦桧，被斩首。其他两位均不著姓名，一位刺杀抗金名将张浚，一位刺杀金军主帅。如刺杀张浚：

明受之祸，魏公在江中，忽有人登其舟，公问为谁，云："苗太尉使我来杀相公。"公云："汝何不杀我？"云："相公忠义，某们不肯做此事。后面更有人来，相公不可不防备！"公问姓名，不告而去。②

朱熹对刺客的讲述表明了朱熹对待刺客群体的态度，刺客皆秉持公义，是朱熹肯定的群体。朱熹尤其肯定刺杀金兵首领的卫士，并亲为其立庙褒扬，此不赘述。

---

① 《朱子语类》，第3089~3090页。
② 《朱子语类》，第3151页。

（五）盗贼

盗贼，并不是朱熹讲述的主要内容，涉及较少，其中他主要讲述了方腊和范汝为。遗憾的是朱熹没有分析农民起义的原因，这是其思想的局限性。但是朱熹据实讲述，反映了当时农民起义的真实情况。如：

> 方腊之乱，愚民望风响应。其闲聚党劫掠者，皆假窃腊之名字，人人曰"方腊来矣"！所至瓦解。腊之妇红装盛饰，如后妃之象。以镜置胸怀间，就日中行，则光采烂然，竞传以为祥瑞。①

（六）夷狄

这一部分，朱熹讲到了西夏的李继迁，辽将郭药师，金国粘罕、兀术、刘豫、完颜亮、葛王璟、斡离不、完颜阿骨打等。南宋与金作战频繁，且双方多次互派使者，因此金国是南宋的忧患，更是朱熹关注的重点。其讲述完颜亮，曰：

> 逆亮入寇时，刘信叔在扬州。亮欲至，刘尽焚城外居屋，尽用石灰白了城，多写"完颜亮死于此"字。亮多忌，见而恶之，遂居龟山。人多不可容，必致变，果死灭。②

朱熹讲述了宋金两国作战的真实情况，也传达了对入侵者的痛恨。

二 气韵生动与细节讲述

"气韵生动"是南齐谢赫在《古画品录》中提出的论画六法的首要标准，指画作的主题精神、情节变化、形象塑造、构图色彩等诸多因素，所带给人的具体而完整的感受。王伯敏说感受程度取决于画作"对现象本质的揭示程度和形象创造的完美程度"③。唐代张彦远在古今画作对比中，推崇古代画作，因为古代画作能够做到"移其形似而尚其骨气，以形似之外

① 《朱子语类》，第3185~3186页。
② 《朱子语类》，第3194页。
③ （南齐）谢赫著，王伯敏标点注译《古画品录》，人民美术出版社，2016，第4页。

求其画"。① 北宋郭若虚认为"凡画必周气韵，方为世珍"②，其论"妇人形相"的杰出作品，"神必清古，自有威重俨然之色，使人见则肃恭，有归仰之心"。这些评论都把气韵生动作为人物画优劣品鉴的核心标准。

绘画以"气韵生动"为最高境界，小说中人物塑造也是如此。金圣叹指出《水浒传》人物百看不厌，其原因在于"一百八人，人有其性情"③。而性情的呈现有赖于对人物神韵的捕捉。方柯说："描写性格的整体特征的成功标志是人物性格具备了神韵。"④ "神韵"成为小说塑造人物的核心追求。小说人物塑造以"神韵"为高，绘画人物强调"气韵生动"，这都是对艺术作品内蕴性的要求，二者是相通的。

朱熹讲述的人物形神兼备，气韵流转，其传神效果有赖于细节讲述。朱熹以人物的精神气质和灵魂特质为讲述指归，选择人物的只言片语或细微动作，来揭示出人物的性格、思想状态和心理活动，显示了理学家格物穷理的洞观烛照。例如：

> 哲宗常使一旧桌子，不好。宣仁令换之，又只如此在。问之，云："是爹爹用底。"宣仁大恸，知其有绍述意也。又刘挚尝进君子小人之名，欲宣仁常常喻哲宗使知之。宣仁曰："常与孙子说，然未曾了得。"宣仁亦是见其如此，故皆不肯放下，哲宗甚衔之。绍述虽是其本意，亦是激于此也。⑤

朱熹的讲述中有两处细节，其一是宋哲宗的语言"是爹爹用底"。其二是宣仁太后的动作"大恸"。宋哲宗与其祖母宣仁太后在政治生活中有很多重大事件，而朱熹却从一张破旧的小桌子讲起，在讲述中抓住宋哲宗一句话，宣仁太后的一个动作，这些细微处在朱熹的讲述中发挥了巨大的作用。

语言和动作仅是帝王生活的表象，隐藏在表象下面的是宋哲宗与宣仁

---

① （唐）张彦远著，朱和平注译《历代名画记》，中州古籍出版社，2016，第34页。
② （宋）郭若虚著，黄苗子点校《图画见闻志》，人民美术出版社，2016，第15~19页。
③ 《注评本水浒传》，第990页。
④ 方柯：《论性格系统》，文化艺术出版社，1988，第32页。
⑤ 《朱子语类》，第3047页。

太后丰富而生动的内心世界，是皇帝与太后二人绍述和守成的分歧。朱熹通过语言和动作两个细节讲述，塑造了哲宗的倔强和宣仁的威重，不仅揭示了宋哲宗与宣仁太后的矛盾分歧，还渐渐让听众认识到细节讲述中更为深广的社会历史内容。

元丰八年（1085）宋哲宗即位，宣仁高太后是政权的实际操纵者，任用司马光、范纯仁、蔡确等人，废止宋神宗元丰新法。宋哲宗意在绍述，与宣仁太后政见存在矛盾，但帝党力量薄弱，后党力量强大。元祐八年（1093）宣仁太后去世，宋哲宗即罢免元祐宰相范纯仁、吕大防，起用章惇、曾布新党，绍述宋神宗元丰新法。对这一深广厚重的历史社会内容的揭示是朱熹讲述的主旨。

朱熹的讲述不仅点染人物性格，揭示人物的内心活动，而且还表现广阔厚重的历史社会内容，这不仅有赖于朱熹对细节讲述这一技巧的灵活驾驭，而且与朱熹的远见卓识有着密切的联系。郭若虚认为画作的"气韵生动"来自画家的个人品格，他说画家"依仁游艺、探赜钩深，高雅之情，一寄于画"，人品高则画品之气韵不得不高。朱熹口中的人物可谓气韵生动、神态毕现、精神盎然。其根源在于朱熹的思维品格，他能够从历史典籍和笔记、野史中广罗旧闻，深刻思考并体悟到北宋自熙宁至绍圣这一历史时期政治斗争的主脉——绍述与守成，然后选取宋哲宗、宣仁太后和刘挚三人作为讲述对象，经过细节化的艺术处理，使听众听其言则知其义，辨其外则晓其里，真正讲述出了人物的生动气韵。

三　从虚实相生到辨析异同

以无写有、虚实相生起源于中国绘画技巧，近于留白，其本质是衬托。何谓人物塑造的虚与实？文学作品中塑造人物，往往言在此人此事，而意在表现彼人彼事，则对此人此事的叙述谓之实，不讲的彼人彼事谓之虚。例如毛宗岗对《三国演义》孔明形象的点评："盖善写妙人者，不于有处写，正于无处写……见孔明之友则极其高超，见孔明之弟则极其旷逸，见孔明丈人则极其清韵。"[1] 在毛宗岗看来，罗贯中不写孔明，而写孔明之友、孔明之弟、孔明丈人，就是一种"以无写有"，这种写法的本质

---

[1] 《注评本三国演义》，第356页。

就是烘托，通过其友、其弟、其丈人来写孔明的高超、旷逸和清韵。此处的"无"，即是"虚"。

人物塑造有时虚实并用，直接讲述的内容谓之实，从旁衬托的间接讲述谓之虚，陆游的《老学庵笔记》常常使用这种手法。如：

> "章子厚以隐士服、紫直掇，系绦见从官，从官皆朝服，其强肆如此。"上曰："彼见蔡京亦敢尔乎？"京时为翰林学士，不知何以得人主待之如此。真奸人之雄也。①

陆游的这段文字先虚后实，虚实相生。文段意在写蔡京，开头的对话却在写章惇。章惇穿"隐士服"见"穿朝服"的从官，可谓目空一切，肆无忌惮。但是陆游此处写章惇，而意在蔡京，章惇见下属越肆无忌惮，其见蔡京越战战兢兢、唯唯诺诺，越能反衬出蔡京阴险、狡诈、凶恶的本性来。对话的文字是虚笔，是对蔡京性格的烘托。对话之后的文字是对蔡京的实写，"奸人之雄"点铁成金，为一段文字之龙睛。

朱熹讲述人物时对虚实的运用，既有与文学作品之虚实相通的地方，也有自己的特点。朱熹的讲述由虚实手段的运用，渐渐发展为人物之间的相互衬托和辨析异同，不仅有文学意味，还带上了理学家思辨的色彩，主要有以下四种情况。

（一）正面行为讲述、侧面语言引述与虚实

朱熹在《朱子语类》中讲述人物、塑造性格往往虚实并用，有时直接讲述人物的立身行事，而伴之以语言的引述，其对人物立身行事的直接讲述用实，其侧面烘托所引述的语言为虚衬，虚实并用，突出了人物性格。如其对李纲的讲述：

> 李英爽奋发，然性疏，用术。钦庙用督太原师，适种师中败，遂得罪。太上登极，建炎初召。汪黄辈云："李好用兵，今召用，恐金人不乐。"上曰："朕立于此，想彼亦不乐矣！"遂用为相。②

---

① （宋）陆游：《老学庵笔记》，《全宋笔记》第 5 编第 8 册，2012，第 65 页。

② 《朱子语类》，第 3138 页。

语录前半段概括李纲"英爽奋发"的性格，"督太原师"的失败和"建炎初召"，都是对李纲的正面讲述。后半段朱熹引述了宋高宗与汪伯彦、黄潜善的对话，借汪黄二人对金人唯唯诺诺、甘愿为奴的姿态，来反衬李纲抗金主战的政治立场，借宋高宗与金人的敌对之言，侧面衬托李纲抗金的坚决、坚定的性格。行为讲述与语言引述形成虚实相映的效果。又如其对秦桧的讲述：

> 秦太师死，高宗告杨郡王云："朕今日始免得这膝裤中带匕首！"乃知高宗平日常防秦之为逆。但到这田地，匕首也如何使得！秦在房中，知房人已厌兵，归又见高宗亦厌兵，心知和议必可成，所以力主和议。[①]

朱熹的这段讲述先虚后实。前半段讲述借助高宗之言"膝裤中带匕首"，虚笔烘托出秦桧狠愎、谋逆的性格特征，后半段直接讲述秦桧在"房中"和"南归后"两段人生经历，塑造其随机应变、力主和议的性格特征，朱熹的讲述和引述虚实相生，使得秦桧的形象更为丰满和全面，人物性格更为立体而逼真。

（二）多种转换艺术与虚实

中国古代诗歌与小说经常用转换叙述对象来创造虚实相生的艺术境界。《琵琶行》把"间关莺语""铁骑突出"的琵琶之声转换为"船舫无言""江心月白"的景物描写。《三国演义》把"关外鼓声大振，喊声大举，如天摧地塌、岳撼山崩"的听觉形象转换为"云长提华雄之头，掷于地上，其酒尚温"的视觉形象，都创生了"悬崖驻马"的艺术境界。[②]这种美妙境界的创造是一种叙述对象的转换艺术，包括虚写与实写的转换，正面直接叙述与侧面间接叙述的转换，听觉与视觉画面的转换，叙述事物节奏的转换及读者心理状态的转换等。

《朱子语类》的讲述也离不开讲述对象的转换，他往往借助讲述对象的转换，使得虚实成趣，姿态横生。如：

---

① 《朱子语类》，第3162页。
② 《注评本三国演义》，第46页。

> 问："或言孝宗于内殿置御屏，书天下监司帅臣郡守姓名，作揭贴于其上，果否？"曰："有之。孝宗是甚次第英武！刘共甫奏事便殿，尝见一马在殿廷间，不动，疑之。一日问王公明。公明曰：'此刻木为之者。上万几之暇，即御之以习据鞍骑射故也。'"①

《朱子语类》的讲述是由朱熹与学生的共同讲述来完成的。弟子的讲述起于发问，只停留在孝宗"作揭贴"一事的讲述上，视野狭窄而简单，局限于事件本身感性的认知和确定，对孝宗的认识也没有上升到理性层面。

朱熹的讲述起于答问。他首先回应了学生的提问并对孝宗进行了理性的评论，然后展开讲述。朱熹的讲述以"殿廷间一马"、刘珙（字共父）"疑之"，设置悬念，引起弟子注意，然后稍做延迟，引入刘珙与王炎（字公明）的一段对话，借王炎之口解决刘珙心中之疑，也使讲述中对弟子所设置的悬念落在了实处。王炎所讲事实真相，孝宗以木马"据鞍骑射"，恰是朱熹评价宋孝宗"是甚次第英武"的最有力证据。一代英伟之主的形象随着朱熹讲述的结束，深印在弟子们的心中。

《朱子语类》的这段讲述包含了多处转换，让人充分地想象八百多年前朱熹的课堂，讲述人的转换、讲述话语风格的转换、讲述对象的转换、悬念和真相的转换，使《朱子语类》的讲述发生跳跃性变化，姿态万千，迭现风致。从学生讲述到朱熹讲述，其风格发生跳跃变化，学生讲述单一、模糊、感性，朱熹的讲述理性、张弛有度，悬念与真相的设置让弟子心理也发生了相应变化。发问的弟子刚刚解疑，又因为朱熹设置的悬念而生疑窦。此段的讲述对象起于孝宗"揭帖"进而转向"殿廷之马"，进而转向刘、王二人对话，进而转向"殿廷之木马"，最后落于"孝宗据鞍骑射"一事。面对无声的文字，感觉对话中有对话，疑问中有悬念，读来简单，而不失趣味。如果身临朱熹的课堂，耳闻目睹朱子讲述艺术之风采，谈话之从容和别致，话锋之激昂慷慨，实是人间快事，岂是吾辈一两句文字了得其中真谛！

---

① 《朱子语类》，第 3060 页。

（三）次要人物的情感反应、评论与虚实

朱熹讲述人物的虚实，还体现于对次要人物情感变化的讲述与评价上，借助次要人物的情感反应和评价，以达到烘托主要人物性格的目的。例如：

> 孝宗小年极钝。高宗一日出对廷臣云："夜来不得睡。"或问："何故？"云："看小儿子读书，凡二三百遍，更念不得，甚以为忧。"某人进云："帝王之学，只要知兴亡治乱，初不在记诵。"上意方少解。后来却恁聪明，试文字有不如法者，举官必被责。邵武某人作省元，"五母鸡"用"畜"字，孝宗大怒，欲驳放了。①

上段文字，朱熹主要讲述宋孝宗赵昚少年迟钝，壮年睿智。其讲孝宗迟钝，完全借助于高宗与廷臣的对话及情感反应。"夜来不得睡""甚以为忧"是高宗的情感反应；读书"凡二三百遍，更念不得"，是高宗对孝宗的评价。二者由表到里、由果到因，侧面烘托出少年孝宗的愚钝。

讲述壮年孝宗睿智，直接讲述孝宗的立身行事，主讲孝宗发现邵武某人试文中的用字错误。前段讲述借助高宗的评论和情感反应塑造少年哲宗的迟钝性格，纯用虚；后半段讲述孝宗聪明，直叙其事，纯用实。虚实结合，全方位讲述了宋孝宗作为帝王的个人禀赋、成长环境与少长变化，真实可信，有层次感。

（四）互为衬托、辨析异同与虚实

《朱子语类》的人物讲述由虚实变化而实现相互衬托，又渐渐演变为人物讲述过程中的辨析异同，这与理学家格物穷理的思维品格关系密切。有时朱熹的讲述目的似乎不在于塑造人物性格，而是致力于人物之间的辨析异同。通过相互衬托、异同辨析，或揭示人物关系背后隐藏的道理，或评价人物优劣，或揭示人物心灵世界的特质。

例如其对曹操、孙权、刘备三人的讲述：

---

① 《朱子语类》，第3059页。

曹操合下便知据河北可以为取天下之资。既被袁绍先说了，他又不成出他下，故为大言以诳之……此著被袁绍先下了，后来崎岖万状，寻得个献帝来，为挟天下令诸侯之举，此亦是第二大著。若孙权据江南，刘备据蜀，皆非取天下之势，仅足自保耳。①

　　朱熹在讲述中较好地处理了曹操、刘备、孙权三人之间的关系，曹操是讲述的核心，孙权和刘备是陪宾。朱熹辨析人物异同，首先从三人的目的入手，他们都具备"取天下"之共同理想。三人的相异处是孙权据江南，刘备据蜀，曹操据河北。根据地的不同显示了谋略的不同，分辨他们的相异处是为了突出曹操夺取天下的雄才大略。曹操取天下的谋略有二：据河北为取天下之根本；以汉献帝号令天下诸侯。正是这两个大谋略，使曹氏集团最终夺得天下，这是朱熹要揭示的隐藏在人物关系背后的道理，也是其辨析人物异同的根本目的。

　　刘备、孙权为陪宾，无对此二人的讲述，则无以显示曹操夺取天下的雄才大略，相反，也正是对曹操的大谋略的讲述，使孙、刘二人更显得局促而小气。朱熹的讲述从大处着眼，他讲的是人物背后三国的形势和规律，其讲述不是为了娱情，而是为了揭示人物和事件背后所蕴藏的深刻道理。这是由朱熹理学家的品格决定的，也是《朱子语类》的讲述与其他文学作品的不同之处。

　　《朱子语类》讲述人物时对虚实的运用有一个变化过程，有时"以无写有"，有时"以虚衬实"，进而演变为主宾衬托，进而演变为不分虚实，并列互衬，最后成为人物间的辨析异同。这种衬托已经看不到虚实，混淆了主次，分不清主宾。这种人物讲述既注重取类，又注重人物的行为差异，即从人物的相似性入手来进行讲述，而从人物的差异性入手来衬托、辨析，最后进行价值评判。如其对韩维（字持国）、赵抃（谥清献）的讲述：

　　韩持国、赵清献俱学佛。向在衢州，见清献公家书，虽佛寻常言语奉持亦谨，居家清苦之甚。韩持国卧病，令家人奏乐于前，就床上

---

① 《朱子语类》，第3234页。

辗转称快。以此而观，则清献所得多矣。①

在这组人物讲述中，朱熹从赵抃、韩持国二人的相似性"俱学佛"开言讲述，讲述过程中注重二人对佛学体悟和持守的程度来进行互衬。韩持国卧病期间还"令家人奏乐"，甚至于病榻之上"辗转称快"，这些行为违背了佛家清净无欲、谨严持守的原则。与之相反，赵抃不仅学佛，更注重践履，奉持勤、居家苦。朱熹通过二人不同的日常行为的互衬，展示了二人不同的个性，最后朱熹对二人进行讲评，得出"清献所得多矣"的价值判断，将二人学佛的层次和进境剖分得清清楚楚。

朱熹对韩持国和赵清献的辨析是针对人物行为和动作异同的辨析，但朱熹更注重人物之间品德和内心世界的辨析，从而揭示人物品德和内心世界的特质。其讲述人物既关注外在的行为特征，又关注人物的心性，这是理学家格物穷理的学术品格在人物讲述过程中的必然要求。如其对邢恕、黄履的讲述：

> 问："黄履、邢恕少居太学，邢固俊拔，黄亦谨厚力学，后来二人却如此狼狈。"曰："它固会读书，只是自做人不好。然黄却是个白直底人，只是昏愚无见识，又爱官职，故为邢所诱坏。邢则有意于为恶，又济之以才，故罪过多。"②

朱熹对黄履和邢恕的讲述起源于学生的发问，在学生的认识中，邢恕才能超拔，黄履勤奋苦读。毋庸置疑，学生对二人的认识仅仅停留于静止的外部感性特征。朱熹对二人的讲述迥异于学生的感性、静止和表象的认识。他的讲述多涉及二人的品德和内心世界，是一种发展的和理性的讲述。黄履直率而昏聩，无识见而贪恋官位。邢恕仗恃其能，有意为恶，危害巨大。朱熹的讲述对二人品德与内隐性世界进行了互衬和辨析，揭示了二人"如此狼狈"的根源。这些可以从史书中找到证据，《宋史·奸臣一》

---

① 《朱子语类》，第 3106 页。
② 《朱子语类》，第 3107 页。

载恕"上谤母后,下诬忠良,几于祸及宗庙"①。史载黄履曾抨击吕大防、司马光、刘挚等元祐老臣。② 史书对二人的概括较为准确。唐诇弹荆公文有一句:"吕惠卿、曾布,安石心腹;王珪、元绛,安石之仆隶。"③ 其用"心腹"和"仆隶"两词把王安石身边的吕惠卿、曾布、王珪、元绛四人划分为两类,同中有异,异中有同,与朱熹人物讲述中人物互衬、辨析异同相类,都触及人物的心性。王平在《中国古代小说叙事研究》中总结了这种塑造人物的方法,他指出,人物的宾与主首先具备相似性,而且人物的宾主,有主次之分,其目的是以宾衬主,这种方法的运用,使得人物性格更加生动鲜明,个性突出。④ 朱熹讲述人物的主宾安排,不仅有衬托之效,而且蕴含了辨析异同的理学色彩。

四 小说的艺术真实与朱熹讲述中的格物穷理

对于艺术真实,金圣叹在《水浒传》序三中提出了"澄怀格物"这一命题。他说:"学者诚能澄怀格物,发皇文章,岂不一代文物之林?"⑤ 金氏认为施耐庵"十年格物而一朝物格",因此,"斯以一笔而写百千万人,固不以为难也"。他从学术理路上把施耐庵塑造人物的成就归结为"澄怀格物"。"澄怀格物"是对作家基本素质的要求,如何才能做到"澄怀格物",金圣叹认为"格物之法以忠恕为门"。

什么是"忠恕"?他说,"忠不必学而至于忠,天下自然,无法不忠""吾既忠,则人亦忠,盗贼亦忠,犬鼠亦忠。盗贼犬鼠无不忠者,所谓恕也"。

金氏这里所说的忠,非忠义之忠,它是指自然万物、社会众生的本来面目,是对周围世界最自然、最真实、最深刻的反映,是艺术真实与生活真实的统一,因此做到了"忠",就能"尽人之性",从而在人物塑造上就能穷形尽相:"鲁达粗卤是性急,史进粗卤是少年任气,李逵粗卤是蛮,

---

① 《宋史·奸臣一》,第 13705 页。
② 澹泊编《中国名人志·北宋卷》,中国档案出版社,2001,第 799 页。
③ (宋)邵伯温:《闻见录》,《全宋笔记》第 2 编第 7 册,2017,第 202 页。
④ 王平:《中国古代小说叙事研究》,河北人民出版社,2001,第 492 页。下引《中国古代小说叙事研究》,皆出此本。
⑤ 《注评本水浒传》,第 990 页。

武松粗卤是豪杰不受羁靮……"① "忠"是"澄怀格物"的结果，即金氏对施耐庵塑造人物之精绝所作之批语。施耐庵写王婆阴险、毒辣，教唆潘金莲毒死武大的方法，金氏用"烛物如镜"来旁批。② 施耐庵写李固狠毒、负义，用五十两蒜条金收买蔡福，结果卢俊义，金氏用"其心清如水，故物来必照"来点评。③ 金氏的评语真能洞见施耐庵用意，可谓千古只眼。

黄霖先生在《评注本水浒传》前言中从文学层面对"澄怀格物"做了清楚的解释，他说："所谓'格物'，即是接触、感受、体悟外界事物。这种'格物'的前提是必须'澄怀'，即不带偏见，不存杂念。"④ 只不过这种格物澄怀之法与"因缘生法"的文学虚构相连，这是其与格物穷理不同的地方。

众所周知，"格物说"发轫于《礼记·大学》，因朱熹《大学章句》而昌明，并成为程朱理学的核心内容，金氏的"澄怀格物"说是在绍述朱熹"格物穷理"的基础上而有所发明。其学术内核与朱熹在《朱子语类》中对人物的讲述是契合的。"格物穷理"是理学家的基本素养，朱熹解释古代圣贤经文，主张还原经文原意，同样，其对人物的讲述也注重还原人物本来面目，对人物讲述不带己意私心，如镜照物，这是格物穷理的精神在讲述行为中的体现。

朱熹以穷理之理念统帅对人物之讲述，其表现有三个方面：优劣并存，务求圆照；注重人物出处，探寻人物背后的社会规律；注重价值判断，探求人物作用和意义。

（一）优劣并存，务求圆照

朱熹在讲述政治人物时，往往选取其一生中的重大事件来讲述，客观公允地评价人物的优劣。例如其对杨时的讲述，并不因自己为杨时再传弟子而有所隐恶和袒护，也不因时议诋毁而不辩诬：

> 龟山之出，人多议之。惟胡文定之言曰："当时若能听用，决须

① 《注评本水浒传》，第 1000 页。
② 《注评本水浒传》，第 359 页。
③ 《注评本水浒传》，第 874 页。
④ 《注评本水浒传》，第 10 页。

救得一半。"此语最公。盖龟山当此时虽负重名，亦无杀活手段。若谓其怀蔡氏汲引之恩，力庇其子，至有"谨勿击居安"之语，则诬矣。幸而此言出于孙觌，人自不信。[1]

朱熹讲述杨时（字中立，号龟山）出仕在李纲罢相之后，太学生乞留李纲，致"军民集者数十万，朝廷欲防禁之"。杨时之出，上书钦宗，列举蔡京之恶，深究王安石流弊，力求毁去王安石配享孔庙之像。因此朱熹讲述这一事件时引用了胡安国之言"若能听用，决须救得一半"，这是对杨时政治能力的肯定。同时又认为杨时不能回大厦之已倾，从而全面实现宋王朝的复兴，故用"无杀活手段"来鉴衡杨时的政治能力。

时议杨时出处之非，最激烈的是孙觌，朱熹对于他的非议进行了辩驳。蔡京被贬逐，波及蔡攸（字居安），孙觌认为杨时感念蔡京"汲引之恩"，有"勿击居安"之语，于公理有亏。当时竭力推荐杨时的是吴敏，而非蔡京。《宋史》载"吴敏乞用时以靖太学"。[2] 杨时没有祖护蔡京，岂会祖护其子蔡攸。《宋史》载杨时奏折中有指斥蔡京"蠹国害民，几危宗社"之语。朱熹认为孙觌品行低劣而众人不信。孙觌依附汪伯彦，诋毁李刚，勾结万俟卨而陷害岳飞，因此其言不足信。朱熹对杨时的讲述可谓不存私意，不存杂念，公允、圆照。这是格物穷理的一种表现，也是对历史事实的"忠""恕"。

（二）穷理采源，讲述人物出处背后之社会规律

朱熹讲述人物不仅仅停留于人物本身，而且探究人物立身出处背后的因果规律，展现南宋社会动荡不安的现状及身处其中的人物对时局的深邃思考。如他对胡安国的讲述：

> 方建康未回跸时，胡文定公方被召，沿江而下。将去，闻车驾已还临安，遂称疾转去。看来若不在建康，也是徒然出来，做得甚事！[3]

---

[1] 《朱子语类》，第2573页。

[2] 《宋史·列传第一百八十七》，第12741页。

[3] 《朱子语类》，第3054页。

胡安国（字康侯，谥文定）身逢两宋乱离，建炎三年因张浚推荐拟入朝。《宋史》载："既次池州，闻驾幸吴、越，引疾还。"① 朱熹讲述的就是此事，朱熹的讲述凸显了胡安国的心理变化。高宗车驾在建康，国是是主战，意图恢复，胡安国奔赴行在。车驾在临安，国是是主和，意偏安一隅，胡安国反对定都临安，因此"引疾还"。然而朱熹的讲述，并没有就此停住，而是引述另外一个事件，烘托、证明胡安国的去就之意。朱熹讲道：

> 是时有陈无玷者，字筠叟，在荆鄂间为守，闻车驾还临安，即令人赍钱酒之属，往接胡文定。吏人云："胡给事赴召去多日。兼江面阔，船多，如何去寻得？"陈云："江面虽阔，都是下去船。你但望见有逆水上来底船，便是给事船。"已而果然。②

朱熹此处的讲述全用虚笔写陈无玷派人往接胡安国，属吏不知胡氏所踪。朱熹设置了陈无玷与属吏的一段对话，指点胡安国必在逆水船上。陈无玷对逆水船与顺水船的推测，从侧面烘托和印证了胡安国身逢乱世的立身和出处。大势已去，胡安国绝不随波逐流，而是亢行逆流，保持自己的气节，这是宋代士大夫尊尚"出处"的高格。

朱熹的讲述虚实相间，行文有转折，似乎讲述之义已尽，但朱熹的讲述仍在进行：

> 当时讲和本意，上不为宗社，下不为生灵，中不为息兵待时，只是怯惧，为苟岁月计！从头到尾，大事小事，无一件措置得是当……看当时措置，可惊！可笑！③

讲述至此，朱熹的讲述意图已全然明了，朱熹讲述人物的意图，不仅讲人物本身去就出处，而且把人物放入更为广阔的社会环境中去映衬、互

---

① 《宋史·列传第一百九十四》，第 12912 页。
② 《朱子语类》，第 3054 页。
③ 《朱子语类》，第 3054 页。

证，寻找人物出处去就的社会根源，反映南宋动乱时期上层决策者失误、苟安的现实。这是南宋社会发展的真实形态和特殊规律，也是朱熹讲述的核心目的。宋高宗讲和之国是已定，其必然偏安东南，以期获得短暂的安定局面。南宋的有识之士包括胡安国、朱熹在内，对这种割地、纳币政策极其反感，有"壮士抚剑，浩然弥哀"之慨，因此才有"逆水船寻文定"之说。讲述至尾，朱熹连用"可惊""可笑"之语，"可惊"是指南宋主和之国是必然带来金兵的长驱直入，生灵涂炭，"可笑"是指上层统治者决策的目光短浅，"无一件措置得是当"，只为个人私利计，而不为家国谋。朱熹的人物讲述可谓一波三折，意不平平。

（三）讲述人物注重揭出其社会作用和价值

朱熹在讲述人物时，还注意到"归正人"群体。"归正人"是南宋士大夫阶层中一个独特群体，是指初在北方金兵沦陷区，后又逃归南宋的社会群体。金兵南下，耿京和张安国都"起义兵"，后来张安国叛降金国。当时辛弃疾为耿京幕府之记室，他胆略超群，能够"致归朝之义"。"幼安后归，挟安国马上，还朝以正典刑"① 的惊人事迹，最为朱熹推重。在归正人群体当中，辛弃疾成为一面旗帜，朱熹的讲评重在揭示其作为"归正人"的价值和作用：

> 朝廷赏罚明，此等人皆可用。如辛幼安亦是一帅材，但方其纵恣时，更无一人敢道它，略不警策之。及至如今一坐坐了，又更不问著，便如终废。此人作帅，亦有胜它人处，但当明赏罚以用之耳。②

朱熹讲述辛弃疾，是把他作为"归正人"的群体代表来说的。对辛弃疾的任用会影响到"归正人"群体中的其他人。朱熹的讲述注意到了两个方面。其一，是辛弃疾本身的价值和作用。辛弃疾有"胜它人处"，"挟安国马上"。朝廷可任用他"作帅"，使其在收复中原的军事行动中冲锋陷阵。其二，是南宋王朝对辛弃疾的处置和态度。辛弃疾"挟安国马上，还朝以正典刑"，对降金将领是一种震慑，同时增添了南宋收复中原的士气

---

① 《朱子语类》，第3179页。
② 《朱子语类》，第3179页。

和威望。执政者应该做到赏罚分明，不应该"无一人敢道它""更不问著"，使之"终废"。南宋朝廷对归正人不信任，不能整顿此类人才而正确使用，为南宋用人之失。

朱熹对这一特殊社会阶层的人，注重从格物穷理的角度探究其存在特征及社会意义，并做出了价值判断。辛弃疾的将帅之能只有与社会作用统一起来，才能实现个体和社会的双重意义，而南宋统治者对待"归正人"的态度和措施是其中最为关键的一环。南宋统治者对待他们不能做到"赏罚分明"，不能充分信任，那么以辛弃疾为代表的"归正人"群体的社会意义和作用都将归于空谈，其个体的价值也将归于虚无。

五 抑扬法则的艺术运用与是非判断、情感态度

（一）林图南、归有光抑扬法则论流于简单、肤浅

祝尚书辑录宋元文章学文献，提及林图南有"扬文""抑文"之论。[①]林氏归纳较为简单，所谓扬文，即"欲扬高、文之功，故先抑而言之"，即后来之谓"欲扬先抑"。所谓抑文，即"先张皇先王甚多富贵，盖扬之也；而后抑言民之所入、所赢之细微焉"，即后来之谓"欲抑先扬"。林图南对抑扬法则的论述，只分两类，抑文和扬文，没有涉及是非对错的价值判断和作者的情感因素，其论述过于简单。

归有光在《论文章体则》中列出了"抑扬则"，他说："论人者，虽不可恕人之恶，亦不可没人之善。抑而须扬，扬而须抑，方为公论。"[②]归有光的论述涉及善恶，并提出了作家要持心公允。他把抑扬分为先抑后扬、先扬后抑、抑扬并用、扬中之抑、抑中之扬等五类，并分别以文章实例论述。归有光对抑扬之文的分类较为详赡，但他的持论"抑而须扬，扬而须抑，方谓公论"，稍嫌调停之论，其论人涉及善恶，但未涉及作家的情感态度，故论述稍显肤浅。

李贽在评论《拜月》《西厢》两文时谈到作家创作过程中的情感态度，他说："世之真能文者……一旦见景生情，触目兴叹；夺他人之酒杯，浇自己之垒块；诉心中之不平，感数奇于千载……遂亦自负，发狂大叫，流

---

① 祝尚书：《宋元文章学》，中华书局，2013，第 346 页。
② （明）归有光：《归震川先生论文章体则》，《历代文话》，第 1722 页。

涕泣哭，不能自止。"① 李贽对《拜月》《西厢》作者的论述，模拟了作家情感活动的状态，虽有增饰之嫌，但却为至论。朱永嘉对李贽此文进行了总结，他指出："文艺创作过程中的情感活动，欲发而难已，没有这份激情，任何创作都难以见其事。"②

毫无疑问，作家创作过程中使用扬文或抑文，其实质是作家情感活动的最直接的表现。因此论抑扬，必须论作家的情感活动。抑扬之文不仅涉及作家的情感活动，而且涉及对人物的是非对错等价值判断。

作家对笔下人物的是非对错等价值判断，直接影响到作家的情感活动，进而影响到作家的行文构篇，朱熹深切体会到这一点，秉持着理学家是是非非、善善恶恶的谨严态度，他在《朱子语类》中对司马光删削裁夺历史事件多持非议：

> 是他意里不爱，不合他意底，则削去。某常说，陈平说高祖曰，项王能敬人，故多得廉节之士。大王慢侮人，故廉节之士多不为用，然廉节士终不可得。臣愿得数万斤金以间疏楚君臣……他知得高祖决不能不嫚侮以求廉节之士。但直说他，则恐未必便从，故且将去吓他一吓……而温公也削去。若是有此一段时，见得他说得有意思；今削去了，则都无情意……如此等类，被他削去底多，如何恁地得？善善恶恶，是是非非，皆著存得在那里。其间自有许多事，若是不好底便不载时，孔子一部《春秋》便都不是了。③

朱熹认为司马光写史书应该秉承实录精神，反对司马光以己意删削历史事件中的细节。不删减历史细节是一种态度，可使读者更懂得是是非非、善善恶恶。删减历史细节也是一种态度，可使读者以作者的是非为是非，以作者的善恶为善恶。"删削历史细节"必然造成作者的是非观念和善恶态度改变所论人物的是非和善恶之不良后果，同时也影响了读者的善恶与是非。《朱子语类》中涉及"是非"一词达421处，从某种程度上也

---

① （明）李贽著，张建业译注《焚书》，中华书局，2018，第579~580页。下引《焚书》，皆出此本。
② 朱永嘉：《论李贽》，中国长安出版社，2018，第117页。
③ 《朱子语类》，第3216页。

反映了朱熹对人物与事件是非的明辨。

因此，抑扬法则不仅关乎所论人物的是非与善恶，而且更关乎作者的情感态度和是非观念，二者共同构成了抑扬法则的要素，《朱子语类》讲述人物兼顾了二者。

（二）朱熹抑扬法则运用的四个特征

朱熹在人物讲述中较多地运用了抑扬法则，具体表现为 12 种情况：一篇之中讲述一人，纯为抑文；一篇之中讲述一人，全为扬文；一篇之中讲述数人，全为抑文；一篇之中讲述数人，全为扬文；一篇之中讲一人有抑有扬；一篇中讲两人，一抑一扬；一篇之中讲数人，有抑有扬；扬中有抑，以扬为主；抑中有扬，以抑为主；先扬后抑，以抑为主；先抑后扬，以扬为主；抑古抑今；扬古抑今。这些抑扬法则的运用都显示了朱熹的情感倾向与是非判断。其对抑扬法则的运用表现为以下四个特征。

1. 是非明确、好恶鲜明，绝不模棱两可

朱熹的人物讲述有时一篇讲述一人，或纯为抑文，或纯为扬文，都能够明辨是非，鉴衡对错，区分善恶，有着鲜明的立场，绝不在是非、善恶之间调和与折中。如他对汉武帝的"抑"和对曹操的"扬"。

> 武帝做事，好拣好名目。如欲逞兵立威，必曰："高皇帝遗我平城之忧！"若果以此为耻，则须"修文德以来之"，何用穷兵黩武，驱中国生民于沙漠之外，以偿锋镝之惨！①

朱熹对汉武帝的此番讲述全用抑文，是针对汉武帝处理汉朝与匈奴关系一事而谈。开言总括其性格，讽刺其好大喜功，"拣好名目"。又引述其语言，揭穿其文过饰非的谎言。讲述其行为，用"穷兵黩武"一语，为贬抑之辞。最后述评，用孔子之言否定其做法的错误，揭出汉武帝其人其行给百姓带来的危害。整个语段无一词不用"抑"，是非一旦判明，情感态度也变得鲜明。其同情"生民"之悲惨遭遇，揭发帝王之厚颜无耻，都达到了理学家情感的极致。其讲述曹操：

---

① 《朱子语类》，第 3227 页。

> 曹操用兵，煞有那幸而不败处，却极能料。如征乌桓，便能料得刘表不从其后来。①

这则语录开篇概述曹操的军事智谋，有肯定意。朱熹的讲述虽然简短，但对曹操的料事如神表现出赞誉之情，他使用"极能料"一词纯出肺腑。曹操在北征乌桓时能整体谋划，不但考虑战争的胜败，也考虑后方的安危，料定刘表不会乘势进攻。这一点为朱熹所欣赏。在人物讲述中朱熹推崇谋略是一个鲜明特征。

2. 对人物归类，然后使用抑扬法则

在人物讲述中，朱熹注重把具有相同特征的人物放在一起来讲，抽绎出人物的共同特征，进行是非善恶的价值判断，对于优点则共同褒扬之，对于缺点则一并贬斥之。如他对刘向、贾谊、司马迁、苏辙的讲述：

> 刘向虽博洽而浅，然皆不见圣人大道。贾谊、司马迁皆驳杂，大意是说权谋功利。说得深了，觉见不是，又说一两句仁义。然权谋已多了，救不转。苏子由《古史》前数卷好，后亦合杂权谋了。②

朱熹在一篇之中讲述了刘向、贾谊、司马迁、苏辙等人的学术缺点。刘向"虽博洽而浅"，贾谊、司马迁"驳杂"，苏辙"合杂权谋"。他们虽然具有不同的学术特征，但是他们的学术都缺少"圣人大道""仁义"，朱熹认为他们在学术上存在共同的缺点，所以把他们放在一起加以驳斥、批判和否定。反之，亦同。如其对蔺相如、黄歇的讲述：

> 古人传国皆以宝玉之属为重，若子孙不能谨守，便是不孝。当时秦也是强，但相如也是料得秦不敢杀他后，方恁地做。若其它人，则是怕秦杀了，便不敢去。如蔺相如岂是孟浪恁地做？它须是料度得那秦过了。战国时如此等也多。黄歇取楚太子，也是如此。当时被他取

---

① 《朱子语类》，第 3234 页。
② 《朱子语类》，第 3227~3228 页。

了，秦也不曾做声，只恁休了。①

朱熹这段文字的讲述是针对杨时对蔺相如的评述来讲的，杨时认为蔺相如不是"战国之士"，朱熹与之正相反。

朱熹首先对所讲述的人物进行是非判断。和氏璧是传国重宝，保护国之根本是正义行为。蔺相如舍身相护传国之璧，料定秦国不敢杀自己，是一种大智慧。在肯定蔺相如行为的基础上，朱熹表现出其感情上的扬抑，评判蔺相如"岂是孟浪恁地做"，这种行为正是战国时期士的表现，朱熹极推崇之，赞叹之，钦佩之。其次讲述黄歇"取楚太子"事，其迹有类于蔺相如，故一概扬之。

3. 同时抑扬，抑扬互现，是非互现

朱熹善于运用扬抑互现，同时运用扬法和抑法，使所讲述的两个人物或多个人物分属两个阵营，分据于褒扬和贬抑之一端，自然形成对比，进而使是非立明，感情倾向也趋于两极。如他对汉高祖与唐太宗的讲述：

> 汉高祖私意分数少。唐太宗一切假仁借义以行其私。②

朱熹在此篇中讲述汉高祖、唐太宗两人，从私意上，褒扬汉高祖，而贬抑唐太宗。对两人同时使用抑扬法则时，朱熹用了一个标准，这个标准就是"私意"。在"私意"上把汉高祖、唐太宗推到褒扬和贬抑的两个端点，是非明确，贬抑也有力量。

又如他对荀子、扬雄、韩愈、王通的讲述：

> 且如王通这人，于世务变故、人情物态，施为作用处，极见得分晓，只是于这作用晓得处却有病。韩退之则于大体处见得，而于作用施为处却不晓……下面工夫都空疏，更无物事撑住衬簦，所以于用处不甚可人意。……荀卿则全是申韩，观《成相》一篇可见……他那做处粗，如何望得王通！扬雄则全是黄老……扬雄最无用，真是一腐

---

① 《朱子语类》，第3214页。
② 《朱子语类》，第3219页。

> 儒……他见识全低，语言极呆，甚好笑！荀扬二人自不可与王韩二人
> 同日语。①

学生问及荀、扬、王、韩四人学术，朱熹的讲述有分有总，单讲王
通、韩愈有扬有抑，讲述荀子、扬雄都用贬词，尤其是扬雄，被贬至最
低，有"腐儒""极呆""好笑"之少见之语。其综述又褒扬王通、韩愈，
贬斥荀子和扬雄。

4. 抑扬法则与讲述中的转折艺术

山不喜其平，水独爱其波。朱熹的讲述也是这样。朱熹的讲述同时运
用抑法与扬法，讲述的褒扬和讲述的贬抑互为目的，互为手段，褒扬是为
了有更大空间、更大力度的贬抑，贬抑是为了有更大空间、更大力度的褒
扬。朱熹在讲述中对抑中有扬、扬中有抑、先扬后抑、先抑后扬的运用，
必然使其讲述的语段形成语意、情感、章法上的转折和层次，客观上也必
然使得听众的心理状态和认知节奏发生转折和改变。这就使朱熹的讲述变
得语脉转折，奇论迭出，形成一种独特风格和艺术魅力，让人意动神摇，
不忍掩卷。

朱熹有的讲述一波一折，较为简单，如他对赵武灵王的讲述：

> 赵武灵王也是有英气，所以做得恁地。也缘是他肚里事，会恁地
> 做得，但他不合只倚这些子。如后来立后一乖，也是心不正后，感召
> 得这般事来。②

上则语录，朱熹的讲述只有一个转折。发言开端朱熹赞誉赵武灵王
"有英气"，能做事，此为褒扬之法，"但"字一出，褒扬和赞誉之情顿时
消散。朱熹指出其仗恃其才，心术不正，因立太子一事引起内战，又为贬
抑之法，贬损、否定之意即生。朱熹在讲述过程中情感和是非判断的变
化，也必然使听众在认识赵武灵王的过程中发生节奏上的改变，造成某种
心理"不适"，而这种心理"不适"恰恰是听众最需要的。

---

① 《朱子语类》，第 3255 页。
② 《朱子语类》，第 3212 页。

朱熹的讲述有时在一个语段中形成多个转折。如他对秦桧的讲述：

> 秦桧初罢相，出在某处，与客握手，夜语庭中。客偶说及富公事，秦忽掉手入内。客莫知其故。久之方出，再三谢客云："荷见教。"客亦莫知所谓，扣问，乃答云："处相位，元来是不当起去！"是渠悔出，偶投其机，故发露如此。赵丞相初亦不喜之。及其再入，全然若无能，赵便谓其收敛，不做一声，遂一向不疑之，亦不知其如此。胡康侯初甚喜之，于家问中云："秦会之归自虏中，若得执政，必大可观。"康侯全不见得后来事，亦是知人不明。又云："秦会之是有骨力，惜其用之错。"或问："他何故不就攻战上做？"曰："他是见得这一边难成功，兼察得高宗意向亦不决为战讨计。"①

朱熹对秦桧的一番讲述，有抑有扬，以抑为主。如"发露如此""不喜之""不知其如此""知人不明"等全为贬抑之词。如"初甚喜之""有骨力"又为褒扬之词。褒扬和贬抑的穿插形成讲述的波折和回还，从而引起了章法、意旨、情感、听众的认识和心理等多方面的变化，再加上悬念的使用，新奇观点的提出，他的讲述使听众产生多次的疑惑，以致数百年后仍然被杨慎和李贽所质疑，发出朱文公不识人，"亦不必论人"的感叹。②

这段讲述共有四个相对独立的部分：秦桧与客语，赵鼎不喜秦桧，胡安国喜交秦桧与文公论秦桧。文中有四处悬念和疑惑：秦桧掉手入内"荷见教"，胡安国"初甚喜之"，秦桧"有骨力"。最后一个疑惑当下仍需判别之。

第一部分中有两个悬念让听众疑惑，秦桧听到来客说富弼一事，掉头入内，此第一疑。秦桧第二次见客说道"荷见教"所指何来，此第二疑。这两个疑惑都可从朱熹的讲述中得到解决。其关键在于"相位不当去"和"偶投其机"。根据秦桧"相位不当去"之言，考索富弼生平，当知客与秦桧语的内容。富弼辞去相位改判亳州，即遭到提举常平仓赵济的弹劾，旋

---

① 《朱子语类》，第 3155 页。

② 《焚书》，第 1224~1225 页。

即致仕。此事苏轼在《富郑公神道碑》一文中述及。① 客与秦桧言及此事，使秦桧衷心触动，因此才会"掉首入内"，后发出"荷见教"的感叹。朱熹用"发露如此"来讲述秦桧内隐的心理变化，极贬抑其城府深重、奸诈阴险。此为朱熹对秦桧的第一次贬抑，同时增入两处悬念，使得讲述扑朔迷离，有神秘感，同时也有如释重负的轻快感。

第二部分讲述赵鼎不喜秦桧，是第二次贬抑，此处讲述秦桧隐恶藏奸、"韬光养晦"之深。以赵鼎位居台甫，竟然"不知其如此"，"此"字之意虽不明，但绝不是褒扬之词。经过双重贬抑之后，秦桧奸恶的本性在听众心中已经潜滋暗长了。然而听众绝没想到，朱熹竟又"翻案"，而转向褒扬，此为一转折。

第三部分朱熹关于胡康侯喜与秦桧交往的讲述，愈发让人难以理解。胡安国是南宋大学问家，与程门弟子杨时、谢上蔡、游酢交往密切，志高行洁，志在恢复，谢良佐以之为"严雪中挺然独秀之松柏"。秦桧如此奸恶，朱熹讲胡安国"甚喜"秦桧，实为一褒扬，又为一悬念。当朱熹讲至秦桧"归自虏中"时，这一疑惑渐渐消散，秦桧尽知"虏中"虚实，如果与胡康侯共谋恢复事业，岂不是一可喜之事。听众由"赵鼎不喜秦桧"，至胡安国"甚喜秦桧"，心中不适顿增，迷惑顿增，至此知胡安国喜秦桧之用意，一定又会如解绑缚，轻松自然。但也不会因胡康侯甚喜秦桧而改变对秦氏的奸恶印象。然朱熹的讲述常常出人意表，让人震惊。此又为一转折。

第四部分是文公论秦桧。"秦会之是有骨力"，是众抑之中之一扬，石破天惊，甚至可以把朱熹讲述中所有贬抑的文字击得粉碎。朱熹出语让人惊悚。"有骨力"一语成为几百年后杨慎、李贽攻击的证据。朱熹当时讲述的现场众弟子没有迷惑和异议吗？这条语录是叶贺孙现场记的，仅保留了一个学生对老师的质疑。学生提出秦桧"何故不就攻战上做"的问题。很显然，学生深知，胡康侯喜恢复，老师喜恢复。其言外之意：既然秦桧才能卓异，为什么不与老师一道抗金呢？学生的提问非常尖锐。此为一转折。

---

① （宋）苏轼著，王文诰注，唐云志点校《苏东坡全集·文集》，珠海出版社，1996，第393～394页。下引《苏东坡全集》皆出此本。

朱熹的回答也让人迷惑。他的回答有两部分内容都落在秦桧的识见上，一是察觉宋高宗不主抗金，二是预料南宋抗金不会获胜。"格君心"是个难题，秦桧为何获得宋高宗赏识？朱熹在此处是不是赞赏秦桧的识见呢？毋庸置疑，不是赞赏，因为前文朱熹有言"惜其用之错"。通览此节文字，朱熹讲述秦桧，主要贬抑他贪恋权位，力主议和而误国。其中客观评价其能力卓异，随即又以"惜其用之错"贬之，指出其才用全为投机。全篇讲述以抑为主，客观公允，而杨慎、李贽断章取一义，从而讥诮文公，不亦偏且谬乎！

六　杨慎、李贽的误读与朱熹讲述的苏轼、王安石

李贽在《文公著书》一节中对朱熹颇有微词，指出："坡公好笑道学，文公恨之，直欲为洛党出气耳。"[①] 李贽的评论源于杨慎对朱熹的评价："诚有违共是而远人情。"李贽在文中列出了杨慎的依据："王安石引用奸邪，倾覆宗社也，乃列之《名臣录》而称其道德文章；苏文忠道德文章，古今所共仰也，乃力诋之，谓得行其志，其祸又甚于安石。"[②] 他总结说："一苏文公尚不知，而何以议天下之士乎……而文公不识，则文公亦不必论人矣。"[③] 李贽所列杨慎之证据来源于《朱子语类》，为确凿事实。

苏轼与王安石是朱熹在《朱子语类》中讲述的最精核人物。李贽与杨慎对朱熹有微词，因为他们只看到了朱文公的个别句子，是断章取义，缺乏圆照和比对，更不懂得朱熹讲述艺术的特性。下面对朱熹在《朱子语类》中对二人的讲述内容加以分辨。

（一）杨、李的偏见与朱熹讲述的苏轼

承上文杨、李在朱熹讲述苏轼上有三处指摘。其一，文公论苏，是报复苏轼嘲笑道学，为洛党出气。其二，苏轼文章名满天下，朱熹"违共是"而诋毁之。其三，苏轼若为宰辅，危害天下甚于安石。

1. 关于李、杨指摘朱熹讲述苏轼，是为二程出气

朱熹在《朱子语类》中讲述人物的特性，往往以人物学术为中心。朱

---

① 《焚书》，第 1223 页。
② 《焚书》，第 1223 页。
③ 《焚书》，第 1225 页。

熹讲述苏轼尤其关注其学术，更注意到苏轼蜀学与二程洛学的矛盾。学术属于宋代士人安顿心灵的文化层面，往往代表了他们的理想取舍、价值皈依、人格精神及其社会意义。朱熹与二程学术同源，来自"六经"，尤其是"四书"，而苏氏学术来源于战国纵横，苏氏不单指苏轼，尤其包括苏洵。在这一点上，蜀学无法与程朱理学相提并论。即使没有二程，朱熹学术与苏氏学术之矛盾也是客观事实。朱熹在讲述中指出两派的学术矛盾，不是诋毁苏轼，更不是为二程出气。朱熹如此讲述：

> 学中策问，苏程之学，二家常时自相排斥，苏氏以程氏为奸，程氏以苏氏为纵横。以某观之，只有荆公修《仁宗实录》，言老苏之书，大抵皆纵横者流……坡公在黄州猖狂放恣，"不得志"之说，恐指此而言。①

朱熹认为蜀学起于老庄，延展为战国纵横之术，其根据是王安石的《仁宗实录》。苏轼学术集中体现于黄州文章，呈现为一种"猖狂放恣"的风格。关于蜀学与洛学争执的焦点，朱熹做了更为深入的讲述：

> 东坡与伊川是争个甚么？只看这处，曲直自显然可见，何用别商量？只看东坡所记云："几时得与他打破这'敬'字！"看这说话，只要奋手掉臂，放意肆志，无所不为，便是。只看这处，是非曲直自易见。论来若说争，只争个是非。若是，虽斩首穴胸，亦有所不顾；若不是，虽日食万钱，日迁九官，亦只是不是……这个是处，便即是道，便是所谓"天命之谓性，率性之谓道"。万物万事之所以流行，只是这个。做得是，便合道理；才不是，便不合道理。所谓学问，也只在这里。所以《大学》要先格物、致知。一件物事，固当十分好；若有七分好，二分不好，也要分明。这个道理，直是要分明，细入于毫发，更无些子夹杂。②

---

① 《朱子语类》，第3109页。
② 《朱子语类》，第3110页。

朱熹指出二程学术与苏轼学术矛盾的核心在于"敬"这一范畴。而"敬"是程朱理学的核心范畴。朱熹秉承了二程的学术衣钵，当然要竭力反驳，但没有离开对学术是非的分辨。朱熹模拟出苏轼反道学的情态："奋手捋臂，放意肆志，无所不为"。朱熹对其情态的勾勒，也就勾勒出有着战国纵横家气质和风度的苏轼所秉持的学术精神和价值皈依。朱熹对战国纵横家气质和风度的追溯，是苏轼学术精神层面和文化层面的反映，直击苏轼的灵魂。当然任何人的学术思想都不是永远处于静止状态的，苏轼也不仅受战国纵横之一家影响。但在朱熹看来，苏轼反对洛学就是反对以《中庸》《大学》为中心的理学体系，就是在混淆是非，而理学的要旨就是明辨是非。

综上所述，朱熹的讲述完全沉醉于学术之争，不存在报复。朱熹在《朱子语类》中微笑坦言，"某在当时，必与他辨"，"必被他无礼"①，这是理学家的基本素质。

2. 关于李、杨指摘文公诋毁苏轼道德文章

朱熹是宋代全面论述苏轼文学成就的最重要的文章学家，这在《朱子语类》中得到了最系统的表述。朱熹的讲述主要有四个方面。

（1）他认为苏文有法度，具有独特的艺术个性。

朱熹谈苏文的艺术特性，对其风格、议论、法度等特点概括准确。朱熹谈到了苏文的风格和气势，他说"坡文雄健""文字明快"，子瞻气豪，尤其是《司马温公神道碑》，"说得来恰似山摧石裂"②。他不仅注意到苏文与其他人文章的不同，如宋朝国初文章"严重老成"，至苏轼"文字便已驰骋，忒巧了"③，还注意到苏轼与欧阳修、苏洵、苏辙的共性，他说"欧公文章及三苏文好说，只是平易说道理，初不曾使差异底字换却那寻常底字"④。他对苏轼说理透彻的议论风格印象深刻。他说，"东坡文说得透"，"如人会相论底，一齐指摘说尽了"⑤。

朱熹指出苏文的体要特征，他说："宏阔澜翻，成大片滚将去"，"他

---

① 《朱子语类》，第 3306 页。

② 《朱子语类》，第 3312 页。

③ 《朱子语类》，第 3307 页。

④ 《朱子语类》，第 3309 页。

⑤ 《朱子语类》，第 3310 页。

里面自有法"。①这些讲述显示了朱熹对苏轼的高度赞誉，而不是杨慎所谓的"诋毁"。

（2）朱熹的文章模仿说，首以苏轼文为范式。

朱熹指导弟子们写文章，编纂唐宋六家文章作为典范，而且把苏轼文章列于首位。他说苏轼"文字明快"、苏洵"文雄浑""尽有好处"。"如欧公曾南丰韩昌黎之文，岂可不看？"柳宗元文章"亦当择"。朱熹的编选要求非常严格，他说"合数家之文择之，无二百篇"，除此之外不允许学生学习其他人的文章，他说："下此则不须看，恐低了人手段。"②朱熹既然把苏轼文章列于弟子们模仿学习的范文之首，而杨慎的诋毁之说何来呢？

（3）朱熹已经注意到苏轼文章的影响力与文坛地位。

朱熹清醒地认识到苏文的影响力之大之广、之深远，甚至可以挪移世风。他举出两例，其一，张安道品行不端，行为有过失，苏轼"怀其汲引之恩"，故"文字中十分说他好""今人又好看苏文，所以例皆称之"。③其二，朱熹说："自三苏文出，学者始日趋于巧。"④ 他推测苏轼与曾巩相见，一定会相互称赞对方的文章。

朱熹认为苏轼、黄庭坚、秦观、李廌、张耒为"一辈行"，其中苏轼是当然的领袖。朱熹认可弟子杨道夫的说法：也是坡公做头，故他们从而和之。⑤ 苏轼与苏辙相比，朱熹认为苏轼更胜一筹，他说："黄门文衰，远不及东坡。"

（4）朱熹对苏轼文的激赏和对苏轼的推重。

朱熹对苏轼文的激赏表现在两个细节上。首先朱熹认为苏轼文可与二程道理相抵，都是令人畅快之事，朱熹说："文字到欧曾苏，道理到二程，方是畅。"⑥ 可见苏轼文对朱熹影响之深，朱熹对苏轼文赞誉之高。朱熹与弟子讲到自己模仿古诗文的时候提到了对苏轼文的模仿。他说"读得苏文熟，便做出苏文底文字"⑦，模仿诗文的"意思、句语、血脉、势向"，那

---

① 《朱子语类》，第 3322 页。
② 《朱子语类》，第 3306 页。
③ 《朱子语类》，第 3087 页。
④ 《朱子语类》，第 3309 页。
⑤ 《朱子语类》，第 3338 页。
⑥ 《朱子语类》，第 3309 页。
⑦ 《朱子语类》，第 3301 页。

么"少间文章自会高人"。关于对苏轼的推重,在《朱子语类》的讲述中还有一个细节,朱熹无一处直呼苏轼之名,提到苏轼则言"坡公"、"东坡"、"苏子瞻"或"苏东坡"。相反,其讲述王安石,有 14 处直呼王安石之名。在朱熹心底,苏轼的地位远超王安石,杨慎与李贽所言恐是断章取义,以高奇、过激之论炫人眼目。

3. 关于杨慎指责文公之"苏轼'得行其志,其祸又甚于安石'"

《朱子语类》中确有这样的表述:

> 东坡初年若得用,未必其患不甚于荆公。①

对于此论有两说,其一,朱熹用语有"初年"一词,任何人在青年时期其思想、才能甚至品德都没有成熟,苏轼也不例外。其二,朱熹所谓其患"甚于荆公",重点是说苏轼所汲引的人才,尤其是指秦观、黄庭坚、苏辙、张耒等人物:

> 但教东坡作宰相时,引得秦少游、黄鲁直一队进来,坏得更猛。②
> 东坡如此做人,到少间便都排废了许多端人正士,却一齐引许多不律底人来。如秦黄虽是向上,也只是不律……子由不做声,却险。少游文字煞弱,都不及众人。③
> 张文潜软郎当,他所作诗,前四五句好,后数句胡乱填满……想见作州郡时阑冗。平昔议论宗苏子由,一切放倒,无所为,故秦桧喜之。④

朱熹在《朱子语类》中对苏轼所奖掖的后进做了一一讲述,认为他们都是"不律底人",苏辙"险",秦观"文字煞弱",张耒"软郎当""无所为"。这些人的品行和才能主导了朱熹对苏轼的判断。

因此,朱熹对苏轼"作坏天下"的讲述,更多意旨在以苏轼为中心的

---

① 《朱子语类》,第 3100 页。
② 《朱子语类》,第 3112 页。
③ 《朱子语类》,第 3110~3111 页。
④ 《朱子语类》,第 3122 页。

蜀学集团上，杨慎、李贽对《朱子语类》的误读，是不明朱熹讲述意图，更没有在广阔视野中审视朱熹的讲述和苏轼文人集团的其他成员。

（二） 杨、李的偏见与朱熹讲述的王安石

承上文，杨、李对朱熹讲述王安石有三处指摘。其一，朱熹在《名臣录》中称道王安石道德文章。其二，朱熹的讲述"违共是而远人情"。其三，朱熹没有突出王安石"倾覆社稷、引用奸邪"。

1. 关于杨、李指摘朱熹《名臣录》称誉王安石道德文章

对于杨、李此论，需要两点解释，其一，《名臣录》不能完全代表朱熹对王安石的看法。其二，朱熹《朱子语类》推重苏轼，远在王安石之上。

《名臣录》确有称誉王安石道德文章的语句，但不能绝对说成是朱熹对王安石的观点，这是由此书的性质决定的。杨慎所谓《名臣录》是指朱熹辑录宋人见闻而成的《八朝名臣言行录》。对王安石的道德文章的评价出自其中《三朝名臣言行录》卷六之二"丞相荆国王文公"一节，此节文字是朱熹采辑《温公琐语》《闻见录》《琐言》《温公日录》《吕氏家塾记》《记闻》《东轩笔录》《荆公语录》《谈丛》《元城语录》《程氏遗书》《上蔡语录》《龟山语录》《郑介夫言行录》诸书之言而成。因此，此书具有集众家之说的性质。这种集众家之说的性质，反映了朱熹据实求证、严谨治学的态度，说明这不是他的专著，不能代表他个人的观点。

更重要的是关于王安石之文的论述，"其所为文，学《六经》而为，必本于道德性命，而一归于仁义"，文字下有朱熹注出的书名，出于邵伯温《闻见录》。[①] 对检该书，卷十二"钱朝请者，名景谌"条有相同文字，且一字不异。[②] 因此对王安石"道德文章"的称赞只能属于邵伯温的一家之言。

朱熹《朱子语类》对王安石的文章评价不高，远在苏轼之下。朱熹在《朱子语类》中称道苏轼之文，往往"欧、苏"并称，或"曾、苏"并称，或"欧、曾、苏"并称，朱熹眼中，苏轼之文与欧阳修、曾南丰之文同属宋代第一流文章。并且，在朱熹提倡模仿的六家文章中，苏轼列于首

---

① （宋）朱熹：《八朝名臣言行录》，《朱子全书》第 12 册，第 563 页。
② （宋）邵伯温：《闻见录》，《全宋笔记》第 2 编第 7 册，2017，第 197 页。

位，却没有提到王安石。可见朱熹对二人文章优劣的评判。

相反，朱熹对王安石《新经》《字说》持有否定态度。朱熹明确指出："新经字说之类，已坏了人心术。"[1] 他还谈到《新经》对培养人才、科举考试的危害：

> 自王介甫《新经》出，废明经学究科，人更不读书。卒有礼文之变，更无人晓得，为害不细！如今秀才，和那本经也有不看底。朝廷更要将经义、赋、论、策颁行印下教人在。[2]

王安石《新经》《字说》二书是其推进文化改革的重要内容，二书的颁行、印刷对科举制度产生了深邃的影响，天下学子心向王氏新学而"不读书"，蔚然成为风气。

综合以上陈述，杨慎与李贽指摘文公，称誉王安石"道德文章"实为虚言。

2. 关于李、杨指摘朱熹"违共是而远人情"

朱熹在《朱子语类》中对王安石的讲述都是言之有据的，并且与《宋人笔记》中宋人对王安石的观点一致。具体表现在两个方面，其一，是对王安石熙宁改革的讲述。其二，是对王安石《新经》《字说》的讲述。朱熹于此两者都不存在"违共是而远人情"的讲述。

（1）朱熹讲述王安石改革是与民争利，这与宋人观点一致，不能以"违共是而远人情"污之。

朱熹讲述王安石：

> 才作参政第二日，便专措置理财，遍置回易库，以笼天下之利，谓《周礼》泉府之职正是如此。却不知周公之制，只为天下之货有不售，则商旅留滞而不能行，故以官钱买之，使后来有欲买者，官中却给与之，初未尝以此求利息也。[3]

---

① 《朱子语类》，第 3169 页。
② 《朱子语类》，第 2200 页。
③ 《朱子语类》，第 3096 页。

朱熹指出王安石改革的实质是"笼天下之利",所谓《周礼》泉府之职只是王安石的借口,周公之制未尝以"泉府之职"求利。这与程颢对王安石的观点一致。

程颢见神宗,论及自己与王安石的不同观点,与朱熹一致:"青苗取息、卖祠部牒、差提举官多非其人,及不经封驳、京东转运司剥民希宠不加黜责、兴利之臣日进、尚德之风浸衰。"① 程颢论列王安石,其核心也在于熙宁之法与民争利。这在当时是公议。

《宋人笔记》中的记载也与《朱子语类》的讲述相一致。《闻见录》记载了韩琦论王安石:"散青苗钱,使民出利,又为免役之法,次第取钱。虽百端补救,终非善法,此所谓富国之术……邦本困摇,众心离怨。"② 《温公日录》记载宋神宗与司马光之间的讨论:"上主青苗法曰:'此《周礼》泉府之职,周公之法也。'光对曰:'……昔刘歆用此法以佐王莽,使农商失业,涕泣于道,卒亡天下。'"③ 罗从彦《遵尧录序》论王安石:"至熙宁、元丰中不然。管心鞅法,甲倡乙合,功利之说杂然并陈。宣和之末,遂召金人犯阙。"④

(2)朱熹讲述王安石《新经》《字说》的危害与《宋人笔记》一致。

朱熹对王安石《新经》《字说》的讲述见前文,此不赘述。此处仅补充《宋人笔记》关于《新经》《字说》的叙述。《高斋漫录》云:"崇宁以后,王氏《字说》盛行,学校经义论策悉用《字说》。有胡汝霖者答用武策……榜出,遂为第一。虽用《字说》而有理。"⑤ 《独醒杂志》云:"胡文定公廷试,考官初欲魁多士,继以其引经多古义,不用王氏说,降为第三人。"⑥

胡汝霖因在考试中引用王氏《字说》而高中。一代大儒胡安国应试中,恪守古义,不用王安石《新经》而降为下等。王安石《新经》《字说》对科举考试、学人学风的危害可见一斑。这些记载与上文提到朱熹讲

---

① (宋)朱熹:《伊洛渊源录》,《朱子全书》第 12 册,第 933 页。
② (宋)邵伯温:《闻见录》,《全宋笔记》第 2 编第 7 册,2017,第 126 页。
③ (宋)司马光:《温公日录》,《全宋笔记》第 8 编第 10 册,2017,第 76 页。
④ (宋)罗从彦:《遵尧录序》,《全宋笔记》第 2 编第 9 册,2017,第 105 页。
⑤ (宋)曾慥:《高斋漫录》,《全宋笔记》第 4 编第 5 册,2008,第 107 页。
⑥ (宋)曾敏行:《独醒杂志》,《全宋笔记》第 4 编第 5 册,2008,第 178 页。

述《新经》《字说》的情况非常一致。

综上，朱熹讲述王安石，无论熙宁改革，还是《新经》《字说》，都与《宋人笔记》的记载相一致，可谓翔实可靠，是宋人公议。杨慎与李贽对朱熹"违共是而远人情"的指责，是一隅之见。

3. 关于杨慎、李贽指摘文公没有突出王安石"倾覆社稷、引用奸邪"之罪

朱熹清醒地意识到王安石的学术危害，"惜乎渠学术不正，后来直坏到恁地"。① 因此，朱熹对王安石的讲述侧重于其学术。他讲述的重心有两方面，其一，王安石熙宁新政的指导思想是"取天下之利"，其二是《新经》《字说》的危害，此两点前文已述。此处仅论朱熹讲述王安石所持的态度。朱熹讲述王安石秉持格物穷理与发展相结合的态度。因此朱熹的讲述并不是一味地否定，而是一分为二：

> 熙宁更法，亦是势当如此……如荆公初上底书，所言皆是，至后来却做得不是。自荆公以改法致天下之乱，人遂以因循为当然。天下之弊，所以未知所终也。②

上则语录的讲述中，朱熹把"熙宁更法"放在宋朝历史发展的逻辑中去思考，熙宁变法是宋代历史发展的必然。朱熹认为变法失败并不是因为变法的决策是错误的，更不应该走向变法的反面"因循"，其根本原因在于人的理念，如何处置好具体的改革环节。如他对王安石的肯定、对保甲之法的讲述：

> 京畿保甲之法，荆公做十年方成。至元祐时，温公废了，深可惜！盖此是已成之事，初时人固有怨者，后来做得成，想人亦安之矣。③

---

① 《朱子语类》，第 3095 页。
② 《朱子语类》，第 3101 页。
③ 《朱子语类》，第 3102～3103 页。

朱熹的思维是格物穷理的理学思维。"势当如此""所言皆是"是对王安石变革决策的肯定。"十年方成"的保甲之法，是王安石改革的成果，司马光元祐执政时全盘否定了它，这是没有看到此法已产生的社会功效。因此他为王安石惋惜，别具深意。

朱熹讲述王安石一分为二，运用理学的思维、发展的观点烛照人物，既讲述其学术之失，又讲述其优点，而不是像杨慎所论"汲引奸佞，倾覆社稷"那样绝对。因此朱熹对王安石的讲述是公允的，这一点远超杨慎。

七　立言立心，以角色语讲述人物的内心世界

"立言立心"出自清人李渔论戏剧，他说："言者，心之声也，欲代此一人立言，先宜代此人立心。"① 金圣叹评价水浒人物，"一百八人……人有其声口"。② 钱锺书论八股文，"盖揣摹古人口吻，设身处地，发为文章；以俳优之道，抉圣贤之心……其善于体会，妙于想象，故与杂剧传奇相通"。③ 唐君毅论中国写人传统："中国之小说戏剧，则只由人物之相互之间之行为与言语，以将各人物之性情与德性烘托出。"④ 李渔、钱锺书、金圣叹、唐君毅确认用人物语言塑造人物性格是中国传统写人的艺术，并认同"人物语言"对揭示人物内心世界有着重要的作用和意义。

在中国传统写人的各种文体中，用人物语言来传达人物的内心世界是最核心的艺术表现手段，进而成为中国本土文化之精神。人物语言即角色语，需要作家斟酌作品中的人物性情，设身处地按照人物应有之身份、性格和生活的逻辑，创造出角色语。如《水浒传》中李逵的语言"哥哥偏不直性！前日肯坐坐了，今日又让别人！这把鸟交椅便真个是金子做的？只管让来让去，不要讨我杀将起来"⑤，准确地表现了李逵直率、粗鲁、莽撞的内心世界和德性。金圣叹此处使用"如镜如刀"一语评价施耐庵，就是赞赏他用人物语言塑造出了人物性格。李桂奎评施耐庵笔下的人物语言，

---

① （清）李渔著，江巨荣校点《闲情偶寄》，上海古籍出版社，2000，第64页。
② 《注评本水浒传》，第990页。
③ 钱锺书：《谈艺录》，生活·读书·新知三联书店，2001，第94页。
④ 唐君毅：《中国文化之精神价值》，江苏教育出版社，2006，第247页。
⑤ 《注评本水浒传》，第928页。

"符合人物性情和身份……有真诚的角色扮演"①。

朱熹在《朱子语类》中对人物语言的讲述，也以再现人物内心世界和性情为标准，揣测、模拟所讲述人物的角色，真正做到了"立言立心"。他讲范仲淹，即代范仲淹立言：

> 相公有汾阳之心之德，仲淹无临淮之才之力。②

"相公"指称宰相，这里指吕夷简，"汾阳"指郭子仪，封汾阳郡王。《新唐书》载："子仪事上诚，御下恕……与李光弼齐名，而宽厚得人过之……以身为天下安危者二十年，校中书令考二十四。"③"临淮"指李光弼，封临淮郡王，《新唐书》载："光弼用兵，谋定而后战，能以少覆众……世称'李郭'，而战功推为中兴第一。"④ 朱熹用角色之语，道出了范仲淹内心澄澈之境界和谦逊磊落之情怀：面对吕夷简的推荐，盛赞其宰相之德，并以之比唐代郭子仪，同时自愧不如唐代之李光弼英勇善战，"以少覆众"。朱熹的代人立言，使读者触碰到了范仲淹心灵的高致。又如他讲述秦桧，即代秦桧立言：

> 桧不能对时，参政却好对。桧未对，参政何故便如此？⑤

上段话语是朱熹揣摩秦桧心理和口吻及其对同僚章夏的态度之后所做的讲述。《宋史》载："桧立久任之说……附己者立与擢用。自其独相，至死之日，易执政二十八人，皆世无一誉。"⑥ 章夏位立其中，《宋史》称"柔佞易制者"，《朱子语类》称"昏庸无能者"。事关"处州兵反"，属于国家重大事件，必须是有相位者才有发言权，参政章夏的率先发言，没有顾及秦桧的宰相颜面。朱熹对秦桧语言的角色模拟，完全体悟到其把持朝

---

① 李桂奎：《中国小说写人研究》，生活・读书・新知三联书店，2015，第 487 页。
② 《朱子语类》，第 3087 页。
③ （宋）欧阳修、宋祁：《新唐书》，中华书局，1975，第 4608 ~ 4609 页。下引《新唐书》皆出此本。
④ 《新唐书》，第 4590 页。
⑤ 《朱子语类》，第 3159 页
⑥ 《宋史・奸臣三》，第 13765 页。

政、玩弄权术、任意迁黜官吏的奸相心理，因此他的角色之语符合秦桧的身份、性格和微妙的内心世界。

朱熹讲述人物时捕捉到了人物的性情和内蕴，因此其角色之语与人物心灵和性格非常契合。此即李氏所说的"代人立言，先代人立心"，钱氏所谓"揣摩古人口吻"，唐氏之以语言"烘托人物性情和德性"，李桂奎之"角色扮演"。朱熹讲述的人物语言，是当场模拟的角色语言，其具备以下几个要素。其一，声音要素。朱熹的人物语言肯定会模仿角色人物的音高、语气、声调，并形成特定的声情形式。秦桧之语与范仲淹之语肯定相异。其二，用声音塑造人物。猥琐者有龌龊之声，坦荡者有磊落之响。其三，必定伴以神态动作的配合。很可惜《朱子语类》不是音像资料，只能借助于想象。

第四节　《朱子语类》讲述事件的策略

朱熹闽学认为理生于世界之先，浩浩不穷。其弟子黄士毅认为朱熹之讲述涉及"我朝及历代君臣、法度、人物、议论"[1]，阐述了理运行于"天地设位后"，而"著于治乱兴衰"，明确朱熹讲述的目的是探究隐藏于"治乱兴衰"之内的"理"。朱熹所讲述的事件"兴"和"治"的内容极少。"兴"是指王朝的肇造，宋朝已经存在，朱熹讲述"兴"的事件，已失去现实意义。朱熹与宋代士大夫政治理想一致，追慕"三代之治"，因此，朱熹所讲述的历代与当代事件无属于"治"的事件。故朱熹所讲述的内容被限制到"衰""乱"两个内容上，朱熹讲述的政治事件和军事事件便被凸显出来。粗略统计，朱熹共讲述了上自战国下至他去世之前，形形色色的事件160多件，而主题集中在"衰""乱"两域的政事和战事多达110件，占到朱熹讲述事件总和的69%。政事如东汉诛宦官、靖康执政、熙宁新政、徽宗之政、迁都临安等，战事如长平之战、八王之乱、阿骨打破辽、靖康之祸、明受兵变等。衰乱特征是朱熹所讲述事件的本质属性，这些事件往往错综复杂，进而成为朱熹讲述的挑战。

朱熹生于靖康之变、宋高宗称帝后的第3年，秦桧卒时（1155）朱熹

---

[1]　《朱子语类》，第7页。

26 岁，张浚卒时（1164）朱熹 35 岁，宋孝宗卒时（1194）朱熹 65 岁，赵汝愚卒时（1196）朱熹 67 岁，朱熹卒于 1200 年，留正卒于 1206 年。朱熹与张浚、赵汝愚、留正这些南宋的宰相都有交往，与赵汝愚过从甚密。因此朱熹对南宋的"衰、乱"事件非常精熟。庆元二年（1196）沈继祖弹劾朱熹，"以簧鼓后进……收召四方无行义之徒……或会徒于广信鹅湖之寺，或呈身于长沙敬简之堂……以匹夫窃人主威福之柄，而用之于私室"。① 朱熹学术被论为"伪学"，此祸几危及性命，有人劝朱熹"闭户省事""散了学徒"，朱熹却"只见得这道理，都不见那刀锯鼎镬"。② 因此，朱熹的讲述是超越死亡的讲述。

朱熹超越死亡、秉持公义和正理，讲述历代和当代的以"衰乱"为特征的错综复杂的政治和军事事件，根据不同的时序和时距，采取不同的讲述策略，他注重把讲述过程与文章学技巧相结合，讲究事件各部分情节的衔接，斟酌讲述过程首尾的设计。他注重把讲述过程与弟子心理状态相结合，尤其注重疑惑的设置和化解，同时把事件的源流本末、粗精巨细、因果顺逆等讲述逻辑与学生认识规律相结合，不仅让讲述风貌变化多致，而且加强了讲述效果。这种讲述过程与讲述艺术有意识的结合，实现了形式和内容最完美的统一。姚际恒认为《庄子》的叙事"回环郁勃，不即了了"、《列子》的叙事"简静有法"，因此他称《庄子》《列子》为"真古文""名作家"。③ 朱熹因他的讲述艺术，也可以称为唐宋古文大家、文章学家。

本节着重从时距、时序、视角、情节衔接、首尾安排、理学色彩等六个方面，论述朱熹讲述事件的艺术特征。

一 时距与朱熹讲述的策略：概述、省略、同步、扩展

叙述学中常常把故事时间与叙述时间的长短进行比较，并称之为时距。戴维·赫尔曼曾经深入探讨"事件的时间框架关联于叙述的或世界创造行为的故事世界中是如何起作用"的问题，即事件时间与讲述时间的关

---

① （宋）李心传编《道命录》，中华书局，1985，第 67 页。
② 《朱子语类》，第 2670～2671 页。
③ 杨伯峻：《列子集释》，中华书局，1979，第 309 页。

系问题。① 中国人最早考虑这一问题的是晋代的张辅,《邵氏闻见后录》记载:"司马迁叙三千年事,五十万言;班固叙二百年事,八十万言。晋张辅用此论优劣云。"② "三千年""二百年"是历史事件所经历的时间,"五十万言""八十万言"是讲述时间,张辅用字数"五十万言""八十万言"来说明《史记》与《汉书》的优劣,同时也客观上比较了司马迁和班固讲述行为所需的时间。在张辅看来,讲述时间越短、故事时间越长,讲述人的叙述水平就越高超。

朱熹在讲述事件的过程中没有平均分配自己的讲述时间,对讲述时间长短的分配显示了他的讲述意图。朱熹处理讲述事件的时间与其所创造的故事时间关系的策略共分四种:概括讲述、省略讲述、同步讲述和扩展讲述。

(一) 概括讲述

所谓概括讲述,即把一定时间长度的故事,经过删繁就简的取舍、概括提炼之后,浓缩为用时最短的讲述,即"故事的实际时间长于叙事时间"③,客观表现为讲述篇幅短小,词句精核。《朱子语类》中有大量的概括讲述。如其对楚汉荥阳之战的讲述:

> 广武之会,太公既已为项羽所执。高祖若去求告他,定杀了。只得以兵攻之,他却不敢杀。时高祖亦自知汉兵已强,羽亦知杀得无益,不若留之,庶可结汉之欢心。④

楚汉在荥阳之广武长期对峙,双方成败无算,刘邦如何屡败屡战,屡战屡强,项羽如何渐战渐弱,其间多少情节,朱熹都没有讲,而是以太公被执来概述两军对峙,及力量的消长变化。这既是一种选择讲述,也是一种概括讲述。又如他对真宗的讲述:

---

① 〔美〕戴维·赫尔曼等著《叙事理论——核心概念与批评性辨析》,谭君强译,北京师范大学出版社,2016,第72页。
② (宋) 邵博:《邵氏闻见后录》,《全宋笔记》第4编第6册,2008,第51页。
③ 罗钢:《叙述学导论》,云南人民出版社,1994,第148页。
④ 《朱子语类》,第3220页。

真宗东封西祀，糜费巨万计，不曾做得一事。①

宋真宗赵恒在位 25 年，朱熹仅用 17 字对其一生进行概括，"东封西祀"四字极为浓缩。《宋史》对真宗的讲述长达 70 页，数万文字，记述"东封泰山""西祀后土"尤详。朱熹的讲述时间远远小于故事时间，其目的就是突出"东封西祀"带来的浪费、对社会的危害及真宗的无所作为。

（二）省略讲述

所谓省略讲述，即在讲述过程中有意识地省略某些事件，不讲之讲，讲述时间为零。杰拉尔·日奈特认为："对省略的分析就在于研究被省略掉的故事时况。"② 朱熹在本朝类历史事件的讲述中存在很多这样的例子。如其对宋代帝王的讲述，他讲了太祖朝、太宗真宗朝、仁宗朝、英宗朝、神宗朝、哲宗朝、徽宗朝、钦宗朝、高宗朝、孝宗朝、宁宗朝等 11 个历史阶段和 12 位帝王。其中钦宗朝仅存在 1 年，朱熹用了 669 字来讲述，光宗朝历时 5 年，而朱熹只字未提。为什么呢？

宋钦宗身处两宋转关时期，故讲述文字较多，宋光宗多病，史无建树，并不服孝宗之丧，为朱熹所不齿，因此朱熹对他只字未提。杨义说："叙事时间速度，在本质上是人对世界和历史的感觉的折射，是一种'主观时间'的展示。"③ 朱熹对宋钦宗的扩展讲述与对宋光宗的省略讲述显露了其讲述意图，其重在辨析宋代衰亡之理，重在"言定靖康之祸"。这是朱熹省略讲述的灵魂和主旨。

又如朱熹对苏轼的讲述有 34 条，大多为抑苏，着重讲述的是苏轼的学术和文章，而对苏轼的政绩采取省略讲述的策略。究其原因，苏轼学术与二程学术矛盾尖锐，朱熹树立程氏之学必须驳倒苏氏学术，因此不得不讲。朱熹对北宋人物的讲述是以元祐旧党与熙丰新党的斗争为中心的，苏轼虽名列党籍，但与元祐学术分属两域，与核心成员关系疏远。因此朱熹对苏轼政绩采取省略的讲述策略。

朱熹所讲事件的时间跨度极大，上自先秦，下至南宋，其间多少事

---

① 《朱子语类》，第 3044 页。
② 张寅德编选《叙述学研究》，中国社会科学出版社，1989，第 215 页。
③ 杨义：《中国叙事学》，第 99 页。

件，有些被朱熹选中，纳入他的讲述范围，有的被朱熹置于讲述之外，值得作进一步深入研究。

（三） 同步讲述

所谓同步讲述，即朱熹的讲述时间与故事时间相等。在讲述过程中，对人物对话的转述，有似于体育赛事直播和现场新闻报道。王平称之为"场景"，是一种与故事时间等同的人物对话。① 从广义上讲，《朱子语类》记录的朱熹与学生的每一次问答都是一种同步讲述，但是，这里要研究的朱熹的同步讲述，主要是指朱熹对讲述事件中出现的人物语言的引述，或者称为角色讲述。它具有实录、真实的特征。如朱熹对邢恕的讲述：

> 自来便尖利出头，不确实，到处里去入作章惇用。林希作御史，希击伊川，只俟邢救，便击之。恕言于哲宗："臣于程某尝事之以师友，今便以程某斩作千段，臣亦不救！"当时治恕者，皆寻得《明道行状》后所载说，即本此治之。恕过恶如此，皆不问。只在这一边者，有毫发必治之。②

朱熹在这段讲述中，开言用概括讲述来讲说事件，邢恕怎样，林希怎样，程颐怎样。然后插入了同步讲述，即邢恕与哲宗的对话（此处朱熹略去了哲宗之语），同步讲述还原了当初程颐遭受林希陷害时，邢恕的行为场景，引述"便以程某斩作千段，臣亦不救"的角色语，实证邢恕背叛师门、避祸忘义的卑劣嘴脸。这一同步讲述使得整个事件的讲述生动活泼，使读者如临现场，具有真实、实证的效果。

（四） 扩展讲述

所谓扩展讲述是指朱熹讲述的事件时间已经停止，而朱熹的讲述时间仍在继续的讲述，即朱熹讲述完历史事件之后所做的评述。王平认为这是一种"停顿"，其叙述时间无限延长，故事时间接近于零，在叙事文本中一般表现为"静态的描写"和"叙述者的议论"。③ 朱熹在《朱子语类》

---

① 《中国古代小说叙事研究》，第 143 页。
② 《朱子语类》，第 3108 页。
③ 《中国古代小说叙事研究》，第 143 页。

中的大量讲述都包含这样的内容。这部分内容往往是朱熹发表观点和揭出事理的所在。如：

> "常思孙膑料庞涓暮当至马陵，如何料得如此好？"倜曰："使其不烛火看白书，则如之何？"曰："膑料庞涓是个絮底人，必看无疑。此有三样：上智底人，他晓得必不看；下智呆底人，亦不必看；中智底人必看，看则堕其机矣。尝思古今智士之谋略诡谲，固不可及。然记之者能如此曲折书之而不失其意，则其智亦不可及矣。"①

朱熹讲述完马陵之战后，其对庞涓遇害这一情节的讲述已经结束，故事时间接近于零。沈倜此刻针对孙膑料事如神发问，朱熹的回答是对孙膑关于庞涓心理状态推测的梳理和总结。朱熹对上智、下智及中智的议论不是对故事情节的讲述，接下来对"记之者"的"不失其意"评论也不是对故事情节的讲述，这是一种扩展讲述，主要是朱熹作为讲述人自己的思考和体悟。

扩展讲述便于讲述者直接亮明观点，对事件展开评价，解释事件背后的意义。

二 时序与讲述顺序的布置：插叙、补叙和倒叙

时序包括故事时序和讲述时序，顺叙是讲述者按照故事本末的次序来安排讲述，故事时序与讲述时序的方向是一致的，自不待言。这里所要说的是事件时序和主观讲述时序两者不一致的情况，讲述者没有按照事情的发展时序来安排自己的讲述，造成混乱的各种形式的"失序"状态。杰拉尔·日奈特把这种事件时间和讲述时间的各种不协调形式称为"逆时序"。② 这种"逆时序"的事件讲述构成塑形事件的基本技巧，促进情节的编织，使讲述进入"更大的格局"。③ 这种"逆时序"的情节编织方式包括插叙、倒叙和追叙等。这些理论与中国古代小说点评有很多相通之处。

---

① 《朱子语类》，第 3214 页。
② 《叙述学研究》，第 201 页。
③ 〔美〕戴维·赫尔曼等著《叙事理论——核心概念与批评性辨析》，谭君强译，北京师范大学出版社，2016，第 74 页。

朱熹在《朱子语类》的讲述中也对所要讲述的事件情节进行了重新布局，其讲述艺术的精髓也在于此。

（一）琴瑟间钟与朱熹讲述中的插叙

"笙箫夹鼓，琴瑟间钟"语出《读〈三国志〉法》一文，是毛宗岗对罗贯中小说因插叙情节而形成的艺术效果的譬喻。他说："正叙黄巾扰乱，忽有何后、董后两宫争论一段文字；正叙董卓纵横，忽有貂蝉凤仪亭一段文字……"① 其中"正叙"是指故事情节本来的发生顺序，"忽有"之后"何后、董后两宫争论""貂蝉凤仪亭"的情节，是罗氏故意打乱叙述时序的匠心安排。他评述这种合豪士传与美人传为一书的"逆时序"所带来的艺术效果为"琴瑟间钟"。那么，朱熹讲述中的插叙又是一种什么效果呢？

> 逆亮临江，百官中不挈家走者，惟陈鲁公与黄瑞明耳。是时廖刚请驾幸闽中，以为闽中天险，人民忠义。是时闽中盗贼正充斥，乃降旨令开闽中路，阔丈五尺。又宿州之战，高宗已逊位。日雇夫五百人立殿廷下，人日支一千足，各备担索。高宗惩维扬之祸，故百官搬家者皆不问。②

在本节的讲述中，开篇"逆亮临江"，至"与黄端明耳"，讲述金兵进犯，南宋官员大多仓皇逃窜。此后情节，应该接"高宗惩维扬之祸"，最后落脚于"皆不问"。其间有转折、因果之逻辑。然朱熹打破了这一情节逻辑，在这中间插入"廖刚请驾""开闽中路""宿州之战，高宗已逊位"之情节，并对"开闽中路"这一情节做了详细的讲述，"雇夫五百""日支一千""各备担索"极为具体。这种插叙使讲述极为凌乱，形成一种不协调的"逆时序"，但是这种"逆时序"讲述恰恰吻合当时金兵进犯，南人惊慌失措、仓皇逃窜的社会动乱现实，堪为战争年代实录。同时插叙内容是朱熹要强调的内容，其一方面讲出大敌当前君臣狼狈之混乱状况，另一方面更是讽刺上层统治者无一良策御敌的腐败透顶。这一插叙是对统治者的当头棒喝。

---

① 《注评本三国演义》，第 1164 页。
② 《朱子语类》，第 3058 页。

（二）笔法密省与补叙

何谓补叙，即讲述者完成某人某件事的情节讲述之后，又补充此人前事的讲述。《三国演义》中有很多补叙的情况。例如第二十七回末尾，讲述关羽过五关斩六将之后忽遇孙乾，孙乾说："刘辟、龚都自将军回兵之后，复夺了汝南。"此处有毛宗岗批语："此事只在孙乾口中补出，好。"①当孙乾说完之后，毛氏又有一段批语："此回叙关公一边，十分热闹，放下玄德一边，未免冷落。今就孙乾口中，将河北事细述一遍，笔法有密有省。"所谓"密"是指一种全面的叙述，既叙述关羽一路遭遇，斩将闯关，又补叙刘备遭遇之事。就事件整体来讲是绵密的结构。所谓"省"是指补叙的内容，是一种选择讲述和概括讲述，只述梗概，省略细节和枝节。毛宗岗认为罗贯中此处的补叙，能够节省笔墨，并能收到叙述绵密而周详的效果，也即指此。朱熹在《朱子语类》中的讲述过程也有大量补叙的例子。如：

> 赵丞相亦自主和议，但争河北数州，及不肯屈膝数项礼数尔。至秦丞相，便都不与争。赵丞相是西人，人皆望其有所成就，不知他倒都不进前！②

本节主要讲述宋金议和一事，赵鼎执政虽主和议，但在岁币、称臣与疆土等条款上对金国寸步不让，到了秦桧执政则在这三方面全面妥协，后又补叙"赵丞相是西人"一节。赵鼎是河西解良（今属山西）人。朱熹补叙是为了评价赵鼎，赵鼎故乡在北方金人占领区，众人将抗金事业属意赵鼎，主要因为大家料定，赵鼎故乡在金人占领区，其抗金意志会比他人更坚定，情绪更强烈。但赵鼎主和，有负重望。朱熹补叙的内容，增加了其对抗金事业的失望和惋惜的情绪，也对赵鼎不能彻底主战而心生气愤。这一补叙把宋金讲和事件的复杂性和多变性讲述得细密而周到，同时省略了对赵鼎其他事件的讲述。

---

① 《注评本三国演义》，第260页。
② 《朱子语类》，第3143页。

（三） 倒卷珠帘与朱熹讲述中的倒叙

王平在《中国古代小说叙事研究》中指出："文言小说发展到《聊斋志异》，才出现了真正意义上的倒叙。"他以《聊斋志异》中的《诗谳》为例讲解了蒲松龄对这一讲述方法的使用。[①] 小说开篇范小山外出经商，其妻贺氏便"为人所杀"，现场留下吴蜚卿的扇子，官府便认定吴蜚卿是凶手。后经多方探寻发现真正的凶手是张诚，接下来小说便追叙了张诚作案的过程。倒叙不仅存在于小说情节的安排中，也指文章中逻辑顺序的倒置。

唐文治评韩愈《送高闲上人序》一文为神品，究其原因是运用了倒卷珠帘之法。[②] 他说，"常人为之，必先叙高闲喜草书，再叙其近于张旭，再勉其不外慕徙业，然后能神完而守固"，而韩愈倒卷珠帘，逆其序而行文：先言神完守固，次言不外慕徙业，又言张旭，最后言高闲之草书不如张旭。这样的逆序行文使韩愈之文处处得据，勉励之情不言而喻。韩愈文章的叙述是逻辑顺序的倒置。朱熹在《朱子语类》中对事件的讲述，既是情节的倒置，也是逻辑顺序的倒置，有类于蒲松龄的《诗谳》与韩愈的《送高闲上人序》。例如：

> 子宣在后，一向做出疏脱。初，子宣有意调停，不主元祐，亦不主元丰，遂有建中靖国年号，如丞相之陈莹中邹志完辈，皆其所引……后韩忠彦欲挤子宣，遂引蔡京入来。子宣知之，反欲通殷勤于京。忠彦方遣其子迓京，则子宣之子已将父命迎之于二十里外矣。先时子宣攻京甚力，至是遂不复谁何。凡京有所论奏，不曰"京之言是"，则曰"京之言善"，又不自知其疏脱。[③]

这段语录开篇拈出"疏脱"二字，总括曾布之立身行事。然后有两次倒叙。第一次倒叙，以"初"字领起的讲述，是对曾布早先立身行事的追述，因调停而有"建中靖国"的年号，后汲引丰稷、陈瓘、邹浩等后辈，

---

① 《中国古代小说叙事研究》，第 164 页。

② 唐文治：《国文经纬贯通大义》，《历代文话》，第 8300 页。

③ 《朱子语类》，第 3106 页。

反而遭到排挤，以致韩忠彦荐举蔡京而倾轧曾布，竟然派遣儿子出京迎接蔡京，曾布更为荒唐，派儿子出京二十里迎接蔡京。第二次倒叙，以"先时"一词领起，讲述早年曾布与蔡京的矛盾，到了当下，则唯蔡京马首是瞻，唯唯诺诺，最后又回到开篇所言"疏脱"二字上。文中两次追述往事，情节如倒卷珠帘，使曾布的言行形成了今昔对比，从而有力地说明了曾布见风使舵、不守节操的"疏脱"本性。"疏脱"既是事件讲述的中心，也是对曾布后来事件的概括，是朱熹对曾布的结果性论断，放在开篇，是一种因果逻辑的倒置。

三　从旁讲述视角与讲述的虚实

钱锺书分析《左传》中晋楚鄢陵之战，全从楚王观师着笔，"按不直书甲之运为，而假乙眼中舌端出之，纯乎小说笔法矣"[1]。周振甫《文章例话》中称这种写法为旁观。[2] 这种从旁叙述往往成为事件讲述的虚笔，金圣叹称这种用从旁叙述视角叙事的效果为"影灯漏月"。

《注评本水浒传》第二十回，写宋江寻找招文袋返回阎婆惜住处，"只听得楼下呀地门响。床上问道：'是谁？'门前道：'是我。'床上道：'我说早哩，押司却不信，要去，原来早了又回来。且再和姐姐睡一睡，到天明去。'这边也不回话，一径上楼来"。金圣叹在"只听得"三字后有批语："三字绝妙……从婆娘边听去，神妙之笔。"[3] 在"一径上楼来"之后又有批语："有影灯漏月之妙。"这段文字借阎婆惜之耳写宋江之为，改全知视角为限制视角，改直接讲述方式为间接叙述，不只符合实际情况，更见所述事件的扑朔迷离，成为曲笔，避免了"直白"。白日灼照，一览无余；影灯漏月，朦胧暗昧，虚实回映，各得其所。朱熹在《朱子语类》中对某些事件的讲述也采取了从旁讲述的视角，成为讲述中的"虚笔"。如朱熹讲述隐者给翟汝文（字公巽）和秦桧相面的事件：

> 翟公巽知密州，秦桧作教授。一日，有一隐者至，会相，曰：

---

[1] 钱锺书：《管锥编》，生活·读书·新知三联书店，2007，第344页。
[2] 《文章例话》，第241~242页。
[3] 《注评本水浒传》，第294页。

"此教授大贵。"翟问："与某如何？"曰："翰林如何及之！如何及之！"时游定夫在坐，退因勉秦云："隐者甚验，幸自重。"游因说与胡文定曰："此中有个秦会之好。"胡问如何，曰："事事里不会。"秦后于陈应之处问游。后云，曾为游酢知云。上蔡言于陈应之，应之言于先生。下"事事里不会"，籍溪言于先生。①

语录开端，朱熹先讲述隐者为二人相面，接续翟汝文与隐者的对话，暗示秦桧将来"不平凡"的事业。又借胡安国之问、游酢之答言，烘托秦桧的渊深沉静、处事简重，全用虚笔。讲述之中无一言直写秦桧事迹，然而翟汝文、游酢、胡安国、谢良佐、陈应之、胡宪之声口，无不是紧扣秦桧言行带给他们的印象。所讲虽只言片语，但听众能够从只言片语中猜测、推断秦桧或有或无的事件，如轻纱笼月，雾锁池塘。因此朱熹此处的讲述，使用的是渐渐烘托的手段。

但虚写之中又有实据，朱熹交代诸多讲述内容的来源链接，皆是口耳相传，让人觉得真实可靠，虚中含实。

有时，朱熹从旁视角的讲述直接转化为一种角色讲述，他用角色讲述来完成对事件的讲述和评价，是一种同步讲述。如：

> 先生云："沈公雅言：'赵丞相镇静，德量之懿；而谙练事机，则恐于秦公不逮。'张子功以为不然，且曰：'焘在都司日，忠简为相，有建议者，公必计也，曰："如是则利在上而害在民，如是则害在上利在民。今须如此行，则利泽均而公私便。"至秦公，则僚属凡有关白，默无一语，而属诸吏。事出，则皆吏辈所为，而非复前日之所拟。'"②

这段语录旨在评价赵鼎与秦桧二人为相时品行和才能。而朱熹没有对赵鼎和秦桧的事件进行直接讲述，而是把沈度（字公雅）、张焘（字子功）二人当作扮演之角色，模拟角色讲述各自所经历的秦、赵二人的言语和事

---

① 《朱子语类》，第 3153 页。
② 《朱子语类》，第 3143~3144 页。

迹，并对秦、赵为相的不同评价。作为角色，沈度评价赵鼎，优在性格与德行，秦桧优在处理事务。张焘讲述了自己在都司与赵、秦共处的事件，目睹赵鼎能够做到坚持原则，利民便公，并敢于承担执政之责。秦桧为相，所有事务委托属吏，政事狼狈，又推诿责任，无宰相胸襟和气概。

从旁视角下的角色讲述，显示了朱熹讲述的多个层次及对秦、赵二人评价的不同声音，这种角色讲述是一种委婉讲述。朱熹的讲述派生出沈度、张焘两位角色讲述人，使之成为讲述中的讲述，朱熹似乎隐身幕后，沈度与张焘则成为前台的"讲述木偶"。朱熹退居幕后虽"未发一言"，但其所转述的话语必经自己的主观裁夺和过滤，虽未置一词，但张焘的话语实质上代表了朱熹的观点。朱熹的讲述虽然是假借沈度、张焘二人声口，究其实，沈度、张焘二人当时是秦桧、赵鼎身边的同僚，他们的述说听来有可信度，是某种意义上的实据。

四　小说情节的衔接原理与朱熹情节讲述的章法

无论中国古典小说的叙事，还是《朱子语类》事件的讲述，都不可避免地涉及对情节的处理，尤其是情节与情节之间的连贯和衔接问题，尽管二者对情节之间关系的要求是相似的，都追求情节之间的顺畅或者转折，以达到与读者或听众相互交流的畅快体验，但是二者使用的方法有着明显的不同。

（一）虚构鸾胶与情节的衔接

关于小说情节之间的勾连和衔接，金圣叹在《读第五才子书法》一文中提出了"鸾胶续弦法"，金圣叹所谓的"鸾胶"是什么呢？《水浒传》第六十一回写道："燕青大踏步赶下冈子去，不见喜鹊，却见两个人从前面走来。"[①] 金圣叹批语："如此交卸过来，文字便无牵合之迹。"究竟如何交卸？金氏分析，燕青打雀求卦，小径上撞见杨雄、石秀二人，又"一拳打倒石秀（此应是杨雄）"，"逗出姓名"。推意金氏之论，鸾胶应指"一喜鹊""一小径""一拳"。这些物件把"燕青往梁山泊报信"这一情节，与从未谋面的杨、石二人下山的情节衔接起来。"鸾胶"的使用，让施耐

庵对故事情节的布局显得自然顺畅，使人不觉痕迹。喜鹊、小径、一拳又是如何虚构的呢？金圣叹又引入了"因缘生法"的概念。

《第五才子书施耐庵水浒传》序三阐述了这一概念，并以之为"裁世界之刀尺"，那么，金氏所说"因缘生法"指的是什么？按照金氏的逻辑，喜鹊、小径、一拳在"因缘生法"中又是指什么呢？

"因缘生法"源于佛教，佛教把一切事物，不论大小、有形无形都称作"法"。[①] "因"是生成结果的直接、根本条件；"缘"是相辅助的外在间接条件，佛教认为"一切万有皆由因缘之聚散而生灭"。[②] 这是哲学层面对"因缘生法"的解释。

黄霖先生在《水浒传》前言中从文学层面解释了金氏的"因缘生法"，他说："作家要按照事物的因果关系及其发展规律去描绘人物和事件。"[③] 很显然黄霖先生所说的"因缘生法"是作家创作过程中的"因缘生法"，是一种虚构状态下的"因缘生法"，书中卢俊义被抓，宋江必然要打大名府救他，这是情节发展的必然规律，按照这个规律去虚构"鸾胶"，鸾胶只是一个外部的辅助条件，也正是这个辅助条件才将"卢俊义被抓"与"宋江攻打大名府"两个情节精巧地衔接起来，施氏虚构了喜鹊、小径、一拳这些辅助条件，充分发挥了"鸾胶"的作用，并且这些辅助条件产生于荒郊野外，非常符合艺术真实的原则。

与小说使用"因缘生法""鸾胶续弦"之法来连接情节不同，朱熹讲述中处理情节的衔接，完全有赖于情节与情节之间的逻辑关系。小说依靠遵循艺术真实的虚构，而朱熹的讲述完全建立在对历史事实的分析基础上。

（二）陈骙"上下相接"的文则与朱熹讲述情节的文章学逻辑

早于金圣叹对"行文连接"进行系统论述的陈骙，在《文则》一文中提出了"上下相接之法"。[④] 他说"文有上下相接，若继踵然"，又把它分为三类：《中庸》自"能尽其性"至"与天地参矣"之文，是"叙积小至

---

① 陈秋平、尚荣译注《金刚经·心经·坛经》，中华书局，2007，第24页。

② 陈秋平、尚荣译注《金刚经·心经·坛经》，第63页。

③ 《注评本水浒传》，第11页。

④ （宋）陈骙：《文则》，《历代文话》第1册，第152页。

大";《庄子》自"古之明大道者"至"而赏罚次之"之文，是"叙由精
及粗";《大学》自"古之欲明明德"至"先致其知"之文，是"叙自流
极原"。这些论述注意到了文章内部之间的逻辑关系和思维顺序。陈骙
（1128~1203）与朱熹生卒之年（1130~1200）较近，《朱子语类》的讲述
实践与陈骙的"上下相接"理论有相通之处，又有不同。

1. 自源及流的讲述逻辑与讲述中波澜的设置

朱熹讲述事件往往用自源及流的逻辑来安排事件讲述中的情节，在自
源及流的讲述中又有巧妙布局，进一步设置悬念，形成讲述中的波澜，吸
引听众的兴趣。用自源及流的讲述逻辑，并辅以悬念设置的办法处理情节
之间的衔接，显示了朱熹文章学的技巧。如：

> 蔡京在政府，问人材于其族子蔡子应，端明之孙。以张柔直对。
> 张时在部注拟，京令子应招之，授以问馆。张至，以师礼自尊，京之
> 子弟怪之。一日，张教京家子弟习走。其子弟云："从来先生教某们
> 慢行。今令习走，何也？"张云："乃公作相久，败坏天下。相次盗
> 起，先杀汝家人，惟善走者可脱，何得不习！"家人以为心风，白京。
> 京憨然曰："此人非病风。"召与语，问所以扶救今日之道及人材可用
> 者。张公遂言龟山杨公诸人姓名，自是京父子始知有杨先生。①

朱熹本节讲述的事件是杨时得到蔡京的推荐而出仕。朱熹先从源头上
讲起。第一个情节，蔡京让蔡子应推荐人才。第二个情节，蔡子应推荐的
人才张骙（字柔直）做了蔡京家塾的先生。第三个情节，张骙教诲蔡京子
弟们练习逃跑。第四个情节，子弟们因张骙之言，判断其为"心风"，并
告蔡京，蔡京奇其言，与之交谈，张骙从而说出当时之才杨时。第五个情
节，以杨时因蔡京的推荐而出仕为"关锁"。

朱熹的讲述按照自源及流的逻辑顺序连接五个情节，把事情原委交代
得非常清楚，但也必然使听众产生枯燥情绪，因此朱熹对第三与第四情节
进行了加工。第三情节以张骙教习蔡京子弟练习逃跑为悬念，讲述的气势
陡起，听众疑云密布。第四情节"乃公作相久，败坏天下"句，使疑云顿

---

① 《朱子语类》，第2571~2572页。

消，有出人意料之想，避免了平铺直叙的枯燥无味。

2. 由粗至精的讲述线索与析理的详尽

朱熹讲述事件有时粗讲轮廓，取其大义，然后详细讲述，精析义理。粗讲为次，精讲为主。其粗讲，给听众留下事件的轮廓；其精讲，详细分析事件蕴含的道理，让弟子们的理解更为深入。如：

> 越栖会稽，本在平江。楚破越，其种散。故后号为"百越"。此间处处有之，山上多有小小城郭故垒，皆是诸越旧都邑也。春秋末，楚地最广，盖自初间并吞诸蛮而有其地。如淮南之舒，宿亳之蓼，皆是。初间若不得齐威管仲，看他气势定是吞周室。以此观之，孔子称管仲之功，岂溢美哉？吴之所以得破楚，也是楚平以后日就衰削，又恰限使得伍子胥如此。先又有申公巫臣往吴，教之射御战阵。这两人所以不向齐晋那边去，也是见得齐晋都破坏了。兼那时如阖闾夫差勾践几人，皆是蛮夷中之豪杰。①

朱熹此节讲述是按照由粗至精的逻辑来衔接情节的。他先粗略概述楚国之盛，然后精细缕析楚国之衰，符合人们的认识规律。上半段朱熹交代楚国因破越而强盛，版图辽阔。至于强盛之因及其中英雄人物，均未涉及。下半段讲述吴破楚是楚国衰落的根源，却详尽分析了人物，挺拔之士伍子胥、申巫臣二人归附吴国，加之阖闾、夫差也为豪杰之君，故吴强而楚弱。朱熹前半段浑沦其词，粗取大意，后半段转入精讲精析，阐释了事件背后隐藏的道理：英雄人物可以改变历史布局。

3. 从大到小的讲述逻辑与小事件的聚焦

朱熹讲述情节的衔接，有时依据从大到小的逻辑，讲述开头如用广角镜头，表现出大视野、大轮廓，让听众从整体上对整个事件有个概观，然后接一聚焦镜头在小事件上，有出人意表之想，也有小事件被放大后的出奇效果。

> 虏至绍兴，守臣李邺降虏。及驾至明州，张俊大杀一番。驾泛

---

① 《朱子语类》，第 3211 页。

海，虏人走。明州人今尚怨张俊不乘时杀去，可大胜，遂休了。辛巳，逆亮来时，一队自海中来，李宝自胶西杀败。李邺既降，与虏酋并马出。有一卫士赴驾不及，尚留绍兴见之。以一大方砖逐打其酋，几中，因被害，死之。今立一庙在其所，赐旌忠额。①

朱熹这段讲述先说宋金作战这一大事件，其中"李邺降虏""高宗泛海""张俊杀敌""完颜亮自海上入侵""李宝战败"都是宋金战役的组成部分，皆为概括。这一大事件后续以"卫士刺酋"这一小事件，并且对小事件聚焦，再现细节："卫士以方砖击贼酋"，"遇害、立一庙"，"赐额"。小事件被一一放大。

在大事件中朝廷大员李邺望风而降，竟至与贼酋并辔而行；在小事件中小卫士慷慨刺酋，竟至丧身。朱熹把小事件的细节一一展开，大小事件即刻翻转，大事件、大人物反觉其小，小人物、小事件反觉其大，有映带、反衬之效。

4. 由因到果，探求历史的必然趋势

前文所论小说中的"因缘生法"多是单向性的，即事件环环相扣，顺时生成，并且借助虚构。朱熹讲述事件，其因果情节的衔接则是双向的，既可以由"因缘"而"生法"，还可以由当下的"法"追溯到"因缘"，这种因果互生是一种依据事实的逻辑分析。

按照由因到果的逻辑衔接情节，与历史事件的发生、发展和结局之顺序相一致。朱熹这样讲述的目的是探究历史发展的必然趋势。如他讲述秦国崛起的过程：

曰："此亦在人做。当春秋时，秦亦为齐晋所轧，不得伸。到战国时，六国又皆以夷狄摈之，使不得与中国会盟。及孝公因此发愤，致得商鞅而用之，遂以强大。后来又得惠文、武、昭襄，皆是会做底，故相继做起来。若其间有一二君昏庸，则依旧做坏了……昭王因范睢（雎）倾穰侯之故，却尽收得许多权柄，秦遂益强，岂不

---

① 《朱子语类》，第3194页。

是会?"①

朱熹此节的讲述是按照由因至果的逻辑来进行的,这一逻辑的方向与事件发生的方向一致。他讲述秦朝兴盛,由春秋到战国,由弱小到强大,其讲述秦孝公、秦惠文王、秦武王、秦昭襄王皆是因,"秦遂益强"是果。

朱熹按照由因至果的逻辑来组织情节,与历史的发生发展顺序相一致,充分揭示了秦王朝的强大是历史发展的必然。这是朱熹讲述的目的。同时这种由因至果的情节安排使讲述顺畅连贯,更便于读者接受。但朱熹也有因果"逆序"的讲述。

5. 由果到因,追溯历史事件中的人为失误

朱熹的讲述有时出现因果的"逆序",这是由朱熹的讲述目的决定的。朱熹按照由果到因的逻辑衔接情节,往往是在强调历史事件中人为的失误。如其对刘备败于陆逊和蔡京作相两事的讲述:

> 刘备之败于陆逊,虽言不合轻敌,亦是自不合连营七百余里,先自做了败形。②

朱熹先讲述刘备战败之结果,然后追溯事情产生的原因,"连营七百余里"这种因果倒置的逻辑顺序,就是引起听众的注意,突出事件中的原因,强调刘备"连营七百余里"之决策失误。又如:

> 京四次入相,后至盲废,始终只用"不患无财,患不能理财"之说,其原自荆公。③

与刘备败于陆逊事件的讲述一样,朱熹对蔡京的讲述,也把重点放在"因"上,突出王安石"不患无财,患不能理财"主张的危害性,强调"京四次入相"主政之策导致宋朝衰落的原因,在于王安石变法的人为失

---

① 《朱子语类》,第 3215 页。
② 《朱子语类》,第 3234 页。
③ 《朱子语类》,第 3127 页。

误，其危害过于天灾。

综上，朱熹在讲述过程中组织和衔接情节的方法，以逻辑思维为基础，为了特定的讲述目的，又对情节做了相应的安排，诸如悬念的设置、详尽的事理分析、小事件的细节放大、因果逻辑的倒置与表达需要相表里，这些都显示了朱熹对讲述过程的文章学构思，并收到良好的表达效果。

五　首尾安排的两种方法：论断概括与小事件设置

朱熹不仅注重讲述过程的谋划，把组成事件的情节进行有机的组合和衔接，而且还讲究结尾和开篇的设计，使精巧的结尾、开篇与讲述过程形成一个艺术的整体，达到了同时期和后来学人难以超越的高度。他对开篇和结尾的设计既有对《左传》的继承，又有自己匠心的独运。论断概括与小事件的设置，是他安排开篇与结尾的两种基本方法。

（一）以论断之语安排讲述的首尾

陈骙论《左传》载事之文，提出"先事而断以起事"和"后事而断以尽事"的行文方法。① 他以"晋灵公厚敛雕墙"之事为例，开头先用"晋灵公不君"句做断言，领起叙事，"晋灵公不君"这一断言有总括下文的作用，是谓"先事而断"。② 他又以"晋文公教民而用"之事为例，结尾以"一战而霸，文之教也"句做断言，申明文意，用以结尾，是所谓"后事而断"。③ 陈骙所谓的"断"即论断之言，它用在叙事之前，对所述事件之理进行概括，提炼文意，使开篇即能明义；用在叙事之后，归纳事件的作用和影响，使结尾厚重、斩截。

朱熹在《朱子语类》中对开篇和结尾的讲述，吸收了《左传》"先事而断"与"后事而断"的行文之法，开篇即对所述事件做总评，结尾对所述事件做归纳，章法娴熟而自然，使讲述结构变得严谨。

1. "先事而断以起事"

这种以"先事而断"的开篇，多用于复杂事件的讲述。开篇的论断之

① （宋）陈骙：《文则》，《历代文话》，第 154~155 页。
② 杨伯峻编《春秋左传注》，中华书局，2009，第 655~663 页。
③ 杨伯峻编《春秋左传注》，中华书局，2009，第 447 页。

言能够使弟子们于复杂事件中，领悟朱熹讲述的主旨，如其对诸葛亮北伐的讲述：

> 看史策，自有该载不尽处。如后人多说武侯不过子午谷路。往往那时节必有重兵守这处，不可过。今只见子午谷易过，而武侯自不过。史只载魏延之计，以为夏侯楙是曹操婿，怯而无谋，守长安，甚不足畏。这般所在，只是该载不尽。亮以为此危计，不如安从坦道。又扬声由斜谷，又使人据箕谷，此可见未易过。①

本节语录朱熹以"看史策，自有该载不尽处"之句，揭出整篇讲述事件的意旨，此为断言，成为讲述的纲领。下文讲述后人看到子午谷易过，而诸葛亮没有选择子午谷作为夺取中原的路线，却不知道当时此处有重兵把守。后人没有领会此意，是因为《魏略》和《三国志》没有讲清楚这件事。《魏略》载魏延建议取道褒中，循秦岭而东，当子午而北，不过十日可到长安，诸葛亮以此为危计，② 没说原因。《三国志》仅载"扬声由斜谷道取郿，使赵云、邓芝为疑军，据箕谷"③，并没有提到魏延之计，也没有写出子午谷有魏国重兵把守这一史实。朱熹开篇一语点出《魏略》"该载不尽"的失误，概括了讲述的中心。

讲述需要学生们的瞬时记忆，开篇用断言总括讲述的主旨，容易让弟子们短时内明确朱熹的讲述目的，成为理清事件来龙去脉的关键和前提，不致错解语意。

2. "后事而断以尽事"

朱熹把论断之言作为讲述的结尾，其目的是开拓弟子思维，别立新见。如他对李白诗案的讲述：

> 李白见永王璘反，便从臾之，文人之没头脑乃尔！后来流夜郎，是被人捉着罪过了，划地作诗自辨被迫胁。李白诗中说王说霸，当时

---

① 《朱子语类》，第3238页。
② 《三国志·蜀书·刘彭廖李刘魏杨传第十》，第1003页。
③ 《三国志·蜀书·诸葛亮传第五》，第922页。

人必谓其果有智略。不知其莽荡，立见疏脱。①

朱熹先讲述李白诗案的前因后果及唐人误解李白"有谋略"。事件讲述完毕，朱熹作一论断，指出李白思维不严谨，性格"莽荡"，不稳重，一做事便有"疏脱"之处，不切实际。这一论断与唐人评价李白截然不同，这种结尾，抽绎事理，有开拓学生思维、激发新见解的作用。

（二）小事件的设置与弄引、獭尾

朱熹讲述的开篇和结尾还有一种方法，就是对小事件的设置。这与《三国演义》叙事的开篇和结尾有相似之处。毛宗岗《读〈三国志〉法》一文提到了弄引之法，他认为《三国志》常常在"一段正文"之前，设置"一段闲文"，"闲文"被称为"引"。②他说，火烧赤壁之前，先有烧博望、新野等小文以为预兆。这种写法有"将雪见霰"之妙。关于事件的结尾，他提出"文后余势"的情节布局，其举例说，玄德三顾茅庐之后，有刘琦三请诸葛；六出祁山之后，则有姜维北伐之文，都是衍续、荡漾之奇。这实是罗贯中《三国演义》的叙事艺术在大事件开篇与结尾时的具体体现，是一种虚构的艺术。

朱熹在《朱子语类》中的讲述，虽然无法与《三国演义》情节的纵横捭阖、波澜起伏相提并论，但在讲述的开端、结尾之处，也能看出其精巧的构思，实"弄引"和"獭尾"之法的具体而微者，只是《朱子语类》的讲述与《三国演义》叙事相比，其"弄引"和"獭尾"从不虚构。《三国演义》的"弄引"是同类事件的标新立异，掀起叙事的巨澜和读者追捧的热潮，"獭尾"为了缓解叙事的张力，形成余绪之美，小事件与大事件之间没有内在的联系。《朱子语类》的开篇和收束却是冷酷的理性思考，小事件与大事件之间有内在的联系。

1. 开端弄引

朱熹的每篇讲述，形同短制，不如小说情节的细腻和开阔，但有时先用一两句话略述一事，以引起对主要情节的讲述，小事件与大事件的联系非常紧密。如：

---

① 《朱子语类》，第 3248 页。
② 《注评本三国演义》，第 1163 页。

> 杀岳飞，范同谋也。胡铨上书言秦桧，桧怒甚，问范："如何行遣？"范曰："只莫采，半年便冷了。若重行遣，适成孺子之名。"秦甚畏范，后出之。①

文段开篇先说岳飞遇害，谋划人是范同，即是弄引，是小事件。后文大事件讲述秦桧谋害胡铨，岳飞"武死战"，胡铨"文死谏"皆是卓越人物。两件事都具有陷害忠良的性质，并且两事的主谋都是范同。其目的就是加强后事的述说，突出秦桧对范同的嫉妒和畏惧，终竟将其排挤出朝廷。小说弄引，是为了让大事件更加标新立异，炫人耳目，竭尽虚构之能事。《朱子语类》讲述的弄引，更加注意对小事件与大事件之间逻辑联系的思考，坚守据实而论的界限。

2. 文后余波

朱熹在大事件讲述结束后又讲一小事，虽为简练、短小之句，但也能与大事件映带荡漾。如：

> 秦老既死，中外望治。在上人不主张，却用一等人物。当时理会秦氏诸公，又宣谕止了。当时如张子韶、范仲达之流，人已畏之。但前辈亦多已死。却是后来因逆亮起，方少惊惧，用人才。籍溪轮对，乞用张魏公、刘信叔、王龟龄、查元章，又一人继之。时有文集，谓之《四贤集》。②

秦桧死至"逆亮"进犯，其间南宋政治真空的史实，是朱熹讲述的大事件。在上者不用人才，朝臣或"宣谕止了"，或"畏之"，或"已死"。直到外敌寇边，在上者才想招揽人才以御外侮。胡宪（号籍溪）推荐了四人：张浚、刘锜、王十朋、查蘥。讲述到此结束，无可厚非。朱熹却又讲述了《四贤集》这一小事件，似是闲笔。

其实不然，《四贤集》的作者是胡宪推荐的人，朱熹讲述小事件的目的是回应大事件。胡宪推荐四人，是实至名归。朱熹的"文后余波"不是

---

① 《朱子语类》，第 3161 页。
② 《朱子语类》，第 3163 页。

虚设，更不是虚构，而是用小事件来证明大事件的翔实可信。

六　朱熹讲述事件的理学色彩

（一）讲述事件，旨在破疑明理

朱熹讲述人物不是单纯的讲述，往往能够在讲述之前，或讲述之后概括出对讲述事件的理学思考，总结出事理，以一总万，别开理学之境。其目的是破除学生提出的疑问，体现了朱熹格物穷理的精神。讲述过程有了理学的思考和提炼，更便于朱门弟子透彻理解历史事件的来龙去脉、因果关系，发现事件背后的道理。如对"河东难取"的讲述：

> 问："艺祖平定天下如破竹，而河东独难取，何耶？以为兵强，则一时政事所为，皆有败亡之势。不知何故如此？"曰："这却本是他家底。郭威乘其主幼而夺之，刘氏遂据有并州。若使柴氏得天下，则刘氏必不服，所以太祖以书喻之，谓本与他无仇隙；渠答云：'不忍刘氏之不血食也。'此其意可见矣。被他辞直理顺了，所以难取。"①

河东难取，是指宋军围困太原，久攻不下。太原是北汉刘崇、刘承钧的都城。北汉与后汉隐帝刘承佑本是一家，郭威夺取后汉政权，建立后周，刘崇占据并州建立北汉，有其历史的合理性。柴荣作为郭威的养子继承后周天下，其实质是窃取后汉政权。朱熹的讲述隐去了陈桥兵变，对宋朝立国的"非正义性"避而不谈，而强调北汉之"不忍刘氏之不血食"的正当性，甚至认为是"辞直理顺"，并把它作为晋阳难破的根本原因，以之为事理的归结点。朱熹的讲述建立在世系皇权的伦理道德之上，以此为据，辨别是非，固然有其局限性，但是作为南宋臣民，强调其他政权的"辞直理顺"，是需要理学家的胆识和勇气的。

作为补充，朱熹又解释了南唐灭亡后，江州苦守三年的原因，"君臣相亲，故能得人心如此"。② 江州久攻不下，是由于南唐江州指挥使胡则的奋勇抵抗。

---

① 《朱子语类》，第 3042 页。
② 《朱子语类》，第 3042 页。

朱熹只讲述宋朝攻取北汉太原和南唐江州困难的原因，并且是站在北汉和南唐的立场上来讲述的，他的讲述省略了其他历史事实。

《宋史》记载，太原和江州都是宋军屠城的城市。太原经过宋太祖和宋太宗两次大规模的进攻，才被攻陷。第一次在宋太祖开宝二年（969），"谓汾水可以灌其城，命筑长堤壅之，决晋祠水注之。遂砦城四面"，"雉圮，水注城中"。① 后宋太祖班师回朝。第二次在宋太宗太平兴国四年（979）四月，宋军同样是四面围困太原，五月癸未，"进攻，将士尽奋，若将屠之"，随后"以榆次县为新并州"，"尽徙余民于新城，遣使督之，既出，即命纵火"。② 宋太祖开宝四月丁巳，"曹翰拔江州，屠之"。③

《宋史》的叙述与朱熹的叙述存在着很大差异。《宋史》记述了战争的惨烈，如宋太祖用汾水灌城，宋太宗火焚晋城，曹翰屠江城。《朱子语类》所记朱熹的讲述，省略了这些历史细节，只是着眼于南唐江城与北汉太原最后被攻陷的事理，来讲述历史的兴亡。讲述语言简略，突出北汉的"辞直理顺"和南唐的"君臣相亲"。朱熹为什么这样讲述呢？

"辞直理顺"无疑表明，北汉绍继后汉是合理的，朱熹认为政权"本是他家的"，北汉政权存在的根据和目的就是"刘氏血食"。这一讲述与朱熹的历史正统论相符合。朱熹曾指责司马光《资治通鉴》的问题，"三国当以蜀汉为正，而温公乃云，某年某月'诸葛亮入寇'，是冠履倒置，何以示训？"④ 这种皇权世系的传承观念，就是朱熹讲述历史事件的事理和指导思想。

"君臣相亲"是朱熹在讲述历史事件时极力推尊的观点。宋代废除了"大臣见君列坐殿上"的制度，君臣等级森严，使得君臣之间产生隔阂，不利于君臣相亲，形成政治合力。《邵氏见闻后录》做了描述："质等起进呈罢，欲复位，以密令中使去其坐矣。"⑤ 朱熹反对宋太祖的做法："且说无坐位，也须有个案子，令平开在上，指画利害，上亦知得子细。今顷刻

---

① 《宋史·本纪第二》，第 28~29 页。
② 《宋史·本纪第四》，第 62 页。
③ 《宋史·本纪第三》，第 47 页。
④ 《朱子语类》，第 2637 页。
⑤ （宋）邵博：《邵氏闻见后录》，《全宋笔记》第 4 编第 6 册，第 5 页。

便退，君臣如何得同心理会事！"① 从丧礼上看，古代"君临臣丧，坐抚当心要经而踊"。南宋陈俊卿死后，宋孝宗不临丧，"死生之际，恝然不相关，不啻如路人！所谓君臣之恩义安在"②。朱熹以历史为据，为汉代的萧何鸣冤叫屈，他说："萧何是多少功劳！几年宰相，一旦系狱，这唤做操切不操切？"③ 宋太祖撤座、宋孝宗不临臣丧、萧何陷狱都是君臣不良关系的例证，相反南唐江城保卫战却是朱熹颂扬"君臣相亲"的典型事件，南唐李煜与江城指挥使胡则的君臣关系应该得到肯定，这是朱熹对"君君、臣臣"的创见，它阐述的不是君臣的等级对立，而是君臣相互尊重的新型关系，这种关系对政治和军事都将产生深刻的影响。

（二）探究"事情"，据实立论

朱熹的讲述立足文献资料，根据事情的实际情况，来确立自己的论断。其论苏东坡，指出其文学创作的哲学基础在于老庄，故苏轼在阐述问题时不能做到明辨是非。

例如朱熹与沈僩关于苏轼《前赤壁赋》"逝者如斯而未尝往也……"之句的讨论。④ 沈僩指出此句之意出于《老子》"独立而不改，周行而不殆"。朱熹针对苏轼文句提出"'逝者如斯'，如何不往""'盈虚如代'，如何不消长"的质疑。水与月的本质和道理应该是"其来无尽，其往无穷"。朱熹引用"惟天之命，於穆不已"强调孔子"逝者如斯"所讲道理是"不已""流行不已"，而苏轼的"未尝往""莫消长"在道理上"说得不活"，最后揭出：苏轼的水月之论实为肇法师的"四不迁"观点。

朱熹出入于苏轼、老子、肇法师等人的文献资料，梳理、考辨苏轼学术思想与老庄、释氏的关系，从苏轼作品的实际情况出发，言之有物，论之有据。但朱熹对苏轼的讲论并没有停留在此处，而是提出"理会自家身己是本"的论断。⑤ 什么是"理会自家身己是本"，即首先从社会实践中获得道理，然后把道理与自己的立身行事、思想学术结合起来，这是万事万理的归宿，是学术的根本。

---

① 《朱子语类》，第 3068 页。
② 《朱子语类》，第 2194 页。
③ 《朱子语类》，第 2962 页。
④ 《朱子语类》，第 3115 页。
⑤ 《朱子语类》，第 3116 页。

朱熹讲述苏轼的学术自省：

> 东坡聪明，岂不晓觉得？他晚年自知所学底倚靠不得。及与李昭玘书，有云："黄秦辈挟有余之资，而骛于无涯之智，必极其所如，将安所归宿哉？念有以反之。"①

朱熹根据苏轼《与李昭玘书》一文阐明苏轼的学术自省，黄庭坚、秦观与苏轼有着共同的学术宗尚和佛学兴趣，沿着这样的学术道路，即使仗恃"有余之资""无涯之智"，也不会找到学术的指归，唯一的办法就是回到学术的根本上来。如何才能"念有以反之"？

朱熹反对范祖禹调和"元祐"和"熙丰"之政，他说"范淳夫持两端，两边都不恶他"，肯定孟子批驳杨、墨，是源于自家学术"强了他"。所有的学术和道理归根结底要为"自家身己"服务，人立于天地之间，应该"担负许多道理"，自身"担负许多道理"就是学术的根本归宿。怎样才能做到"担负许多道理"？

朱熹讲述了两个要点。其一，"尽得这道理"，才能立世为人。朱熹说："一语一默，一动一静，一饮一食，皆有理。""若尽得这道理，方成个人，方可以柱天踏地，方不负此生。若不尽得此理，只是空生空死，空具许多形骸，空受许多道理，空吃了世间人饭！"② 格物致知，穷尽道理，是朱熹理学精神的核心和人生要义，没有这一理想精神和归宿，人生便徒具生死，徒具形骸，徒具生物意义，缺少了文化层面的内涵。

其二，要"以斯道觉斯民"，要点悟民众，充分发挥事理和道学的普世作用。朱熹引用伊尹之言："予将以斯道觉斯民也。非予觉之而谁也……匹夫匹妇有不与被尧舜之泽者，若己推而纳之沟中。"③ 毫无疑问，朱熹在这里以道学自认，以道学作为自己的学术理想和学术指归，沿着伊尹的学术道路，担负起普世觉民的责任，将学术的根本与"自家身己"结合起来，将学术根本与以伊尹为代表的"三代之政"结合起来，使普通民

---

① 《朱子语类》，第3116页。
② 《朱子语类》，第3116~3117页。
③ 《朱子语类》，第3117页。

众能够"被尧舜之泽"。一代帝王之师、一个学术大家，若不能担负起普世觉民的学术责任，便是把民众"推而纳之沟中"，丧失了天良。所以学者时刻要做到"收放心"，"就自家身己做工夫"，进而实现"在明明德、在新民"的境界。

统观朱熹讲论苏轼，不但论述其学术沉溺于庄释之弊，而且坚定地树立起自己的道学理想和学术道路。驳斥苏轼，依据《前赤壁赋》《老子》《四不迁论》《与李昭玘书》。树立道学精神，则依据伊尹之言、孟子"收放心"和《大学》"明德、新民"等儒家理论，无一理无依据。

（三）审"气"、度"势"，探究事件之间的纵向联系

朱熹讲述事件，注意事件与事件之间的因果逻辑关系，从历史发展的角度去叙事，从整体统一的视角展示事件之间的关系，这是一种全面而非孤立地讲述事件的方法。如他讲述王安石改革，既叙述熙宁改革的必然趋势，又分析改革的实际情况，还注意到熙宁改革对宋王朝后来经济实力及政治格局的根本影响。

朱熹在讲熙宁改革之前，谈到"讲学明理"这个主题时，"泛论历代以及本朝太宗真宗朝，可以有为而不为"①，又引用何万的观点，指出"本朝自李文靖公王文正公当国以来，庙论主于安静，凡有建明，便以生事归之，驯至后来天下弊事极多"②。他列举仁宗"国势缓弱，事多不理"；英宗"有性气要改作"，但英年早逝；神宗"性气越紧，尤欲更新之"，因此朱熹评价熙宁新政："新法之行……盖那时也是合变时节。"③

朱熹讲述王安石改革，实从前朝讲起，既简析仁宗、英宗、神宗的性格，又概述历代积弊，从而得出熙宁新政是历史发展的必然、是"合变时节"的结论，但是朱熹并没有因为熙宁新政是"合变时节"就对它加以肯定，反而认为它是靖康之乱的根源，他说"介甫变法固有以召乱"④，其施政如同庸医不识病症，错用大黄、附子等猛药治病，"便至于杀人"。⑤ 其讲述蔡京"四次入相，后至盲废，始终只用'不患无财，患不能理财'之

---

① 《朱子语类》，第 3044 页
② 《朱子语类》，第 3095 页。
③ 《朱子语类》，第 3097 页。
④ 《朱子语类》，第 3095 页。
⑤ 《朱子语类》，第 3098 页。

说，其源自荆公"①。盐钞与茶引造成"朝为富商，暮为乞丐"的动荡局面。朱熹在讲述中引用范致虚的奏章"陛下若欲绍述熙丰之政，非用蔡京为政不可"，蔡京入相之后，"呼啸群小之党，以致乱天下"，②继续对熙河用兵，不利则转事幽燕，以致"中朝倾覆"。

朱熹的讲述，注意到了王安石熙宁改革对徽宗时蔡京执政的影响，蔡京施行的盐钞茶引之法是对王安石新政的模仿，根据范致虚的奏章内容，宋徽宗任用蔡京为相，其目的就是绍述熙丰之政。而蔡京执政又为靖康之耻埋下了根苗。

这种整体的叙事，历史发展的叙事，格局远大，意境开阔。其叙事目的是回答宋代社会政治价值观的问题，即士大夫与帝王共治天下的问题，政治的成败既与皇帝相关，更与士大夫联系紧密。前朝积弊是熙宁改革的必然趋势，改革中的败笔盐钞、茶引，又为后世蔡京之流继承，对前朝后世的关照和叙事是朱熹宋史讲述艺术的关键所在。

朱熹博观古籍，并相互考验，往往能在事件讲述中追根溯源、研照多观、尊重史实、抽绎事理，形成了自己独特的讲述技巧和风格。

---

① 《朱子语类》，第 3127 页。
② 《朱子语类》，第 3129 页。

第三章

《朱子语类》的讲解艺术

唐前，太学以"五经"为教学蓝本，至宋，孔孟始并称，程颢、程颐"四书"兼重，及朱熹，"四书"才正式结集。朱熹称"四书"为"四子"，他倡言"四子，六经之阶梯"。① 《论语》《孟子》《大学》《中庸》是朱熹道统论的重要支撑文献，在《朱子语类》中占到 51 卷，是朱熹讲学的核心。推原古代圣贤经文本义，探究古代典籍中的义理是朱熹解经的原则，其经学和理学于日常讲学中走向融合，《朱子语录》也随之诞生。

两宋理学发展迅猛，濂洛关闽并称。理学对南宋文学产生了深刻影响，刘师培称南宋文章"以语为文"。理学也给《朱子语类》留下了深刻烙印，其思维模式影响到了朱熹的话语表达，诸如"理一分殊""万物有对""类推"等内容都能在《朱子语类》中找到影子。唐文治推崇朱熹之文，"原于南丰，而理则远胜南丰"，为"天地间之至文"。究其根源，他认为"非学道不能以几"。② 唐文治对朱熹文章的评价也适用于《朱子语类》。

朱熹推崇孟子文章为"第一等文章"，对孟子的立意、语脉、结构、语言都有独到的讲解，从文章学角度解经是朱熹讲学的方法之一，讲学过程中朱熹对古代典籍的文章学把握，代表了南宋文章学发展的一个高峰。刘师培把语录归为语体，来裕恂认为语录"取乎质言"，确为不刊之论，因此对"语录"的研究既要从文章学入手，又要时刻不离语体这个本质特征。

---

① 《朱子语类》，第 2629 页。
② 唐文治：《国文经纬贯通大义》，《历代文话》第 9 册，第 8204 页。

体裁升华到体要，话语排列便有了语序、结构、意义和滋味，体要升华到体貌便有了它的文学意义，这一历程是人的情感和精神走向纯粹的过程。体裁与作者无关，体要是"人的智性经营"，体貌恰是作者的性灵表现和精神状貌。① 故此，《朱子语类》的体裁、体要、体貌是本章研究朱熹讲解艺术的三个重要方面。

第一节　话语、范畴、集义
——体裁的运思

徐复观在谈到《文心雕龙》时提出了文体的"三种次元"，即体裁、体要和体貌，纠正了日本学者铃木虎雄、青木正儿以及刘大杰、郭绍虞对《文心雕龙》的误读。② 他认为这些中日学者以文章分类代替文体论，从而疏忽了对《文心雕龙》文体论的认知和研读，进一步指出文体指的是文学中的"艺术的形相性"，确认形似、情理、气质是构成形相性的文体因素，这些对文体的考量无疑是正确的。朱熹在《朱子语类》中借助话语序列的不同构成方式，将高高悬浮的性理之学和孔孟儒学拉回到人间，使得常人难以理解的哲学概念和命题变成日用的事物，融无形于有形，以"形而下之器"讲解"形而上之道"，使人张目可视，触手可及，念心即会，并留下深刻印象，朱熹的讲解之法实现了形相性与义理的最佳体构。话语是语体的最基本要素，范畴是朱熹展开讲解的基本单元，而集义是《朱子语类》语录的基本形态。

一　话语序列和文本呈现

徐复观把体裁称为文体三种次元中的最低级次元形体，它由长短不同的文本文字组合排列而成。为了表述的方便，我们称之为话语序列。朱熹对性理之学和儒家群经的讲解首先建立在文体的最低级次元上，这里的体裁论主要是对"形而上"和"形而下"两种话语组合序列和元次文本结构

---

① 徐复观：《中国文学论集》，九州出版社，2014，第21页。下引《中国文学论集》，皆出此本。

② 《中国文学论集》，第20页。

的论述。

（一）"形而上"与"形而下"两种话语体系

"形而上"的话语序列，主要是指朱熹对以《论语》《孟子》《大学》《中庸》为中心的儒家经典作品及周、程、张、邵等人的学术成果的引述话语，诸如孔孟仁、礼学说，周敦颐的太极说，二程的性命之学，邵雍的元会运世说，张载的理一分殊说，《尚书》的三代之治，《周易》的"占筮"之学，《诗经》的礼乐化俗之术，《礼记》的尊卑有序之制，《春秋》的王道日衰之史，等等。对于这些理论的讲解，朱熹首先使用"形而上"的话语序列来转述这些理论体系，以期传达这些理论体系的内核和精要。

例如朱熹讲解世界生成理论时，使用了天地、太极、阴阳、动静、理等词语，以及"天地万物之理总名"、"天地之先有个浑成之物"①、"二五之精合而成形"② 等话语序列；讲解"生死鬼神"时，使用了"理""气""魂""魄"等词语，以及"有理而后有气"、"鬼神造化之迹"③、"鬼神便是精神魂魄"、"天地之塞"、"天地之帅"④ 等话语序列；讲解"性理"时，使用了"性""天理""气禀""命""心""志""仁""义""利"等词语，以及"言三品处，欠个'气'字"⑤、"气质之性"⑥、"气质之用"、"道学之功"⑦、"舍心无以见性"⑧、"道无形"⑨ 等话语。

"形而上者谓之道"，这些概念无色、无味、无声、无臭，虚而不实，包罗万象，主要概括宇宙自然、人类社会、人的本质属性以及运动规律，包容和承载了程朱理学的核心内涵，因此这一话语体系可以被称为"形而上"的话语体系。

朱熹引述"太极"来解释天地本源，用"气化"描摹人类生成之途径，用"元、会、运、世"总结人类社会产生、发展、衰亡的规律，用

---

① 《朱子语类》，第 1 页。
② 《朱子语类》，第 7 页。
③ 《朱子语类》，第 36~37 页。
④ 《朱子语类》，第 40 页。
⑤ 《朱子语类》，第 72 页。
⑥ 《朱子语类》，第 68 页。
⑦ 《朱子语类》，第 69 页。
⑧ 《朱子语类》，第 96 页。
⑨ 《朱子语类》，第 99 页。

"阴阳感应"诠释鬼神活动之痕迹，此外，还有"性即天理""性有气质之性""仁义礼智即人之性""主敬""求放心"等，这些话语序列构成了程朱理学的主要原理和理论体系，这些语义抽象、概括力强、包蕴深广的词语或话语序列构成"形而上"的话语体系，呈现为一种既玄奥、深隐又凝练、简单，既富赡、广大又严谨、周密，既脉络清楚，又语义晦涩的语体特色。

孔、孟、周、程、张、邵、朱多为先觉闻道之人，在各自的经典文本中使用了"形而上"的语言系统，实现了对"天地""鬼神""人物""性理"等学术范畴的理论把握和概括，成为学术理论的讲述者群体。

所谓"形而下"的话语体系，就是指朱熹讲学过程中的讲解语体，主要是对程朱理学的词语、概念、范畴、理论进行讲解，是对"太极""阴阳""气""鬼神""性""气质之性"等"形而上"语言系统的讲解和诠释，具体呈现为语义鲜明而浅近，内涵简单而易懂的词语或短句。朱熹在讲解太极之理，谈到阴阳、动静、体用时，引入"鼻息"一词，进而用呼吸来阐述阴与阳、动与静、体与用的关系；讲解"二五之精合而成形"，使用"虮然"一词；讲到魂生魄降，使用"热气上出""下体渐冷"之语；讲到造化之迹，使用"树上忽生出花叶""雷霆风雨"之语；讲到"天地之塞，吾其体"，使用"鱼之在水""鳜鱼肚里水""鲤鱼肚里水"等话语；讲到气禀，使用"日月清明，气候和正""日月昏暗，寒暑反常"等话语；讲到气质之性，使用"净器盛之""不净之器盛之""污泥之器盛之"等话语；谈到命，用"朝廷诰敕"来解释；谈到心，则用"官人"来讲解；谈到性，则用"职事"来讲解；谈到气禀则用俸给来讲解；谈到气，则用"血气充乎体"来讲解；谈到道，则用"千亿万年行之"来讲解；谈到义，则用"利刀""割断"等词语来讲解。

以上这些词语或有色，或有形，或有声，或有嗅，或有味，实而不虚，并且物质属性单一，这些话语体系的核心词语多为物质名词，"形而下者谓之器"，因此称之为"形而下"的话语体系，这一语言系统构成"性理之学"的主要讲解话语，呈现为既简单平易又鲜活生动，既细腻周详又贴切浃恰的语体特色，容易使人对复杂抽象之概念豁然开朗、涣然冰释。

朱熹的弟子们是后觉闻道的群体，这些语录记录者诸如陈淳、包扬、叶贺孙、滕璘、刘砥、魏椿、李方子、徐寓、李闳祖、董拱焘等成为学术理论的接受者群体，由于理解"形而上"的语言系统有一定难度，因此，朱熹在讲学课堂上有意识地创造了"形而下"的语言系统，向弟子们疏解"形而上"的话语体系，进而实现了对"天地""鬼神""性理"等有形与无形世界的把握和讲解。

朱熹对儒家群经的讲解也使用了"形而上"和"形而下"两个话语体系，在此不再赘述。

（二）元、次文本结构及二者关系

伴随"形而上"与"形而下"两个话语体系而生成的是元、次文本结构，"形而上"话语体系多是对前代理学成果和儒家经典的引述，这种引述文本可称为元文本；"形而下"话语体系则是对这些引述文本的进一步讲解和诠释，从而形成次文本，即朱熹讲解文本的主体。元、次文本共同构成朱熹的讲解文体结构。

《朱子语类》中的元文本往往有两个类型，其一，朱门弟子阅读先代典籍时产生疑问，在师生间讨论时，由学生将之作为问题提出。例如朱熹与弟子讨论阴阳这一对《周易》的基本概念时，学生的提问。问："……'两仪生四象，四象生八卦'节节推去，固容易见。就天地间着实处如何验得？"① 其中"两仪生四象……"之句，出自《周易》，这是《周易》的基本理论范畴，这一话语属于前文所述的"形而上"话语体系，是朱门弟子在研读《周易》时的疑问之处，也是朱熹讲解文本的逻辑起点，朱熹所有的讲解话语都从这句话生发开来，因此这句话在《朱子语类》的文本结构中被称为"元文本"，意谓朱熹的讲解之元，此类元文本一般出现在整个文本的开头。

其二，《朱子语类》的元文本还出现在朱熹讲解的过程之中，例如朱熹在与弟子辅广、万人杰谈到龟纹食墨时，引述了"亦惟洛食"和"龟从筮逆"② 之句。"洛食"出自《洛诰》，周公之卜东都，"龟从筮逆"出自《洪范》，古人求神，卜筮并用。这些元文本多出于古代经典中的核心之句，成为朱熹讲解占筮之理的主要根据，它们多出现于朱熹讲解的过程

---

① 《朱子语类》，第 1604~1605 页。
② 《朱子语类》，第 1639 页。

中，不择地而出，位于行文的某个部位，并与次文本融合，共同诠释弟子们提出的问题。

次文本主要以朱熹的讲解为主，具有分解概念，类推事理的特征。如上文所举之例，当学生提出"两仪生四象"在天地间"如何验得"这一问题时，朱熹的答语即为次文本，他说一物上的阴阳可以男女验之，一人上的阴阳可以血气验之；一日之阴阳可以昼夜验之，昼阳自午后属阴，夜阴自子后属阳。次文本具备了"形似""形相"等属性，使得抽象之义具有了客观具体的"附着"物，更好地阐明了阴、阳这一对概念。

在《朱子语类》中，元文本与次文本二者之间关系密切，共同实现文本的表意功能。

首先，元文本与次文本之间是源与流的关系。所有次文本都以元文本为出发点，以元文本为源头活水，《朱子语类》中的元文本来自周、程、张、邵之书，来自"四书五经"，由"形而上"话语序列构成，成为朱熹讲解文本的纲领和界限，带有"道"和"理"的特征，具有抽象性。

其次，朱熹的讲解文本，即次文本，能依托元文本，深化主旨，拨乱反正，并学以致用。次文本都是对元文本本义的阐释，是有本之木，有源之水，并带有形似的特征。朱熹在性理之学的基础上，提出"气质之性"和"性即天理"的观点，在《周易》讲解上侧重占筮之法，在《诗经》讲解中能提出"废序读诗"和"长人一格"的新思路，在《尚书》十六字心诀基础上提出"格君心"的政治主张，在《左传》读法上提出三阶段划分之法，在《仪礼》讲解上，注重现实的借鉴意义，指出宋高宗不临臣丧之举，不合乎礼节规范。这些在次文本上的突破，体现了朱熹理学的特点，体现了朱熹讲解的线索和轨迹，从抽象之理到形相之器物，再从形相之器物到抽象之理，客观反映了元、次文本之间的关系。

再次，朱熹的元文本与次文本是统一关系，所有的讲解文本都是紧紧围绕元文本展开的，选择最合适的"形似"话语，达到最卓越的表达效果。如：

> 或问"瞻前忽后"章。曰："此是颜子当初寻讨不着时节，瞻之却似在前，及到着力赶上，又却在后；及钻得一重了，又却有一重；及仰之，又却然高；及至上得一层了，又有一层。……然'虽欲从

之'，却又'末由也已'，此是颜子未达一间时，此是颜子说己当初捉摸不着时事。"①

元文本与次文本的统一关系表现为语义的同一性。元文本"瞻前忽后"意指颜回的某种学术状态和境界。朱熹创设和还原了这种学术状态和境界，他用"当初时节"指出颜回在读书时所处的情景，"寻讨不着"是指颜回对孔子所讲之道不能完全领悟和获得，既像是追赶前人，看似赶上，却又出现在身后，又像登楼，登上一层，发现还有一个层次。朱熹用日常生活中形相之情景模拟颜回的读书状态和读书心理，是获得真理前的一种茫然失措的情景。

元文本与次文本的统一关系还表现在事理和义理的统一上。元文本"瞻前忽后"引述的是义理，是儒家作品的经典意义和道理。朱熹的讲解文本，模拟具体之境，假设具体生活之事，阐释的是事理，如"钻得一重"，却又有一重，登上一层楼，又有一层楼。元文本中的义理与次文本中的事理相互统一，旨趣同归。

元文本与次文本的统一关系还表现在二者的共生互存上。这两种文本不是单一存在的，往往互为解释。朱熹讲解的"气质之性"，无疑属于抽象概念，朱熹用"水"来解释"气质之性"这一概念，性是善的，正如水的本质永远是清的，又拈出"净器"与"污泥之器"来诠释气质对性的影响，即所谓"以净器盛之，则清""以污泥之器盛之，则浊"。同时朱熹在语录之中又指出了韩愈"原性"和孟子"性善"等理论的不完整性。通观这则语录的语义，至少有五个向度，其一，指向朱熹的气质之性。其二，指向韩愈的"性之三品"。其三，指向孟子的性本善。其四，指向有形世界，诸如"水""清""净器""污泥之器"。其五，指向朱熹的"工夫论"，即学工夫可改变气质，所谓"煞用气力，然后能至"。其中气质之性，韩愈之"原性"，孟子之"性善"是元文本，其他内容则为次文本。语录中元、次文本的交互出现，五种语义向度各自具有本来属性和意指，但是在特定的语序和语言环境中它们有一个共同的阐释指向，即气质之性，五个向度的语义和多个元、次文本之间相互依存，相互生发，实现了

---

① 《朱子语类》，第965页。

语义的统一。

二 浑然与粲然——范畴的选择与讲解的回环映衬

朱熹在《答吴晦叔》一文中指出宋代各家解释经典的流俗，"既有巴揽牵合之势，又有杂乱重复、支离涣散之病"，造成这一流俗之病的原因是"名字界分未尝剖析"。① 为了拯救这一弊病，朱熹提出："大凡理会义理，须先剖析得名义界分各有归著。"在解经过程中做到"名义界分"，就能够有"自然贯通处"，并且实现"虽曰贯通，而浑然之中所谓粲然者初未尝乱也"的效果。他在《答石子重》一书中有相同的表述："将仁义礼智作一处看，交相参照，方见得疆界分明。而疆界分明之中，却自有贯通总摄处。"② 钱穆认为疆界分明即"粲然"，贯通总摄则是指"浑然"。③ 朱熹在《朱子语类》中的讲解，也做到了"剖析名义界分""疆界分明"，实现了"浑然"与"粲然"的艺术之境。

朱熹在讲解《论语》《孟子》《大学》《中庸》等儒家经典时，选取并引述了大量的范畴，范畴与范畴之间，界限分明，自不待叙，在讲解同一范畴时，也能够做到名义界分与融会总摄的统一。例如其对《论语》中"思无邪"这一范畴的讲解。

"思无邪"这一范畴的讲解在《朱子语类》第二册，《论语·为政》"诗三百章"。其汇集了叶贺孙、萧佐、曾祖道等朱门弟子所记语录 36 则，共 5900 余字。朱熹的这部分文字阐述了《论语》这部经典的一个中心范畴。为了讲解这一中心范畴，朱熹在这 36 段文字中又分别释义，可将它们分为六大义类。

（一）圣人下学上达，用"思无邪"概括"诗三百"之义

如叶贺孙所记："圣人须是从诗三百逐一篇理会了，然后理会'思无邪'，此所谓下学而上达也。"又："'思无邪'三字代得三百篇之意。"潘时举所记："……'思无邪'是《鲁颂》中一语，圣人却言三百篇诗惟《鲁颂》中一言足以尽之。"辅广所记："……诗三百篇，皆无邪思，然但

① （宋）朱熹：《答吴晦叔》九，《朱子全书》第 22 册，第 1918 页。
② （宋）朱熹：《答石子重》十二，《朱子全书》第 22 册，第 1939~1940 页。
③ 《朱子论解经》，《朱子新学案》第 4 册，第 284 页。

逐事无邪尔，唯此一言举全体言之。"从叶贺孙、潘时举到辅广所记语录，可以看到朱熹对"思无邪"这一概念所指范围的清晰界定：诗三百。所谓"下学"实指"诗三百"，所谓"上达"实指"思无邪"。

（二）"思无邪"是指人内心世界的一种特定心理状态

"思无邪"是意诚，朱熹继承程颐之说并进一步深化，是一种内外皆然的实诚。如萧佐所记："……思在人最深，思主心上。"周明作所记："诚是实，心之所思，皆实也。"黄义刚所记："下'实理'字不得，只得下'实心'字。言无邪，也未见得是实；行无邪，也未见得是实。惟'思无邪'则见得透底是实。"胡泳所记："思在言与行之先，思无邪，则所言所行皆无邪矣。为其表里皆然，故谓之诚。若外为善，而所思又不善，则不诚矣。"沈僩所记："有此种，则此物方生……所谓种者，实然也……表里皆然也。"叶贺孙所记："是表里皆无邪，彻底无毫发之不正。"以上萧佐、周明作、黄义刚、胡泳、沈僩所记语录是对"思无邪"一词内涵的阐释，朱熹所讲"思主心上""诚""实心""透底是实""表里皆然"等话语，都没有偏离"思无邪"的本意，只是把这一范畴阐释得更加朴实而显豁，丝毫没有模糊和不确定之意。

（三）"思无邪"之思指的是读者之思，而非诗人之思

如徐寓所记："前辈多就诗人上说'思无邪'，'发乎情，止乎礼义'。某疑不然……是使读《诗》者求无邪思。"徐寓所记朱熹的讲解，仍然是对"思"的限定，明确了思的主体，这一限定仍然是独到的。

（四）"思无邪"是诗教，是劝善惩恶

如徐寓所记："'思无邪'诗之所以为教。"又："文王之诗，称盛德盛美处，皆吾所当法，如言邪僻失道之人，皆吾所当戒。"潘时举所记："好底诗，便要吟咏，兴发人之善意；不好底诗，便要起人之羞恶之心。"杨道夫所记："直卿曰：'《诗》之善恶，如药之参苓、巴豆，而"思无邪"乃药之单方，足以当是药之善恶也。'曰：'然。'"曾祖道所记："此诗之立教如此，可以感发人之善心，可以惩创人之逸志。"朱熹紧承孔子的诗教传统，并将其进一步确指：感发善心，惩创逸志。

（五）"诗三百"作者不一，其内容也不一

如滕璘所记："《桑中》《溱洧》之类，皆是淫奔之人所作……至于

《国风》，逐国风俗不同，当是周之乐师存列国之《风》耳……如二南固正矣……郑渔仲《诗辨》：《将仲子》只是淫奔之诗。"辅广所记："为子而赋《凯风》，亦无邪思也，为臣而赋《北门》亦无邪思也。"周明作所记："大段好诗者，大夫作；那一等不好诗，只是闾巷小人作。"朱熹对诗三百作者及内容的评判是朱熹诗学观的经典之言，在朱熹看来这些都是不刊之论。

（六）指出吕祖谦和吕子约因序解诗的错误之处，确立废序解诗的观点

如滕璘所记语录："某《诗传》去《小序》，以为此汉儒所作……吕伯恭以为'放郑声'矣，则其诗必不存，某以为放是放其声，不用之郊庙宾客耳，其诗则固存也。"郑可学所记："伯恭云：'圣人"放郑声"，又却取之，如何？'曰：放者，放其乐耳；取者，取其诗以为戒……伯恭云：'此皆是《雅》乐。'曰'《雅》则《大雅》《小雅》，《风》则《国风》，不可紊乱……且如《清庙》等诗，是甚力量！《郑·卫风》如今歌曲，此等诗，岂可陈于朝廷宗庙。'"叶贺孙所记："某看《诗》，要人只将《诗》正文读，自见其意。今人都缘这《序》，少间只要说得《序》通，却将《诗》意来合《序》说，却不要说教《诗》通。吕子约一番说道：'近看《诗》有所得。'待取来看，却只是说得《序》通。"朱熹所谓"将诗正文读"，即废序读诗、解诗，这与吕祖谦、吕子约产生了很大的矛盾，朱熹一一找到二人的错误之处，加以辨论，纠正，并使自己的理论牢不可破。

通过以上对朱熹讲解"思无邪"所涉范畴（"思无邪"所涉诗篇论、内涵论、读者论、诗教论、作者与内容论及废序解诗说）的分类与分析，可以看出朱熹讲解的六个范畴之间疆界分明，各有所指，这是朱熹讲解经典范畴的"粲然"之处，六个范畴的选取与讲解，使得"思无邪"的相关问题全部迎刃而解，避免了他在《答吴晦叔》一文中所提的"巴揽牵合""杂乱重复""支离涣散"等流俗之病，并使讲解楚楚可观。

同时，朱熹讲解的六个范畴皆立意在"思无邪"上，并且六者之间文脉贯通，有着天然的逻辑关系。废序读诗论，必然通读诗三百，走下学上达之路，从而得出诗之内容与作者的不一，有雅正之诗与淫奔之诗，有大夫之作与闾巷小人之作，以此作进一步推论分析，自然得出圣人整理《诗经》之意，即诗教观：兴发善心，惩创逸志。由此亦可知，"思无邪"是指读者之思而非诗人之思。最后归结为"思无邪"是"思主心上"，是表里皆一的"诚"。六者之间所阐释的范围虽不同，且或剖析，或对比，或针锋相对，或训诂考据，沉郁顿宕，波澜有致，但其指归相同，回环映衬，万取一收。

值得一提的是，汪涌豪在论述范畴的主要特征时，认为范畴是直觉思维的结果，具有整体性和直接性的特征，并且超越逻辑，充满暗示性和模糊性。① 这一对中国古代文学范畴的概括，无疑是准确而科学的，但是朱熹对"思无邪"这一范畴的讲解，其所涉六个范畴都不存在暗示性和模糊性，并且逻辑性较强。其原因何在？恐怕源于他是一个坚持格物精神的理学家。

三 集注与集义——《朱子语类》讲解的基本体例

梁代刘勰在《文心雕龙》中说："释经则与传注参体。"② 詹锳引述《文心雕龙注订》《文心雕龙斠诠》对传、注两种释经体例进行了说明，传谓传师说也，注谓注下己意也，两种体例可互相参照，探寻经文原意。时至宋代，参看经传，汇集诸家注解，推原本义成为朱熹讲解儒家经典作品的家法。他说："传注，惟古注不作文，却好看。只随经句分说，不离经意，最好。"③ 他又做了一个恰当的比喻："圣经字若个主人，解者犹若奴仆。今人不识主人，且因奴仆通名，方识得主人，毕竟不如经字也。"朱熹认识到传、注体例在释经中的不同地位，这一认识被朱熹运用到讲解经典之中，因此产生了集注的讲解体例。他说："孔门问答，曾子闻得底话，颜子未必与闻；颜子闻得底话，子贡未必与闻。今却合在《论语》一书，后世学者岂不幸事！但患自家不去用心。"④《朱子语类》中的集注集义体例有三种情况。

---

① 汪涌豪：《范畴论》，复旦大学出版社，1999，第64~83页。
② （梁）刘勰著，詹锳义证《文心雕龙义证》，上海古籍出版社，1989，第669页。下引《文心雕龙义证》，皆出此本。
③ 《朱子语类》，第193页。
④ 《朱子语类》，第433页。

（一）单篇语录的集注之体

朱熹著有《语孟集注》，修订为《语孟精义》，此书的体例即为集注体。朱熹讲学与著述的方法一致，都采取集注的形式，把不同人物对相同学术范畴的讲学语录及相关注本，放在一起，相互参照、相互发明，以达到融通浑一的效果。例如：

> 问："此章，尹氏曰：'中庸天下之正理，德合乎中庸，可谓至矣。人知择乎中庸，而不能期月守也，故曰"民鲜久矣"！'右第二十八章，凡七说，今从尹氏之说。伊川第一说说'久'字不出。第二说虽尽，而非本章意。尹氏合而解之。范氏说'久'字不出。吕氏说宽。谢氏曰：'中不可过，是以谓之至德。'杨氏第三说亦曰：'出乎中则过，未至则不及，故惟中为至。'第一第二说同。谢氏杨氏之说皆以'至'字对'过、不及'说。谓无过不及，则为至也。'过、不及'，只对'中庸'说，不可对'至'字说。'至'字只轻说，如曰'其大矣乎'，不宜说太深。杨氏第二第三说推说高明、中庸处，亦不能无疑。侯氏说大略。"曰："当以伊川解为正：'中庸，天下之正理也。德合乎中庸，可谓至矣。自世教衰，民不兴于行，鲜有中庸之德也。''自世教衰'，此四字正是说'久'字。意谢杨皆以'过、不及'对'中'字，而以中为至耳，恐非如来说所疑也。所破杨氏'高明、中庸'，亦非是，当更思之。"①

这段语录是朱熹与弟子黄干就各家注关于《论语》"中庸之为德章"的解释所展开的讨论。在语录中黄干提出了对程颐、尹焞、范祖禹、吕希哲、杨时、侯仲良、谢良佐等七位注家的理解、权衡和疑问。他对七家注本进行对照，指出各家的优劣，例如对程颐"说'久'字不出"、"吕氏说宽"、杨氏说"高明"处的疑问等。朱熹的对答也是对七家注的对照、参衡和取舍。朱熹取程颐之说为正解，并且补足了"久"字的含义，并指出学生批驳谢、杨两家注所存在的错误。集注体例是朱熹讲解"四书五

---

① 《朱子语类》，第 841 页。

经”时的基本形态，通过集注可以融汇各家学说，对比和取舍在解释经典过程中的得失、是非和优劣。通过比并各家注本寻求经文的原意，对一字一词、一句一章进行深入探究，以期实现对古代经典的整体之意的把握。其最大特点在于讨论辨析，商榷指瑕，立论有据，不设虚言，呈现了南宋怀疑求真、辨析精微、审慎严谨的学术风气。

（二）朱熹在考据、官职、事义等方面的集义之体

集义体例在朱熹的讲解中得到了多方面的运用，其对名物考据、官职沿革、地理地名变迁的讲解都采用了集义的体例。如其对《孟子·离娄下》舜生于诸冯章之"若合符节"的讲解：

> 古人符节，多以玉为之……《周礼》中又以玉为竹节。又有竹符，又有英荡符。荡，小节竹，今使者谓之"荡节"也，刻之为符。汉有铜虎符、竹使符。铜虎以起兵，竹使郡守用之……《曲礼》曰"献田地者，执右契。"右者，取物之券也。如发兵取物征召，皆以右取之也。[①]

朱熹讲解过程中考据《周礼》《曲礼》，指出"符节"的材质、形状以及不同的用途和用法。对"英荡符""铜虎符""竹使符""田契"都做了详尽的讲解，集中了各种符节所代表的意义，其用意就是把"若合符节"一词讲解得更为明晰和透彻，事实证明，这种体例确有此效。

又如朱熹对"史"这一官职的训诂：

> 史，掌文籍之官。如"二公及王乃问诸史"，并《周礼》诸属，各有史几人。如内史、御史，皆掌文籍之官。秦有御史大夫。[②]

这段语录记载了朱熹对《论语》"质胜文则野"章之"史"字的讲解，其首先指出"史"为掌管文籍的官职名称，其次举出"史"在《尚书·金縢》"二公及王乃问诸史"之句中的意义，再举《周礼》中"史"

---

① 《朱子语类》，第1338页。
② 《朱子语类》，第810页。

的意义，最后举官职名称，内史、御史、御史大夫。对"史"字意义的汇集和举证，便于朱熹对"文胜质则史"一句本义的讲解。又如他对《孟子》"子产听郑国之政"章中"乘舆济人"事义的讲解：

> 问："子产之事，以《左传》考之，类非不知为政者。孟子之言，姑以其乘舆济人一事而议之耳。而夫子亦止以'惠人'目之，又谓其'犹众人之母，知食而不知教'，岂非子产所为终以惠胜欤？"曰："致堂于'惠人也'，论此一段甚详。东坡云'有及人之近利，无经世之远图'，亦说得尽。'都鄙有章'，只是行惠人底规模。若后世所谓政者，便只是惠。"①

吴必大汇集了《左传》中子产的事迹，《礼记》中孔子对子产的评价，推出子产之政的本质是"惠人"，但有所怀疑，因此向朱熹询问。朱熹的对答仍然沿用集义的体例，他汇集了胡寅《论语详说》中对子产"乘舆济人"事义的评价、苏轼《论语说》中对此事的释义、《左传》中子产"都鄙有章"事的本义，从而得出子产之政只是"惠人"，诚不知为政的结论。朱熹在讲解过程中对集注和集义体例的运用，使得朱熹对古代经典的释义水平达到勾连古今、旁涉经史、融会贯通、游刃有余的艺术之境。

（三）《朱子语类》的体例与多篇语录所形成的集义之体——语录群

朱熹在讲解艺术中的集注与集义体例给了《蜀类》编纂者黄士毅很大的启发，黄士毅首先确定了朱熹理学体系的范畴与门目，然后以之为类别，将朱门弟子在不同地域、不同时间所记录的零碎而芜杂的个人语录有机地组织在一起，使得《朱子语类》成为一部对儒家经典讲解详尽、语义完整、体系浑然的释义著作。其中以朱熹讲解《论语》《孟子》《大学》《中庸》四部作品的语录最为详赡。黄士毅对"四书"门目及相关语录的整理完全遵循集义的体例，其集义的目的是还原朱熹讲解"四书"经文的场景，探求朱熹解经的本意。关于黄士毅编纂"语类"之体例在第一章已详述，在此仅阐述多篇语录所形成的集义之体，它是《朱子语类》中语录

---

① 《朱子语类》，第 1339 页。

布局的基本样式和形态。何谓多篇语录集义之体？即多篇语录的组织形式。《朱子语类》的编辑者将阐释范畴相同的语录集中在一起，形成语录群，语录与语录之间在释义的生成上形成相互影响、相互促进的关系，便于读者的研讨和学习。集义谓集众多语录之义。例如《朱子语类》中朱熹讲解《孟子·公孙丑上》"问夫子加齐之卿相章"的语录集义形态。

《朱子语类》"问夫子加齐之卿相章"这一门目汇集了朱熹讲解此章的语录共计 216 条。观《孟子》此段的文字不过 1430 余字，而《朱子语类》所录朱熹的讲解文字已达 28500 余字，是孟子原文的 20 倍左右，形成较为庞大的释义语录群，这在释义史上是寥若晨星的。这一释义语录群的呈现展示了朱熹讲解此章经义的过程。

1. 多条语录共同指向一个相同的范畴展开释义，拓展了释义的层次和境界

216 条语录汇集在"夫子加齐之卿相"这一门目下，就使得孟子这段文字中的四大学术范畴彰显出来，诸如 1~46 条所讲的"不动心"①，47~185 条所讲的"养气"，186~205 条所讲的"知言"，206~216 条所讲的"孔子之圣"等。随着朱熹讲解的展开，多条语录在某一范畴下犹如众星捧月，相互辉映，给人留下深刻印象。例如朱熹对"不动心"这一范畴的讲解。

李闳祖所记语录专言告子不动心："是硬把定"。廖德明所记语录云："孟施舍北宫黝只是粗勇"，"是不畏死而不动心"，"告子是不认义理而不动心"。叶贺孙所记语录指出曾子不动心在于"自反缩与不缩""仰不愧、俯不怍""大利害皆不足以易之"，孟子不动心在于"我知言，我善养吾浩然之气"。金去伪所记语录云："北宫黝孟施舍孟贲只是就勇上言，子襄曾子告子，就义理上言""北宫黝便胜人，孟施舍只是能无惧"。

孟子在文章中涉及的告子、北宫黝、孟施舍、曾子、孟子在"不动心"上的表现情色各异。朱熹的讲解以勇气为统领，分析北宫黝、孟施舍勇中之异；以义理为统领，分析告子、曾子、孟子义理之异。这样就把每个人的"不动心"归属于不同的位置和层次，各人不动心的境界便异彩纷

---

① 此部分涉及《朱子语类》中引文，出自《朱子语类》第四册，第 1231~1276 页，不再另行出注。

呈了。《朱子语类》把李闳祖、廖德明、叶贺孙、金去伪四人的语录集中到一起,朱熹对"不动心"这一范畴的讲解全貌便一览无遗,而孟子一文中不同位置的"不动心"所指意义也奏刀騞然了。

2. 集义体例推阔了解释学的视野,使朱熹的文章学释义更为明晰

《朱子语类》的集义体例不仅能在同一范畴下展示各条语录的侧重,而且能更全面地反映朱熹对此范畴的讲解层次和讲解体系。与此同时,集义体例还能够做到勾连不同范畴之间朱熹相同的讲解视角和章法。例如朱熹在解释"不动心"和"诐淫邪遁之辞"这两个范畴时都用到了文章学的术语:"文序"和"语脉"。

何谓文序?即文章中作者的行文顺序,具体指词语、语句、段落等文章单元的有机排列顺序。何谓语脉?即作者以思想和情感为内核的立意在段落、语句中的起伏隐现、转折回环、呼应连贯等状态。例如叶贺孙所记朱熹对"不动心"的讲解:

> 公孙丑又问孟子所以不动者如何,孟子遂答以"我知言,我善养吾浩然之气"。若依序问,当先问知言。公孙丑只承孟子之言,便且问浩然之气。①

朱熹在"不动心"这一范畴内讲述了文序,即句子的排列顺序,指"我知言"与"我善养吾浩然之气",朱熹讲"若依序问",孟子接下来的行文应该先说"知言",后说"浩然之气",但朱熹讲解道,孟子先说"浩然之气",是衔接上文"我善养吾浩然之气",这种句子与句子之间的衔接不仅指文序,更牵扯语脉了。在另一则语录中朱熹作了专门的阐述,他说:

> 此一段为被他转换问,所以答得亦周匝。然止就前段看语脉气象,虽无后截,亦自可见。前一截已自见得后面许多意足。②

---

① 《朱子语类》,第 1233 页。
② 《朱子语类》,第 1233 页。

朱熹在这段语录中专讲语脉，是对上则讲解文序的补充，其中"转换问"即指告子先问"浩然之气"，为什么《孟子》行文先写告子问"浩然之气"而不先问"知言"，是因为"前段语脉气象"，前段语脉指的是什么？前段，《孟子》在分析告子不动心时引入了"持其志，无暴其气"的立意，这一立意，预示了《孟子》的行文重点必然是"我善养吾浩然之气"，故先设置告子问"浩然之气"。朱熹的讲解已跳出了解释学领域，进入了文章学的领域。

其在讲解"诐淫邪遁之辞"这一范畴时也使用了"序"这个文章学术语。当其弟子问及"杨墨似诐，庄列似淫，仪秦似邪，佛似遁"，朱熹在廖德明所记语录中回答说：

> 不必如此分别，有则四者俱有，其序自如此。

朱熹在此讲到的"其序"，即指孟子"我知言"的行文顺序，具体指"诐辞知其所蔽"、"淫辞知其所陷"、"邪辞知其所离"与"遁辞知其所穷"四句的排列顺序，同时也是指《孟子》的行文脉络，即语脉。朱熹以释氏一家的学术发展过程为例，既说明了"四者具有"，也证明了《孟子》中四句的行文文序是遵循语脉的，我们看廖德明所记语录的下文：

> 且如杨墨"为我""兼爱"之说，可谓是偏颇。至于"摩顶放踵"，"拔一毛利天下不为"，便是不可行。夷之云："爱无差等，施由亲始"，不是他本意。只为被孟子勘破，其词穷，遂为此说，是遁也。

朱熹在廖德明所记语录中讲解杨墨学术语言，起于偏颇，即诐辞，终于词穷，即遁辞，厘清了诐淫邪遁四辞的发展过程，挖掘了四辞隐含的语脉关系。

在讲解"不动心"和"诐淫邪遁之辞"两个范畴时，朱熹分析的方法是文章学的路数，实现了对传统经学的超越，对经文作文章学的疏解，也促进了弟子对《孟子》原义的理解。

3. 集义体例将不同弟子在不同时空域所记语录集中起来, 凸显了朱熹释义学的自我订正、更新、补充、完善的过程

在此章, 集义体例汇集了朱门弟子所记的众多语录, 成为朱熹释义学订正和更新、补充和完善的明证。

周谟所记语录曰:

> 杨遵道录伊川之言, 则曰:"先生无此说, 断然以'至大至刚以直'为一句。"曰:"旧尝用之, 后来反覆推究, 却是'至大至刚'作一句, '以直养而无害'作一句。"

朱熹一贯尊奉的程颐在断句上出现了问题, 朱熹认真考究句读并作了订正, 确定"以直"属下句, 强调"以直养而无害"。他的依据有二。一是"圣贤立言, 必首尾相应"。前文讲到曾子"自反而缩"中包含"直养"的意思, 对程颐断句的订正, 形成"直养"一词, 照应前文"自反而缩", 符合《孟子》行文之意。第二个依据出现在袭盖卿所记语录中:

> 若于"直"字断句, 则"养"字全无骨肋。①

朱熹对程颐点句的纠正是一个深思熟虑的过程, 周谟所记语录为己亥年 (1179) 以后所闻, 袭盖卿所记语录为甲寅年 (1194) 所闻, 很显然朱熹在 1194 年的讲解是对其 1179 年所讲内容的补充。

朱熹对"诐淫邪遁之辞"的讲解也是不断完善的, 从廖德明、李闳祖、滕璘三人所记语录上即可看到其不断完善的痕迹。

廖德明所记语录曰:

> ……如仪秦杨墨庄列之说, 皆具四者。②

李闳祖所记语录曰:

---

① 《朱子语类》, 第 1250 页。
② 《朱子语类》, 第 1272 页。

> 诐、淫、邪、遁，蔽、陷、离、穷，四者相因……①

滕璘所记语录曰：

> 如释氏论理，其初既偏，反复譬喻，其辞非不广矣。然毕竟离于
> 正道，去人伦，把世事为幻妄。后来亦自行不得，到得穷处，便说走
> 路。如云治生产业，皆与实相不相违背，岂非遁辞乎？孟子知言，只
> 是从知其偏处始。②

在廖德明所记语录中，朱熹只提到"仪秦杨墨庄列"等异端学术都具
备了"诐淫邪遁"四辞的弊病，而对四辞关系没有讲解；在李闳祖所记语
录中朱熹讲明了"诐淫邪遁"为"四者相因"的关系；到了滕璘所记语录
之中，朱熹详细讲解了释氏在学术表达过程中的"诐淫邪遁"及其"四者
相因"的关系，"其初""反复""毕竟""后来"等词语反映了"四者相
因"的顺序。廖德明所记语录为癸巳年（1173）以后所闻，李闳祖所记语
录为戊申年（1188）以后所闻，滕璘所记语录为辛亥年（1191）所闻。三
人的语录内容随着时间的推移越来越详尽、完善。

朱熹经义学的自我完善还表现在他对以前讲解错误的订正上，例如廖
德明所记语录：

> 问："先生解《西铭》'天地之塞'作'窒塞'之'塞'，如何？"
> 曰："后来改了，只作'充塞'。"③

不难看出，"塞"字的释义有了改变，朱熹对这一词进行自我订正的
依据是，张载《西铭》"天地之塞"一词来源于《孟子》"塞乎天地"。

从朱熹对程颐句点的修正，到完善"诐淫邪遁"四辞的讲解，再到对
"窒塞"一词的订正，我们发现其学术思想是一个充满生命力并不断进行

---

① 《朱子语类》，第 1272 页。
② 《朱子语类》，第 1272 页。
③ 《朱子语类》，第 1254 页。

自我更新完善的活体，这一发现应该归功于《朱子语类》的集义体例——语录群。

第二节　讲解对"宜体于要"的实现
——体要论

《文心雕龙》多次提到"体要"这一概念，徐复观对《文心雕龙》"体要"这一概念的解释很有见地，他认为刘勰所提出的"体要之体"，来源于"五经"系统，是以事义为主，出自文学的实用性，是"通过法则以形成其形相"①。他进一步指出，刘勰在《书记》篇所说的"随事立体"，《征圣》篇所说的"明理以立体"，《序志》篇所说的"贵乎体要""宜体于要"② 都是对体要之体的解释，体要之体主要是由理或事所形成的。体即事、理、形相。体要即通过法则，操运文体，以达到题材要求和目的的过程，即法于要点，从而成为名实相符的文体。刘勰的体要说和徐复观的解释，对探究《朱子语类》的文体有启发作用。

一　"语"的提出与朱熹语体的要素

刘师培在《论文杂记》中把中国古代书籍分为三类，曰文言，曰语，曰例。其解释"语"："或为记事之文，或为论难之文，用单行之语，而不杂以骈俪之词，如《春秋》《论语》及诸子之书是也。"③ 他又强调南宋文风由文趋质，并且以语为文，文和语走向趋同，其根源在于语录的兴起。他说语录一体肇始于唐季，佛门弟子用以不立文字之说，程朱语录之作皆本于此。曾枣庄在《宋文通论》中将《朱子语类》定义为"语体文"，至少有三重意思。其一，其语体文概念是针对《朱子语类》而提出的，即《朱子语类》别开语体文一派。其二，语体文是讲学的产物，是对讲学话语的记录，并且指出了其明白晓畅、简朴淳和的特点。其三，《朱子语类》

---

① 《中国文学论集》，第 28 页。
② 周振甫：《文心雕龙今译》，中华书局，1986，第 453 页。下引《文心雕龙今译》，皆出此本。
③ 刘师培：《论文杂记》，《历代文话》，第 9483 页。

属于文章的范畴。① 陈康麟赞誉朱熹"师法韩、曾，一出自然"，是南宋以来"卓然一大家"。② 饶宗颐在《唐宋八家朱熹宜占一席论》中，提出唐宋八家苏氏占三家为过分，按照茅坤"不戾于道"的原则，把苏辙换为朱熹最为合适，原因有二：其一，朱熹文章学主张"气象"，反对苏轼的"新巧"；其二，朱熹说理之文逻辑性最强。③ 饶宗颐举出《四书集注》"覃思最久"，《诗集传》"千锤百炼"，最能代表朱熹说理文成就。周振甫《文章学史》评价朱熹："以理评文""以理作文"，与饶宗颐一致。④ 尽管其以朱熹《百丈山记》为据，但朱熹此文却不是以理为文。这篇文章写瀑布则有"投空数十尺""散珠喷雾"之形，写远山则有"紫翠重叠"之色，写白云，则有"海波起伏""飞浮来往"之动，纯属状物写景之文。姑且不论周振甫论据与论点的割裂之嫌，朱熹说理的文章何在？除了饶宗颐所说的《四书集注》和《诗集传》之外，《朱子语类》也应归入其中。为什么？《朱子语类》是对"五经"义理的讲解之作，经义和事理属于"体要之体"，这与刘勰的体要说是一致的，并且《朱子语类》在文字数量上远远胜于朱熹其他的解经著作。

作为讲解语体，《朱子语类》包含三个要素：讲解话语、话语方法、义理。

朱熹之"讲解"有特定的含义，它是讲解之讲，更是讲学之讲。朱熹认为，对于个人来讲，讲学是获得道德的途径，借以进入修身之境，这是"自家本分底物事"⑤，通过讲学才能"疑其所当疑"，不至于错过"当疑处"。⑥ 讲学目的是"明天理、灭人欲"，圣人千言万语的讲学之功也在于此。⑦ 对于社会群治来讲，朱熹认为讲学关乎"善治"，秦汉而下，讲学不明，人君能够通晓君道者只有一二，而"师道绝无"⑧，尤其指出北宋太

---

① 曾枣庄：《"散文至宋人才是真文字"》，《文学遗产》2009年第3期，第66页。
② （清）陈康麟：《古今文派述略》，《历代文话》，第8168页。
③ 饶宗颐：《唐宋八家朱熹宜占一席论》，钟彩钧编《国际朱子学会议论文集》，台北文史哲筹备处，1993，第1159~1162页。
④ 《中国文章学史》，第250~252页。
⑤ 《朱子语类》，第101页。
⑥ 《朱子语类》，第2927~2928页。
⑦ 《朱子语类》，第207页。
⑧ 《朱子语类》，第230页。

宗、真宗不讲学，故无"善治"。^① 朱熹把讲学放置到一个理想的高度，把它与学为君子，与社会的兴衰治乱联系起来。

讲解话语更多的意义在于实用性，即在讲堂上面对学生即时即地讲解，是特定环境的产物。语录文本一旦形成，就具有了工具书的性质，成为系统研习性理之学和儒学经义的门径之书。唐宋八家之文不具备这一性质，唐宋八家的文章用于阅读，重在欣赏。课堂讲解是《朱子语类》的本质属性，也是《朱子语类》讲解语体的要素之一。

话语方法是《朱子语类》语体的运思要素。文无定法，语亦无定法，其难言也，然使体裁上升为体要，必须经过以法成其要的过程。

《朱子语类》的讲解过程即是以法成其要的过程。如其对"责难于君"的讲解，责难于君是仁臣之道，由于国君材性不齐，大臣可引导国君至仁义或功利之途，可劝导至小康或大治之域。^② 朱熹用日常习见的事件来说明它，"饭必用吃"，脾胃壮的人可以多吃，脾胃差的人可以少吃。朱熹的讲解之法近取诸身，远取诸物，改变了汉儒解经训诂考据动辄万言的传统。话语方法的灵魂在于运思，即思维过程，如何把经义转化为事理，并将其巧妙嵌入听者的思维过程，听众稍加思索即可化解繁难，如春水初融，曲畅旁通。又如：

> 陈敬之说"孝弟为仁之本"一章，三四日不分明。先生只令子细看，全未与说。数日后，方作一图示之：中写"仁"字，外一重写"孝弟"字，又外一重写"仁民爱物"字。谓行此仁道，先自孝弟始，亲亲长长，而后次第推去，非若兼爱之无分别也。^③

朱熹通过图画限制了"仁""孝弟""仁民爱物"的内涵和外延，图形分三重，依次向外扩展，讲解了从仁到孝弟，再到仁民爱物的内外亲疏关系，这种内外依次扩展的关系，更好地解释了儒家"仁"这一核心范畴，显示了儒家与墨家关于"仁爱"学说的不同价值取向。

---

① 《朱子语类》，第3044页。
② 《朱子语类》，第1324~1325页。
③ 《朱子语类》，第462页。

朱熹预设讲解过程，建立起心之所想和眼之所视之间的桥梁，实现了义理直觉到图形直观的过程，图形变成了有意味的形式。有意味的形式创造了一个暗示和刺激的系统①，唤醒了陈敬之体内沉睡的直觉，帮助陈敬之实现图形到义理的转化，较好地实现了视觉的抽象，直观到直觉的转化提高了其思维品格，这一讲解过程堪为艺术之境。

义理是《朱子语类》语体的第三个要素。《文心雕龙》主张"明理以立体"。《朱子语类》以语为文，以理为文，其文本出于朱熹对周、程、张、邵之作与儒家群经的讲解，朱熹以性理之理与经义之理为语体灵魂，其所做的所有努力，都以"理"为立意，以理为结穴。

朱熹把太极作为终极天理来对待，是根本之"一"，然后按照"理一分殊"的原则，来讲解性理和经义之理。"太极是万物之理"，无论天地还是万物都包含了太极之理，格物穷理是《朱子语类》的精神品格。朱熹评价《周易》"说尽天下后世无穷无尽底事理"②。余大雅看《麻衣易》师卦，师卦有两种注本意义，一为"容民蓄众"，一为"师行而随地之利"，其不知取舍而请教于朱熹。③ 朱熹认为卦辞"有精有蕴"。"师贞，丈人吉"是其卦辞之精，是不易之论。"容民蓄众"是卦辞之蕴，"随地之利"更是一种生发之义，对经义之理的解释是朱熹讲解语体的终极目的。

格物穷理，必然发展为怀疑与求证并重。朱熹怀疑"孔安国书是假书"、大序是"晋宋间文章"，其依据是汉儒训释文字，有疑则阙，而孔安国书无"一字讹舛"；汉文章厚重有力，大序"格致极轻"；孔安国《尚书》东晋才出现，之前儒生都没有提到过这本书。④ 朱熹不恪守经义古训，从而为解经注入了活力和创造力。

朱熹对理的探索，不仅着眼于经义本身，而且触及作者、时代风尚及书的真伪。明理是朱熹的讲学使命，贯穿于朱熹讲解的整个过程，义理也必然成为《朱子语类》的语体要素。饶宗颐所谓"唐宋八家朱熹宜占一席论"主要以《诗集传》《四书集注》为立论之基，然《朱子语类》恐怕是

---

① 〔美〕阿恩海姆等著《艺术的心理世界》，周宪译，中国人民大学出版社，2003，第103页。
② 《朱子语类》，第1659页。
③ 《朱子语类》，第1680页。
④ 《朱子语类》，第1985页。

其更有力、更充足的证据。

二 对、锦扇开合之法、义理与对比篇体的统一

徐复观在解释"宜体于要"时，指出体要即法于要点、合于要点的意思，①《朱子语类》如何实现"法于要点"，这与程朱理学"对"的哲学范畴和孟子文章密不可分。

"对"源于程朱理学对于自然界的哲学把握，并以之为天地万物之理。刘涓所记《明道语录》云："天地万物之理，无独必有对，皆自然而然，非有安排也。"②朱熹在董铢所记语录中讲道："自是他合下来如此，一便对二，形而上便对形而下。然就一言之，一中又自有对。且如眼前一物，便有背有面，有上有下，有内有外。二又各自为对。"③ 这种哲学思想必然影响到与讲解过程息息相关的话语表达，进而影响到话语方法的使用。

朱熹在《朱子语类》中提及孟子1453次，16次提及读《孟子》，赞叹《孟子》"首尾照应，血脉通贯，语意反复，明白峻洁，无一字闲"④，誉之为"第一等文章"！《庄暴见孟子》即是一例，并且是"一中又自有对"的完美体现。

唐文治从文章学角度分析此章，提出了"两扇开合法"⑤。"齐国其庶几乎"为一总冒，"独乐乐"与"少乐乐"为两小对，"今王鼓乐于此"两节为两大对，每节中"王鼓乐"与"王田猎"为"一中含二"，是为两对。文末以"与百姓同乐，则王"为一关锁。唐文治感叹《孟子》此章为"凌空盘旋"，并以之为开合法第一例。

《朱子语类》中也不乏这种"对"与"开合之法"应用的经典之例：

> 周家初兴时，"周原膴膴，堇荼如饴"，苦底物事亦甜。及其衰也，"牂羊坟首，三星在罶；人可以食，鲜可以饱"！直恁地萧索！⑥

① 《中国文学论文集》，第29页。
② 《二程集》，第121页。
③ 《朱子语类》，第2435页。
④ 《朱子语类》，第436页。
⑤ 唐文治：《国文经纬贯通大义》，《历代文话》第9册，第8265页。
⑥ 《朱子语类》，第2126页。

上则语录中，"周原膴膴，堇荼如饴"语出《大雅·绵》，《诗集传》云："周原土地之美，物之苦者也甘""太王始与豳人之从己者谋居之"。① "牂羊坟首，三星在罶"语出《小雅·苕之华》。《诗集传》传语："羊瘠则首大""罶中无鱼却见三星之光""百物雕耗""苟且得食足"。其后章句云："周室将亡，不可救矣。"② 陈子展《诗经直解》云："幽王之时，西戎、东夷交侵中国，师旅并起因之饥馑。"③ 朱熹整个语段以诗观史，蕴含盛衰之理、兴亡之叹。

语录上言"周家初兴"开一扇，下言"及其衰也"开一扇。"周原膴膴"与"牂羊坟首"为一对，"苦底物事亦甜"与"直恁地萧索"为一对，"兴"与"衰"为一对，开合中有对，对中有开合，话语短小，而层次分明，章法极精，可谓出口成章。这种对是有意而为，自然而成对比篇体，打破了单一话语的枯燥和乏味。

《朱子语类》中对比篇体都含有"对"与"开合之法"的妙用，既两相比照，又语脉贯通。既有总冒，又有关锁，首尾贯通之中包含义理之对，或阐明性质、特征，或探究形成之因，异同与转化关系蕴于其中。例如，当辅广问及浩然之气时，朱熹的答语为：

> 只是一气。义理附于其中，则为浩然之气。若不由义而发，则只是血气。然人所禀气亦自不同：有禀得盛者，则为人强壮，随分亦有立作，使之做事，亦随分做得出。若禀得弱者，则委靡巽懦，都不解有所立作。唯是养成浩然之气，则却与天地为一，更无限量!④

"只是一气"是总领，"养成浩然之气"是收束。气中"浩然之气"与"血气"为两扇相对，气禀中"禀得盛"与"禀得弱"又开两扇，层次分明。其中"为人强壮"以"禀得盛"为因，"委靡巽懦"以"禀得弱"

---

① （宋）朱熹：《诗集传》，上海古籍出版社，1958，第 179 页。下引《诗集传》，皆出此本。
② 《诗集传》，第 174 页。
③ 陈子展：《诗经直解》，复旦大学出版社，1983，第 847 页。下引《诗经直解》，皆出此本。
④ 《朱子语类》，第 1244 页。

为因，语义通畅无碍。语段中无论血气，还是浩然之气，皆源于一，"血气"得"义理"可转化为"浩然之气"，"浩然之气"失"义理"，即为"血气"，语脉流转自然。朱熹在《孟子集注》中说："养气，则有以配夫道义，而于天下事无所惧"，此孟子"当大任而不动心也。"① 这是对"天地为一""更无限量"的解释，是整个语段的义理所在。朱熹讲解中一领一收与开合章法的使用，使语意各有所归，最后又把语脉收束在孟子所以"不动心"上。

《朱子语类》的语体不只是两两相对，有时将多对放入开合的话语方法之中，话语序列中的多重对比，以某种逻辑关系凝聚在一起，具备了文章的雏形。如：

> 忠、质、文。忠，只是朴实头白直做将去；质，则渐有形质制度，而未及于文采；文，则就制度上事事加文采。然亦天下之势自有此三者，非圣人欲尚忠，尚质，尚文也。夏不得不忠，商不得不质，周不得不文。彼时亦无此名字，后人见得如此，故命此名。②

这则语录以"忠""质""文"三词开场。如果说《庄暴见孟子》为"两扇开合之法"，此语录则为三扇开合之法，形成了对比语录的话语体式，"朴实头"句为一扇，"有形质"句为一扇，"事事加文采"句为一扇，"天下之势"句为一总合，"夏尚忠""商尚质""周尚文"各为必然之势，又开三扇，"后人见得如此"又合三扇。三扇两次开合显示了《朱子语类》语体的精巧构思。夏朝风俗的原始、自然，商朝形制的初具规模，周朝礼乐的增华富赡是朱熹阐述的一重义理，蕴于三扇的初次开合。过则损减，不及则益加，这是中国古代礼乐制度的必然趋势。朱熹《论语集注》云："其所损益，不过文章制度小过不及之间。"③ 这是本语段的第二重义理，蕴于三扇的再次开合，两重义理与三扇两次开合把孔子"或继周者，百世可知"的经义讲解得浃恰透彻，出神入化。

---

① 《孟子集注》，《朱子全书》第 6 册，第 282 页。
② 《朱子语类》，第 595~596 页。
③ 《论语集注》，《朱子全书》第 6 册，第 81 页。

前文所论皆以锦扇开合取譬，朱熹的"东南定都"之语，可谓有"孔雀开屏"之势：

东南论都，所以必要都建康者，以建康正诸方水道所凑，一望则诸要害地都在面前，有相应处。临安如入屋角房中，坐视外面，殊不相应。武昌亦不及建康。然今之武昌，非昔之武昌。吴都武昌，乃今武昌县，地势迫窄，只恃前一水为险耳。鄂州正昔之武昌，亦是好形势，上可以通关陕，中可以向许洛，下可以通山东。若临安，进只可通得山东及淮北而已。[1]

南宋定都临安已为过眼云烟，《朱子语类》中仍见朱熹血为墨、皮为纸、骨为笔书写的几行好字。书中义理，如孔雀开屏，卓炫夺目。"东南论都"为孔雀顶上之冠羽，为语段之灵，关乎国运。建康所引数句之义理，为数翎数眼；临安所引数句之义理，为数翎数眼；"今之武昌"所起数句之义理为数翎数眼；"昔之武昌"所领数句又为数翎数眼；临安句则为孔雀屏中之弱羽。孔雀一霎时开屏，文采耀眼，不见翎眼之异同，细究来，翎翎各异，眼眼不同。

其不同在对，多对之中突出建康与临安之对，在建康与临安之对中又突出建康。此对为对中之主，为血脉贯通之羽，其余则为对中之客，为血脉稍弱之羽。建康与临安之对中，建康为主，临安为客。事理在对比中，愈比愈明。一对之主客与数对之主客，交错编织，光华四射，形成了层次鲜明的语体结构，具备了文章内的逻辑关系和语句布局安排，语体之中的文体已经孕育成熟。此段语录语言平实、自然。为何给人感觉如龙泉新发于硎？皆缘于义理充盈，内蕴厚重。所谓宝刀藏于丰城，剑气辉耀斗牛。

三　理一分殊、比类之法与比类篇体的融合

"理一分殊"源于张载《乾称篇》："天地之塞，吾其体……民吾同

---

[1] 《朱子语类》，第 3054~3055 页。

胞，物吾与也""万物本一，故一能合异"①。张载又把它改写为《订顽》，别名《西铭》。《二程集》"论书篇"有程颐与杨时论《西铭》一节，明确用"理一分殊"概括张载的学术思想。② 朱熹、吕祖谦合编《近思录》，列《订顽》于该书卷二"论学"第 89 条。③ 后朱熹又著《西铭论》，"盖以乾为父……无物不然，所谓理一也……万殊而一贯……不牿于吾我之思"，对"理一分殊"进行了阐发。《朱子语类》有 31 处讲解"理一分殊"，其中周谟所记语录说：

> 世间事虽千头万绪，其实只一个道理，"理一分殊"之谓也。到感通处，自然首尾相应。或自此发出而感于外，或自外来而感于我，皆一理也。④

上则语录中朱熹说"此发出而感于外"与"外来而感于我"，感性地描述了人的思维过程，而"一理"贯穿其中，这种"由外而内"或"由内而外"的思维过程渐渐演变为讲学过程中师生共用的学术思维方法。童伯羽（字蜚卿）在与朱熹讨论《近思录》时提出了比类这一学术思维方法："比类，莫是比这一个意思推去否？"朱熹作了重点阐述：

> 固是。如为子则当止于孝，为臣当止于忠，自此节节推去。然只一"爱"字虽出于孝，毕竟千头万绪，皆当推去须得。⑤

朱熹指出子孝、臣忠都从"爱"字推出，这种对学术概念的理解和思维方法表现在说话中，就形成一种独特的篇体——比类话语篇体。这种话语方法的使用起到了把话语各部分整合在一起的作用，其中的义理"爱"成为全篇的立意，使得整段话语结构凝聚为一个整体，并且语脉条畅。

---

① （宋）张载著，章锡琛点校《张载集》，中华书局，1978，第 62~63 页。下引《张载集》，皆出此本。
② 《二程集》，第 1202 页。
③ 程水龙：《〈近思录〉集校集注集评》，上海古籍出版社，2012，第 282 页。
④ 《朱子语类》，第 3243 页。
⑤ 《朱子语类》，第 1202 页。

又如：

> 问"规矩，方圆之至也"。曰："规矩是方圆之极，圣人是人伦之
> 极。盖规矩便尽得方圆，圣人便尽得人伦。故物之方圆者有未尽处，
> 以规矩为之便见；于人伦有未尽处，以圣人观之便见。惟圣人都尽，
> 无一毫之不尽，故为人伦之至。"①

这则语录的答语为比类话语篇体，每一个比类项是一个独立的结构，
规矩—方圆，圣人—人伦，但两个结构安排在一起，就形成一个天然的比
类关系，两个结构也因为这个比类关系结合得更加紧密，话语体式由规矩
推及圣人，规矩是方圆图画的标准，圣人是人伦的标准。比类话语篇体使
得整个语段结构分明，思路清晰，语脉通畅，使读者在比类话语篇体当中
觉察到章体结构，如果稍加构思点染，引证举例，就实现了语体向章体的
转化。

随着比类项的增加，这种语体向章体转化的倾向就更为明显，如：

> 闻伯夷柳下惠之风者，顽廉薄敦，皆有兴起；此孟子之善想象者
> 也。"孔子，元气也；颜子，和风庆云也；孟子，泰山岩岩之气象
> 也。"此程夫子之善想象者也。今之想象大程夫子者，当识其明快中
> 和处；小程夫子者，当识其初年之严毅，晚年又济以宽平处。岂徒想
> 象而已哉？必还以验之吾身者如何也。若言论风旨，则诵其诗，读其
> 书，字字而订之，句句而议之，非惟求以得其所言之深旨，将并与其
> 风范气象得之矣。②

这段语录使用了比类话语序列，语段出现了三个话语序列，第一，孟
子的想象；第二，程子的想象；第三，今之想象者。三个比类话语序列构
成比类话语篇体，形成了这段话语的语体结构，随着语体篇幅的加长，文
体安排的倾向显示出来。这一结构体式与语段要表达的内容统一在一起，

---

① 《朱子语类》，第 1325 页。
② 《朱子语类》，第 2361 页。

就显示出语篇的整体风貌。话语由孟子比类及程颢，由程颢比类及程颐，由程颐比类及朱子。比类的依据是语录和风范气象。孟子在《孟子》中对伯夷柳下惠的议论文字可以启发顽劣和浅薄的人，二程在《二程语录》中可以对孔子、颜回、孟子之气象做评论，朱熹在《朱子语类》中与门人弟子可以体察二程的不同风采和气象，而且可"验之吾身"。一重比类结构推及一重比类结构，一重语义推及一重语义，使得这个语段波澜起伏，气象万千，变化多端。而"理一分殊"是其思维的灵魂，贯穿于整个语篇，个人的素养决定了其理想人格和精神境界的追求，各个阶段学者所想的人、时、地各殊，具体内容也不相同，但学术理想趋于同一，其理一致。

"理一分殊"的哲学思维与比类话语方法，实现了"宜体于要"，使讲解语体具备了谋篇布局的语体功能，渐渐实现了由语体向篇体的转化。

> 气有盛衰，盛时便做得未是，亦不大段觉。真宗时，辽人直至澶州，旋又无事，亦是气正盛。靖康时，直弄得到这般田地！前汉如此之盛，至光武再兴，亦只得三四分。后来一切扶不起，亦气衰故。①

这段话属于比类话语篇体，已经具备篇章的雏形。朱熹在此处所说的"气有盛衰"，总括全篇，是"理一"。宋、汉两个比类话语系列是分述，总分得当，是"分殊"。这两个比类话语序列构成整个语篇的体式，在两个话语序列当中，真宗之澶渊之盟类推至刘秀之光武中兴；靖康势衰，类推至桓灵末势，不同话语序列的部分与部分相对应，显示了缜密的语序和篇法结构。"理一分殊"是思维的哲学基础，直接产生了比类的话语方法，"理一分殊"是连接各部分的隐含纽带，比类是话语的实际组织者，它把不同的材料融汇在一起，篇体和义理水乳交融，实现了"宜体于要"。又如：

> 问："晋元帝所以不能中兴者，其病安在？"曰："元帝与王导元不曾有中原志。收拾吴中人情，惟欲宴安江沱耳。"问："祖逖摧锋越河，所向震动，使其不死，当有可观。"曰："当是时，王导已不爱其

---

① 《朱子语类》，第 3044 页。

如此，使戴若思辈监其军，可见，如何得事成？"问："绍兴初，岳军已向汴都，秦相从中制之，其事颇相类。"曰："建炎初，宗泽留守东京，招徕群盗数百万，使一举而取河北数郡，即当时事便可整顿。乃为汪黄所制，怏怏而死，京师之人莫不号恸！于是群盗分散四出，为山东淮南剧贼。"①

文中"其事颇相类"一句流露出问者的思维方法，二人谈话的内容都控制在三个比类话语系列之中，从而形成比类篇体：其一，祖逖之与王导、戴若思；其二，岳飞之与秦桧；其三，宗泽之与黄潜善、汪伯彦等等。三个话语比类序列构成的比类话语篇体形成了这段话语谨严的结构形式，将不同时期散碎的历史史料组织起来，成为一个统一的整体。细密、妥帖的类推是"理一分殊"的思维方法和话语表达的有机统一，祖逖、岳飞、宗泽成为一类人物，王导、戴若思、秦桧、黄潜善、汪伯彦成为一类人物；"祖逖北伐""宗泽留守""岳飞中原恢复"成为一类历史事件；"戴若思监军""秦相制之""汪黄所制"成为一类历史事件。这种话语比类体式还暗含了没有列出的历史内容，隐含了未说的话语比类序列，增加了读者的想象空间。

如果抛开问答的形式，对语段加以整合，就形成一篇主旨鲜明、结构清晰、语脉流贯的小型文章，这是朱熹"理一分殊"的思维方法与"比类话语表达"对义理之"宜体于要"的达成。

四　格物、说经铿锵法、答问话语表达与递进篇体的浑融

《朱子语类》中"问"字出现了 10644 处，远超任何一部解经著作。问与答是《朱子语类》最主要的话语体式，问答话语起于疑问，而疑问起于朱熹闽学的学术品格，而格物是朱熹理学品格的灵魂。格物源于《大学》篇，张载、程颐、程颢、朱熹皆有论述。张载指出"义理有碍，则濯去旧见"才能"以来新意"②，"日间朋友论著"，才能做到"一日间意思

---

① 《朱子语类》，第 3245 页。
② 《张载集》，第 321 页。

差别"。① 程颐说："但将诸弟子问处便作己问，将圣人答处便作今日耳闻，自然有得。"② 朱熹著《大学章句》：所谓致知在格物者……在即物而穷其理也……因其已知之理而益穷之，以求至乎其极。③ 张载、程颐、朱熹这些理学家们以"至乎其极"为真理最高境界，以"格物"为基本手段，"格物"的起点则为"义理有疑"，格物的过程和形式为"日间论著"、问和答。他们格物穷理的理学精神及其对问答话语形式的恪守也是《朱子语类》研究的重要范畴。

朱熹非常关注问答的话语体式及其表现功能，他很推崇颜渊、子贡的善于发问：

> 只"伯夷叔齐古之贤人也"一句，便可知得夫子不为卫君矣。何故更要问"怨乎"这一句？却煞有说话。子贡也是会问。④
>
> 问："子贡'卫君'之问，与'去兵、去食'之问，皆非寻常问者所及，程子固常称之，而又曰：'孔门学者，独颜子为善问。'何也？"曰："颜子之问，又须亲切。如此事在颜子，又自理会得，亦不必问也。"⑤

"会问""亲切"是朱熹对子贡和颜回的褒扬，是在引导学生善于提问，找到了提问的角度，就找到了解决问题的关键。朱熹肯定《论语》的讲学方法并模拟还原，进而将其引入一个更高的创新境界。朱熹与弟子们熟练运用这种问答话语体式，创造出一种结构鲜明、语脉清晰、语义显豁的讲学话语，这种问对话语体式把学生的疑惑、朱熹的理学思想和儒家经典的义理融为一体，形成了问对类语录的经典文本。

问的语段在整篇话语中形成一个相对独立的部分，答的语段在整篇话语中形成一个相对独立的部分，二者之间又互相呼应，形成一个完整的统一体。这种问对的体式影响了话语的层次和结构，直接决定了话语序列的

---

① 《张载集》，第 286 页。

② 《〈近思录〉集校集注集评》，第 378 页。

③ 《大学章句》，《朱子全书》第 6 册，第 20 页。

④ 《朱子语类》，第 881 页。

⑤ 《朱子语类》，第 882 页。

组成方式，对话语的篇体风貌产生了深刻影响。

问对类话语体式一般有两种，一种是单一问对话语体式，一种是多重问对话语体式，单一问对话语体式由一组问答话语序列构成，具体表现为一问一答。多重问对话语体式由多组问对话语序列构成。一问数答或连环追问。朱熹的学生提问非常活跃，范围广泛，涵盖了朱熹讲学的整个过程，甚至日常生活。时而问繁答简，时而问简答繁，话语体式灵活多变，从而改变了整个语篇的风貌。

（一）单一问对话语体式

单一问对话语体式结构较为简单，是《朱子语类》的最基本的话语体式。这种话语体式篇幅短小，是一种每天零碎问的讲学形式，将复杂的问题化整为零，一一化解。这种体式由一组问答话语组成，一问一答，两个层次。如：

> 问"愤悱"。曰："此虽圣人教人之语，然亦学者用力处。"①

"愤悱"为问疑，"教人之语"与"学者用力处"为解疑，是师生穷理的过程。一问一答，相互呼应，首尾一体，构成一个完整的微型篇体结构。又如：

> 问治乱之机。曰："今看前古治乱，那里是一时做得！少是四五十年，多是一二百年酝酿，方得如此。"遂俯首太息。②

问语部分共五个字，行文极简。朱熹的答语部分字数也较少，篇幅较短，语言赅练、典约。这是由单一问对话语体式决定的。

这则语录给人印象深刻，朱门弟子意欲着手"治乱"，所以问"治乱之机"，朱熹认为治乱之机即群治的关键时期，一般需要五十到一百年的酝酿，而个体的生命周期短小，不会有如此漫长的等待，故感慨万千。

以上两则问答话语有两个共同点。第一，语句为散句单行，篇幅零碎

---

① 《朱子语类》，第 871 页。
② 《朱子语类》，第 2690 页。

短小。每一则语录只提出一个问题，思维的范畴受到了限制，所以文字呈现为简洁、平易的风格特点。第二，朱熹的答语语义深刻透彻，前者"教人之语"明点拨之难，"学者用力处"明致疑之难，后者把"一时"和"四五十年乃至一二百年"对比，覃思精深又细密周详。

（二）复杂问对话语体式与说经锋锷法的结合

复杂问对话语体式由多组问对话语序列组成，篇幅相对较长，层次较为复杂，内容更为丰富。如：

> 问："《易》中多言'变通'，'通'字之意如何？"曰："处得恰好处便是通。"问："'往来不穷谓之通'，如何？"曰："处得好，便不穷。通便不穷，不通便穷。"问："'推而行之谓之通'，如何？"曰："'推而行之'，便就这上行将去。且如'亢龙有悔'，是不通了；处得来无悔，便是通。变是就时、就事上说，通是就上面处得行处说，故曰'通其变'。只要常教流通不穷。"问："如'贫贱、富贵、夷狄、患难'，这是变；'行乎富贵，行乎贫贱，行乎夷狄，行乎患难'，至于'无入而不自得'，便是通否？"曰"然。"①

这则语篇中，问对话语体式由四组问对话语序列组成。四组问对话语序列集中在"通"字上，"通"字成为全篇的语脉。

第一组问对话语序列是问答"通"字之意，这是浅层次的训诂；第二组问答话语序列是商榷"往来不穷谓之通"之意；第三组问对话语序列是商榷"推而行之谓之通"。这三组话语序列形成一个相对独立的部分，提问者还没有搞清楚"通"字之意。

从内容上看朱熹第一次回答，"处得恰好处便是通"是指某一爻在卦中的位置得当，便会通达。发问者，只就字面上理解，而不能领会朱熹之意。从形式上看，第三组问对话语序列有所改变，答语部分由简变繁。第三组话语序列的答语部分，朱熹以乾卦上九爻做了提示，"亢龙有悔"处在九六之位，则是不通，言外之意，处在九五之位，便是通。并且提出了

---

① 《朱子语类》，第 1938 页。

"变"的概念，"变"即变化了的时间和事件，"通其变"就是处得得当，即采取相应的措施应对或顺应变化了的时间和事件，而不是改变现实，革新现实。朱熹的第三次回答具有醍醐灌顶的作用。这种形式和内容的共同改变反映了朱熹话语的层次和节奏，第三组话语序列的节奏相对舒缓，内容丰富，解决了问题，从而使前三组话语序列形成一个层次，为后面引入更高层次的话语交流做了铺垫。

第四组话语序列形成一个新的层次，发问者理解了"通"的含义，并且以《中庸》中的句子第四次与朱熹商榷"通"的含义。黄干用"素富贵，行乎富贵"① 之句解释"通"字，朱熹听到发问者第四次提问，即明白学生已可举一反三了，用一"然"字表示赞许。

唐文治用"说经铿锵法"总结《易·系辞传》中"《易》曰憧憧往来"四节文字的章法，用"日月寒暑"解释"往来"，用"尺蠖龙蛇"解释"曲信"，用"德之盛"来解释"崇德"，其语义逐层加深，贵在简练精当。② 唐文治认为这种方法彰明古经师家法，绝不凌杂无序。

回看黄干与朱熹的四次问答，语义精悍练达，全在"处得好"三字，语义不枝蔓，不旁斜逸出，堪为"说经铿锵法"的范例。朱熹每次答语皆扣"处得好"之义，如紧攥之拳，"往来不穷""推而行之""无入而不自得"皆是乾卦九五爻位之义，黄干左问右问，皆因未明此意，直到最后举一反三，恍然有悟。黄干由乾卦九五爻辞谈到《中庸》第十四章的内容"君子素其位而行"的内蕴，在语义上"奇峰突起"，却不离"处得好"三字宗旨。四组问答之语，由浅入深，由简入难，通过一个个语段的展开，逐渐形成结构层次明显、语意渐次朗畅的递进式篇体风貌。

这种说经铿锵之法多用于学生的连环追问，属于复杂问对话语体式。学生提出一个疑问，朱熹解疑，然后学生又生疑问，朱熹再解疑，学生连环数问，朱熹连环解疑，开创了学术讨论的新境界，这种语体又如玉人琢玉，由外向内，由粗向精，由糙向细，愈问愈明，终成大器。如：

问："克伐怨欲不行"。曰："不行，只是遏在胸中不行耳，毕竟

---

① 《中庸章句》，《朱子全书》第 6 册，第 40 页。
② 唐文治：《国文经纬贯通大义》，《历代文话》第 9 册，第 8289 页。

是有这物在里。才说无，便是合下扫去，不容它在里。譬如一株草，划去而留其根，与连其根划去，此个意思如何？而今人于身上有不好处，须是合下便划去。若只是在人面前不行，而此个根苗常留在里，便不得。"又问："而今觉得身上病痛，闲时自谓都无之，才感物时便自发出，如何除得？"曰："闲时如何会发？只是感物便发。当其发时，便划除去，莫令发便了。"又问："而今欲到无欲田地，莫只是划除熟后，自会如此否？"曰："也只是划除熟。而今人于身上不好处，只是常划去之。才发便划，自到熟处。"①

"克伐怨欲不行"是《论语·宪问》中的经典范畴。这段话语属于复杂问对话语体式，基本形式为一问一答，三组问对话语，接续不断，循环往复，通过问对体式勾连语篇三个部分，形成一体。

第一组问对话语序列，学生问语提出"克伐怨欲"如何才能不行？朱熹的答语较为详细。他说，好胜、自夸、怨恨、贪心都是内在心念，不行于事，而存于心，也是病痛。要从里到外彻底清除出去，就像拔草一样不留根苗。这一组问对话语序列构成整个语篇的第一部分，是语篇的基础部分，其中朱熹的答语部分有总括全篇的作用。为下面两组对问话语序列做好了铺垫。

第二组问对话语序列，问语部分学生提出清除好胜、自夸、贪念、私欲的时机。朱熹的答语非常具有针对性，他指出心念才发，还未实施，就根除在萌芽状态。两组话语序列使得语篇客观上形成两个层次。

第三组问对话语序列，问语部分学生提出，从有欲到无欲的途径何在？朱熹的答语切中肯綮，持之以恒根除不好的心念，自会到"无欲"的境界。第三组话语序列是整个语篇的深化。

复杂问对话语，包括多组问对话语，每部分发挥的作用都是不同的，第一组话语序列作为第一部分，是朱熹对学生提问的基本回答；第二组话语序列是第二部分，是对第一部分的补充和说明；第三组话语序列属于第三部分，是在第一组、第二组话语序列的基础上，对话语主题的递进和深化。不同的部分发挥着不同的功能，都为一个核心服务，"克尽己私"是

---

① 《朱子语类》，第 1116~1117 页。

朱熹理学的中心范畴，"克尽己私"才能"存天理"。朱熹与门人弟子共同讨论去除好胜、自夸、怨恨、贪念四种不良心态，保持心理康健。朱熹的两个答语部分加深了学生对"己私"的理解，使学生进入"克尽己私"的崭新境界。这一境界的认同，是由复杂问对话语体式实现的，这种连环追问是《朱子语类》最常见的话语形式。

（三）问繁答简与问简答繁而产生的篇体变化

问对体还存在这样一种情况，一问一答之间，主次不定，有时问简答繁，以答语为语体之主体，有时问繁答简，以问语为语体之主体。这样也使问对类语录的语篇风貌发生着改变。例如问简答繁的语体：

> 或问："所谓'穷理'，不知是反己求之于心？惟复是逐物而求于物？"曰："不是如此。事事物物皆有个道理，穷得十分尽，方是格物。不是此心，如何去穷理？不成物自有个道理，心又有个道理，枯槁其心，全与物不接，却使此理自见！万无是事。不用自家心，如何别向物上求一般道理？不知物上道理却是谁去穷得？近世有人为学，专要说空说妙，不肯就实，却说是悟。此是不知学，学问无此法。才说一'悟'字，便不可穷诘，不可研究，不可与论是非，一味说入虚谈，最为惑人。然亦但能谩得无学底人，若是有实学人，如何被他谩？才说'悟'，便不是学问。奉劝诸公，且子细读书。书不曾读，不见义理，乘虚接渺，指摘一二句来问人，又有涨开其说来问，又有牵甲证乙来问，皆是不曾有志朴实头读书。若是有志朴实头读书，真个逐些理会将去，所疑直是疑，亦有可答。不然，彼己无益，只是一场闲说话尔，济得甚事！且如读此一般书，只就此一般书上穷究，册子外一个字且莫兜揽来炒。将来理明，却将已晓得者去解得未晓者。如今学者将未能解说者却去参解说不得者，鹘突好笑。悠悠岁月，只若人耳！"①

这段话语是单一问对话语体式中的特例，虽然只有一组问对话语序

---

① 《朱子语类》，第 2940~2941 页。

列，但是答语发生了改变，从而影响了整段话语的语篇风貌。朱熹的答语在体式上发生了变化，不仅仅解决了学生提出的问题，而且兴致所及，借机立论，形成长篇话语，也具有了章体的特征。

在这段话语之中，朱门弟子对"穷理"一词很迷惑，显然受到象山心学"吾心即是宇宙"及"顿悟"说的影响，不知"穷理"是在心上，还是在物上下功夫。学生的提问似乎是一个考题，而朱熹的答语犹如一篇文章，并且可以看出，其中的结构层次和逻辑关系非常清楚。

朱熹的答语有三个层次。第一层次，纠正学生关于"穷理"的理解，单纯以心悟道与单纯穷究物理都是一种偏颇，学生的提问割裂了心与物之间的根本联系。正确的途径是"以心接物""以心格物"，这就解除了学生的迷惑，是立论部分。

第二层次结构，批驳陆九渊"吾心即是宇宙"，"六经注我"的观点，认为学问和世间义理全靠心悟的观点是错误的，游谈无根，陷于虚诞。以欺瞒为学术对人对己都无好处，指出象山之学的本质，是"悟"，是"乘虚接渺"，这是立中有破。

第三层次结构，倡导学生珍惜时间，朴实读书，以已知知识求解未知学问。这是回应第一层次的立论，答言的繁密主要是为学生破除异端邪说，倡导扎实学问。

答语部分的三个层次，章法谨严，立中有破，破中有立，破立结合，显示了文章体例的章法结构和逻辑关系。这种问简答繁的话语体式，话语主体在答语。答语部分已经演变成为结构谨严、逻辑鲜明的文体结构。语体脱离了简单的语体体式，逐渐向文章的繁密体例发展，这也改变了话语的篇体面貌。

这则答问长达450余字，篇幅远远超过其他语录，具备了论体的特征，显示了文章体例的规范，只是其中多用口语，少用书面语，保留了语体的痕迹。

问繁答简的话语体式与问简答繁的话语体式都显示了语体的章法变化，从而导致了话语体貌的变化。问繁答简与问简答繁正相反，问语部分是语体的主体，是学生议论的充分发挥，话语内部也有了一些结构层次的变化，逻辑性更强。如：

　　问:"杨氏谓:'欲民之不为盗,在不欲而已。'横渠谓:'欲生于不足,则民盗。能使无欲,则民自不为盗。假设以子不欲之物,赏子使窃,子必不窃。故为政在乎足民,使无所欲而已。'如横渠之说,则是孔子当面以季康子比盗矣。孔子于季康子虽不纯于为臣,要之孔子必不面斥之如此。圣人气象,恐不若是。如杨氏所说,只是责季康子之贪,然气象和平,不如此之峻厉。今欲且从杨说,如何?"曰:"善。"①

　　这篇话语是单一问对话语体式,仅有一组问对话语序列,但是与其他的单一问对话语体式不同,问语超长,约170余字,这是问语的一个变化。答语也与众不同,只有一个"善"字。这些答语和问语上的体式变化,也必然带来内部结构和语篇体貌的变化。

　　这则答问属于单一问对话语体式,话语体式以学生的问语为主体,在问语部分已经具备了文章的体例。这篇话语以周谟研读《论语》"季康子患盗章"为学术讨论背景。学生同时参读了杨时与张载的解说。

　　问语部分可以分为三个层次。第一层次,发现杨氏注本与横渠注本的差异。第二层次求证二者诠释的合理性,这一层次又有三重语义。杨氏注本语气平和,委婉;横渠注本语气直率,面斥峻厉;孔子性格温文尔雅,圣人气度。这三重语义又形成了第二层次的内部结构。第三层次是判断层次,学生指出,杨时的理解符合孔子身份和性情,极为公正,应从杨说。这三重层次结构非常鲜明。

　　从逻辑关系上讲,第一层次结构是发现差异,第二层次结构是考证注本原貌,第三层次结构是做出选择判断,给以结论。因果逻辑较强。

　　问语部分已进行了严谨的考证,给出了结论,具有论体的风格。思维周密,推论周详,结论正确。正是这种近于文章体例的议论,使得朱熹的答语部分较为简单,只有一个"善"字表达了对周谟推论的肯定。

　　这条问答前重后轻,前主后次,前繁后简,显示了独特的体貌特征。

　　综上,问对类话语体式植根于程朱理学格物穷理的精神品格,是《朱子语类》的基本话语体式,这种话语体式决定了问对类话语的内部结构和外在体貌特征。单一的问对话语体式,保留了语体的一些特征,随着连环

────────────

　　① 《朱子语类》,第1089页。

追问、一问多答、问简答繁、问繁答简等话语体式的变化，问对类话语的内部结构和外部体貌特征也发生了改变，问对话语体式与文章章法相结合显示了话语内部的语脉流转和话语布局，语体开始向文体方向转化，不但具备了文体的内部结构层次和逻辑关系，外在篇幅和规模也向着文体方向发展。连环之问与接续答语，与解经铿锵法相结合，语义依次递进，有时奇峰突起，成为递进篇体的特色。

五　设譬话语体式、空中楼阁之法与主从篇体

《朱子语类》是朱熹讲学语言的实录，也是朱熹理学思维过程的实录。朱子理学格物穷理，探求的是世间万理，诠释的是古代典籍文献，理论体系属于意识形态，文献较为抽象，无色、香、声、味、触、法等感性特征，而人类感知万物的起点，则是眼、耳、鼻、舌、身、意等感觉器官，因此对"理学"的获得必须建构一个桥梁，将无色、香、声、味、触、法的抽象理论世界和典籍文本，转化为有色、香、声、味、触、法的具体物质世界。设譬是构建这个桥梁的一个很好的方法，这是一个最基本的思维过程，这个思维过程，形诸语言，就成为《朱子语类》之设譬讲解语体。

（一）　设譬讲解话语体式

设譬类语录的话语体式，主要有两种话语序列组成，其一，是存在于典籍文献中的概念，诸如《论语》《孟子》等"四书五经"中的"仁"等概念，还包括由器物、地理、官职等内容组成的话语序列，可以称之为本体类话语序列；其二，是譬喻系统所组成的话语序列，可以称为譬喻类话语序列。这两种话语序列共同组成设譬类语录的话语体式。

有学生经常担心记不起文字，朱熹对答：

> 只是不熟，不曾玩味入心……若使自家实得他那意思，如何会忘！譬如人将一块生姜来，须知道是辣。若将一块砂糖来，便不信是辣。①

---

① 《朱子语类》，第 2917~2918 页。

这则话语体式由一组话语序列组成，从"只是不熟"到"如何会忘"属于朱熹读书理论的一部分内容，属于本体类话语序列。譬如一词领起，直到段末属于譬喻类话语序列，这一话语序列从人的感觉系统入手，从味觉入譬，生姜之辣、砂糖之甜，都是感觉系统当中体验过的味觉，用来譬喻抽象的记忆力，就化抽象为具体，降低听众的理解难度，便于听众能最快地领会朱熹关于"记忆力"的主旨。又如：

> 或以"明明德"譬之磨镜。曰："镜犹磨而后明。若人之明德，则未尝不明。虽其昏蔽之极，而其善端之发，终不可绝。但当于其所发之端，而接续光明之，令其不昧，则其全体大用可以尽明。且如人知己德之不明而欲明之。只这知其不明而欲明之者，便是明德，就这里便明将去。"①

"明明德"出自《大学》篇，属于本体类话语序列，"磨镜"属于譬喻类话语序列，"明明德"是抽象的典籍文本中的概念，"磨镜"是具象的日常生活中的行为，二者之间一旦形成设譬类话语体式，就将典籍文本中的抽象概念转化为具体可感的行为，有利于听众对抽象概念的理解。

（二）喻体类话语序列的特征

本体类话语序列与喻体类话语序列所组成的设譬类话语体式，普遍地存在于设譬类语录当中，成为《朱子语类》的一个文体形式。

1. 喻体广泛，涉及生活各个方面

《朱子语类》的喻体极为广泛。《朱子语类》譬喻体语录约197条，选入本节作为论据的有36条，其中所使用的喻体就达50种之多。现仅将本节所举之语录的50种喻体作分类简析。

物：包括自然界之物、生活用品、音乐、交通工具、纺织、动物等种类，它涵盖生活的方方面面。自然界之物4种："花""雨""橘子""水"。生活用品10种："碗""生姜""砂糖""灯""宝珠""一条索"

---

① 《朱子语类》，第261页。

"蒸饼""病""药""米"。音乐类 3 种："乐器""金石之声""丝竹声"。交通用品 2 种："船""柁"。纺织品 1 种："棼丝"。军事用品 1 种："红心"。动物 3 种："蚤""虱""巨室子弟"。

行为 18 种："把篙""炼丹""居烧屋""坐漏船""煮物""起屋""穿井""吃果子""治田""登塔""磨镜""淘米""搏寇仇""摇扇""炼丹""扫地""擦臂""射箭"等。

组合喻体 7 种，涵盖生活、手工业、军事三个方面："一棒一条痕""一掴一掌血""园夫灌园""红炉上一点雪""大炉鎔铁""猛将用兵""酷吏治狱"等。

《朱子语类》设譬体涉及范围之广、事物种类之多，究其原因有四。第一，《朱子语类》学术体系，探讨的是自然界、人类社会及人类思维的规律，涉及领域和事物无所不包、无所不容。第二，《朱子语类》贯穿的是格物穷理的学术精神，其思维起点即万物。第三，《朱子语类》是朱熹及其弟子、私淑约四百八十八人①，长达三十年的学术讨论记录，涉及人数之多、时间之长、地域之广也是喻体种类繁多的一个重要原因。第四，《朱子语类》讨论的是前代典籍和各种注本，典籍和注本（尤其是《程氏遗书》）中的譬喻多为《朱子语类》所吸收，并化为己用。

2. 从触觉、听觉、视觉入喻，增强形相性

喻体，是譬喻之魂。所谓喻体形象，即喻体要可感，具有色、声、香、味、触、法等属性。例如：

> 先撞钟，是金声之也；乐终击磬，是玉振之也……而中间乃大合乐，六律、五声、八音，一齐莫不备举。孟子以此譬孔子。如"伯夷圣之清，伊尹圣之任，柳下惠圣之和"，都如乐器有一件相似。②

此则语录以声音入譬，有大和乐、金声、玉声、丝竹之声，说话人通过听觉让听话人感觉到孔子之德、伯夷之清、伊尹之任、柳下惠之和。

---

① 《朱子门人》，第 7 页。
② 《朱子语类》，第 1368~1369 页。

> 须是一棒一条痕！一掴一掌血！看人文字，要当如此，岂可
> 忽略！①

这则语录从触觉和视觉设喻，说话人借助触觉和视觉，向听话人传达对文字中义理理解的深刻程度，读出义理如身受棒打、脸受掌掴。又如：

> 今语学问，正如煮物相似，须蒸猛火先煮，方用微火慢煮。若一
> 向只用微火，何由得熟？欲复自家元来之性，乃恁地悠悠，几时会做
> 得？大要须先立头绪。头绪既立，然后有所持守。②

这则语录的喻体话语序列，从"正如"一词开始，直到"得熟"一词结束，综合运用了较多的感觉器官，喻体话语序列为了更好地说明本体话语序列，做了一些调整，不再是单纯的一件器物，而是用日常的一件事作为譬喻话语序列，其中加入了"猛火"和"慢火"的详细描述，以及"猛火"和"慢火"的先后顺序，以达到喻体话语序列与本体话语序列最妥帖的配合，实现最好的表意功能。话语设喻层次分明，需要综合运用眼、耳、鼻、舌、身、意来感知并理解喻体及其设喻之义。感觉器官在设喻过程及理解接受过程的具体运用是设譬体的灵魂，没有了这个灵魂，设譬就成为无本之木、无源之水，没有丝毫的活泼和生意。

3. 取譬简单通俗，解决了高深与易俗的矛盾

《朱子语类》的譬喻取自日常生活、身边所见。南宋生活中最熟悉、最简单、最通俗之物进入理学家的视野和话语系统，就解决了道学理论的高深和讲学话语的易俗之间的矛盾，道学理论体系是建立在对天地、性理及古代典籍义理抽象把握之中的，由抽象的概念和范畴按照一定逻辑关系组织起来的有机整体，语言深奥、晦涩，不易理解。听话人群体在日益扩大，这一群体的理论素养良莠不齐，随着接受群体的扩大，讲学者更需要用一种通俗易懂的讲学语言，来完成程朱理学的讲学过程。譬喻系统的构建就很好地完成了这一讲学过程，解决了道学理论语言的高深、晦涩，与

---

① 《朱子语类》，第164页。
② 《朱子语类》，第137~138页。

听众理论素养偏低的矛盾，构建了道学理论大师与普通接受人群之间的一个桥梁，这也决定了讲学话语的性质，必须是一种通俗易懂、淳和晓畅、明白简朴的话语。因此《朱子语类》中的设譬完全来自日常生活，极为简单和通俗。如：

> 如人要起屋，须是先筑教基址坚牢，上面方可架屋。若自无好基址，空自今日买得多少木去起屋，少间只起在别人地上，自家身己自没顿放处①。
>
> 如居烧屋之下！如坐漏船之中！②
>
> 意诚，如蒸饼，外面是白面，透里是白面。意不诚，如蒸饼外面虽白，里面却只是粗面一般。③
>
> 譬如淘米：其糠与沙，其始也固淘去之矣。再三淘之，恐有未尽去之沙秕耳。④

以上设譬类话语序列中涉及的"起屋""烧屋""漏船""蒸饼""淘米"的取譬非常简单，或者是日常所历之事，可见，可听，可闻，可感，让人一目了然。以"起屋"设譬的话语序列，感性描述如何选择地址，如何买木料、运砖瓦、砌墙、架顶、装饰一新，然后自住进去，得以便利生活。譬喻话语序列的感性描述皆为阐述"为学须自立根本"的道理。

以身居"燃烧之屋"、乘坐"漏水之船"设譬的话语序列感性描述人的胆量和勇气，其指归在于治学之人要时时感觉身家之危险和困境，为学功夫就是要走出燃烧之屋，摆脱漏水之船。

以"蒸饼"设譬的话语序列具体说明了蒸饼必须表里如一，旨在阐述"意诚"要不自欺，不欺人。

以"淘米"设譬的话语序列描述日常的淘米过程，反复淘洗，滤尽糠和沙，使米纯净。这一话语序列的安排，目的是阐明《论语》中"视其所以章"的道理。做事之前的心念有善和恶两种，克尽其恶，尽著其善，使

---

① 《朱子语类》，第130页。
② 《朱子语类》，第137页。
③ 《朱子语类》，第304页。
④ 《朱子语类》，第572页。

意念至于止善之境。

四段话语序列所设喻体，都是简单通俗之物，所譬之理皆为抽象之物，选简单而通俗的身边之物作为譬喻，使得设譬语体活色生香、具体可感，化晦涩为明白，化高深为易俗，拉近了听话人与说话人之间的距离，便于交流和理解。

（三）**本体类话语序列的特征**

本体类话语系统构成的内容是朱熹要阐释的对象，包括四个方面：第一，道学理论体系；第二，前代典籍文本；第三，学行中的精神与方法；第四，门人弟子的学行培养。这些阐述对象形成一个有机的整体，具有庞大、复杂、抽象、晦涩等特征，因此给朱熹门人的理解带来了困难和挑战。如以下列举的话语序列：

> "万理同出一原"①；"一贯"②、"心广体胖"③；"看文字"④"为学"⑤；"公大抵容貌语言皆急迫，须打叠了，令心下快活"⑥。

1. 理学原理极具抽象性与概括性

话语序列"万理同出一原"，来源于道学理论体系当中的"理一分殊"，这是程朱理学的理论核心，具有高度的概括性和抽象性，是对自然规律的总结。它高高悬浮于意识形态之上，完全剥离了日常事物具体、形象、可感等个性特征，是普遍性、规律性的淬炼和提纯，不易理解。朱熹以"水"设喻，"万理"如同大坑之水、小坑之水、"草上之水"、"木上之水"，然其本质都是水，就将复杂、抽象、晦涩的道学话语序列与简单、具象、可感的譬喻话语序列连接起来，化抽象为形象，化复杂为简单，化繁难为平易，通过譬喻话语做到以简驭繁，以易释难。

2. 学术范畴深蕴儒家文化精髓

"一贯""心宽体胖"属于前代典籍文本话语序列，"一贯"这一概念

---

① 《朱子语类》，第399页。
② 《朱子语类》，第669页。
③ 《朱子语类》，第340页。
④ 《朱子语类》，第164页。
⑤ 《朱子语类》，第137页。
⑥ 《朱子语类》，第2835页。

与孔子的"忠恕"学说相连，是"忠恕"学说中的践履观，是一个复杂、抽象、不易理解的儒家学术范畴。朱熹以"一条索""数百钱"设喻，把"一贯"的内在规律性揭示出来，"忠恕"的精神是"一"，日常所有的立身行事都践行这个"一"，就是"贯"。"心宽体胖"这一话语序列是《大学》中的一个概念，是对学者心理状态的一个感性概括，即要求学者的立身行事必须无愧怍于天地之间，然后才能达到"心宽体胖"的心理境界。朱熹以"面前之灯"设喻，如果把灯遮住，整个屋子一片黑暗，不见光明，"无愧怍"是不被物欲所遮蔽，通过譬喻话语序列，消解了"心宽体胖"一词的难度，使其更容易理解。

从儒家典籍文本的义理角度看，"一贯"与"心宽体胖"这两条话语序列皆是深奥而抽象的理论概括，与典籍文本的整个理论体系相连，较难理解，这是典籍文本话语序列的特征。

3. 语涉对为学本身活动规律的研究

"看文字""为学"等本体话语序列是朱熹在讲学过程中提及的关于读书及学行规律的概念，在学行过程中，有很多规律性的东西需要朱门弟子掌握并融会贯通，以便更好地促进学生学业的发展。朱熹以"两军鏖战""酷吏审理案件"作为譬喻话语序列来诠释"看文字"这一学习行为，指出读书必须全力以赴，以死相拼，才能获得文本的意思。朱熹作为理学大家，读经、讲经，能够出经入兵，出经入政，又能以兵入经，以政入经，出入无碍，出神入化，天下独步。他又以"上水船""橘子""扫地"① 设喻，用来解释"为学"这一本体话语序列，来阐释学行过程中必须坚定意志，不能稍有松懈，不可放缓心力，如同撑船；不可肤浅，浅尝辄止，要剥橘见肉；不可忽略任何领域，精细周到如同扫地。这样就将学行规律与简单的日常生活连接在一起，形成层次鲜明的设譬类话语体式，较好地处理了高深的阐释对象和易俗的阐释话语之间的关系。

4. 对内隐性心理世界的剖析

第四种本体话语序列涉及朱熹对弟子们品行的训导，上文所列之例是朱熹训导童伯羽之语。朱熹针对童伯羽急性、忙迫之性格缺陷导致读书不能平心易气的状况痛下针砭，以治理"梦丝"巧妙设喻，语言犀利，直指

---

① 《朱子语类》，第 2857 页。

病灶，令学生当下出汗，印象深刻。

综上，设譬类话语序列的本体话语具有抽象、深奥、晦涩的特征，又与其相关的理论体系浑然一体，增加了朱门弟子理解的难度，朱熹通过譬喻的手段改变了讲学话语的体式，构建了本体话语序列与譬喻话语序列交互融汇的新型话语模式，使得讲学话语简朴、淳和、通俗易懂，巧妙地处理了道学理论、古代典籍文本、学行、学生品行训导之高深与讲学话语之浅俗的关系，极大地影响了朱熹的讲学语体，改变了语言的风貌。

（四）空中楼阁之法、譬喻关系多样化对篇体风貌的影响

简单的设譬类话语序列，不能满足对更为错综复杂的本体话语序列阐释的需要，因此，朱熹在话语中的譬喻有了新的变化，形成了无数个设譬类话语系统。这一改造需要想象的介入，需要对喻体世界进行重新布局，这些话语系统可分为三类：在动态中设喻，在分类中设喻，在组合中设喻。这种喻体关系的多重布局为朱熹的解经开设了无数个想象世界，犹如凌空而起的空中楼阁。

唐文治在解释《诗经·斯干》时提到了空中楼阁之法。① 唐文治以为"上莞下簟，乃安斯寝"两章为空中楼阁之法，细究而此两章，全写梦境："乃寝乃兴、乃占我梦"，"维熊维罴、男子之祥"，"维虺维蛇、女子之祥"。唐文治誉之为"间间布置，异想天开"。此两章之前全写实景，此两章之后全为憧憬，唐文治称"文字中忽现一空明境界，何等恬适"。《诗经》此法与李白《梦游天姥吟留别》"洞天石扉，訇然中开"一节极相似，虎鼓瑟兮，霓衣风马，云中之君，仙人如麻，可谓凌空楼阁，全为想象之境。《朱子语类》设譬类话语所创造出的此类想象之境，俯拾即是。这种创造全赖于朱熹对设譬语体的艺术布局。

根据经义阐释的需要，朱熹选择了动态设喻、分类设喻和组合设喻的形式，显示了朱熹讲学语言的新变，展示了朱熹及其弟子共同参与创造的语体文的文体样式和篇体风貌。

1. 动态设喻与想象之境的创设

动态设喻，喻体不是固定、静止之物，而是一个具有生成、发展、变

---

① 唐文治：《国文经纬贯通大义》，《历代文话》第 9 册，第 8274 页。

化的过程，在不同的发展阶段，设喻之意义也不相同，喻体的动态发展变化，使之与本体之间的衔接更为紧密。譬喻之物与所喻之理在细致入微处得到融合和贯通，使说话人与听话人之间交流得更深入，使语义理解得更透彻。

如朱熹以花的开放过程设喻，讲解礼的"俭""戚"与"奢""易"等不同阶段的特征：

> 问："'林放问礼之本'一章，某看来，奢、易是务饰于外，俭、戚是由中。"曰："也如此说不得。天下事，那一件不由心做。但俭、戚底发未尽在，奢、易底发过去了，然都由心发。譬之于花，只是一个花心，却有开而未全开底，有开而将离披底。那俭、戚底便犹花之未全开，奢、易底便犹花之离披者。"①

譬喻话语序列中的"花"，不是静止之物，而是一个发展的动态过程，花之未开是蓓蕾的形成，朱熹用这种花的形状来譬喻礼的"俭""戚"等特征，"花开纷披"是花开放过程的后期阶段，朱熹用来譬喻礼的"奢""易"等特征。譬喻话语序列对设喻之相似特征既求于外形，又求于事物发展的不同阶段，在动态的发展过程中，求得所喻之理和设譬之物之间的神似。语段中"譬之于花"至"将离披底"，与解经文字中训诂、考据、音韵的手段全异，此处全凭想象，与李白"天姥梦游"之境皆为空中楼阁，但李白是写意的，其相犹擎海金鸡，朱熹是写理的，故文中形相检束，简约平易，缺少性情之摇曳。

又如：

> 学者理会道理，当深沉潜思。又曰："读书如炼丹，初时烈火锻煞，然后渐渐慢火养。又如煮物，初时烈火煮了，却须慢火养。读书初勤敏着力，子细穷究，后来却须缓缓温寻，反复玩味，道理自出。又不得贪多欲速，直须要熟，工夫自熟中出。文卿病在贪多欲速。"②

---

① 《朱子语类》，第 609~610 页。
② 《朱子语类》，第 2766 页。

炼丹是一个过程，朱熹进行了形象描述：炼丹之初"烈火锻煞"，稍后"渐渐慢火养"。这一设譬话语与读书过程形成一个动态的对照，读书第一阶段要"勤敏着力""子细穷究"，第二阶段要"缓缓温寻""反复玩味"，自然会达到"道理自出"的境界。炼丹与为学都是一个动态的过程，设譬话语序列和本体话语序列都展示了这个动态过程，并在文本内部形成多种层次结构，依托设譬类话语体式，使这些话语序列形成一个完整的有机整体。读书是一个动态的过程，这是本体的特征，朱熹抓住事件的动态特征进行设喻，"炼丹"巧妙而贴切地展示了这个动态过程，如凌空之阁，别开话语之境。

2. 组合设喻和形相选择

组合设喻也是设譬类话语序列的新变，针对不同的语义进行设喻，设喻话语序列不是单一喻体，而是多种喻体的搭配、组合，成为一个有机的系统，以求与本体话语序列达到最大程度的相似，通过本体和喻体两种话语序列的配合，形成新的话语体式，帮助听话人更好地理解文本之义。

> 舜功问"人心惟危"。曰："人心亦不是全不好底，故不言凶咎，只言危。盖从形体上去，泛泛无定向，或是或非不可知，故言其危。故圣人不以人心为主，而以道心为主。盖人心倚靠不得。人心如船，道心如舵。任船之所在，无所向，若执定舵，则去住在我。"①

"人心如船"领起的话语为设譬话语，朱熹用它来解释本体话语序列中的人心："泛泛无定向"，"是非不可知"。这是人心危殆的特点。又说：圣人以"道心为主"，人心"依靠不得"，通观两种话语序列，将"道心"与"人心"的特征解释得非常准确，设譬之物与所譬之物都不是单一的、孤立的，而是一个组合序列，如本体话语序列中"人心"之于"道心"与喻体话语序列中"船"之于"舵"。这个序列组合，实现了人心与道心的合一，船与舵的合一。这种话语体式既使得语体文内部的结构层次非常鲜明，又使二者有机统一在设譬话语体式之中，显示了文章内部结构的逻辑关系。又如：

---

① 《朱子语类》，第 2009 页。

> 道家有《老》《庄》书，却不知看，尽为释氏窃而用之，却去仿效释氏经教之属。譬如巨室子弟，所有珍宝悉为人所盗去，却去收拾人家破瓮破釜！①

"譬如巨室子弟"领起的话语，全不像解经文字，如同一则寓言故事，富贵子弟狼狈如斯，令人惋惜！此一故事即为凌空飞阁，突破了文学和经学的界限，也改变了解经语体的篇体风貌。

组合设譬话语序列的使用，使朱熹语体文内部层次更加清晰，并且依据设譬的逻辑组成一个有机的整体；从外部特征来看，使得段落与段落之间的起承转合衔接得当，更具章法。

3. 分类设喻中的多重比喻境界

朱熹分类设喻是在原来单一设喻话语序列基础上的新变，是指针对复杂的本体话语序列，进行分类选择喻体，这种新变使话语段落内部结构层次由单一结构向多重结构转化，由单一比喻之境向多重比喻之境转化，并且层次之间逻辑关系增强。段落与段落之间依托问答形式衔接，既保留了语体的一些特征，又显示了语体文的章法结构。从文章外部形制来看，篇幅增大；从语言风格来讲，语言的形象性、说理性增强，形成一种简朴、淳和的语言风格。如：

> 问："《或问》'气之正且通者为人，气之偏且塞者为物'，如何？"曰："物之生，必因气之聚而后有形，得其清者为人，得其浊者为物。假如大炉镕铁，其好者在一处，其渣滓又在一处。"又问："气则有清浊，而理则一同，如何？"曰："固是如此。理者，如一宝珠。在圣贤，则如置在清水中，其辉光自然发见；在愚不肖者，如置在浊水中，须是澄去泥沙，则光方可见。今人所以不见理，合澄去泥沙，此所以须要克治也。至如万物亦有此理。天何尝不将此理与他。只为气昏塞，如置宝珠于浊泥中，不复可见。然物类中亦有知君臣母子，知祭，知时者，亦是其中有一线明处。然而不能如人者，只为他不能

---

① 《朱子语类》，第3005页。

克治耳。且蚤、虱亦有知，如饥则噬人之类是也。"①

这段语体文的两个问答，构成了语体文的两个段落层次。在第一个段落之中，学生的提问为本体话语序列，指出人、物形成与气的关系，"正且通"之气形成人；"偏且塞"之气形成物。朱熹的答语可分两个层次，第一，对学生提问的解释语，属于本体话语序列，清气为人，浊气为物；第二，为设譬话语序列，设譬话语序列又分两个层次，大熔炉之中"其好者"与"其渣滓"。第一个段落就是靠设譬话语体式来组织语言，安排层次，行文极有章法。本体话语序列语言呈现为简洁、细致的风格，设譬话语序列的语言呈现为淳朴、明白的语言风格。

第二个段落之中，学生的问语是本体话语序列，为第一层次结构，朱熹的答语是第二层次结构。朱熹答语的第二层次又可以分为五个层次结构，"理一"设喻为宝珠，是第一个层次；圣贤者的气质，设喻为宝珠在清水中，这是第二个层次；愚和不肖者的气质，设喻为宝珠在浊水中，这是第三个层次；物类的气质设喻为宝珠在浊泥中，这是第四个层次；物类中有知者的气质，设喻为具有"一线明处"，这是第五个层次。五个层次结构，延展了语段的长度，扩展了语体文的字数和篇幅，使话语语体向着文章的章法结构转化。

而这种语体到文体结构的新变是由于分类别设喻的话语体式，文中第一部分首先将气禀分为清浊，然后设喻大熔炉炼铁，好者一处，渣滓一处。文中第二部分，"理一"用宝珠设喻，气质"分殊"用清水、浊水、浊泥、"一线光明"设喻，这样圣贤便如宝珠在清水中，光辉四射，愚与不肖之人便如宝珠在浊水中，澄取泥沙，才见光辉。又如物类，既有君臣母子，又有动植、蚤虱，知觉相异。整个行文都以分类设喻为主线，使文章的各个部分，组织有序，布局合理。

又如《朱子语类》"刘潜夫问'致曲'"一节，更能看出分类设譬话语体式对文章结构的影响：

曰："只为气质不同，故发见有偏。如至诚尽性，则全体著见。

---

① 《朱子语类》，第375页。

次于此者，未免为气质所隔。只如人气质温厚，其发见者必多是仁，仁多便侵却那义底分数；气质刚毅，其发见者必多是义，义多便侵却那仁底分数。"因指面前灯笼曰："且如此灯，乃本性也，未有不光明者。气质不同，便如灯笼用厚纸糊，灯便不甚明；用薄纸糊，灯便明似纸厚者；用纱糊，其灯又明矣。撤去笼，则灯之全体著见，其理正如此也。"①

"致曲"二字可以作为这篇语体文的题目，或者文眼。朱熹的答语因本体话语序列和喻体话语序列的不同，分为两个部分。

在本体话语序列当中，朱熹也做分类阐释，呈现为总分结构。首句"气质不同"，"发见有偏"；如果"至诚尽性"就会"全体著见"，这是总括。接下来分写"气质温厚"的人，"仁"多于"义"，"气质刚毅"的人，"义"多于"仁"，这是分写。本体话语序列呈现为总分的结构。

喻体话语序列，进行了双重分类设喻，首先将性和气禀分类设喻，把人的本性譬喻为灯光，把人的气禀譬喻为灯笼的不同形制，这是第一重分类设喻。然后又将人的气禀分为四类：其一为"厚纸糊"之灯笼，其二为"薄纸糊"之灯笼，其三为"纱糊"之灯笼，其四为"撤去笼"。性如灯之光明，气禀分别如厚纸笼、薄纸笼、纱笼、无笼，光明自有深浅暗淡之分，这是第二重分类设喻，两重分类设喻使得这一部分章法井然有序，语脉连贯，形成一个有机的整体。

分类设喻是朱熹根据经义创设比喻之境，多重经义，创设多重比喻之境，这些比喻之境都受到了限制和约束，如同用刀尺进行过度量和裁剪，精确度奇高，宝珠如在清水、浊水、浊泥中分属三重比喻之境，并有三重义理与之对应，这些比喻的境界全靠朱熹主观裁夺物象，极为精细，文学作品中没有如此精确的物象。灯笼之喻也极有层次，多重比喻之境的创设，使得朱熹的讲解话语避免了枯燥而变得空灵有趣。分类设喻不仅对语篇的字数、长度、规模产生直接的影响，而且对设譬类语体文的章法结构有着深刻的影响。经义为一篇之主，设譬为一篇之仆，无论是一意一喻，还是多意多喻，都改变不了以阐释经义为指归的解经原则，这是朱熹恪守

---

① 《朱子语类》，第 1572 页。

的汉代注经家的家法。

第三节 《朱子语类》的讲解风格
——体貌论

梁朝刘勰的《文心雕龙》把文章的风格分为八类，然而随着人类思维过程与语言的发展、完善，文章风格呈现为多元化、复杂化的趋势。二百余万字、历经约一个世纪成书的《朱子语类》，其讲解风格正是这种多元化、复杂化的体现。本节仅从学术思辨、学术视野、教学态度、学术质疑、学术理想、话语系统等六个方面对《朱子语类》的讲解风格进行分析，当然，《朱子语类》的讲解不只是这些风格。

一 谨严而语体合要、精审而辞藻绵密

《朱子语类》的讲解风格依附于朱熹学术思想和思维过程的特点，朱熹理学的核心是"四书"，四书学的形成，是朱熹从儒家经典中精审选择、谨严衡准的结果。精严选择文献种类，审慎思辨文献文本，抽绎文献之间联系，考究文献语辞风格是朱熹讲解"四书"的主要范畴，其根本指归就是"直得圣人本意不差"，这一对文献的选择、思辨、抽绎、考究而寻觅"圣人本意"的思维过程，通过朱熹之口传达出来，外化为《朱子语类》的讲解风格，呈现为谨严而合要、精审而绵密的体貌特征。

（一）从读书之法、"四书"内容的讲解到形相的裁夺——谨严而合要

魏天应《论学绳尺·行文要法》把谨严归为论体七种之一，指的是文章结构。[①] 这里的谨严主要指表现在讲解语体中的朱熹的讲解个性。所谓谨严，即在思虑上的慎重、严格，在语言、结构和形相裁夺上的严密和准确。所谓合要，即在这种慎重而严格的思虑下对语言、结构和形相的谨严裁夺而产生规范的结体和厚重的意义。这种谨严表现在其对文献的梳理和对读书法的指导上，而这种梳理和指导，恪守解经家法，以探索经文原意为指归，力求"得圣人之意"，绝不旁逸斜出。如余大雅与朱熹的问答：

---

① （宋）魏天应：《论学绳尺·行文要法》，《历代文论》第 1 册，第 1081 页。

　　问："近看胡氏《春秋》，初无定例，止说归忠孝处，便为经义，不知果得孔子意否？"曰："某尝说，《诗》《书》是隔一重两重说，《易》《春秋》是隔三重四重说。《春秋》义例、《易》《爻》《象》，虽是圣人立下，今说者用之，各信己见，然于人伦大纲皆通，但未知曾得圣人当初本意否。且不如让渠如此说，且存取大意，得三纲、五常不至废坠足矣。今欲直得圣人本意不差，未须理会经，先须于《论语》《孟子》中专意看他，切不可忙；虚心观之，不须先自立见识，徐徐以俟之，莫立课程。某二十年前得《上蔡语录》观之，初用银朱画出合处；及再观，则不同矣，乃用粉笔；三观，则又用墨笔。数过之后，则全与元看时不同矣。大抵老兄好去难处用工，不肯向平易处用工，故见如此难进，今当于平易处用工。"①

　　师生这段话的主旨是探讨如何"得圣人之意"。朱熹对儒家经典进行了认真的梳理和严格的选择，指出不去理会经文和今人传注，即放置《诗》《书》《易》《春秋》，而集中精力专意看《论语》和《孟子》。其原因在于，经文注家借助经文阐释"各信己见"，他在《答赵子钦》中批评当时学者皆有"以己意横作主张""必欲挽而同之"的风气，"长私意、增衍说"，追求"虚词浮辨"，损害"存养省察"之功。② 在《朱子语类》中他具体指出了注经家的弊端。这种做法虽未偏离"人伦大纲"，但不能断定注经家是否阐释了"圣人本意"。

　　因此朱熹主张从《论语》《孟子》等圣贤之言入手，获得"圣人之意"。同样这种认真、慎重、严格的态度也被朱熹运用到读书上。朱熹强调不立课程，"徐徐以俟"圣人之意自出。其读书过程，初用"银朱"，再用"粉笔"，又用"墨笔"，反复研读，表现出一种严格、慎重的学术精神，这些都外化为朱熹的讲解风格。

　　朱熹对文献选择和读书的标准，彰显了理学家认真、慎重、严格的精神品格，这是理学家的情性。刘勰总括性情与体貌的关系："情动而言行，

---

① 《朱子语类》，第 2614 页。
② 《答赵子钦》，《朱子全书》第 23 册，第 2643 页。

理发而文见""吐纳英华、莫非情性"。[①] 作者的内心世界，必然在文章上留下蛛丝马迹，朱熹谨严的思维品格也使得其讲解结构合于要点，语义突出而厚重。如其对《中庸》的讲解：

> "尊德性而道问学"一句是纲领。此五句，上截皆是大纲工夫，下截皆是细密工夫。"尊德性"，故能"致广大、极高明、温故、敦厚"。"温故"是温习此，"敦厚"是笃实此。"道问学"，故能"尽精微、道中庸、知新、崇礼"。其下言"居上不骄，为下不倍。国有道，其言足以兴；国无道，其默足以容"。举此数事，言大小精粗，一齐理会过，贯彻了后，盛德之效自然如此。[②]

上则语段是朱熹对《中庸》第 27 章"故君子尊德性"至"敦厚以崇礼"五句话的讲解。从结构上讲，他先说"尊德性而道问学"是纲领，这是他此段话语的总冒。然后他分条陈述，何谓"大纲工夫"，何谓"细密工夫"两意。"故君子尊德性"至"敦厚以崇礼"五句，每句话的上半部分即"尊德性""致广大""极高明""温故""敦厚"是"大纲工夫"，其每句话的下半部分，即"道问学""尽精微""道中庸""知新""崇礼"是"细密工夫"。在"大纲工夫"中"尊德性"是因，其余是果。在"细密工夫"中，"道问学"是因，其余是果。之后，与下面文本"居上不骄"至"其默足以容"衔接，何为大小，何为精粗，都必须在心中体验涵泳，直至与内心契合。文段最后紧扣"盛德之效"。这是这段话语的结穴，也是《中庸》第 27 章所言主旨。朱熹的讲解把所有的学术范畴都连接在"尊德性而道问学"一语上，编织成一个纵横交错、细密有致、纲目井然、举纲动目的文字结构，使人对其讲解豁然洞达。从语言上讲，"大纲工夫"与"细密工夫"表达准确，前者讲的是"浑沦处"，是粗讲，是整体角度进行概括道体的广大和"茫然无觉"；[③] 后者讲的是"详密处"，纤悉皆知，却又"空无所寄"，传达了道的微妙特征，使语体的结构规范而语义

① 《文心雕龙今译》，第 259 页。
② 《朱子语类》，第 1590 页。
③ 《朱子语类》，第 1590 页。

厚重。

朱熹的谨严，还表现在对义理和形相的裁夺上。如：

> 人之为学，如今雨下相似：雨既下后，到处湿润，其气易得蒸郁。才略晴，被日头略照，又蒸得雨来。前日亢旱时，只缘久无雨下，四面干枯；纵有些少，都滋润不得，故更不能蒸郁得成。人之于义理，若见得后，又有涵养底工夫，日日在这里面，便意思自好，理义也容易得见，正如雨蒸郁得成后底意思。若是都不去用力者，日间只恁悠悠，都不曾有涵养工夫。设或理会得些小道理，也滋润他不得，少间私欲起来，又间断去，正如亢旱不能得雨相似也。①

本段语录，朱熹为了表达涵养功夫对为学的重要意义，引入一段下雨的讲解，这段设喻之中朱熹注重对设喻之形相和所譬义理的裁夺和取舍。在事件选取上朱熹做到了"酌事以取类""撮辞以举要"。《文心雕龙》讲"酌事以取类"②，即选择类似的内容和贴切的事件，对于下雨，朱熹选取雨下则"蒸郁得成"和亢旱则"蒸郁不成"的形相。"撮辞以举要"即用精炼的语言来强调要点。朱熹提炼的义理如下：有涵养功夫，义理易见；无涵养功夫，为私欲干扰，不明义理。并且朱熹对事件形象中的裁夺和对义理的提炼，达到了"事类"的要求，因此其对为学实现了正确而精当的释义，其讲解的过程呈现为规范而厚重的风貌。

（二）从格物到格人——辨别精审而辞藻绵密

所谓精审是指朱熹在讲解物理、品论历史人物时，都潜心审视、审慎度量，从而达到对事物和人物的本质特征的辨别和把握。对事物特征的辨别首先是对用来指示事物的名称或概念审慎度量和反复区别。"平子淹通，故虑周而藻密"③，朱熹的精神品格有似于张衡，因此行文也呈现为辞藻绵密的特征。例如其对北辰这一概念的讲解：

---

① 《朱子语类》，第150页。
② 《文心雕龙义证》，第1182页。
③ 《文心雕龙义证》，第1025页。

"北辰是那中间无星处，这些子不动，是天之枢纽。北辰无星，缘是人要取此为极，不可无个记认，故就其傍取一小星谓之极星。这是天之枢纽，如那门笋子样。又似个轮藏心，藏在外面动，这里面心都不动。"义刚问："极星动不动？"曰："极星也动……如那射糖盘子样，那北辰便是中心桩子。极星便是近桩底点子，虽也随那盘子转，却近那桩子，转得不觉。今人以管去窥那极星，见其动来动去，只在管里面，不动出去。向来人说北极便是北辰，皆只说北极不动。至本朝人方去推得是北极只是北辰头边，而极星依旧动。又一说，那空无星处皆谓之辰。《康节》说……辰，天壤也。"①

朱熹通过对北辰与北极的辨别和区分，来确证北辰是何物。北极是指旁取小星，通过它便于记认北辰的位置。北极是动的。北辰指"中间无星处""不动""天之枢纽"。枢纽如轮藏心。藏动而心不动。通过对二者的潜心度量和审慎比较，北极与北辰两个概念的本质特征非常清楚。朱熹对两个概念较长短、论高下，其结果突出了二者的个性。为了辨别二者"转与不转"，朱熹用射糖盘子的构造来类比二者的不同，北辰取譬"中心桩子"，北极取譬"近桩底点"，"近桩底点"动来不觉。为了进一步辨明北辰与北极距离较近、动来不觉的特点，朱熹又选择了以管窥星的事件来证明北极也在转动的事实，北辰不动非星，北极转动为星，是事物存在的真理状态。为了说明这一真理，朱熹批判了传统意义上北辰的释义错误："北极便是北辰"，并且不动。最后朱熹借助邵雍从数学的角度解释北辰，只是一个度数。

为了讲解"北辰"之义，朱熹引入"北极"的概念，对其加以区别。为了解释不同，又引入"枢纽""门笋子""轮藏心""射糖盘子""以管窥星""度数"等概念对"北辰"之义反复辨析、衡量、推度，直到"北辰"之义被突出出来。朱熹的语言表述也因精审的思虑而呈现出辞藻绵密的特点。又如他对人物的精审与考量的语录，也带有思虑精审、辞藻绵密的特点：

---

① 《朱子语类》，第534~535页。

古之名将能立功名者，皆是谨重周密，乃能有成。如吴汉朱然终日钦钦，常如对阵。须学这样底，方可。如刘琨恃才傲物，骄恣奢侈，卒至父母妻子皆为人所屠。今人率以才自负，自待以英雄，以至恃气傲物，不能谨严。以此临事，卒至于败而已。要做大功名底人，越要谨密，未闻粗鲁阔略而能有成者。①

朱熹对人物性情的讲解来源于他的格物精神，这种精审之风由格物类推至格人，尤其是对不同历史人物进行潜心审视和审慎度量，由此进一步考察人物因性情有差而使事业趋向于不同。吴汉、朱然终日谨惧诚慎的性格为朱熹所推崇，《后汉书》记载光武帝对吴汉的称誉——"隐若一敌国"，言其危重如敌国，为东汉开国重臣。②《三国志》载朱然为东吴名将，"终日钦钦""临急胆定、有过绝人"。③ 与之相反，朱熹否定刘琨与"今人"。刘琨骄恣奢侈为朱熹所贬抑，《晋书》载刘琨"素豪奢、嗜声色"，虽然"暂自矫厉"，但终复"纵逸"，卒被段匹磾所杀。④ 然朱熹言在此而意在彼，其说刘琨是为了引出对"今人""以才自负"的评价。对吴汉、朱然的褒扬之词有"终日钦钦""常如对阵""谨重周密"，其结果"乃能有成"。对刘琨和"今人"的贬斥之词有"恃才傲物""骄恣奢侈""以才自负""恃气傲物""粗鲁阔略""不能谨严"，其结果"为人所屠""卒至于败"。正是朱熹对吴汉、朱然、刘琨及"今人"性情的精审度量，在讲解上才出现以上绵密的辞藻。辞藻绵密和辞义丰沛是朱熹行文的语体风貌。

二 体宏阔而语浑沦、名义分而理精微

朱熹闽学作为南宋最具有前瞻性的社会科学体系，其在学术视野上表现为两个向度，一是宏阔广大，一是细密微小。这两个特征在《朱子语类》的语言体系中也显露出来，它既有对天地万物的宏观把握及表述，也有对茧丝牛毛、格物穷理的微观体察及讲析。这两种学术视野的相互转化

---

① 《朱子语类》，第 3230 页。

② （宋）范晔撰，（唐）李贤注《后汉书》卷 18，中华书局，第 683 页。

③ 《三国志·吴书》，第 1307~1308 页。

④ 《晋书》列传第三十三，第 1681 页。

和相互包容，贯穿于朱熹讲解的诸多过程，因此朱熹的讲解也呈现为宏阔和细微两方面的风格，这两个方面不是相互孤立的，而是相辅相成、融为一体的。

（一）体宏阔而语浑沦

所谓宏阔是就朱熹理学体大思宏而言，"其大无外"，无所不包。黄士毅对朱熹的理学体系做过梳理，他说："以太极天地为始，乃及于人物性命之原，与夫古学之定序。次之以群经……次之以孔孟周程朱子……乃继之以斥异端……然后自我朝及历代君臣、法度、人物、议论，亦略具焉……凡不可以类分者，则杂次之，而以作文终焉。"他的理论体系是对天地万物和人物性命之原存在和运行之理的哲学概括，是对儒家核心文献和北宋理学要籍的破译和深化，是对民族历史和种群发展的回顾和深思，尤其是对宋代治乱兴衰之理的提纲挈领式的讲述，为宋朝衰落开出一剂良方，因此朱熹的理论之体是宏阔无外的。所谓浑沦是指《朱子语类》的语言对太极、天地之理和人物性命之原的高度概括力和提炼力，是指朱熹对其学术理论的钩玄提要，是一种"纲领性"讲解，是理之"总名"，极言其"粗"，语言浑沦是朱熹理学语言的一个特征。

当学生问及天地万物总名太极时，朱熹回答说：

> 太极只是天地万物之理。在天地言，则天地中有太极；在万物言，则万物中各有太极。未有天地之先，毕竟是先有此理。动而生阳，亦只是理；静而生阴，亦只是理。[1]

这是朱熹对天地万物之原的讲解，是对世间万理的总概括，是人类智识对周围世界的理论把握的挑战，是真理性的描述，其言浑沦，提摄要点，是朱熹理学的总纲领。这一语言特点是由朱熹理学体系决定的，朱熹面对的研究对象是整个世界，以整个世界为研究对象的理论体系必然体大思宏，而语言浑沦又是对其宏阔复杂的理论体系的概括语言的特征描述。浑沦的语言如同公式，似乎空洞无物，但是思维过程的极致，是规律性的

---

[1] 《朱子语类》，第 1 页。

阐述，这些语言在《朱子语类》中所占比例较小，但值得注意。这是朱熹思维的一极，是任何理论体系进行理论概括的不可或缺的重要一环。如其对性的概括：

> 性即理也。当然之理，无有不善者。故孟子之言性，指性之本而言。然必有所依而立，故气质之禀不能无浅深厚薄之别。孔子曰"性相近也"，兼气质而言。①

"性即理"至"无有不善者"是浑沦语，其下则不是，后面语言是经过名义划分之后对性理的讲述，言气质之性。因此浑沦语言是思维一极的语言外化，是万物的总摄、总名。又如他对人类社会发展规律的讲解：

> 问："不知人物消靡尽时，天地坏也不坏？"曰："也须一场鹘突。既有形气，如何得不坏？但一个坏了，又有一个。"②

这是朱熹的地球生灭论，有形气的任何物体都有一个生命周期，概莫能外。因此浑沦语言是对真理的概括形式，其基本特征是把形而下之物转化为形而上之理。又如：

> 理者，天之体；命者，理之用。性是人之所受，情是性之用。③

这一语录皆为判断句式，是朱熹理学体系中抽象思维的终极端，是顶层理论，这些浑沦的语言把世间万物收入囊中。

浑沦语言可以归纳为以下特征：它是朱熹理学体系的终极抽象，具有真理的属性，外延之广，其外无物，没有名义界限，只是万物总名。这一语言风格是由朱熹的理学特性决定的。

（二）名义分而理精微

所谓名义是指朱熹理学体系各个具有特定内涵和义理的理学范畴的名

---

① 《朱子语类》，第 67~68 页。

② 《朱子语类》，第 1155 页。

③ 《朱子语类》，第 82 页。

称。名义划分是朱熹进行理学阐释的理论方法，因其体大思宏，故要名义划分才能分而讲解之。例如其讲解人物之性，引入气质之性，即是名义划分；又如"性情心意等名义""仁义礼智等名义"，把性理范畴一一界分。宏大的理学体系被名义界分和纲目分类之后，其要讲解的理论范畴也趋向于细微，其语言的讲解风格也随之变化，呈现为精微的特征。所谓精微是指朱熹对范畴义理讲解的透彻性和微妙性。如：

> 或问《论语》言仁处。曰："理难见，气易见。但就气上看便见，如看元亨利贞是也。元亨利贞也难看，且看春夏秋冬。春时尽是温厚之气，仁便是这般气象。夏秋冬虽不同，皆是阳春生育之气行乎其中。故'偏言则一事，专言则包四者'。如知福州是这个人，此偏言也；及专言之，为九州安抚，亦是这一个人，不是两人也。故明道谓：'义礼智，皆仁也。若见得此理，则圣人言仁处，或就人上说，或就事上说，皆是这一个道理。'正叔云：'满腔子是恻隐之心。'"曰："仁便是恻隐之母。"又曰："若晓得此理，便见得'克己复礼'，私欲尽去，便纯是温和冲粹之气，乃天地生物之心。其余人所以未仁者，只是心中未有此气象。"①

这则语录出于"仁义礼智等名义"这一纲目，其中心意思即"偏言则一事，专言则包四者"，这是基于名义界分的讲述，仁义礼智四者皆有其范畴界限，如春夏秋冬，但仁又有其特殊意义，即阳春生育之气，贯穿四季，为了解释这个特殊意义，在名义界分引入之后，其重点对"仁"的自身内涵进行释义，全是专言。"知福州"与"九州安抚"的事类，对程颢"义礼智，皆仁也"及程颐"仁便是恻隐之母"的引证，都是对仁的解释。最后朱熹又把仁概括为"温和冲粹之气""天地生物之心"，正是在对名义界分的基础上，实现了对仁之义理的更好阐释。这种讲解语言呈现为透彻、充分、精微的风貌，透彻是指其对中心义理的反复陈说依据充分，精微是指其对规律性的揭示详微而细腻。又如：

---

① 《朱子语类》，第112页。

> 心之全体湛然虚明，万理具足，无一毫私欲之间；其流行该遍，贯乎动静，而妙用又无不在焉。故以其未发而全体者言之，则性也；以其已发而妙用者言之，则情也。然"心统性情"，只就浑沦一物之中，指其已发、未发而为言尔；非是性是一个地头，心是一个地头，情又是一个地头，如此悬隔也。①

朱熹的名义界限划分，各个范畴之间不是孤立悬绝的，而是浑然一体的，尤其是指心、性、情这三个范畴，绝非是"性是一个地头"，而是浑然一物。但是，朱熹在理论上对三个范畴进行名义界分，心"湛然虚明、万理具足"而又妙用无穷。性是心之体，情是心之用，体用合一，心统性情。这种理论上的名义界分把每一个范畴的独特义理和范畴之间的差别，以及三者之间的包容联系，细腻、充分地讲解出来。讲解语言条理清楚，且呈现为浃恰、透彻，细腻、详微的风貌。心统性情是三者关系规律性的解释，朱熹语言精微，对事物规律性有较高的概括能力。

三　斩截了断与纡徐委婉

《朱子语类》保留下来的语录，直接呈现了朱熹的教学过程，其讲解风格直接受教学态度的影响，斩截了断与纡徐委婉的风格是指朱熹在教学问答过程中面对具体的教学实景，而采取的一种张弛有度、切中要害的行为倾向，是朱熹讲解艺术的一个特征，其核心是对问题的难易程度和学生领悟力的揣摩。

（一）斩截了断

对于学生的提问，朱熹首先考虑问题的难易程度。平易的问题，朱熹一般采取斩截了断的讲解之法，所谓斩截了断，即几句话解决问题，一气呵成，绝不滞涩，不枝蔓，也较少比类或设譬，只拈取精要句表达核心义理即可。这种斩截了断既缘于朱熹遣词造句的能力，又取决于学生的颖悟能力，还和具体的语言环境有关。如其讲解《孟子》"夜气"：

---

① 《朱子语类》，第94页。

> 刘用之问"夜气"之说。曰:"他大意只在'操则存,舍则亡'两句上。心一放时,便是斧斤之戕,牛羊之牧;一收敛在此,便是日夜之息,雨露之润。他要人于旦昼时,不为事物所汩。"①

此段语录,朱熹的话语表达全引自《孟子》"牛山之木"一文,删繁就简。"操存舍亡"是冒子,"心一放""一收敛"是分解,只有一句话"不为事物所汩"为朱熹自话,是语段收束,也是"夜气"一章的主旨所在。语句虽少,但语义不蔓延,不拖沓,命中问题要害,迅捷有力,快速破解学生心中疑惑,功效甚大,集中体现了朱熹在听到学生提问时,快速遣词造句的能力。此外,语体的斩截了断还取决于学生的智力水平,颖悟是斩截了断话语的一个重要条件,如:

> 问"一阴一阳之谓道"。曰:"此与'一阖一辟谓之变'相似。阴阳非道也,一阴又一阳,循环不已,乃道也。只说'一阴一阳',便见得阴阳往来循环不已之意,此理即道也。"又问:"若尔,则屈伸往来非道也,所以屈伸往来循环不已,乃道也。"先生颔之。②

董铢,字叔重,官金华县尉,勤苦力学,聪明睿智。朱熹爱其"勤且敏",诲之不倦。这则语录反映了董铢好学、颖悟的一面。学生颖悟,使朱熹斩截了断的文风顺理成章。上文董铢问"一阴一阳之谓道",朱熹回答,阴阳为体,循环不已为道,董铢能够做到举一反三,认为往来屈伸、永无休止的根源才是道的所在,这种颖悟使得朱熹不再措辞造句,而是用"颔之"表达对董铢颖悟的肯定和赞许。语言的斩截了断还与语言环境和思维的敏捷密切相关,如:

> 学《春秋》者多凿说。《后汉·五行志注》,载汉末有发范明友奴家,奴犹活。明友,霍光女婿,说光家事及废立之际,多与《汉书》相应。某尝说与学《春秋》者曰:"今如此穿凿说,亦不妨。只恐一

---

① 《朱子语类》,第1399页。
② 《朱子语类》,第1896页。

旦有于地中得夫子家奴出来，说夫子当时之意不如此尔！"①

这篇语录开篇即点名了话语发生的场景，解《春秋》者多穿凿附会，很显然，朱熹的语段即针对附会之风发声。家奴复活，能道尽主人家事，且与《汉书》相合，实是一个谎言。朱熹考其过程，先肯定一个荒谬的故事，沿着此逻辑再创设一个不可能发生的故事——夫子家奴复活，从而揭示《春秋》凿说者的荒谬。朱熹对讲解话语的构思实出于《春秋》凿说者的荒谬这一语言环境。语句斩截了断，构思奇巧，思维锐敏。

（二） 纡徐委婉

所谓纡徐委婉，是指朱熹《朱子语类》的语言能打破平铺直叙的声情形式，借助语言手段，形成曲折、婉转的语境，引发学生思考，以理解较难学术范畴的话语特征。

朱熹创造纡徐委婉表达效果的目的是给学生更多思考的空间。其构成方式有三，其一，改变说话方式；其二，调整说话的节奏；其三，问此而答彼。如：

> "鸢飞鱼跃"，某云："其飞其跃，必是气使之然。"曰："所以飞、所以跃者，理也。气便载得许多理出来。若不就鸢飞鱼跃上看，如何见得此理？"问："程子云'若说鸢上面更有天在，说鱼下面更有地在'，是如何？"先生默然微诵曰："'天有四时，春秋冬夏，风雨霜露，无非教也。地载神气，神气风霆，风霆流形，庶物露生，无非教也。'便觉有悚动人处！"②

这则语录最大的特点就是改变了说话的声情形式，第一问答是师生间普通的话语交流，朱熹揭示了万物含理这一世界的基本存在方式。很显然朱熹的回答远远超越了学生的理解，学生仅是现象上的理解，而朱熹却是哲理层面的回答。学生理解起来有了难度。为了使接下来的回答便于学生理解，朱熹诵读了一段文字，这段诵读增强了语言在格律上的声情特征。

---

① 《朱子语类》，第 2158 页。
② 《朱子语类》，第 1536 页。

刘勰讲"标情务远，比音则近"①，诵读对声律、声情的塑造必然给学生带来不一样的感受，引导学生含英咀华，回到原文解义的状态。所谓"端坐熟读""正文边自有细字注脚迸出来"②，诵读造成了纡徐委婉的表达效果，降低了学生在理解上的难度，这是《朱子语类》讲解艺术的一个细节体现。此外，停顿也是造成曲折委婉语境的一个话语方法。如：

> 黄先之问"物皆然，心为甚"。曰："物之轻重长短之差易见，心之轻重长短之差难见；物之差无害，心之差有害，故曰'心为甚'。"又曰："物易见，心无形。度物之轻重长短易，度心之轻重长短难。度物差了，只是一事差；心差了时，万事差，所以'心为甚。'"又曰："以本然之权度度心。"又曰："爱物宜轻，仁民宜重，此是权度。以此去度。"③

这段语录，朱熹对梁惠王之心的解读，回答了黄先之的疑问。值得注意的是，不长的语段被记录人用两个"又曰"分割成三个部分。这是记录人记录的停顿，还是朱熹的停顿？考察文意，被两个"又曰"隔开的三个部分意思是独立的，第一部分主讲"心之轻重长短之差"的内隐性和危害性。第二部分主讲物差一时差，心差万事差。第三部分主讲心权衡、度量外物的原则：物为轻，民为重。语意之递进顺序非常清楚。很显然这种停顿是朱熹有意为之，其目的就是延长学生理解和思考的时空，便于学生克服如台阶般的难度，一步一步实现对孟子仁政之灵魂的把握。两个停顿加大了语段讲解的时长和空间，造成纡徐委婉的讲解效果，这是朱熹匠心独运的结果。造成纡徐委婉的表达效果还可以借助话头改变，问此答彼，使学生陷入沉思。如：

> 黄景申嵩老问："仁兼四端意思，理会不透。"曰："谢上蔡见明道先生，举史文成诵，明道谓其'玩物丧志'。上蔡汗流浃背，面发

---

① 《文心雕龙今译》，第 306 页。
② 《朱子语类》，第 440 页。
③ 《朱子语类》，第 1223～1224 页。

赤色，明道云：'此便见恻隐之心。'公且道上蔡闻得过失，恁地惭
皇，自是羞恶之心，如何却说道'见得恻隐之心'？公试思。"久之，
先生曰："惟是有恻隐之心，方会动；若无恻隐之心，却不会动。惟
是先动了，方始有羞恶，方始有恭敬，方始有是非。动处便是恻隐。
若不会动，却不成人。若不从动处发出，所谓羞恶者非羞恶，所谓恭
敬者非恭敬，所谓是非者非是非。天地生生之理，这些动意未尝止
息，看如何梏亡，亦未尝尽消灭，自是有时而动，学者只怕间
断了。"①

这段语录造成纡徐委婉之境的方法与上两则不同，当黄景申问及"仁
兼四端"如何理解时，朱熹没有直接回答他的提问，而是给他讲述了谢良
佐的一则求学故事。谢良佐在恩师程颢指出自己问题时，汗流浃背。程颢
认为出汗是恻隐之心的外露，朱熹问黄景申，谢良佐的汗出表现的是恻隐
之心，还是羞恶之心？久之，黄景申无言以对。这个问此答彼的方式使黄
景申陷入沉思，中断了朱熹的讲述，造成了曲折之语境。殊不料朱熹叙事
后停顿"久之"，是为了接下来讲解"仁兼四端"所作的准备和铺垫。

在黄景申这一沉思过后，朱熹进行了深入讲解，这一波折的设置为黄
景申的思维注入了动力，思维的注意力和精华集中在"有恻隐之心，方会
动"上，即心动则是恻隐之心之发，是最基本的心理状态，其他三端皆从
动处发出。朱熹是有深意的，如果没有对谢良佐汗出事件的讲述，必然不
能使黄景申思维力集中，也必然不能让黄景申对"动处即恻隐之心"产生
体悟。对黄景申性格、学养和内心思维特征的熟知和把握，对"仁兼四
端"这一范畴精髓的了如指掌，以及讲解过程中问此答彼的情景设置，被
朱熹匠心独运，三者共同构成朱熹讲解的艺术过程，并形成委婉、顿宕的
语体风貌。

四 以理为文与典约、取乎质言与易俗

《朱子语类》的讲解风格还有两种更为鲜明的个性特色，那就是典约
和易俗，这与《朱子语类》的语体特征密切相关。"典约"缘自《朱子语

类》以理为文的语体特征，"易俗"缘自《朱子语类》"取乎质言"的语体特征。

（一）以理为文与典约

《朱子语类》的典约风格，吸收了刘勰《文心雕龙》概括的"熔式经诰，方轨儒门"之典雅与"核字省句，剖析毫厘"之精约的两长。① 所谓典约，是指朱熹在讲学过程中，运用抽象思维把历史事件中深刻的义理，用简洁的语言表述出来的一种话语风格，这种风格是以理衡史的结果，典是指对附着时代底蕴的历史事件的评价和衡准，约是指语言的高度概括性、义理的深邃性。这是由朱熹以理为文的语体特征造成的，朱熹力主道为"文之根本"，文为"道之枝叶"②。其讲解话语以是非得失为铨评历史事件的准的，语中含理、以语显理是朱熹说话和行文的当行。如：

> 权重处便有弊：宗室权重，则宗室作乱，汉初及晋是也；外戚权重，则外戚作乱，两汉是也。春秋之君多逐宗族。晋惠公得国，便不纳群公子。文公之入，即杀怀公。此乃异日六卿分晋之兆。③

话语开场，第一句话为行文冒子，总摄全篇之意。语短理长。接下来从"宗室权重"与"外戚权重"分述，对汉初与晋代宗室作乱、两汉外戚为祸的历史事实进行评判，"六卿分晋"实为历史得失之明证，回应了话语主旨。这则话语既揭示了操控历史事件之理，又行文简洁，成为典约文风的范例。又如他对历代文章的讲解，既表现了他的文道观，又是其典约文风的外化：

> 有治世之文，有衰世之文，有乱世之文。六经，治世之文也。如《国语》委靡繁絮，真衰世之文耳。是时语言议论如此，宜乎周之不能振起也。至于乱世之文，则战国是也。然有英伟气，非衰世《国语》之文之比也。楚汉间文字真是奇伟，岂易及也！又曰："《国语》

---

① 《文心雕龙义证》，第 1014 页。
② 《朱子语类》，第 3319 页。
③ 《朱子语类》，第 3209 页。

文字极困苦，振作不起。战国文字豪杰，便见事情。非你杀我，则我杀你。"①

这则语录中，朱熹高度概括了先秦、战国、楚汉时期的文章与社会历史的关系，并将文章分为"治世之文""衰世之文""乱世之文"。语录剖析了三个时期文章的不同社会历史内容和创作风尚，高度概括了"六经"、《国语》和"楚汉文章"的不同气质，又深度解析了三者形成的社会历史根源，呈现为一种典约而深刻、厚重而简练的语体风格。这种风格与朱熹日常的习好密不可分，他非常推崇曾南丰"文字峻洁"，喜言曾巩为陈后山改文字，数百字短篇，坐间即"削去一二百字"。② 这种省字约句的文字观影响到了朱熹的话语表达，使朱熹的语体形成典约之美。又如他对"兵刑"的讲解：

> 天下事最大而不可轻者，无过于兵刑。临阵时，是胡乱错杀了几人。所以老子云："夫佳兵者不祥之器，圣人不得已而用之。"狱讼，面前分晓事易看。其情伪难通，或旁无佐证，各执两说系人性命处，须吃紧思量，犹恐有误也。③

这则语录与上则语录风格相似，话语不多，但都揭示了兵刑两种为政工具本真的存在状态。用兵"错杀了几人"，听讼"系人性命处"，回应了冒子：兵刑为天下最大之二事。语言赅练，文字省净，义理深邃，为《朱子语类》典约之范。

综上，以上三则语录往往在开头用一句话提炼出一篇话语的中心，在讲解过程中精选典型历史事件或人物进行深入分析，得出深邃义理。或并列行文，或以总分、分总形式结构全篇，篇幅短小，义理深邃，表现了朱熹义理充盈、文字峻洁的语体风尚。

（二）取乎质言与易俗

所谓易俗，就是指《朱子语类》某些语录，用语通俗、直白，接近南

---

① 《朱子语类》，第 3297 页。
② 《朱子语类》，第 3309 页。
③ 《朱子语类》，第 2711 页。

宋俗语和白话，为当时不同身份、不同阶层的人所易懂易晓，近于"质言"的一种语体风格。朱熹认为古人文章惟"平说而意自长"，离骚"只恁说将去，自是好"①。他称赞三苏和欧阳修的文章，"只是平易说道理"，使用"寻常底字"，初不用"差异底字"。② 刘师培评价宋代语录"以语为文"，"不求自别于流俗"。③ 来裕恂《文章典》"种类篇"专列语录文，他认为唐代僧众以"俚语俗言书记师说"的行为影响到了宋儒语录的创制，其原意在于"取乎质言"。④ 从朱熹的喜"平说"，到刘师培评价语"以语为文"，再到来裕恂的"取乎质言"，都揭示了语录作为语体的内质，这种内质必然外化为《朱子语类》平易、质俗的文体特征，如：

> 高宗朝有朝士，后为尚书，建炎尝请驾幸福建，以为福建有天险。又上言，邵武南剑人，多凿纸钱，费农业，乞降旨禁之。或人家忌日之类，不得烧纸钱，只烧经幡一二纸，好笑如此！粘罕长枪大剑如此，而使若辈人谋国云云。邵武有文集。又有赵霈者，清献之孙，此时亦上言，圣节杀鸡鹅太多，只令杀猪羊大牲。适传有一"龙虎大王"南侵，边方以为惧。胡侍郎云："不足虑，此有'鸡鹅御史'，足以当之！"⑤

此则语录主讲南宋高宗时的政治状态，但细读语录，语体诙谐，通俗，有讽刺色彩，语义浅显，明了。语中之"龙虎大王""鸡鹅御史"等称谓，是当时家喻户晓的口头流布语。这些语录保留了南宋高宗时期白话语的原汁原味，是"取乎质言"的明证，也是《朱子语类》一种通俗易懂的语言风格。又如：

> 王拱辰作高楼，温公作土室，时人语云："一人钻天，一人入

---

① 《朱子语类》，第3299页。
② 《朱子语类》，第3309页。
③ 刘师培：《论文杂记》，《历代文话》第10册，第9501页。
④ 来裕恂：《汉文典·文章典》，《历代文话》第9册，第8685页。
⑤ 《朱子语类》，第3168~3169页。

地！"康节谓富公云："比有怪事：一人巢居，一人穴处！"①

这段话语篇幅短小，但实录了当时的语言材料，保留了对真实事件的真实评价，并且通俗易懂，形象诙谐，如"钻天""入地"为口语。"巢居"早见于《庄子》"盗跖篇"，晋张华有"南越巢居、北朔穴居"之语，"巢居穴处"合见于后魏卢之明《剧鼠赋》，被文人引为隐居的惯用语，钻天、入地二词则为宋人社井间常用语，文人语与日间俗语被朱熹随手拈来用入讲解话语，堪为"取乎质言"。语段语言平易、质俗，让人一览无余，滋味别具。再如朱熹对经典的讲解：

> 问"浸润之谮，肤受之愬"。曰："谮，是谮人，是不干己底事。才说得骤，便不能入他，须是闲言冷语，掉放那里，说教来不觉。愬，是诉，是切己底事。方说得缓慢，人便不将做事，须是说得紧切，要忽然间触动他。如被人骂，便说被人打；被人打，便说人要杀。盖不如此，不足以触动他也。"②

这篇语录纯用当时口语，如"不干己底事""切己底事""掉放那里""不觉""被人骂""被人打""被人杀"等，解释的内容却是《论语·颜渊》中的经典之句，这是《朱子语类》中一个普遍的语言现象，也是《朱子语类》易俗风格在朱熹讲解过程中的体现。同是对这段文字的讲解，《论语集注》的语言则呈现为"文言"书面语的风格：

> 毁人者渐渍而不骤，则听者不觉其入，而信之深矣。诉冤者急迫而切身，则听者不及致详，而发之暴矣。③

此段文字，语言典雅，接近于六经之文。六句话，上下相对，语义并出，句式有骈俪之态，色彩涌动，寓意雍容，徐徐而出，典雅纯真，无烟

---

① 《朱子语类》，第3284页。
② 《朱子语类》，第1083页。
③ 《论语集注》，《朱子全书》第6册，第170页。

火气和俗气，更无口语的"易俗、质实"之风，符合刘师培所说的"文言"一体。《朱子语类》与《论语集注》比并看，则《朱子语类》的易俗、质实之风与《论语集注》的典雅、骈俪之色不言自明。

五　讲解琐碎与问而不答、结体缜密

学生的提问虽然都集中在固定的范畴之内，但师生讲论的话语场景必然导致思维活跃，话锋多变，也迫使朱熹的解释话语趋于琐碎和凌乱，有"枝蔓荒芜"之势，这似乎是历代文人包括今人对《朱子语类》语体特征的认识。① 其实不然，刘咸炘在《宋元文派略述》中评朱熹之文专学曾子固，"缜密周至"。② 这种缜密也影响到《朱子语类》的话语讲解，尽管朱熹的讲堂需要活跃的气氛和踊跃的发言，但朱熹对学生的话语并不是有问必答，而是对于"枝蔓荒芜""另起炉灶"之言则闭口不答。如：

> 公晦问："'无声无臭'，与老子所谓'玄之又玄'，庄子所谓'冥冥默默'之意如何分别？"先生不答。良久，曰："此自分明，可子细看。"③

朱熹讲解的是《中庸》末章的内容，其主要原因在于课堂中心话语的纯粹性、义理研讨的透彻性和专一性。又如朱熹讲孟子浩然之气时，林问及"浩然之气便是《西铭》意思否？"朱熹要求学生"只据所读本文"逐字逐句理解，不须"旁引外说，枝蔓游衍"。④ 赵丞⑤问及"夫有所受之也"之意，朱熹训斥他"公如此看文字不得"，指出读《大学》要心在《大学》，读《论语》心在《论语》，待十分晓得，"无一句一字窒碍"，才可看别处。⑥ 朱熹还有三不答：问"易不当为卜筮书"不答；问"诗不当去小序，不当协韵"不答；问"大学敖惰处"不答。这种有问不答的形式

---

① 来裕恂：《汉文典·文章典》，《历代文话》第 9 册，第 8685 页。
② 刘咸炘：《宋元文派略述》，《历代文话》第 10 册，第 9754 页。
③ 《朱子语类》，第 1601 页。
④ 《朱子语类》，第 1237 页。
⑤ 陈荣捷《朱子门人》载数条朱子赵姓学生，只有赵师渊官居太常寺丞，推测此赵丞为赵师渊。
⑥ 《朱子语类》，第 1232 页。

必然约束朱子门人在与朱熹问答交流时的提问方向，这就使得师生共话的
《朱子语类》主题趋向一致，控制了课堂讨论的方向，从而使《朱子语类》
语体结体缜密而周至。另一种情况，朱熹当讲必讲，决不回避琐碎、繁
复。如其对《周易》贲卦的讲解：

> 问"贲于丘园，束帛戋戋。"曰："此两句只是当来卦辞，非主事
> 而言。看如何用，皆是这个道理。"或曰："'贲于丘园'，安定作
> '敦本'说。"曰："某之意正要如此。"或以"戋戋"为盛多之貌。
> 曰："非也。'戋戋'者，浅小之意。凡'浅'字、'笺'字皆从
> '戋'。"或问："浅小是俭之义否？"曰："然。所以下文云：'吝，终
> 吉。'吝者虽不好看，然终却吉。"①

这则语录有问答琐碎的特点，整个语录有四次问答，引入胡瑗《周
易》注，两次针对"戋戋"一词提问，给人以琐碎凌乱之感。其实不然。
整个语段语脉贯通，结体缜密，说理周至。

前两重问答主讲贲卦主旨。第一问答指出"贲于丘园"句主卦辞，意
在"如何用"，与朱熹"易为卜筮书"的观点一致。第二问答学生提出胡
瑗"敦本"说，也是针对卦辞主旨而发，为朱熹肯定，皆在阐释主旨范围
之内。

后两重问答主讲"戋戋"之意。第一问答学生释义为"盛多之貌"，
朱熹订正为"浅小之意"。第二问答，学生由"浅小"引申出"俭"之
意，朱熹答以"然"进行肯定。但是朱熹进一步指出卦辞之意"俭"与断
占之辞"吝，终吉"之间的逻辑关系，回应了首次答语"看如何用"，这
就将"易为卜筮书"这一规律性的判断贯穿整个语段，语脉富有张力而流
畅贯通，又把数次问答自然结为一体，缜密而周至，了无遗憾。断占之辞
对语段结体发挥了重要作用。

朱熹如何把貌似琐碎、凌乱的话语结为一体呢？我们看下则朱熹对
《洪范》文段的讲解：

---

① 《朱子语类》，第 1782～1783 页。

今人将"皇极"字作"大中"解了，都不是。"皇建其有极"不成是大建其有中；"时人斯其惟皇之极"，不成是时人斯其惟大之中！皇，须是君；极，须是人君建一个表仪于上。且如北极是在天中，唤作北中不可；屋极是在屋中，唤作屋中不可。人君建一个表仪于上，便有肃、义、哲、谋、圣之应。五福备具，推以与民；民皆从其表仪，又相与保其表仪。下文"凡厥庶民"以下，言人君建此表仪，又须知天下有许多名色人，须逐一做道理处著始得。于是有"念之"，"受之"，"锡之福"之类，随其人而区处之。大抵"皇极"是建立一个表仪后，又有广大含容，区处周备底意思。尝疑"正人""正"字，只是中常之人，此等人须是富，方可与为善，与"无常产有常心"者有异。"有能、有为"，是有才之人；"有猷、有为、有守"，是有德之人。"无偏无陂"以下，只是反复歌咏。若细碎解，都不成道理。①

把主旨的整体性贯穿于讲解的全过程，是此段话语结体缜密的关键。

语录末一句中"若细碎解"，为结体之句，从反面指出整篇语录的结体之据。朱熹是怎么从整体角度讲解《洪范》本意呢？

《朱子语类》中有 42 条语录记载了朱熹讲解《洪范》的过程，他把"皇极"二字当作疏解《洪范》本义的枢纽，并判断"此是人君为治之心法"，这为他"格君心"的政治主张提供了理论依据。因此，客观上"皇极"一词成为本节的高频词。所谓讲解的整体角度，即朱熹在此段总以"皇极"之义为呼应，也势所必然成为立意之中心。

此篇语录是针对《洪范》中箕子陈政的第五部分内容所作的讲解，语录分为四部分："今人将'皇极'"至"相与保其表仪"，"下文'凡厥庶民'"至"区处周备底意思"，"尝疑'正人'"至"是有德之人"为前三部分，"'无偏无陂'"至文末为第四部分。

第一部分，朱熹把"皇极"解释为"人君建此表仪"，从而推出"肃、义、哲、谋、圣"之意，以回应《洪范》前文箕子陈政的内容：五事。朱熹在其他语篇把它作为人君正身的标准："貌恭、言从、视明、听

---

① 《朱子语类》，第 2046~2047 页。

聪、思睿"。这是人君表仪的主要内涵。①

第二部分主讲"凡厥庶民"对"人君建此表仪"的"区处":"念之","受之","锡之福"。

第三部分主讲"凡厥正人"对"皇极"的"区处"。

第四部分主讲"无偏无陂"所领起的 14 句四字歌谣,皆是歌咏"皇极"之意。值得重视的是"若细碎解,都不成道理"的句意,朱熹意指所在,不仅 14 句歌谣不能做细碎解,而且一个语段、一篇文章、一部经典作品之义也不能做细碎解,必须从整体性入手,找到贯穿全篇的道理,道理明,经义则明,依道理解释经典,从整体性解释经典是朱熹解释经义的基本原则,贯穿于《朱子语类》全书的每一篇语录中。这也是朱熹讲解《洪范》语录结体缜密、周至的原因所在。

依道理解释经义的原则贯穿了朱熹讲解古代经典的全过程,这使得《朱子语类》的话语段落呈现为前后通贯、浑然一体的体貌特征。如他对《春秋》中"天王"一词的讲解:

> 《春秋》有书"天王"者,有书"王"者,此皆难晓。或以为王不称"天",贬之。某谓,若书"天王",其罪自见。宰咺以为冢宰,亦未敢信。其他如莒去疾莒展舆齐阳生,恐只据旧史文。若谓添一个字,减一个字,便是褒贬,某不敢信。威公不书秋冬,史阙文也。或谓贬天王之失刑,不成议论,可谓乱道!夫子平时称颜子"不迁怒,不贰过",至作《春秋》,却因恶鲁威而及天子,可谓"桑树着刀,穀树汁出"者!鲁威之弑,天王之不能讨,罪恶自著,何待于去秋冬而后见乎!又如贬滕称"子",而滕遂至于终春秋称"子",岂有此理!今朝廷立法,降官者犹经赦叙复,岂有因滕子之朝威,遂并其子孙而降爵乎!②

在这则语录中,"若谓添一个字"至"某不敢信"之句是本篇语录的文眼,也是本篇语录结体的关键,恰如一条绳索。书"王"、书"天王"

---

① 《朱子语类》,第 2045 页。
② 《朱子语类》,第 2145~2146 页。

事，不书"秋冬"事，"滕称子之事"，恰如一地散钱。朱熹用这句话把本不关联，但事理相通的三件事连接在一起，实现了结体缜密、周至。

三件事的原因各个不同。书"王"与不书"王"原因难明，是史书存在的真实状态。但不能解释为作者别有用意。威公事不书秋冬，是史书阙文的现象，不能解释为孔子厌恶鲁威公而迁怒周天子，从而指责周天子"失刑"。滕朝拜鲁威公称子别有道理，不能是贬斥滕子。

朱熹对程沙随解释"滕朝威称子"的原因非常赞许，程沙随认为春秋时期小国事大国，其朝聘的贡赋多少与爵位的崇卑一致，爵位低则贡赋少，滕称子而不称侯，就可以减少贡赋。① 因此，滕称子之事，其理蕴于本身，而不是孔子有褒贬之意。

朱熹讲解《春秋》，以《春秋》纲领统率整个讲解过程，其怀疑添减文字寓褒贬的主张成为其讲解《春秋》的纲领之义，是《春秋》一书中自含之理，也是朱熹本篇语录结体缜密的原因所在。

朱熹讲解每篇语录的具体结体方式不一，《周易》贲卦以"断占之辞"结体，《尚书》"洪范篇"以"若细碎解，都不成道理"句结体，讲解《春秋》的语篇，以"若谓添一个字，减一个字"之句结体，但是每一种具体结体方式都是经过对该书大量事件分析、衡准之后而得出的事理。以书中之理结体是朱熹讲解古代经典的语录结体方式。如《周易》是占筮之书，《洪范》当从整体看，《春秋》义例不可信，等等。

六 高瞻远瞩之法与深邃、壮远之境

朱熹在《朱子语类》的讲解中，往往把道学理论放入学术史的发展过程中去思考，将"道学之用"与历代政治密切结合起来，这样，就描绘出一种深邃、壮远的境界。何谓深邃？它是指朱熹在讲解过程中，对儒家经典阐释的微妙性和深刻性，既是指区分、筛选、辨别之后的精纯，也是对社会发展规律和道学传承的概括，给人以醍醐灌顶、境界飞升的感觉。何谓壮远，它是指朱熹学术境界的前瞻性、学术内容的普世性和学术指归的实践性。

朱熹对儒家经典，尤其是对《尚书》"大禹谟篇"的讲解融入了他对

---

① 《朱子语类》，第 2154 页。

道学之用与南宋社会发展关系的思考。朱熹对《大禹谟》的讲解有语录54条，其讲解主旨紧紧围绕"人心惟危，道心惟微，惟精惟一，允执厥中"四句展开。朱熹认为，尧舜时未有文字，这四句是"其相授受口诀"[①]。朱熹对这四句的释义主要集中在"道心"与"人心"两个范畴上，涉及语录34条之多，占此节语录总数近63%，对尧舜之道的阐释，从来没有一个讲解者如斯之勤勉，如斯之精细。

讲解"人心"，他说："知觉从耳目之欲上去"[②]"如船""知觉得声色嗅味""不全是不好""饥食渴饮""形骸上起的见识""人身上发出来的""无故而喜过而不能禁""无故而怒甚而不能遏""见那边利害情欲之私""自道心而放之""人欲便是人心""气质之心"。

讲解"道心"，他说："知觉从义理上去""如舵""知觉得道理的""义理上起的见识""知觉从君臣父子处""喜其所当喜""怒其所当怒""见这边道理之公""得饮食之正""非其道非其义，万钟不取""天理便是道心""知觉义理的"。

朱熹通过大量语录的讲解甄别审慎"道心"与"人心"二者之意，确立了"道心即天理"这一崇高而理想的论断，并将"道心"这一天理纳入道统传承体系里：

> 林恭甫说"允执厥中"，未明。先生曰："中，只是个恰好底道理。允，信也，是真个执得。尧当时告舜时，只说这一句。后来舜告禹，又添得'人心惟危，道心惟微，惟精惟一'三句，是舜说得又较子细。这三句是'允执厥中'以前事，是舜教禹做工夫处。说道'人心惟危，道心惟微'，须是'惟精惟一'，方能'允执厥中'。尧当时告舜，只说一句。是时舜已晓得那个了，所以不复更说。舜告禹时，便是怕禹尚未晓得，故恁地说。《论语》后面说'谨权量，审法度，修废官，举逸民'之类，皆是恰好当做底事，这便是执中处。尧舜禹汤文武治天下，只是这个道理。圣门所说，也只是这个。

---

① 《朱子语类》，第 2015 页。
② 本节关于朱熹道心、人心的讲解之语，引自《朱子语类》第 2009 ~ 2018 页，下文不另出注。

虽是随他所问说得不同，然却只是一个道理。如屋相似，进来处虽不同，入到里面，只是共这屋。大概此篇所载，便是尧舜禹汤文武相传治天下之大法。虽其纤悉不止此，然大要却不出此，大要却于此可见。"①

他说"尧舜禹汤文武治天下，只是这个道理"，而且"圣门所说，也只是这个"。"道心即天理"的论断将三代之政与"程朱理学"连接起来，他又说："孟子后数千载，乃始得程先生兄弟发明此理。"② 又引述蔡季通的话："天先生伏羲尧舜文王，后不生孔子，亦不得；后又不生孟子，亦不得；二千年后又不生二程，亦不得。"③ 因此就有了朱熹的道统论：尧舜之道至孟子不传，至周敦颐、二程、张载，道学复传。余英时在《朱熹的历史世界》一书中对这则语录做出评价："朱熹竟在不经意处透露出他内心的想法：孔子以下道学的中心关怀也仍然是'治天下'。"④

为了阐明道学绍继前圣之志，关注"治天下"，关注南宋之政治，朱熹在《大禹谟》这一节的讲解语录中广征博引。他申明孔门之学绍述尧舜相传的"道心"，引入《论语》"尧曰篇"两则语录，其一："谨权量，审法度，修废官，四方之政行焉。"⑤ 鸿胪掌"称物平施"之职，大司农掌"量多少"之职，廷尉掌"度长短"之职，朱熹意在整顿吏治、修明法度。为了阐明此意，此节语录插入对南宋政治的讲解："今之士大夫耻为法官，更相循袭，以宽大为事，于法之当死者，反求以生之。"语锋直指南宋宰相王淮："王季海当国，好出人死罪以积阴德，至于奴与佃客杀主，亦不至死。"⑥ 朱熹的讲解勾连了古今之政，阐明了三代刑法的意义："辟以止辟"，杀人，仁爱之实，行乎其中。其引述第二则语录："兴灭国，继绝世、举逸民，天下之民归心焉"之"举逸民"。⑦ 南宋有"才行超逸不仕

---

① 《朱子语类》，第 2016~2017 页。
② 《朱子语类》，第 2350 页。
③ 《朱子语类》，第 2350 页。
④ 《朱熹的历史世界》，第 31 页。
⑤ 程树德：《论语集解》，中华书局，1990，第 1751 页。下引《论语集解》，皆出此本。
⑥ 《朱子语类》，第 2009 页。
⑦ 《论语集解》，第 1754 页。

者"，则躬举于朝为官的惯例，此条语录以《论语》政治思想为南宋政治注入了活力。朱熹还把孟子"有放心而不知求"的思想悄然融汇于讲解之中①，他说："自人心而收之，则道心"，"自道心而放之，便是人心"。其引庄子"其热焦火、其寒凝冰"之句来描述"徇人欲，自是危险"。他引《中庸》"博学之、审问之、谨思之、明辨之"之句说"惟精"之意；引"笃行"之句说"惟一"之意；引《大学》"格物致知"句，讲明"非惟精不可能"；引"诚意"，讲明非"惟一"不可能。窦从周引《周易·系辞上》"寂然不动"说"道心"，引"感而遂通"②说"人心"，朱熹批评其割裂"道心"与"人心"，进一步指出"尧舜禹所传心法，只此四句"。

凡此种种场景，都为《朱子语录》实录，朱熹在诠释概念的时候，把要解释的词语放入一个广阔深远的学术史背景之中，将概念的诠释与整个道学的学术体系联系起来，又将"三代政治""圣门所说""道学之用""南宋政治"等更为重大的学术问题结合起来，开创了中国学术史的新领域，将学人带入宋代理学"为去圣继绝学，为万世开太平"之理想境界。③唐文治在《国文经纬贯通大义》中提到"高瞻远瞩之法"，认为孟子"好辨篇"与"伊尹割烹篇"有"振衣千仞岗，濯足万里流"之概。毋庸置疑，孟子自道："禹抑洪水而天下屏""周公兼夷狄驱猛兽而天下宁""孔子成春秋而乱臣贼子惧""我欲承三圣哉"！这种传承道统之心，绝少烟火气，唐文治对孟子文章的评价也同样适用于论朱子文章。

刘勰《文心雕龙》有"壮丽"一格，有近于朱熹。《斠诠》如此解释：壮丽之体，议论高超，规模宏肆，光辉卓绝，才藻瑰异。④朱熹之文固不善"才藻瑰异"，但用"议论高超，规模宏肆，光辉卓绝"之句来评价他对《大禹谟》的讲解，一点都不过分。朱熹在学术经典的讲解中所开创的境界是一种深邃、壮远的理学之境。

---

① 《孟子译注》，第 267 页。
② （三国）王弼注，楼宇烈校释《周易注》，中华书局，2011，第 354 页。
③ 《张载集》，第 320 页。
④ 《文心雕龙义证》，第 1017 页。

第四节　朱熹对"四书五经"
文章学层面的把握

朱熹对"四书五经"的讲解艺术，首先以对"四书五经"的文章学把握为基础。讲解过程中贯穿了他本人的文章学观点。他对文章立意的看重，影响到他讲解过程中对"求圣人之意""淫诗说"等观点的确立。他推崇孟子文章的"血脉贯通"。《诗经》的"人长一格"，标榜"四书"的"大文章论"，以及对各书文体结构的论述，都是他对文章学的贡献。尤其是他在解释前代经典中的识见和独创，开辟了文章学的新领域，也为读者培养识见能力提供了有效途径。

一　求圣人之意与淫诗说——对文章立意的研究和讲解

朱熹的"求圣人之意"，就是探究圣人作经的目的与经文本来的意旨，也就是对"四书五经"作者立意的研究。讲论学问始终不离圣人本意是朱熹讲解儒家群经的基本原则。这一原则渊源有自，它来源于朱熹和弟子对程颐语录关于读书的讨论。程颐认为阅读圣人经典应该体察圣人"所以作经之意"和"所以用心"之处。朱熹肯定程颐的观点，并作了进一步讲解，指出今人不会读书的根源，在于"不曾求圣人之意"，偶尔有所收获，"才拈得些小"，"便把自意硬入放里面"，任意发挥，"胡说乱说"，因此从经文中得到的便不是圣人的最初立意了。①

体察作者立意，讲解群经要旨是朱熹讲学的一个特征。朱熹在讲解"四书"与"五经"的每一部书之前，都要以大纲的形式对该书进行综述，尤其是对该书的主旨和立意作深入的探讨和讲解。朱熹说："文字。无大纲领，拈掇不起。某平生不会做补接底文字，补凑得不济事。"②

黄士毅也注意到了朱熹这种讲解特点，因此在编纂《朱子语类》这部分内容时，在每一部书的讲解语录前都冠之以"纲领"的门目。因此《朱子语类》中出现了《大学》纲领、《语孟》纲领、《中庸》纲领、《诗经》

---

① 《朱子语类》，第 444 页。
② 《朱子语类》，第 3322 页。

纲领、《周易》纲领、《春秋》纲领等内容。

在《大学》纲领中，朱熹指出《大学》是为学纲目，能够统帅群经，把《大学》读完，再读群经，就会明白"格物、致知事"，"正心、诚意事"，"修身事"，"齐家、治国、平天下事"，进而概括为外王内圣，以"三纲八条目"为后世学人所祖述。《大学》的立意是最好的，也是朱熹最为推崇的。

朱熹讲解《周易》时，始终把它作为占筮书来对待，这与朱熹对《周易》立意的理解密切相关。他说《周易》本为卜筮而作，上古人民淳朴质实，没有文字之义，画卦画来"开物成务"。他的立论依据是"夫易开物成务冒天下之道如斯而已"，占筮就是圣人作易的本意和主旨。①

废序读诗，是朱熹《诗集传》解经的一个创造，也是朱熹讲解《诗经》、寻求诗人立意的一个必然结果，他在讲解郑、邶、鄘、卫诗时指出，郑卫之音，"大段邪淫"，用之宗庙，"岂不亵渎"，《国风》也"多有邪淫者"。朱熹具体列出：《子衿》是"淫奔之诗"，不是"学校中气象"；"狂童之狂也切"是"淫奔之辞"！② 朱熹对《国风》的评价可以说石破天惊，这种评价势必带来对"思无邪"的重新解释，因此朱熹晚年用"善者可劝和恶者可戒"来完善对"思无邪"的解释。

还原《诗经》作者立意，必须废序读诗，同时批判不正确的解诗方法。朱熹发现《诗大序》是卫宏所作，彻底推翻了汉儒解经恪守《大序》，未见诗人当初立意的解诗模式。同时朱熹反对"以史解诗"，反对借史实牵强附会来解释《诗经》的方法。朱熹称毛氏为山东老学究，专门从《左传》《史记》中择取史学家否定的郑忽、卫倾公、陈僖公的事例，分别与《郑风》《柏舟》《衡门之诗》联系起来，指出这些人得"恶谥"，"传中载其人之事"，那么山东学究在解诗时，便将"一时恶诗，尽以归之"。③ 很显然，朱熹注意到了汉儒解诗，没有在诗人立意上下功夫，而是添加己意。莫砺锋称这些"己意"为"瓦砾"，认为朱熹的淫诗说还原了《诗经》本义，搬开了覆盖《诗经》千年的"瓦砾"，朱熹的开创之功就在于

---

① 《朱子语类》，第 1620 页。
② 《朱子语类》，第 2090~2091 页。
③ 《朱子语类》，第 2090~2091 页。

对《诗经》最初立意的把握和深研。

朱熹对"四书五经"立意的把握是他讲解儒家群经的核心，朱熹将这种把握称之为"纲领"，《大学》重规模，《周易》重占筮，《诗经》强调废序，都是其在各书纲领中提出的主张，这是朱熹对经典最初立意进行研究的卓越成果，对后世影响深远。

二 大文章观念与经书结构的讲解

朱熹在淳熙四年（1177）序定成《四书章句集注》，淳熙九年（1182）朱熹第一次把《大学章句》《中庸章句》《论语集注》《孟子集注》编撰在一起，在婺州刊刻，世称"宝婺本"。朱熹序定"四书"的顺序是《大学》《中庸》《论语》《孟子》。但是这与他讲解"四书"的顺序有细微的差异，朱熹讲解"四书"的顺序是《大学》《论语》《孟子》《中庸》。为什么朱熹把《中庸》放在最后讲解，这与朱熹对四部书的整体认识和个性把握分不开，这种整体认识和个性把握形成了朱熹的四书学，并且开始与"五经"并列，这些认识是对四部书的个性特征以及"四书"之间关系的一种文章学把握，进而把《大学》《论语》《孟子》《中庸》当作一篇育人"大文章"来阅读和讲解。四书学是南宋教育教学的最基本形式，也对元明清教育教学产生了深广的影响，究其原因就是朱熹关于"四书"的"大文章观念"。

首先，朱熹对"四书"中每一部书的特性都有深刻的认识，朱熹在给弟子的讲解中指出，《大学》之书，重在为学"规模"；《论语》之书，重在"根本"；《孟子》之书，重在"发越"；《中庸》之书，重在"微妙"。① 很显然，《大学》的三纲八条目是"学为君子"的总体理想和各阶段的具体规划，《论语》描述了"仁""礼"等儒教教育教学的最基本范畴，《孟子》以《论语》为基础，进一步阐发，推广孔子的儒学观念。《中庸》是明道之书，是阐发前三部书"所以然"之书，是纯粹理论之书。

其次，朱熹给学生确定了四部书阅读的顺序，先读《大学》，次读《论语》，再次读《孟子》，最后读《中庸》，这样的阅读顺序是按照四部书学习认知的难易程度来安排的。朱熹认为《大学》"易晓，宜先看"，

---

① 《朱子语类》，第249页。

《论语》言语零碎，初读有难度，《论语》是儒学根本，因此应先于《孟子》阅读，《孟子》之书存在大量的"感激兴发人心"之处，只能放在《论语》之后阅读。① 《中庸》是"四书"中难度最大的，较为抽象，多为阐发道理，因此放在最后阅读。

朱熹序定"四书"的顺序与其讲解"四书"的顺序不同，反映了朱熹"大文章"的观念以及讲解的艺术。"四书"有一个共同的指向，就是用四书学的思想来展开教育教学，引导宋代学人"学为君子"，从而发挥学术之用，影响和指引个体问学和社会群治，这是朱熹的"大文章"观念。朱熹对"四书"的讲解顺序遵循由简单到复杂、由容易到困难的认知规律，既注意到教学内容本身的难易程度及各部分之间的关系，又注意到弟子本身的心理认知规律，这种对"四书"的讲解布局是对规律的遵循与充分运用，集中体现了朱熹的讲解艺术。

朱熹对经书的结构有充分的认识，并做了清晰的讲解，这为全面掌握经书的思想起到了提纲挈领的作用。朱熹认为《论语》是"每日零碎问"，如同"一勺水"，但零零星星，万语千言，"合成一个大物事"，并且指出《孟子》与《论语》二书结构的不同，告诫弟子要充分认识这种不同，才能更好地理解两部书的内涵。② 他说："如入个门，方知门里房舍间架。若不亲入其门户，在外遥望，说我皆知得，则门里事如何知得。"③ 朱熹的设喻强调了两部书文本结构及内部层次关系差异，对两书结构的认识，有助于对两书思想的理解和掌握。

朱熹注意到了《诗经》的结构，他说《诗经》头项繁多，其中最主要的有三个方面："音韵"、"训诂名件"、"文体"。④ 这三个方面也是从《诗经》的结构入手的，音节、意蕴和艺术表现是《诗经》的构成要素。

对《左传》的讲解，朱熹也从结构入手，从春秋十二公各个不同的历史时期对这部书进行把握，把这段历史划分为"号令不行"的"隐威之时"，"政自诸侯出"的"庄僖之时"以及"政自大夫出"的"定哀之时"等三个组成部分，然后引导学生平心静气去考察各个历史阶段的事理、事

---

① 《朱子语类》，第 249 页

② 《朱子语类》，第 428~429 页。

③ 《朱子语类》，第 428 页。

④ 《朱子语类》，第 2082 页。

情和事势。① 三个历史阶段是历时结构的分析，事理、事情、事势是空间结构分析，前者注重事件的发生、发展、繁盛、衰亡的纵向过程，后者注重事件的由表及里、由浅入深的空间要素，这两个向度的分析和讲解，使得朱门弟子对《左传》这部书的结构有了清晰的轮廓认知和整体的把握。

朱熹关于"四书"的"大文章"观念及其从文章结构的角度讲解儒家群经，折射了朱熹文章学观念，以"四书五经"为文章规范，客观上主导了朱门弟子对作为文章的儒家经典的模仿和学习。

三 "血脉通贯"与"人长一格"——文章技巧与鉴赏论

朱熹认为《孟子》是"第一等文章"，要求学生熟读《孟子》，体会孟子作文之法，朱熹从文章学的角度对《孟子》卓越之处做了具体总结："首尾照应，血脉贯通，语意反复，明白峻洁，无一字闲"。② 在这二十字的评价之中，"血脉贯通"是其中心语，何谓"血脉贯通"？这是朱熹讲解"夫子加齐之卿相章"提到的概念，主要是指语意和情感的衔接和转换，都非常顺畅和自然，并且行文前后一致，顾首兼尾。

如朱熹对公孙丑与孟子的三次问答所作的讲解，整个语段层次之间衔接自然，语意圆润，浑然一体：

> 公孙丑初间谓任此重事，还动心不动心？孟子答以不动心极容易底事，我从四十已不动了。告子又先我不动心。公孙丑又问不动心有道理，无道理，孟子又告以有。于是又举北宫黝孟施舍之勇也是不动。然彼之所以不动者，皆强制于外，不是存养之功。故又举曾子之言云，自反缩与不缩。所以不动只在方寸之间。若仰不愧，俯不怍，看如何大利害，皆不足以易之。若有一毫不直，则此心便索然。公孙丑又问孟子所以不动者如何，孟子遂答以"我知言，我善养吾浩然之气"。若依序问，当先问知言。公孙丑只承孟子之言，便且问浩然之气。③

---

① 《朱子语类》，第 2148~2149 页。
② 《朱子语类》，第 436 页。
③ 《朱子语类》，第 1233 页。

朱熹在这一文段里，详细讲解了孟子与公孙丑关于"加齐之卿相"是否动心的三次问答。朱熹重点详解公孙丑与孟子问答之间的衔接和连贯，孟子的答言突出北宫黝、孟施舍与曾子的"不动心"之异，前者为血气之勇，后者为存养之功，这是人们面对万乘卿相不动心所含之理，公孙丑又问及孟子不动心之由，孟子提到"知言养气"，提问依次展开，孟子的回答从不偏离公孙丑"不动心"这一提问核心，一问一答之间，紧密衔接，从不枝蔓。朱熹不仅注意到了孟子之答与公孙丑之问的衔接，而且也注意到了公孙丑之问与孟子答言的衔接。公孙丑为何先问"浩然之气"，后问"知言"，朱熹解释为"承孟子之言"。问答之间的衔接转换，不间不隔，不疏不离，浑然形成一个整体，如行云流水，自然流转，顺畅贯通。因此朱熹评价《孟子》的这段文字："此一段为被他转换问，所以答得亦周匝。然止就前段看语脉气象，虽无后截，亦自可见。前一截已自见得后面许多意足。"①

朱熹所讲的血脉贯通，不仅是指行文之中的流转自然，前后衔接，语义一致，而且也是指各部分之间语意的引导、统帅，及前后的推助与配合。

朱熹把这一章内容归纳为"知言"、"养气"和"心不动"三个部分。他说能做到"知言"和"养气"，其结果必然是"心不动"，"知言"是根本，"养气"是推助。朱熹把孟子此段的行文譬喻为"行军"，"知言"是"先锋"，以辨别虚实，"心"是"主帅"，"气"是"卒徒"。② 孟子之文"前有引导"，"后有推助"，自然能够摒除外界的纷扰和内心的恐惧，心如止水而"自胜"，孟子之文与孟子不动心达到了最完美的融合，因此朱熹认为此章"血脉贯通"，而且"知言养气""淫诐邪遁之辞"，方有"下落"，渊源首尾，各得其所。朱熹进一步指出"集义工夫"，在"知言"之后，只有做到"知言"，才能够做到"集义"。

通观朱熹对"夫子加齐之卿相"一章的讲解，主要侧重在孟子对语脉和义法的把控上。孟子在语脉上做到了问答的衔接连贯，流转自如。在义法上，通过章节的巧妙安排，实现了"知言"为先锋、"不动心"为主帅、

---

① 《朱子语类》，第 1233 页。

② 《朱子语类》，第 1235～1236 页。

"养气"为"徒卒"的行文格局，使各个部分之间的语意不是孤立封闭的，而是形成了一个引导、推助、统帅、呼应的生态系统。孟子的文章，语意反复皴染，回环映照，节次先后，逻辑有序。朱熹推崇孟子的文章，主要推崇他的行文章法，有了章法才能达到"血脉贯通"的标准，才能成为天下"第一文章"。

朱熹在讲解《诗经》时提出了"读诗便长人一格"的观点。① 这里的格是指格局、格调和境界。"长人一格"即超越普通格局，而自成高格，超拔文本之境，而达于"旨外重旨"。它既是指文体自身的艺术表现，也是指欣赏者通过自身素养而达到的审美之境，读者领会"旨外重旨"的审美境界，根植于作者匠心独运的艺术表现。众所周知，文体是以情感和义理为构成要素的艺术表现及其构成体貌，朱熹认为诗之兴体，实现了"长人一格"。兴的关键，不在于兴之物，而在于"兴起人意处"。"兴起人意处"即诗人的艺术表现，所谓言在此，而意在彼，也是读者欣赏诗歌时要达到的"重旨"之境。

朱熹以"丰水有芑，武王岂不仕"之句来支撑自己"长人一格"的观点。"丰水有芑"句出自《大雅》"文王有声"，陈子展《诗经直解》注：文王伐崇以后都丰，武王灭纣以后都镐。② 朱熹《诗集传》仅注：镐京犹在丰水下流，故取以起兴，言丰水犹有芑，武王岂无所事乎。③ 而没有提到武王伐纣事，这与朱熹《朱子语类》中"兴之一体，不必更注解"的讲解原则一致。然而朱熹所说的"兴起人意处"意指诗中"贻厥孙谋"及"以燕翼子"，当然也包括陈子展所注诗外"武王伐纣都镐"事件。朱熹不注"武王伐纣都镐"，不损害"兴体"之"隐"，却强调兴体的高妙所在，让读者自己体会"丰水有芑"之"兴起人意处"，这一讲解之法，顺应了兴体含蓄的特征，远远超越了陈子展注解质实、外露的水平。

刘勰在《文心雕龙》"隐秀篇"中提到根植于"心术之动"的"文外之重旨"④，这与朱熹"长人一格"的主张，似乎相近。刘勰认识到"隐"是一种文体，它的体貌特征呈现为"义生文外"、"秘响旁通"与"伏采

---

① 《朱子语类》，第 2084 页。
② 《诗经直解》，第 906 页。
③ 《诗集传》，第 189 页。
④ 《文心雕龙义证》，第 1483 页。

潜发"。这些体貌特征是艺术表现"心术之动"的结果。刘勰关注的是文体论，他解析了文体内部关系以及外部表现，阐释了作者综合运用义理、情感、形相等文体要素进行艺术表现的原理，深层剖析"文情之变"，因此，刘勰关于"隐"体理论的阐述，更多的属于以作者为中心的创作论范畴。刘勰对"隐体"的阐述，需要借助作者的"心术之动"，需要在文中创造"爻象之本卦"与"川渎之珠玉"。刘勰的创作论解决的是作者与作品之间的矛盾，即处理作者与作品之间的关系。但朱熹的"长人一格"与刘勰"文外重旨"有相通之处，更有不同之处。

朱熹的"长人一格"论，谈到了"兴体"及其创作原理，而且朱熹所讲之"兴体"与刘勰之"隐体"都具备"文外重旨"的相同特征，但朱熹"长人一格"论的重点是讲解和以读者为中心的鉴赏，是对读者鉴赏能力的培养和提升，是读者素养论。他关注更多的是读者如何才能领会兴体，如何在阅读过程中把握兴体的内部关系和外在表现，体察作者之"兴起人意处"，从而领会文外重旨。朱熹的理论涉及作者、作品和读者三者的关系，对三者关系的处理是朱熹讲解艺术的核心所在，也是刘勰《文心雕龙》的欠缺之处。

四 识见与创新——朱熹对前人文章的评价与订正

刘熙载在谈识见对文章的价值时推崇"文以识为主"，作者如果没有"高卓精审"的识见，那么文章立意就不能切中肯綮，所以他在才、学、识三者的比较中，尤重识见。① 章学诚在《说林》中谈到文辞与志识的关系时，连用六组譬喻，把文辞依次比作"三军""舟车""品物""金石""财货""药毒"，把志识依次比作"将帅""乘者""工师""炉锤""良贾""医工"，强调志识的重要性。② 他认为"持世者，存乎识"，六经三史，对于没有识见的人来讲，都成了"瘴疠"之病。刘、章二人的观点非常接近，都推崇作者的远知卓见在文章中的地位和作用。

朱熹在讲解儒家群经时，也注重识见，但他强调的是讲解者和读者的识见，要见他人之所未见，要见之确，见之深，见之用。

① （清）刘熙载：《艺概》，上海古籍出版社，1978，第38页。下引《艺概》，皆出此本。
② 《文史通义》，第406~412页。

所谓见之确，就是在众多的见解当中秉持正确见解，追求真知和识见。朱熹在讲解孔壁《尚书》时，认为孔安国《尚书》是伪书，是"晋宋间文章"。① 他的观点建立在对"孔壁存书"和"伏生传书"两种文章的比较上，千百年流传之本与灰烬残壁之书无一字差别，孔安国《尚书》的文章体貌与"重厚有力"的先汉文章不同，且自汉至宋，未见流传。无疑，朱熹的持论公允平正。对于正确的观点，朱熹不仅坚持，而且花大精力为之辩护。朱熹发现汉代尊序解诗的错误，认为小序为卫宏所作，依据《史记》《左传》的人物和事迹，附会己意，歪曲《诗经》原意，在这一点上他与吕祖谦尊序解诗的主张发生了矛盾，他说吕祖谦在《诗纲领》第一则沿用了谢良佐"怨而不怒"，尊序解诗，远离了《诗经》本义，是"先瞎了一部文字眼目"，为自己废序说张本辩护。② 朱熹在讲解儒家群经的过程中，不仅见人所未见，而且识见高远真灼，并且多所坚持，恒守真理。

所谓见之深，不仅是指文章作者的识见，更是指读者的识见。朱熹讲解儒家群经，鼓励门人弟子要识见超群，对文章不仅要识其外，而且要识其内；不仅要知其实，更要知其虚；不仅要看到文字，而且要得其"意味"。③ 他对林武子讲解《小宛》"题彼脊令"一诗时，提出诗里有"说不得"的意思，而"解不得"的意思又在"说不得"的意思里面。识见超群，体悟深刻，就是指对这种"说不得""解不得"之意的洞察和深究。《诗集传》中朱熹的注解为，不要"暇逸取祸"，以致不能相互救恤，而应夙兴夜寐，不辱没父母。④ 这是"说得""解得"的意思，是文字的直解，那么，朱熹所说的诗之意味何在？《朱子语类》中，朱熹在讲解《小宛》时又提到《生民》等诗，说阅读这些诗，可以明白"祭祀次第"，并且与"仪礼正相合"。值得注意的是，语录行文中使用了一个"也"字，毋庸置疑，"祭祀次第"与"仪礼正相合"两条义项，也是在解释《小宛》之诗，换句话说，这两个义项就是朱熹所谓"说不得""解不得"的意思，是诗中意味，全凭读者体悟、深察。朱熹的讲解过程注重培养学生的远见卓识，引导弟子涵泳诗文中"说不得"的意思，实质上是其尊重《诗经》

① 《朱子语类》，第 1985 页。
② 《朱子语类》，第 2091 页。
③ 《朱子语类》，第 2087～2088 页。
④ 《诗集传》，第 139 页。

表现艺术，不割裂诗歌审美形相的一种匠心独运。

所谓见之用，是指朱熹的讲解经常与现实生活联系起来，注重经文事理的实际应用。朱熹讲解冠、婚、丧礼时，认为司马光《书仪》"殽馔十五味"，过于繁琐，礼仪的丰俭应该考虑到祭祀人的经济状况。① 又指出吕大临立庙祭祀，使用古代器具，吉服为"大袖皂衫"，形状古怪，不如穿着"公服"便宜。这些都是朱熹在讲解过程中对古礼的修正，这些独到的见解，不是恪守经义，而是有了新变，这种变通，立足于现实生活，立足于宋代日常生活的实际情况。例如他对昏礼中"庙见舅姑之亡者而不及祖"的变通。② 古礼是对古代人们的立身行事所做的规范，古代施行宗子法，只有宗子之家，才可以建立祖庙，非宗子之家只有祢庙，这种情况在宋代发生了改变，祖宗与先父母祭祀一处，称为共庙，新婚夫妇在共庙中拜见已故父母，也应拜见祖先。从"见不及祖"到"拜见祖先"的改变，是因为宋代不再施行宗子法制度，朱熹讲解之变是因时而变。这种变化是从简从宜。朱熹这种讲解儒家群经的态度和方法是对汉代儒生恪守经义、不思变通的超越。

在解经、读经中如何才能有识见，并且做到见之确、见之深、见之用？朱熹在给门人弟子讲解儒家经典时也说出了培养识见的途径。

朱熹曾经询问弟子林武子读书的进度，林武子回答说，读到了《大雅》，朱熹立刻对他大加指责，前天读《小雅》的"节南山"，今天就读到了《大雅》，读得"恁地快"是不行的。那么正确的方法是什么？朱熹说，"百遍自是强五十遍时"，"二百遍自是强百遍时"。③ 朱熹在这里不是强调遍数，而是强调读书的精熟。他在批评潘时举读《易传》不熟，"何缘会浃恰"？④ 朱熹引用张载的话，"书须成诵"，"不记，则思不起"，思索不起，怎么会有识见，更谈不上见之确、见之深、见之用了。潘时举推脱禀性鲁钝，不能成诵，朱熹又以陈止之读书为例阐述读书要精熟成诵的道理，陈止之读书一次只读五十字，往往达到三二百遍，直到精熟，最后赴贤良做官。朱熹勉励潘时举要"耐苦"，"须做人难做底事"。

---

① 《朱子语类》，第 2272 页。
② 《朱子语类》，第 2272 页。
③ 《朱子语类》，第 2087 页。
④ 《朱子语类》，第 2088 页。

第四章

《朱子语类》的论辩艺术

论辩起于先秦，孟子以"辨"为工具，论断"能言距杨墨者"，为"圣人之徒"，其用力"距杨墨"，指归于"正人心""息邪说""距诐行""放淫辞"。[①] 论辩不仅确立了一个学术传统，而且成为文章学的重要范畴。《战国策·齐策三》称"善说者，陈其势，言其方"。[②] 《韩非子·说难》称"说有逆顺之机"。[③] 刘勰称"形同草木之脆，名逾金石之坚，是以君子处世，树德建言，岂好辩哉"，[④] 并将论辩归入"论"体，论辩已成为学者的精神追求而进入文论家的视野。延及唐世，论辩成为一种文章实践，韩愈、柳宗元都擅长论辩之文，韩愈《讳辩》力矫时议，柳宗元《桐叶封辨》借古言今，锐意改制，都成为论辩之佳构。

至北宋，论辩成为理学家建立道统的工具。朱熹编《近思录》专立"辨异端"纲目，辑录程颢、程颐、张载《语录》的论辩语言。程颢力辟佛老，称其"言近理，又非杨墨之比，此所以为害尤甚"。[⑤] 程颐宗奉"儒者潜心正道，不容有差"，根据"师也过，商也不及"之"过"和"不及"，分别推及"厚则渐至于兼爱"与"不及则便至于为我"两种学术观，阐述二者皆出于儒家，"始甚微"，终不可救的发展过程。[⑥] 张载辟释氏，称其"过于大也，尘芥六合"，又称"蔽于小也，梦幻人世"，并将其

---

① 《孟子译注》，第 155 页。
② 缪文远等译注《战国策》，中华书局，2013，第 291 页。下引《战国策》，皆出此本。
③ 佚名注，（清）顾广圻识误，姜俊俊标校《韩非子》，上海古籍出版社，1996，第 48 页。
④ 《文心雕龙义证》，第 1903 页。
⑤ 《〈近思录〉集校集注集评》，第 1003 页。
⑥ 《〈近思录〉集校集注集评》，第 1008 页。

与宋儒之道学区分开来。①

至南宋，学术更为繁盛，陆九渊之心学、吕祖谦之婺学、陈傅良与叶适之永嘉学、陈亮之永康学、张栻之湖湘学，都蔚然称盛，他们或书院讲学、或集会争论、或书简往来、或著书立说，唇枪舌剑，各立风标，尤以朱熹闽学最具活力，最具怀疑、辨析的学术精神。这种精神在《朱子语类》中体现得淋漓尽致，彰显出闽学之锋芒，值得珍视。朱门弟子黄士毅说："乃继之以斥异端，异端所以蔽此理，而斥之者，任道统之责也。"②他指出了朱熹论辨的目的。

何谓论辨？《文选》中有论体，萧统分为三类：一为设论，二为史论，三为论。其中论列为五目，不知依据，较为粗疏。《文心雕龙》则详论论体，指出此体的本质属性为"弥纶群言""研精一理"。③ 并将其分为陈政、释经、辨史、诠文四类，主要从政术、经学、史学和为文四种题材范围来探究论体的规律性。明代徐师曾则把论体分为理论、政论、经论、史论、文论、讽论、寓论、设论八种，分类虽详，但标准不一。④ 值得注意的是徐师曾把"辩"列为一体⑤，主"执其言行是非真伪而以大义断之"，其源出自孟、庄，《文选》和《文心雕龙》未详此体，唐代韩、柳始作，其"辩体"之"辩"从言。吴讷《文章辨体序说》也著录"辨体"⑥，此体原于《孟子》"好辨章"，其"辨体"之"辨"从刀。来裕恂在《汉文典·文章典》中指出，辨体贵在使用"至当不易"之理⑦，循环往复、委婉曲折进行辨析。高步瀛在论述文体变迁时专设"论辨"一体⑧，他认同姚鼐"论辨类者，盖源于古之诸子，各以所学，著书诏后世"之说与章学诚"立言不专家，而文集有论辨"之论。他以为"辨"与"辩"通，"辩"字不属言部。"辨"取义"事理之判别"，不取"门辩之纷争"。其

---

① 《〈近思录〉集校集注集评》，第 1032 页。
② （宋）黄士毅：《朱子语类后序》，《朱子语类》，第 7 页。
③ 《文心雕龙义证》，第 674 页。
④ （明）徐师曾：《文体明辨序说》，《历代文话》第 2 册，第 2102 页。
⑤ （明）徐师曾：《文体明辨序说》，《历代文话》第 2 册，第 2104 页。
⑥ （明）吴讷：《文章辨体序说》，《历代文话》第 2 册，第 1624 页。
⑦ 来裕恂：《汉文典》，《历代文话》第 9 册，第 8630 页。
⑧ 高步瀛：《文章源流》，余祖坤编《历代文话续编》，凤凰出版社，2013，第 1361 页。下引《历代文话续编》，皆出此本。

推论曹植《辨道》、陆机《辨亡》、杨炯《公狱辨》、颜清臣《蒲塘辨》、元结《辨惑》、韩愈《讳辩》、柳宗元《桐叶封弟辨》、独孤郁《辨文》、罗隐《辨害》、杜牧《三子言性辨》、陆龟蒙《象耕鸟耘辨》、鲁潘《庐江四辨》、朱熹《开阡陌辨》、郑樵《三礼异同辨》、罗大昌《祖免辨》、王柏《王风辨》等文章，将"辩"体归纳为"以事理明确为归"、不贵"虚机诡辩"之文。① 综观以上众论，论辨一体皆推至先秦，刘勰虽未涉"辨体"，但论中含"辨"，如"史辨"。其"弥纶群言""精研一理"是论辨文体的科学概括，从题材上把论别为"经、政、史、文"四品，是不易之论。高步瀛抽绎文章实例，将其归结为"事理明确"、不尚"诡辩"，近于"论"体，与刘勰之论相近。《朱子语类》所谓的论辨，即以辨章学术、探寻事理为指归，以学术之弊、政事之失、史实之误、诗文之别为主要研究内容，以反复推寻、曲折辨理为手段的纠谬语体。

本章立足《朱子语类》中以术辨、政辨、史辨、文辨为内容的语录，旨在分析朱熹的论辨艺术，具体包括朱熹论辨艺术的"势"，论辨艺术的节奏，造语、口语和引语的巧妙运用，论辨的方法等范畴，以探索朱熹论辨艺术在文章学方面的规律和特征。

第一节　朱熹论辨话语的基本内容

《朱子语类》第一百二十二卷至第一百二十六卷，主要批驳吕伯恭、陈傅良、陈亮、叶适、陆九渊、老子、庄子、释氏等诸派学术，明辨各派学术之非，确立闽学的正统地位，析薪破理，彰明道学，是谓术辨。

除了学术论辨之外，朱熹还对南宋政治以及有紧密联系的相关史实作深入的辨析，直面政治现状，综合历史相似事件，抽绎其理，思索对策。《朱子语类》卷第一百六至卷第一百一十二包括：外任、内任、论治道、论取士、论兵、论刑、论民、论财、论官等内容，针对南宋弊政，朱熹指出政治之非，提出改革方案，诸如对常平仓、经制钱的论辨，是谓政辨。《朱子语类》卷第一百二十七至卷一百三十七，论历代历史转折时期重大历史事件和历史人物，考论治乱兴衰之源，探究历史规律，归纳历史的失

---

① 高步瀛：《文章源流》，《历代文话续编》，第 1365~1367 页。

误，以为后世之鉴。这两部分语录旨在纠正过往历史和当今政治的谬误和失败，是谓史辨。

《朱子语类》卷第一百三十九至卷一百四十，是朱熹论述文道关系，鉴衡文章优劣的论辨，论辨体裁最为鲜明，是谓文辨。

这些论辨文形制或长或短，短至五六句话，一个段落；长至前后勾连、左右相携、纵横捭阖、波澜起伏，至数百字。论辨过程以破为主，论辨方法灵活多变，不主故常，或以显明微，或釜底抽薪，或步步为营，或以事揆理，因文设法，不一而足。内部结构因话语体式而谨严有致，自然成体。

一　术辨：斥异端、立道统

术辨即学术论辨，它与其他类语录不同，主要用在辨章学术上，对它派学术存在的问题进行深入辨析，找到对方学术观点存在的谬误，然后追根溯源，痛加批驳，以达到扶持正确学术观点，摒弃错误学术观点的目的。

他批评吕祖谦婺学，以黄老为先，以六经为后，多史学之巧，少经学的透彻厚重，学术品格呈现出躲避、回护、调和的萎靡之态，缺少"矫激底心"。① 他批判陈君举永嘉之学"没头没尾"②，指斥其学无源头，学术空虚不实，学问没有归结处。他批驳陆九渊不注重"修为存养"，不须用学，全凭心悟，终无成就的学术宗奉。面对佛教，朱熹用"身体发肤受之父母"的儒教伦理观，驳斥释氏"以父母所生之身为寄寓"的空无观，佛教坚持此身我有，其实质是"无情义、绝灭天理"。③

这些学术论辨的基本话语体式大多由以下话语序列构成，第一，谬误学术观点话语；第二，谬误论点考据话语；第三，批驳话语；第四，正确学术观点话语；第五，正确论点考据话语。朱熹的学术论辨话语体式一般由以上五种话语序列组成，说话时五种话语顺序不固定，有时甚至省略某种话语。例如朱熹对陆九渊学术观点的驳斥：

① 《朱子语类》，第 2957~2958 页。
② 《朱子语类》，第 2961 页。
③ 《朱子语类》，第 3013 页。

曰："此只说得外面底，须是表里皆如此。若是做得大者而小者未尽，亦不可；做得小者而大者未尽，尤不可。须是无分毫欠阙，方是。且如陆子静说'良知良能，四端根心'，只是他弄这物事。其他有合理会者，渠理会不得，却禁人理会。鹅湖之会，渠作诗云：'易简工夫终久大。'彼所谓易简者，苟简容易尔，全看得不子细。'乾以易知'者，乾是至健之物，至健者，要做便做，直是易；坤是至顺之物，顺理而为，无所不能，故曰简。此言造化之理。至于'可久则贤人之德'，可久者，日新而不已；'可大则贤人之业'，可大者，富有而无疆。易简有几多事在，岂容易苟简之云乎！"①

在这篇论辨类语录的开端，朱熹列出陆九渊的诗句"易简工夫终究大"，此即谬误学术观点话语。"良知良能"属于谬误观点支撑话语。何谓"良知良能"？陆九渊认为"人心至灵，此理至明，人皆有是心，心皆具是理"。② 这一认知由"宇宙便是吾心，吾心即是宇宙"推出，人的认知力可以跨越时空，自然而然，先天具有，是超验的。正是这种基于对"良知良能"的认识，陆九渊坚信凡事体悟，而不用"支离事业"，这是朱陆矛盾的焦点。③

从"乾以易知"，到"造化之理"属于批驳话语。朱熹引用"贤人之德"，"贤人之业"，支撑自己正确的学术观点，此属于正确学术观点支撑话语。最后的反问句阐明，人为事件不存在"易简"的情况，这属于正确学术观点话语。

朱熹从"乾以易知"的造化之理，讲到"贤人之德"的尊德性"工夫"，再到"贤人之业"的道问学"工夫"，贯通了经学和理学两个领域，注重讲学读书，注重儒学相传考据训诂之途，也重视尊德性，持敬守一，精研心性。其意在"绾儒林道学之两途而一以贯之"。④ 朱熹还在心性论上打通了程朱与陆王的门户界限。陆九渊"只守心而不穷理"是其学术大

---

① 《朱子语类》，第 323~324 页。
② 《陆九渊集》，第 273 页。
③ 见《鹅湖和教授兄韵》诗，"易简工夫终久大，支离事业竟浮沉"。《陆九渊集》，第 301 页。
④ 《朱子象山学术异同》，《朱子新学案》第 3 册，第 388 页。

病。① 朱熹心性论引入了气禀的概念，他强调"天命之性，若无气质，却无安顿处"。② 他在《答项平父》中说："此心此理虽本完备，却为气质之禀不能无偏，若不讲明体察……堕于物欲之私而不自知。"③ 这样的论述，使理学心论更为完备，这正是朱熹打破了理学内部朱陆门户界限而作出的公允论断。然而，对"气质之性"的论述在这一语录中没有出现，因为弟子对这一环节谙熟于心，故朱熹的批驳话语略去了这一内容。

打破经学与理学的对立，兼容并蓄理学内部的活力，祛除陆学弊端是朱熹以道学自任的学术努力，对于其他学术流派朱熹也是这样做的，其目的即是明道统，确立闽学的传承和道统地位。

五种论辨话语构建了学术论辨的话语体式，显示了学术论辨内部的层次及五种话语序列之间的逻辑关系，也体现了朱熹辨章学术的过程。《朱子语类》中的学术论辨话语，并不都具备这五种话语序列，朱熹会在具体讲学过程中灵活运用，或省略、或侧重其中某个环节的论述。当听话人已熟知其中某个环节时，朱熹的话语结构中就会省略某个部分。因此论辨类话语体式是一个复杂多变、灵活多样的文体形式，这带来了理解话语的难度。

如下面的话语就省略了一部分话语序列，但是朱门弟子依然能够清楚朱熹所说话语的意思。

> 问："欲求大本以总括天下万事。"曰："江西便有这个议论。须是穷得理多，然后有贯通处。今理会得一分，便得一分受用；理会得二分，便得二分受用。若'一以贯之'，尽未在。陆子静要尽扫去，从简易。某尝说，且如做饭：也须趁柴理会米，无道理合下便要简易。"④

如果用术辨话语体式的五种话语去分析上则语录就会发现，有些话语序列已经省略，有些话语序列更加突出，更为详尽。

---

① 《朱子新学案》第 3 册，第 405 页。
② 《朱子语类》，第 66 页。
③ 《答项平父》五，《朱子全书》第 23 册，第 2543 页。
④ 《朱子语类》，第 2784 页。

话语开篇，学生所提出的以寻求"大本"，来概括"天下万事"之理的学术命题，属于谬误学术观点话语。朱熹说"穷理"多，则能达到融会贯通之处，属于正确学术观点话语，详说"做饭"也属此类话语范畴。很显然朱熹省略了批驳话语和谬误学术考据话语两个环节，却延长和扩展了正确学术考据话语，如"理会一分""一分受用""趁柴理会米""万事不易"等语句，但对朱熹弟子们来讲，理解这些话语不难，他们有了相关理学知识的储备。

朱熹学术辩论话语逻辑性较强，注重话语的布局和章法，篇幅较长，显示出文体篇章的特点，这种文体形式，逐渐地摆脱了语体形制短小，结构简单的语录特点，开始由语体向文体方向转化，层次结构呈现为多样化、复杂化，由感性逻辑上升到理性逻辑，推理由粗疏转向谨严，更加注重话语的布局和章法。

二 政辨：陈危害、明对策

刘勰《文心雕龙·论说》中说："论者，伦也；伦理无爽，则圣意不坠。"① 又说："陈政，则与议说合契"。② 又说："故议者，宜言；说者说语"。③ 参照刘勰的解释，论体是辨析、辨明事理的一种文体，陈政属于论体。包括议和说两个部分，持论者在朝堂或课堂之上要达到观点统一，就要对同一件事进行议说，直至达成一致。刘勰在《文心雕龙》中强调了"宜言"和"说语"。詹锳《文心雕龙义证》辑录了段注和范注。段注曰："议者，宜也；宜者，人所宜也，言得其宜之为宜。"范注曰："说，即悦怿之悦；悦语，谓悦怿之语。"段注和范注在解释"议"和"说"的时候，注意到了政论体的语体色彩，说话人所说之言要符合义理，要得体，而且能让人产生一种和悦的情感。

《朱子语类》中的政辨，以理为主，具备《文心雕龙》"伦理无爽"的特征，以阐发政治的规律及事件的事理为指归，但《朱子语类》距离刘勰《文心雕龙》已远，更具有宋代论辨文的个性特征，与朱熹同时的吕祖

---

① 《文心雕龙义证》，第 665 页。
② 《文心雕龙义证》，第 669 页。
③ 《文心雕龙义证》，第 673 页。

谦在《古文关键》中讨论了"看文字法"。① 他指出阅读文章应该着眼于四个方面，第一，大概，主张；第二，文势、规模；第三，纲目、关键；第四，警策，句法。吕祖谦"看文字法"，对宋代文章的体式有了一个感性的概括，涉及论题、结构、衔接、转换、结尾、句法等文章学的问题。

详细梳理、研读朱熹的政辨，其基本体式，约略由四个部分组成，第一，论题话语；第二，推缘与承接话语；第三，主体论述话语；第四，结束话语。这四种话语序列构成了朱熹陈政论辨文的基本结构体制，在具体的运用中，四种话语既有详略，又有变体。

（一）论题话语

即在政辨的开篇，朱熹用一两句话，提炼整篇文章所要论及的内容范畴，起到开篇破题与提纲挈领的作用，规定了整篇文章的语义范围和界限，是政治问题的提出部分。朱熹一般选择南宋社会矛盾最尖锐的政事，涉及两宋的土地管理、兵政、抗金、人才选拔、宦官腐败等重大问题，关乎南宋的治乱兴衰，政治得失，是当代的热点和焦点。

南宋与金的关系问题，不仅是朱熹时代讨论的焦点也是当今宋史研究的中心范畴。朱熹与张魏公讨论宋金形势，开篇用"说以分兵杀虏之势"一句，总摄全篇，点明了整篇文章要讨论的中心议题。② 朱熹与学生论及和战问题，开篇用"今朝廷之议不是战，便是和；不和，便战。"一语总括全篇，提示读者整篇说话的议题和论述范围。③ 讨论南宋兵政问题，开篇一句"言今兵政之弊"，只有六个字，即概括出论题。又如辨析南宋宦官的奢靡生活，开篇论题之句"论及黄察院劾王医师"，简单、凝练。再如另一则文段的开篇为"经制钱，陈亨伯所创"。

论题话语多以短句概括出文章要讨论的事件，是一个纲目，朱熹《论文》中说文字写作，如果没有纲领就会"拈掇不起"，即不能统帅全篇。④ 欧阳起鸣称之为"论头"，两三句话要"括一篇意"，也是在说明这一部分的作用和功能。⑤

---

① （宋）吕祖谦：《古文关键》，《历代文话》第 1 册，第 234 页。
② 《朱子语类》，第 2705~2706 页。
③ 《朱子语类》，第 3200 页。
④ 《朱子语类》，第 3322 页。
⑤ （宋）魏天应编选《论学绳尺·行文要法》，《历代文话》第 1 册，第 1087 页。

（二） 推缘与承接话语

这一部分探究论题的原委，或者承接论题话头叙说，以引起对中心事件的论述，是破题，又可以看作"认题"或"原题"。

朱熹与张魏公讨论"分兵杀敌"之策，其推缘与承接话语，分析为应对"元颜"进犯中原所做的准备工作，如何调发军队等；"言兵政之弊"的推缘与承接话语，探究唐代的兵政制度，论述宋初太祖如何改革兵制等；论述"经制钱"，则阐述经制钱的缘起，使用情况；论辨"黄察院劾王医师"一文的承题部分，论宦官古今之别，指出南宋宦官皆有妻妾等。

宋代吴镒指出这一部分的内容要做到"识其本原"，才能立意不差，这一部分是"题下咽喉"之处，要"推明主意"。① 朱熹以上论辨文相应的部分都达到了这一要求。

（三） 主体论述话语

这是整个篇章的主体部分，包括讲题、使证，即展开论述和辨析的部分，篇章中委婉、曲折尽在于此。

朱熹与张浚讨论"分兵之策"的主体话语，非常具体地论述了自己的分兵部署，分出关陕、西京、淮北、海道四路之兵以扰敌，分出数万精锐之师，以逸待劳，乘机收复山东、中原及燕京。"黄察院劾王医师"一文的主体部分把朝廷官员的起居、出行、服饰、随从与宦官奢侈生活进行对比，极写二者的天壤悬殊。论"兵政之弊"一文，在主体部分，详细阐述军队官职的冗杂，太祖时增添"通判""都监""库务之官"、后增置"路分""钤辖""总管"等官职，神宗时增加"三十七将"，靖康之后又增加"都统""统领""统制"等官，行文至此，兵政之弊，不言而喻。朱熹关于战和之论，在主体部分指出了第三条道路，"硬相守"之论。

主体话语部分是整篇文章的精髓部分，这一部分与欧阳起鸣所说的"论心""论腹""论腰"大致相当，作者可以闪转腾挪、抑扬起伏，竭尽章法之能。

（四） 结束话语

这一部分是论辨文的结束部分，具有两个功能：一是收摄本文主旨，

---

① （宋）魏天应编选《论学绳尺》，《历代文话》第 1 册，1083 页。

别开新境；一是干净利索的结尾。

朱熹与张浚论"分兵杀虏"，结尾部分，仅张浚一语"不能主之"，写出了朱熹报国无门的无奈和感慨，留有想象空间和无穷的讽刺意味。"兵政之弊"一文结尾处先引用《大学》之句"生之者众……"，后用五字作结："今一切反之"，酣畅淋漓，言精意长。"勤王医师"一文结尾处，使用对比，北宋"全盛天下""犹省费"；南宋不居"天下之半""耗费如此"，所以国家"空乏"，总结全篇之旨。

吴镒指出结尾部分是"正论关锁之地"，要做到"造语精密"和"遣文顺快"。① 朱熹的政辨之文，其结尾部分，不拘定法，或对话，或对比，或引用《大学》之句，不一而足，但都形如豹尾，旨意明确，关锁上文，收势迅捷，给人以美感。

朱熹政辨之文的论题不避南宋当代热点敏感问题，其立论必有具体主张，见解新颖独造，分析事件溯根求源，于历史动态中作辨析，如对军队官制的分析，阐述了宋初与南宋之间的历史变化；在古今对比中明义理，如对南宋宦官奢华生活的论述，与神宗时期相比较，一奢一俭，毫发毕现；推缘实际形势对症下药，如分兵杀虏等，都是其缜密思维之创造。辨析层次条理清楚，破题衔接，正论铺排，结尾关锁，都具章法。语气客观平正，重义理的辨析，尽显理学家风采。

三　史辨：以理衡史、以辨明史

《朱子语类》中的史辨是以史为说，以史说治乱之理。刘勰《文心雕龙·论说》中说："辨史，则与赞评齐行"。② 又说："赞者，明意；平者，平理"。③ 又说："论也者，弥纶群言而研精一理也。"④ 刘勰认为，"辨史"是论体的一种。这种文体的特质是"弥纶群言""研精一理"，即统摄众多言论，阐明优劣，辨析讨论，统一在最正确、最合理的义理上。

朱熹史辨的体式较为简单，或先解释经义，或先辨析史实，经义的解释与事理辨析相互发明，但二者都以事理贯穿全篇，事理是朱熹史辨的立

---

① （宋）魏天应编选《论学绳尺》，《历代文话》第 1 册，第 1084 页。
② 《文心雕龙义证》，第 669 页。
③ 《文心雕龙义证》，第 673 页。
④ 《文心雕龙义证》，第 674 页。

意和语脉所在。

朱熹的史辨与解释经义浑然一体，而又层次鲜明。史辨中的历史事件包括两种，一是经文中的历史事件，一是史书中的历史事件。前者一般阐述义理，后者往往辨析事理，义理和事理是统一在一起的。例如"圣人隳三都"一段文字，就是由解释经义和辨析事理两部分组成：

> 圣人隳三都，亦是因季氏厌其强也。正似唐末五代罗绍威，其兵强于诸镇者，以牙兵五千人也。然此牙兵又不驯于其主，罗甚恶之；一日尽杀之，其镇遂弱，为邻镇所欺，乃方大悔。[①]

这段辨史文字是朱熹讲论《春秋》时弟子所记语录。季孙氏、叔孙氏、孟孙氏的强大，威胁到鲁定公。孔子摄政，加强鲁定公中央集权，推行隳三都的措施，后失败，孔子周游列国。第一句重在解释《春秋》事件中的经义。接下来罗绍威杀尽牙兵，实力削弱，为邻镇所欺，重在探究历史事件中的事理，二者之间存在一定的相似性。朱熹在这则语录中将"圣人隳三都"与罗绍威"日杀五千牙兵"对比，其意不是支持孔子所为。"隳三都"和"杀牙兵"都是自毁长城，内部消耗，使自己力量削弱。朱熹发现的是二者之间事理与义理的同一性。

又如朱熹在阐释周敦颐《通书》中"势"这一范畴时，它的话语体式也是属于此类：

> 问"极重不可反，知其重而亟反之可也"。曰："是说天下之势，如秦至始皇强大，六国便不可敌。东汉之末，宦官权重，便不可除。绍兴初，只斩陈少阳，便江左之势。重极，则反之也难；识其重之机而反之，则易"。[②]

朱熹答语的第一部分以"天下大势"立意，分述史实，不离这一语脉："秦至始皇强大……"，东汉末"宦官权重……"，"……便江左之

---

① 《朱子语类》，第 2171~2172 页。

② 《朱子语类》，第 2410 页。

势"。根于对"势"的处理方法，而随之产生的历史格局便不同，从史实中抽绎其理，以理立意，是理学家辨史的一个特征。

第二部分重释义，"重极，则反之……"。这部分主要解析经义，朱熹把周敦颐《通书》也等同于经。"识其重之机"之句既是释义，也是对三段历史事实的总体概括，六国敌秦、铲除宦官、斩杀陈少阳，皆为不识其重之机。

此类辨史，既重经义，又重事理。经义提摄事理，依托于历史事实，事理统一在经义之中，证明经义千颠不破的真理性。

朱熹的史辨与经义义理相结合，长于说理，优于辨析，是这些论辨短篇最大的体式特点。辨史体现了朱熹识见高超、思辨深刻的学术素养，与朱熹理学家身份非常一致。韩淲在《涧泉日记》中说：

> 史法须是识治体，不可只以成败是非得失立论。盖上下千百载，见得古人底理明白，然后可载后世不可不载之事，泛然欲备，必不胜其史矣。①

史论的目的不仅仅是阐明历代的成败得失，更重要的是探明其规律性的东西，明白史学之理，懂得精审选材，所取事件皆为历史转关不可或缺之资料，以备后来者识鉴。

四　文辨：道本文末、质言为文

文辨一体主要在于三言两语点说纲领，说出为文至要之理，崇尚质言，不再敷衍成篇，斟酌文辞，有诗话的特征。

（一）"纸上作"文与以"说"成文之别

朱熹认为古人文章有"说"成与"纸上作"之别。古人的杰出文章以"说"成文。他在解释《卜居》"突梯滑稽"一词时说，《离骚》"只是信口恁地说，皆自成文"。② 司马迁、司马相如的文章"只是恁地说出"。他以"登高能赋"为据，指出古人文章尚"敏"，且"说得通畅"。苏秦、

---

① （宋）韩淲：《涧泉日记》，《全宋笔记》第 6 编第 9 册，2013，第 121 页。
② 《朱子语类》，第 3297~3298 页。

张仪的文章"都是会说"。《史记》所载，也是"当时说出"。《离骚》无奇字，"平说而意自长"，"只恁说将去，是好"。① 欧阳修、三苏文章"好说"，"只是平易说道理"。其评张九韶文章"开口见心，索性说出，使人皆知"。班、扬文章只是"纸上作"，因此，"便不如以前文字"。黄庭坚拟骚之作，"自是不好"。南宋文章"开了又合，合了又开"，"七八番"，结尾处不说，"只恁地休了"。② 朱熹的以"说"成文，即文章近于说话，"取乎质言"，是不加修饰的，活泼泼的心灵直白，犹见性情、气禀。纸上作即作文章，过分追求文章形式，斟酌语词，徒具华艳，往往意旨不明，道理为语词所遮蔽。

（二）"文道一本"观统帅下的推尊众体、独抑苏轼

朱熹主张"文道一本"。③ 何谓"文道一本"，他认为道是文之根本，文是道之枝叶，只有在内立足根本之道，才能在外发露于文章。三代圣贤文章是最好的例证，其文章从心流出，文便是道，即"文道一本"。在这一观念统率下他对欧、苏之文做了评价：

> 今东坡之言曰："吾所谓文，必与道俱。"则是文自文而道自道，待作文时，旋去讨个道来入放里面，此是它大病处。只是它每常文字华妙，包笼将去，到此不觉漏逗。说出他本根病痛所以然处，缘他都是因作文，却渐渐说上道理来；不是先理会得道理了，方作文，所以大本都差。欧公之文则稍近于道，不为空言。如《唐礼乐志》云："三代而上，治出于一；三代而下，治出于二。"此等议论极好，盖犹知得只是一本。如东坡之说，则是二本，非一本矣。④

这则语录是朱熹"文道一本"观的集中体现。朱熹不讳言苏轼文章"文字华妙"，也正是"文字华妙"掩盖了其文道割裂的弊病。朱熹反对苏轼"文必与道俱"的观点，认为他文在道先，违背了道本文末的顺序，而

---

① 《朱子语类》，第3299页。
② 《朱子语类》，第3316页。
③ 《朱子语类》，第3319页。
④ 《朱子语类》，第3319页。

致割裂文道关系，故他在语录中指出"东坡之说，则是二本"，这是朱熹抑苏的根本原因。与之相对，朱熹盛推欧阳修的文章，以《唐礼乐志》之文为例，指出欧阳修议论极好，即"治出于一"，揭示出社会发展之道，符合尧舜相传"惟精惟一"的心诀，其文属于文道一本。

朱熹往往在二人的对举中尊欧、抑苏。他评价苏轼《温公神道碑》，"恰似山崩石裂"，却"看道理不破"，论欧阳修"虽平淡，其中却自美丽，有好处，有不可及处，却不是阘茸无意思"。① 甚至以人之性情论文：

> 欧文如宾主相见，平心定气，说好话相似。坡公文如说不办后，对人闹相似，都无恁地安详。②

朱熹辨文表里俱辨，不仅看到苏轼文章"山崩石裂"的气势和"华妙文字"，而且深入文章内部，寻绎其所以为文章处。欧文如同"宾主相见"，气定神闲，苏文如众人相闹，左冲右突。朱熹的辨析已经把握到二人文章的脉搏和气息，领略到二人文章的神之所在，并且尖锐说出自己对二人文章的整体性、直观性的体悟。朱熹不仅把欧、苏二人并举，而且还将欧、曾、苏三人并举，以达到抑苏之目的：

> 欧公文字敷腴温润。曾南丰文字又更峻洁，虽议论有浅近处，然却平正好。到得东坡，便伤于巧，议论有不正当处。后来到中原，见欧公诸人了，文字方稍平。③

朱熹此处推尊欧、曾，指出议论好。此处议论是指二人能够辨别是非，议论自道理流出，文道一本。如他评价欧诗"玉颜自古身为累，肉食何人为国谋"之句，为"第一等议论"，朱熹认为欧阳修对"昭君和亲"这一历史事理的议论，极为平正、公允。④ 其推崇曾巩之文，原因之一也是"议论"，他说"南丰文……文字依傍道理做，不为空言……比之东坡，

---

① 《朱子语类》，第 3312 页。
② 《朱子语类》，第 3312 页。
③ 《朱子语类》，第 3309 页。
④ 《朱子语类》，第 2308 页。

则较质而近理。东坡则华艳处多"，曾巩文章以理为文，苏轼文章"伤于巧"，"华艳处多"。^① 朱熹衡准文章优劣仍归结到文道一本上来。

朱熹时时论苏，时时抑苏，不仅把欧、苏对举，曾、苏对举，而且还在李、苏对举中抑苏，如：

> 李泰伯文实得之经中，虽浅，然皆自大处起议论。首卷《潜书·民言》好，如古《潜夫论》之类。《周礼论》好，如宰相掌人主饮食男女事，某意如此。今其论皆然，文字气象大段好，甚使人爱之，亦可见其时节方兴如此好。老苏父子自史中《战国策》得之，故皆自小处起议论，欧公喜之。李不软贴，不为所喜。范文正公好处，欧不及。李晚年须参道，有一记说达磨宗派甚详，须是大段去参究来。又曰："以李视今日之文，如三日新妇然。某人辈文字，乃蛇鼠之见。"^②

朱熹盛推李纲文章，得之六经，"大处起议论"，"大处起议论"即指明辨大是大非，识见超群。在推尊李纲的同时，又指出苏氏父子的弊端"皆自小处起议论"。朱熹对李纲"大处起议论"的根源作了探究，提到李纲晚年"参道"，参究达摩宗派甚详，他认为日常参道、穷理才使得李纲能够"大处起议论"，有真知灼见。朱熹以李纲之文如"三日新妇"，委婉道出苏氏文字乃"蛇鼠之见"，其论李、苏结穴处依然注文道一本。

朱熹还将苏轼与程颐并举，他说"理精后，文字自典实"。^③ 程颐晚年作《易传》，道理充实、文字绵密，"盛得水住"。苏轼虽然气势豪雄，但文字不免疏漏。苏轼与程颐的对举，其用意仍在文道先后上。

（三）朱熹辨文标准与论宋文时弊

朱熹辨文的第一个标准是"议论明白，血脉指意晓然"。^④ 议论即说破道理，血脉是指文中之道，贯穿全篇。朱熹认为柳宗元文章，文意难晓，不说破道理，是其文章弊病。朱熹衡文的标准建立在"文道一本"原则

---

① 《朱子语类》，第 3313~3314 页。
② 《朱子语类》，第 3307 页。
③ 《朱子语类》，第 3320 页。
④ 《朱子语类》，第 3314 页。

上，力主"从此心写出，文便是道"，因此三代圣贤文章是唯一典范。

朱熹以"辨验是非，明此义理"为贯穿百氏与经史之标准，"辨验是非，明此义理"，才能够做到"力行不倦"，进而"宣其心志"，"发而为言"，最终达到"可爱可传"的目的。相反，务悦人心，"研钻华采之文"，徒具外表，其行迹为可耻。

文尚峻洁也是朱熹衡文的标准。陈师道师学曾巩，朱熹《朱子语类》中专讲曾巩为陈师道修改文章一事：

> 后山文思亦涩，穷日之力方成，仅数百言。明日，以呈南丰，南丰云："大略也好，只是冗字多，不知可为略删动否？"后山因请改窜。但见南丰就坐，取笔抹数处，每抹处连一两行，便以授后山。凡削去一二百字。后山读之，则其意尤完，因叹服，遂以为法。所以后山文字简洁如此。①

陈师道文章只有数百字，曾巩删削去一二百字，可见曾巩行文简洁，朱熹称曾巩文章有峻洁之风，点中曾巩行文的宗尚。

依据这样的标准，朱熹列出范文：

> 人要会作文章，须取一本西汉文，与韩文、欧阳文、南丰文。②

朱熹辨文的根本目的是力矫宋文时弊。朱熹认为宋文时弊是"驰骋好异"，其根源在于"见异端新奇之说从而好之"。③ 如张方平进策，论"盐铁"事，"虚文曼演"，前后重复翻转，后文不说"措置"，其根源在于"不曾虚心看圣贤之书"，"把他自一副当排在这里"，即以自意为文。④ 朱熹对近世好异文风做了详细辨析：

> 前辈做文字，只依定格依本分做，所以做得甚好。后来人却厌其

① 《朱子语类》，第 3309 页。
② 《朱子语类》，第 3321 页。
③ 《朱子语类》，第 3316 页。
④ 《朱子语类》，第 3317 页。

常格，则变一般新格做。本是要好，然未好时先差异了。又云："前辈用言语，古人有说底固是用，如世俗常说底亦用。后来人都要别撰一般新奇言语，下梢与文章都差异了，却将差异底说话换了那寻常底说话。"①

朱熹先说近世之文变其定格，文章不学古法。其次提出了"寻常底说话"，构成文章的观点。朱熹认为构成文章的要素是有用的语言，如同世俗常说的语言，其本质在于"用"，即用于沟通交流的不加修饰的说话。而近世之文所用语言为有别于日常所用语言的"新奇言语"，因此朱熹称之为"差异底说话"。这种与世俗用语相别的差异说话，恰恰是朱熹要反对的"驰骋好异"的时弊。

朱熹认为这种驰骋好异之风具体表现为"减字换字法"，例如"湖州"一词，称"湖"为减字法，又称"雪上"，则为换字法。② 这种文字功夫朱熹斥为"枝叶上粉泽"，又戏谑为"舞讶鼓"，粉饰角色踏歌起舞，其实质是弄假作伪。因此与前辈文章相比，近世之文缺少气骨，无"壮浪"之势。减字换字法就是一种"差异底说话"，近世作者专务节字，力求"新好生面辞语"严重影响了道理的阐述，是一种文先道后的行为，与朱熹的"道文一本"思想彻底相违。

第二节　朱熹论辨艺术的"势"

中国古代文章学历来都重视对"势"的品评。明代方孝孺在《张彦辉文集序》中评论韩愈的文章："其文开阳阖阴，奇绝变化，震动如雷霆，淡泊如韶濩。"③ 他用自然界的阴晴变化和风雷震动来比况韩愈之文的如潮气势，用庙堂音乐来形容其行文的从容镇定和波澜不惊。苏轼自评他的文章如"万斛泉涌"，顿成汪洋，即使在平地，也能波涛澎湃，一日千里，苏轼的描述也是针对其行文过程中的气势变化。④ "苏海韩潮"则更是对韩

---

① 《朱子语类》，第 3320 页。
② 《朱子语类》，第 3318 页。
③ （明）方孝孺：《逊志斋集》卷 12，影印文渊阁《四库全书》本。
④ 《苏东坡全集》，第 1650 页。

愈和苏轼在气势方面的个性差异描述。刘熙载称柳宗元四种笔法，"突起、迂行、峭收、缦回"，其实质是在言柳文气势。① 朱熹在与本门弟子讨论周敦颐《通书》"势"这一学术概念时，对"势"也有深刻的认识："天下之势……重极，则反之也难；识其重之机而反之，则易。"② 朱熹把气势作为一种道学之理来对待，他认为历史形势难于挽回在于重极，是气势背后的规律所在。方孝孺对韩愈的评价，苏轼的自评、刘熙载评柳文都是对气势的一种感性认识，而朱熹对气势的认识达到了哲学高度。朱熹在论辨过程中也将势运用到极致，其论辨文中的气势，具有"苏海韩潮"的相同特征，朱熹论辨语体如运斧劈峰，气势绝伦。

一 盘马弯弓与势如破竹

朱熹之文为了达到这种"重极"，往往采取蓄势之法。蓄势就是指为了达到某种论辨的目的，多重累积论辨，反复与论敌对比，层层皴染，渐渐渗透，形成一种"盘马弯弓惜不发"的态势，直到最后重磅出击，达到"重极"，彻底粉碎论敌的主张，使其没有任何反驳的力量。朱熹的论辨文多具有这样的特征。如他对陆九渊的学术批判一文：

> 陆子静之学，只管说一个心本来是好底物事，上面着不得一个字，只是人被私欲遮了。若识得一个心了，万法流出，更都无许多事。他却是实见得个道理恁地，所以不怕天，不怕地，一向胡叫胡喊。又曰："如东莱便是如何云云，不似他见得恁地直拔俊伟。下梢东莱学者一人自执一说，更无一人守其师说，亦不知其师紧要处是在那里，都只恁地衰塌不起了，其害小。他学者是见得个物事，便都恁底胡叫胡说，实是辛动他不得，一齐恁地无大无小，便是'天上天下，惟我独尊'。若我见得，我父不见得，便是父不似我；兄不见得，便是兄不似我。更无大小，其害甚大！不待至后世，即今便是。"又曰："南轩初年说，却有些似他。如《岳麓书院记》，却只恁地说。如爱牛，如赤子入井，这个便是真心。若理会得这个心了，都无事。后

① 《艺概》，第 24 页。

② 《朱子语类》，第 2410 页。

来说却不如此。子静却杂些禅，又有术数，或说或不说。南轩却平直恁地说，却逢人便说。"又曰："浙中之学，一种只说道理底，又不似他实见得。若不识，又不肯道我不识，便含胡鹘突遮盖在这里。"又因说："人之喜怒忧惧，皆是人所不能无者，只是差些便不正。所以学者便要于此处理会，去其恶而全其善。今他只说一个心，便都道是了，如何得！虽曾子颜子是着多少气力，方始庶几其万一！"又曰："孟子更说甚'性善'与'浩然之气'，孔子便全不说，便是怕人有走作，只教人'克己复礼'。到克尽己私，复还天理处，自是实见得这个道理，便是贴实底圣贤。他只是恁地了，便是圣贤，然无这般颠狂底圣贤！圣人说'克己复礼'，便是真实下工夫。'一日克己复礼'，施之于一家，则一家归其仁；施之一乡，则一乡归其仁；施之天下，则天下归其仁。是真实从手头过，如饮酒必醉，食饭必饱。他们便说一日悟得'克己复礼'，想见天下归其仁；便是想象饮酒便能醉人，恰似说'如饮醇酎'意思。"又曰："他是会说得动人，使人都恁地快活，便会使得人都恁地发颠发狂。某也会恁地说，使人便快活，只是不敢，怕坏了人。他之说，却是使人先见得这一个物事了，方下来做工夫，却是上达而下学，与圣人'下学上达'都不相似。然他才见了，便发颠狂，岂肯下来做？若有这个直截道理，圣人那里教人恁地步步做上去？"[1]

朱熹的这篇语体文，对"气势"多重蓄积、控制、运用、爆发达到了一种极致。

首先，朱熹对陆九渊的学术观点进行概括，认为其学术核心是，识得一心，万法俱出。然后分叙东莱婺学、南轩湖湘学、陈傅良浙学、颜曾之学、孔孟之学等五家学术的特征，谈婺学、湖湘学、浙学都是蓄势、积累力量，如国画的皴染之法，有条不紊，从容纡徐，渐渐推进。谈颜曾之学是稍稍过渡。最后举出孔孟之学，是重拳出击，一锤定音。

谈论婺学，其实质是把九渊学术与东莱学术进行论辨，东莱学术后继无人，衰塌不起，学术之弊止于东莱一人，危害不大；陆九渊的主张，识

---

[1] 《朱子语类》，第 2981~2983 页。

见高远，如"超越父兄"之论，便不尊父兄，破坏伦理，加之鼓动性强，能折服学生，故危害无穷。这一层对比，仅指出其危害性，留有余地，但主要是为了蓄势。

谈论湖湘学术，其实质也是将南轩湖湘学与九渊金溪学放在一起论辨，南轩之学与九渊心学同出于孟子，但讲述学术的方式不同，南轩直说平叙，而陆九渊讲述学术的方式掺杂禅学，有时不直说，凭人体悟。第二次对比又是一重蓄势，一重皴染，所谓浇水渗透，烧火添柴。

朱熹谈浙中之学，表面上主论浙学的含混、糊涂、回护遮蔽之病。其实质也在论辨九渊学术，朱熹指出，陆九渊对孟子心学有独到理解，但是惟说一心，便万事皆休。虽然主论浙学之弊，却暗含与陆九渊学术的对照。这又是一重蓄势。

在经过三重蓄势之后，文意也渐渐明朗，气势也渐渐充盈，义理也渐渐渗透。朱熹接着谈了颜曾之学，只有一语"着多少气力"，成为一个过渡。

有蓄势就有乘势、有破竹之势。归有光称"句法连下，一句紧一句"是文势中的"破竹则"。① 朱熹论辨中分述五家学术，文意联绵而下，一段紧一段，一重批驳，一重蓄势，一重蓄势生发一股力量，直至文末，形成一种破竹之势，所谓"跻攀分寸不可上，失势一落千丈强"。② 在文末，朱熹拿出了更充分、更有力量、更具权威的论辨。朱熹对"克己复礼"做了充分的分析，将其与闽学的一贯主张"工夫论"结合起来。孔子"克己复礼"之说的创造性解释，把全文的气势推到极致，如波浪滔天、群峰攒聚，形成不可抗拒的论辨伟力，到了朱熹所谓"重极"的辩论热度和火候。朱熹最后的论辨之语：如果有"直截道理"，孔子怎么会教人"步步做上去"。举重若轻、轻轻一点，便将陆九渊"识得一心，万法流出"的主张，一举击破。朱熹论辨过程中的"蓄势"和"破竹法"紧密结合，无蓄势，则无破竹之势，无破竹，蓄势将失去意义。

---

① 归有光：《归有光先生论文章体则》，《历代文话》第 2 册，第 1727 页。
② （清）方世举著，郝润华、丁俊丽整理《韩昌黎诗集编年笺注》，中华书局，2012，第522 页。

二 平地惊雷、起势峻嶒

除了"蓄势"的运用之外，朱熹还注重起势，文势陡然而起，让人感到静湖忽起波澜，平地顿响惊雷。所谓起势，它的行文与蓄势不同，不需要多重论辨，反复皴染，而是三言两语把语意和情势说到极处，一段之中，气势顿起，道理充盈，力量强大。

势生于气，气生于字句。王葆心《古文辞通义》称文章的雄奇之气，"其精处在行气，其粗处全在造句选字"，也就是说文章中的气势，不仅与作者的素养有很大关系，而且作者的"造句选字"也对文章中的气势产生了直接的影响。[①] 朱熹善用联绵句法，在行文过程中迅速营造一种不可抵挡的气势，给读者以强烈的感染力。这种句法使句式密集如织、鱼贯而下，成为朱熹论辨中的警句，如朱熹对熙宁、元丰间执政蔡确行径的论辨：

> 他置狱倾一从官，得从官；置狱倾一参政，得参政；置狱倾一宰相，得宰相。[②]

该语录通过结构相同的句式比并，顿时形成联绵不断的气势，再通过"置狱"和"倾""得"等关键词的反复使用，加重了语气，把蔡确依靠倾轧、排挤，爬上宰相之位的卑劣小人行径揭露无遗，厌恶和愤慨之情在论辨之中顿生，并迅速凝聚成一种气势。朱熹还通过改换句式和行文使文章烽烟顿起，波涛汹涌。如：

> 如礼乐何，谓其不奈礼乐何也。"心中斯须不和不乐，而鄙诈之心入之；外貌斯须不庄不敬，而慢易之心入之。"既不和乐，不庄敬，如何行得礼乐！譬如不善操舟，必不奈一舟何；不善乘马，必不奈一马何。[③]

---

① 王葆心：《古文辞通义》，《历代文话》第 8 册，第 7841 页。
② 《朱子语类》，第 2964 页。
③ 《朱子语类》，第 604 页。

上则语录中,"不善操舟,必不奈一舟何"与"不善乘马,必不奈一马何",两句为文言句式,两句字数相等,语义相同,充分发挥了这一句类的句法功能。其一,两句语义相类,一个意思重复两次,就加重了这个意思的语气。其二,用文言句式,调控了文段的气势,增加了文采,多了书面语的因素,更适合知识分子阶层的交流。其三,音节具有一定特殊性、规律性,便于声情的表达。正是这种有规律的句子,使得朱熹的话语可以随时随地迅捷地产生一种与文段相一致的气势,增强辨说的效果。

三 云消雨霁、收势峻捷

朱熹的论辨文不仅注重"蓄势""起势",更注重"收势"。所谓收势,是指论辨过程的结穴和收束。所有的论辨都是为了解决问题,错误的观点是否被击穿,正确的观点是否被树立,经过激烈讨论之后,问题的结局见于此处,此处即收势。收势注重简短明快,朱熹论辨的"收势"别具个性,犹如狂风骤雨之中,忽然雨霁云收,水光潋滟,意味无穷,逸趣横生。他与张魏公探讨抗金对策的语段,就有很好的"收势":

> 为吾之计,莫若分几军趋关陕,他必拥兵于关陕;又分几军向西京,他必拥兵于西京;又分几军望淮北,他必拥兵于淮北,其他去处必空弱。又使海道兵捣海上,他又著拥兵捍海上。吾密拣精锐几万在此,度其势力既分,于是乘其稍弱处,一直收山东。虏人首尾相应不及,再调发来添助,彼卒未聚,而吾已据山东。才据山东,中原及燕京自不消得大段用力,盖精锐萃于山东而虏势已截成两段去。又先下明诏,使中原豪杰自为响应。是时魏公答以"某只受一方之命,此事恐不能主之"。[1]

这个论辨语段可分为两个部分,前者,朱熹出言,滔滔不绝,为"起势";后者张魏公的一语答言,戛然而止,为"收势"。

南宋的战和问题是最重大的时政,朱熹对南宋与金的对峙异常关注,并提出了自己切实可行的战略思想,即所谓"分兵杀虏"。朱熹首先分析

---

① 《朱子语类》,第 2706 页。

了"元颜"侵犯南宋的准备，调度兵马、粮草，需要两年时间。南宋应当兵分五路拒敌。陕西关中地区为一军诱敌，为缓兵之计。西京（河南偃师登封区域①）为一军，淮北地区为一军，海道兵为一军。精锐部队为一军待机而动，乘虚收复山东，进而据山东收复中原和燕京，同时昭告中原豪杰为接应。

这段论辨思路缜密而气势豪迈，可谓波澜翻滚，气势磅礴。宋金对峙可以决于一役。但是更值得注意的是文末的收势。

朱熹在此语录中的"收势"更具艺术性。正当论辨挥斥方遒、意气风发之时，朱熹用张魏公的回应作为收势："受一方之命"，"不能主之"。全文饱满的气势顿时全消。起势论辨强劲，锋棱频露，缜密精细；收势短促，迅捷，简略。反差鲜明，给读者留下更为广阔的审美和想象空间，极具讽刺之旨。

朱熹在行文过程中如何来增进论辨的气势呢？主要有四种途径。

其一，突出叙事中的情感成分，形成一种正义的力量，从而达到增强气势、感染读者的目的。例如"经制钱"的论辨。朱熹首先追溯经制钱产生的原委，政府通过扩大转运使制造钱币的权力，方便战时物资的调集，将地方财政归口军队。战事结束，经制钱不废，增加百姓负担。韩球又创总制钱，州县财政亏空。朝廷虽然限制数额进行约束，但危害有增无减。论辨结束部分，朱熹又增加了一段叙事：

> 亨伯创经制钱时，其兄弟有名某者，劝止之。不从，乃率其子侄哭于家庙，以为作俑之罪，祖先将不祀矣！②

这段文字主叙陈亨伯兄弟之言行，聚族哭于祖庙，渲染"经制钱"的危害之大，"作俑之罪"，"祖先不祀"之句充满愤激之情，这种情感笼罩全文，把文章气势推向高潮，是一种对上危国家、下害百姓的行为的遣责、控诉和痛斥。论辨中，叙事的情感因素对营造文章气势起着关键作用。

---

① 西京属河南府，河南郡。据王存《元丰九域志》，中华书局，1984，第4页。
② 《朱子语类》，第3082~3083页。

其二，朱熹为了增加论辨的气势，还通过在行文中列举大量的事实依据，通过多重事实的陈述增强论辨的力量和效果。例如他对"释氏之学"的批判一节，在论述了佛教的学术本质之后，进一步陈述，唐宋出现了大量的反佛斗士，或上疏向皇上进言，遏制佛教在中国的传播，或撰写文章指出释氏之学的危害。朱熹列举了大量的事实：

> 唐之韩文公，本朝之欧阳公，以及闽洛诸公，既皆阐明正道以排释氏，而其言之要切，如傅奕本传，宋景文《李蔚赞》，东坡《储祥观碑》，陈后山《白鹤宫记》，皆足以尽见其失。①

朱熹先列举韩愈、欧阳修、杨时、二程等众人排斥佛教的行为，又列举傅奕、宋祁、苏轼众人的文章，这些人物和文章都有一个共同的性质，即反对佛教，揭露佛教学说的危害。众多实证一下子齐出并举，论辨的对象就成了众矢之的，千夫所指，文章的气势在短时间增强，论辨之人由朱熹一人变为韩愈、欧阳修、杨时、二程、傅奕、宋祁、苏轼等数人，规模宏大，如同平地风雷，形成了一种泰山压顶般的论辨气势和力量。列举实证，是朱熹营造论辨气势、增强论辨效果的一个重要手段。

其三，通过修辞手段，尤其是正反对比，造成巨大的反差，从而构造出一种强大的气势，其实质是以理造势。如他对南宋宦官奢靡生活批驳一节：

> 今却皆有妻妾，居大第，都与常人无异，这都不是。出入又乘大轿。②

行文又列出北宋初期所有的政治官员都崇尚节俭：

> 且如祖宗朝，百官都无屋住，虽宰执亦是赁屋。③

---

① 《朱子语类》，第3009~3010页。
② 《朱子语类》，第3058页。
③ 《朱子语类》，第3058页。

南宋宦官之奢靡与北宋初创时期官员的简素形成鲜明的对比，甚至身居要职的宰相都赁屋居住，反差巨大，接下来朱熹进一步总括出南宋朝国力疲弱的原因：

> 以祖宗全盛之天下而犹省费如此，今却不及祖宗天下之半而耗费却如此，安得不空乏！①

这种一正一反的比照，将内在的道理和情感凝聚在一起，创造出一种令人击节拍案的愤激气势，感染了听众和读者，效果鲜明，因此说，对比既是一种修辞手段，也是一种增强行文气势的论辨艺术。

其四，朱熹的论辨，长于说理，优于辨析，是非分明，充满正义之感，这是朱熹论辨气势充盈的根本原因。如：

> 秦视六国之君，如坑婴儿。今年捉一人，明年捉两人，绝灭都尽，所以犯天下众怒。当时但闻"秦"字，不问智愚男女，尽要起而亡之！陈涉便做陈王，张耳便做赵王，更阻遏它不住。汉高祖自小路入秦，由今襄阳、金、商、蓝田入关，项羽自河北大路入关。及项羽尽杀秦人，想得秦人亦悔不且留取子婴在也。②

这段文字说理透彻，是非分明，充满正义的力量，因此气势充沛，情感激荡，读来让人荡气回肠，不能平静。文段开始列举秦朝行为的非正义性，坑六国之君，绝灭六国，如同草芥，秦始皇的残暴，无以加复；正是这种非正义性，才激发了六国之人起而抗争，陈王陈涉起于草泽、赵王张耳战于赵国、刘邦径取咸阳，项羽大路入关，群起灭秦，这些做法都是正义行为。当两种行为得到明辨之后，整篇文章的气势就沛然而起，如同浩然之气，充盈于天地之间，其力量不可抗拒。因此是非分明、立场明确、事理通透，是朱熹论辨气势的根本来源。

综上，朱熹论辨文的气势充满动感，灵活多变。波平如镜之时忽起波

---

① 《朱子语类》，第3058页。
② 《朱子语类》，第3218页。

澜，风雨滂沱之际倏然雨霁云收，给人以美感。这些气势的变化来源于朱熹论辨的技巧。朱熹的论辨重说理，明是非，充满正义感，这是朱熹论辨力量的根本来源，其叙事突出的情感内容，加深说理的深刻性，增强论辨的气势。通过列举性质相同、指向明确的事实，使论敌成为众矢之的，千夫所指。借助对比，形成悬殊的两极，造成读者心理上的落差，从而增强论辨的气势，这种气势营造为朱熹论辨带来别样的魅力。

第三节 朱熹论辨艺术的"节奏"

文章节奏的疾徐关乎文章的"气格"。包世臣说："论气格，莫如疾徐。"① 他进一步解释说："文之盛在沉郁，文之妙在顿宕，而沉郁顿宕之机，操于疾徐。"朱熹的论辨节奏鲜明，缘于其对论辨节奏的操控，一张一弛，都有侧重。一张如箭在弦上，力量充盈；一弛如鱼游寒潭，轻松自如。在稳定的节奏中富有变化，张弛有度。这样的节奏使语义层次清楚，语脉前后连贯，话语富有波折，充满美感。

一 虚字、文眼句与论辨节奏

钱锺书《管锥编》"眼睛为魂"条，引《房集》"布囊"装数升眼睛，《酉阳杂俎》"人眼数千、聚成山"，朱熹《答吕子约》之"眼光落地"，西方民俗之"目睛为灵魂安斋"，都意在说明灵魂之于躯干的重要性，其旨在谈文章艺术。② 朱熹在论辨过程中，处处设"眼"，钩摄全篇，用虚字和文眼句，领起文段中的不同层次，这些虚字和文眼句使得朱熹论辨的语言既有层次与层次之间的衔接，又有着明显的语义疏离和停顿，从而形成一种张弛有度的行文节奏，成为论辨之魂。例如：

> 佛氏乘虚入中国。广大自胜之说，幻妄寂灭之论，自斋戒变为义学。如远法师支道林皆义学，然又只是盗袭庄子之说。今世所传《肇论》，云出于肇法师，有"四不迁"之说："日月历天而不周，江河竞

---

① （清）包世臣：《文谱》，《历代文话》第6册，第5189页。
② 《管锥编》，第1271页。

注而不流，野马飘鼓而不动，山岳偃仆而常静。"此四句只是一义，只是动中有静之意，如适间所说东坡"逝者如斯而未尝往也"之意尔。此是斋戒之学一变，遂又说出这一般道理来。及达磨入来，又翻了许多窠臼，说出禅来，又高妙于义学，以为可以直超径悟。而其始者祸福报应之说，又足以钳制愚俗，以为资足衣食之计。遂使有国家者割田以赡之，择地以居之，以相从陷于无父无君之域而不自觉。①

此文段中最突出的是虚字的使用，吕留良称朱子之文"虽虚字语助，念去似不着紧要者，思之其妙无穷"。② 语录中"自斋戒变为义学"之"自"字、"及达磨人来"之"及"字、"而其始者祸福报应之说"之"而"字，三字统摄全篇论辨之节奏，使行文富有变化。"自"字推原、回溯释氏学术的最初形态，"及"字显示释氏之学的进一步发展，"而"字反折文意、强调佛教的危害所在。三字使文章节奏起伏可观。刘熙载用姜夔语评价韩愈之文："一波未平，一波已作，出入变化，不可纪极，而法度不可乱。"③ 朱熹的论辨语体足以当之。

论辨之中，显示行文线索的文眼句亦可观。其中"此是斋戒之学一变"是分水岭，阻隔山河，景色相异。此句之前，为一个相对独立的意思，讲斋戒之学如何变化为义学，即佛学与汉民族文化的融合，成为功利之学；此句之后为一个相对独立的意思，说义学如何转变为禅学，改善人的内心世界，变化为心学。这一句话承上启下，既有衔接的作用，又有分割、停顿的作用。"其始者祸福报应之说"为逆折之笔，揭出"无父无君"之危害，使行文又形成一个别样节奏。

虚字与文眼句相配合，使行文产生的节奏和停顿，形成丰富的层次，曲折回环，意得其宜，斐然可观。刘熙载评朱子之文："其立定主意，步步回顾，方远而今，似断而连，特其余事。"④ 实得节奏三昧。

① 《朱子语类》，第 3009 页。
② （清）吕留良：《吕晚村先生论文汇抄》，《历代文话》第 4 册，第 3324 页。
③ 《艺概》，第 22 页。
④ 《艺概》，第 35 页。

二 叙议相间与节奏变化

王万里《晴竹轩文法》指出陶诗《庚戌岁九月中于西田获早稻》"叙议相间",有"嵚崎历落之致"。① 即"日入负米还"本下连"灌濯息檐下",叙述浑然一体,但却插入"山中饶雪霜"六句议论。"嵚崎"本指险峻奇崛的山势,又引申为卓异超俗、奇崛凛然的精神品格,在这里却指叙事与议论相间的笔势变化和韵致。如果抽出六句议论,诗歌叙事从"负米还"到"息檐下",呈现出一种从容纡徐的节奏感,而六句议论的穿插引入了一种亢烈的节奏,传达出"一种理念",即在躬耕与为官两种生活方式和价值观上的取舍。② 这种亢烈节奏不易觉察,但下文中"斗酒散襟言"透露出陶渊明此刻内心的紧张度,袁行霈对此句的析义"心情与表情均因酒而放松矣",便是实证。③ 六句议论是整首诗节奏最强烈处,也是陶渊明内心世界的"波澜处",内心变化恰恰是此诗节奏"嵚崎历落之致"的根源。

朱熹对陶渊明诗有深刻体悟,称"他自豪放,但豪放得来不觉耳",《咏荆轲》是"露出本相者"④,《庚戌岁九月中于西田获早稻》是"不觉"的豪放,是一种落泪的豪放。如果从探索陶渊明的笔势变化、节奏韵致、叙议相间入手,这种不易觉察的豪放便清晰而深刻了。朱熹的论辨节奏与陶诗的节奏有相通之处。如:

> 江西士风好为奇论,耻与人同,每立异以求胜。如陆子静说告子论性强孟子,又说荀子"性恶"之论甚好,使人警发,有缜密之功。昔荆公参政日,作《兵论》稿,压之砚下。刘贡父谒见,值客,径坐于书院,窃取视之。既而以未相见而坐书院为非,遂出就客次。及相见,荆公问近作,贡父遂以作《兵论》对,乃窃荆公之意,而易其文以诵之。荆公退,碎其砚下之稿,以为所论同于人也。皆是江西之风如此。⑤

① (清)于学训辑《文法合刻》,《历代文话续编》,第 490 页。
② 袁行霈:《陶渊明研究》,北京大学出版社,1997,第 118 页。
③ 袁行霈:《陶渊明集笺注》,中华书局,2011,第 162 页。
④ 《朱子语类》,第 3325 页。
⑤ 《朱子语类》,第 2971 页。

此段论辨，是总分总结构，首尾呼应，章法谨严，但是最值得称道的是论辨的节奏，其稳定之中有变化，张弛有度，极具艺术魅力。

这种稳中有变、张弛有度的节奏来源于不同的表达方式。朱熹在提出"江西士风好为奇论"这一观点之后，用了两个例证。说陆九渊用议论，说王安石用叙述。陆九渊是江西抚州人，他的标新立异，在于首肯告子优于孟子论性，又力主荀子性恶论。朱子此处全用议论，句子概括力强，多抽象思维的判断、推理，故节奏紧张急促，斩钉截铁，笔墨省练；王安石是抚州临川人，其好为奇论在于为文。朱熹把这种好为奇论从叙述中道出，通过刘贡父书房等待，二人问答，王安石碎稿等情节一一道来，委婉曲致。叙述使节奏由迅捷转变为纡徐，尺幅之上尽见云烟舒卷，给人以深刻印象。

陶渊明之诗与朱熹之语的相通之处，在于笔势变化和节奏，在于议论与叙述的相互转化。议论与叙述相间，急促与舒缓交替，张弛各得其宜，短促紧张，以见迅捷、亢烈之美，舒缓纡徐，以见委婉、从容之美。文之节奏根植于作者之心，作者内在的对生活和人物的认识和态度，外化成诗歌与论辨语体的节奏。这种因叙述和议论的转换而带来的节奏和笔势上的韵致，既成就了陶渊明的田园诗，也成就了朱熹的论辨，更展示了二人的为文心术。

三　句式转换与行文节奏

朱熹论辨文的节奏，还通过句式整散的转化来实现。散句长短不一，自由灵活，可以使文章起伏顿挫，腾挪跌宕，不拘一格；整句结构固定，前后句相衔，成为一个整体，指向明确，形式突出，往往是作者要强调的主旨所在。

如朱熹论辨文中对熙宁、元祐、元丰间的政论。他对司马光的论述多用感叹句式，长短不拘，以表达对司马光元祐执政的钦敬，如："温公是甚气势！"① 又如："温公直有旋乾转坤之功。"② 情感充沛，褒扬甚明。他对吕公著、范纯仁的论述多用散句，辨析二人的执政得失，诸如："用调

---

① 《朱子语类》，第 2963 页。
② 《朱子语类》，第 2963 页。

停之说，兼用小人，更无分别。" 又如："若真是见得君子小人不可杂处，如何要委曲遮护得！"① 这种散句，有长有短，参差不齐，将婉转事理辨析得非常周详。行文至对蔡确的论述，句式陡变为整句，引起读者的注意，显示了朱熹要强调和突出的意思。"置狱倾一从官，得从官；置狱倾一参政，得参政；置狱倾一宰相，得宰相。"② 这三个分句，结构相同，字数相同，兼用反复和排比，既强调突出了蔡确卑鄙、丑陋的政治经历，又增强了文章的气势，表现出君子小人不能同处的凛然正气，同时也反衬出朱熹对司马光的崇仰之情，对是非曲直的穷理精神。这几个整句之后，朱熹又用散句论述朝廷对王安石不妥当的处置："论来安石是罪之魁，却于其死，又加太傅及赠礼皆备，想当时也道要委曲周旋他。如今看来，这般却煞不好。"这段文字长短不拘，自由灵活，与对蔡确之论的句式，有着明显的不同。散句更适合表现丰富和曲折的内容，朱熹总体评价王安石一生的功过，谴责朝廷对王安石礼遇有加，遮蔽回护他的罪过。

散句和整句的穿插使用，调整了行文的疾徐、繁简。句式时为整句，鱼贯而出，联绵严谨，突出中心；句式散出，表意委婉周详，长短合度，参差有致，让人既见田野平畴之整齐，又见山峰高下之跌宕，行文节奏变换多端，给人以新颖、变化之美感，避免因形式单一而使读者产生枯燥情绪。刘大櫆言文章节奏之要，犹如"管弦繁奏之中"，定有"希声窈渺"③，朱熹论辨语体的节奏足以当之。

第四节　朱熹论辨的语言艺术
——造语、口语和引语

语言自古就有文言之别。文言一词初指"乾坤卦爻辞也"，以卦爻辞为文王制，故谓之文言。孔子为之传，称为"文言传"。④ 钱基博称"直言者谓之言，修辞者谓之文"，孔子创"文言一体"，其文体表现为"直言之

---

① 《朱子语类》，第 2964 页。

② 《朱子语类》，第 2964 页。

③ （清）刘大櫆：《论文偶记》，（清）薛福成：《论文集要》，《历代文话》第 6 册，第 5790 页。

④ （清）惠栋：《周易述》，中华书局，2007，第 347 页。

语助，错综于用韵比偶之文，奇偶相生，亦时化偶为排"。① 其中"韵""偶""排"即是修辞，钱基博所说"文言一体"是指文言传，而非卦爻辞。阮元称"词之饰者，乃得为文"。② 傅道彬说，一个民族一个时代文学意识的觉醒起步于"对直白语言形式进行自觉的文饰和美化"。③ 在傅道彬看来，"直白语言形式"即为言，"自觉的文饰与美化"即为文，文与言有别，其别在于修辞。那么，语与言是否有别？

刘知几称"古者，言为《尚书》"，尤其提到"缪公诫誓"，是《尚书》之中"言之大者也"，言即人物说话。④《说文·言部》释："直言曰言，论难曰语。"《周礼·大司乐》以"兴、道、讽、诵、言、语"为"乐语"，钱仲联认为言为"言己事"，语为"他人语"。⑤ 刘师培把语作为中国古代书籍类别之一，"或为记事之文"，"或为论难之文"，其例为《春秋》《论语》与诸子著作。⑥ 他把文言也作为中国古代书籍类别之一，"藻绘成文"，"杂以骈俪之语"，其例为《周易》、《尚书》与《诗》。张政烺认为语是春秋时期书籍中的"一种固定体裁"，语，即讲话，"语之为书既是文献辑录，也是教学课本"。⑦ 俞志慧在语作为书籍的类别概念上，提出了语是先秦时期的一种文类，其文体特征是"明德"。⑧ 吴建国指出了礼乐背景下言语之别，把语解释为两种形态，其一为"言谈、对话、辩论"；其二为"成语、掌故、典故"，并进一步将语归纳为对语、事语、辩语、论语、寓言等五种类型，这种解释与刘师培对语的释义"记事""论难"相一致。⑨ 刘知几在《史通·言语》中强调"饰词专对，古之所重"，"寻理则事简而意深"，春秋战国两代的大夫与行人重词命，表现为"语委婉而多切，言流靡而不淫"，进而发展为"人持弄丸之辩，家挟飞钳之术"。⑩

---

① 钱基博：《中国文学史》，中华书局，1996，第21页。
② （清）阮元：《揅经室集》，中华书局，1993，第606页。
③ 傅道彬：《春秋时代的"文言"变革与文学繁荣》，《中国社会科学》2007年第6期。
④ （唐）刘知几著，张三夕、李程注评《史通》，凤凰出版社，2013，第16页。下引此书，皆出此本。
⑤ 钱仲联主编《十三经精华》，湖南教育出版社，1992，第282页。
⑥ 刘师培：《论文杂记》，《历代文话》第10册，第9483页。
⑦ 张政烺：《〈春秋事语〉解题》，《文物》1977年第1期。
⑧ 俞志慧：《语：一种古老的文类——以言类之语为例》，《文史哲》2007年第1期。
⑨ 吴建国：《歌终而语——语的礼乐形态研究》，《文学遗产》2018年第6期。
⑩ 《史通》，第83~84页。

刘知几对言语的持论与刘师培对语的释义相近，即论难、辩术成为语体的一个重要特征，论难和辩术的指归在事理、是非的评判。因此，从某种意义上讲，《朱子语类》之语是以思辨为统帅，借助修辞手段，融入句法、字法而进行辨伪存真、去非求是的一种文类。语体是语言运用的艺术。

《朱子语类》作为一种语体语言，包含了论难、辩术和求是，朱熹的论辩独出机杼地运用了造语、口语和引语，呈现为一种明理求是、逻辑谨严、流靡朗畅、激昂慷慨的体貌特征，并臻于艺术之境。

一　造语与"稳字"、为文者心术、寓意

在古人诗评和文评相关的文章中经常出现"造语"一词，例如刘挚对郭祥正诗歌的评价，说诗人"造语险怪"。① 李复在《答张尉书》一书中把立意与造语并提，强调立意与造语务必做到"高古清新"。② 宋代吴镒称"造语"贵圆转周旋、过度精密、精奇警拔。③ 元代陈绎曾对"造语法"进行了归纳和分类，他列出正语、拗语、反语、累语、联语、歇后语、答问语、变语、省语、助语、实语、对语、隐语、婉语等 14 种造语方法。④ 明代高琦将陈骙在《文则》中谈到的"文有倒语""文有助辞""取音韵、偏旁以成句"等方法列为"字法"。⑤ "文有数句用一类字"，用来"壮文势、广文义"的方法列为句法，如《诗经·北山》的"或"法，《考工记》和《庄子》中的"者"法。因此，字法和句法往往成为文章家行文运笔时的关捩。

朱熹的造语，是一种创新性的语言，是字法和句法的综合运用，是其真知灼见和新颖文字形式的有机综合体，经由文字重新组合而构成的新词是朱熹在讲学过程中对瞬时形成的思想火花的即时概括，有着深刻的思想性。明王世贞也强调"点缀关键，金石绮彩，各极其造"的字法与"抑扬顿挫、长短节奏、各极其致"的句法对文章的作用，锻炼字句可使立意淳

---

① （宋）刘挚：《忠肃集》卷 16，影印文渊阁《四库全书》本。
② （宋）李复：《潏水集》卷 4，影印文渊阁《四库全书》本。
③ （宋）魏天应：《论学绳尺》，《历代文话》第 1 册，第 1082 页。
④ （元）陈绎曾：《文说》，《历代文话》第 2 册，第 1344~1346 页。
⑤ （明）高琦：《文章一贯》，《历代文话》第 2 册，第 2169~2171 页。

粹如"百炼之金"、行文有力如"千金之弩"。^① 朱熹论辨中出现了大量的造语，这些词句，富有个性特色，语义深刻，往往能别开新境。

（一）凝练简重，以简驭繁——"作文自有稳字"

朱熹论文对下字法有过重点论述，他说"作文自有稳字"。^② 作文下字要"稳"有两种情况，其一，作者是"能文者"，这种人"才用便用着这样字"。其二，作者是善于修改文章的人，修改后的文章下字便稳。什么是"稳"？也有两种情况。第一种情况，其特征是"自胸中流出，更无些窒碍"，欧阳修的《谢表》是实例。第二种情况，经过思虑，言语有文理。欧阳修《醉翁亭记》稿，"初说滁州四面有山，凡数十字"后改为"环滁皆山也"五字。概括说来，朱熹下字之"稳"的意思，即语义凝练，文辞省净，并且文理流贯。

朱熹论辨中的造语，具有高度的概括力，他往往能用最少的语言，概括出某个学术流派的弊端，例如他对吕祖谦的评价：

> 人之读书，宁失之拙，不可失之巧；宁失之低，不可失之高。伯恭之弊，尽在于巧。^③

这一语段朱熹下字集中在一个"巧"上，这显然是一个贬义词，吕祖谦的"巧"表现在哪里呢？朱熹在语录中对吕祖谦学术之"巧"做了明辨。

朱熹评价吕祖谦从司马迁史学中寻求"圣人之意"是取巧。吕祖谦认为司马迁懂得"行夏之时，乘殷之辂，服周之冕"，是"圣人为邦之法"，在这一点上远远胜过汉儒。^④ 朱熹认为司马迁学从董仲舒，其学术本意"在于权谋功利"。^⑤ 朱熹同时指出孔子与司马迁对待伯夷这一人物的分歧：孔子称伯夷"求仁得仁，又何怨"！司马迁《伯夷传》"皆是怨辞"，"说坏了伯夷"！最后朱熹直指吕伯恭要害：

① （明）徐师曾：《文体明辨序说》，《历代文话》第 2 册，第 2050 页。
② 《朱子语类》，第 3308 页。
③ 《朱子语类》，第 2949 页。
④ 《朱子语类》，第 2951 页。
⑤ 《朱子语类》，第 2952 页。

今求义理不于六经，而反取疏略浅陋之子长，亦惑之甚矣！①

至此，朱熹下一"巧"字的旨意十分明了，吕祖谦学术本源已经差了，不是从六经中"探求圣人之意"，而是从司马迁《史记》中断章取义，其获得"圣人之意"的途径"巧"了。

又如朱熹对陆九渊、吕祖谦和释氏之学的论辨，论陆九渊的抚学是"有首无尾"，辨吕祖谦的婺学是"有尾无首"，评释氏禅学是"首尾皆无"，这三个词概括了三个学术流派的学术渊源和学术指归，其中"首""尾"二字在朱熹论辨的体系中有特定的内涵，是朱熹下字之"稳"的凸现。②

陆九渊学术的"有首无尾"，是指金溪之学的学术渊源，陆九渊宗奉孔孟，以《论语》《孟子》为读书问学的基本典籍，尤其把孟子的"四端"，推演为良知良能的心学，这是九渊学术的源头，朱熹认可这种以孔孟为宗的学术起点。但是陆九渊的学术，又吸收了禅学的顿悟，一味强调心学体悟的功效而缺少了礼学约束，放纵自我至"吾心即是宇宙"的境地。因此朱熹认为陆九渊的学术没有下梢，是无尾之学。

朱熹的"有尾无首"一语，不仅是对吕祖谦婺学的概括，而且也指陈傅良、叶适的永嘉之学，陈亮的永康之学。吕祖谦的史学，以司马迁为宗奉，以《史记》为读书问学的基本典籍，永嘉与永康之学，宗奉唐代的文中子王通，以王通的《中论》为读书问学的核心典籍，这些学问远离了孔孟之学，所以朱熹称之为"无首"之学，但是浙中学派的吕祖谦、陈傅良、叶适、陈亮等人，都崇尚学以致用，关心南宋政治和民生，走的是学术救国之路，因此朱熹称它为"有尾"之学。

"无首无尾"是朱熹对释氏禅学的论辨之语，也是从学术源头和学术之用上讲的，禅学没有学术源头，是指释氏学术不以孔孟为宗，旁窃老庄、道家之书，又杂融孔孟之学，释氏禅学不关注政治民生，崇尚空虚，背离儒家学以致用之旨，因此朱熹用"无首无尾"一语概括释氏禅学。

"有首无尾"、"有尾无首"和"无首无尾"三词是朱熹对三种学术思

---

① 《朱子语类》，第 2952 页。

② 《朱子语类》，第 2985 页。

想渊源、体用和指归的概括和总结，语言赅练而省净，思想丰富而深邃，犹如百炼之金，造语充满气势，富有力量，犹如千斤之弩，实现了朱熹对"稳"字的最高追求。朱熹的造语真正做到了驭繁于简，驭难于易，是文字形式与敏锐思想的有机结合，是超越常规、突破语言域限的创造，是洞明简单与辩证繁复之后的艺术表现。

（二）锋棱突出，张力十足——造语与为文者心术

朱熹在评论曹操《短歌行》"周公吐哺"与《苦寒行》"悲彼东山诗"时，提出了"诗见得人"的主张。何谓诗见得人？他说："诗见得人。如曹操虽作酒令，亦说从周公上去，可见是贼。"① "诗见得人"是指阅读诗歌时要有远见卓识，要洞见圆照，识得为文者心术。刘勰在《知音》中强调读者的识见，"识照之自浅"，就不能"觇文辄见其心"，相反，只有"深识鉴奥"者，才能在欣赏文章时做到"欢然内怿"，犹如"乐饵之止过客"。② 刘熙载于才、学、识三者，首推识见，认为"认题立意，非识之高卓精审，无以中要"。③ 章学诚论良史，强调才、学、识，"兼三尤难"，从而提出"能具史识者，必知史德"。何谓史德？章学诚称"著书者之心术也"。④ 章学诚认为，《离骚》与《史记》皆为"千古至文"，其根源在于屈原与司马迁皆能"抗怀于三代之英"，具备"经纬天人之际"的心术。从赏鉴者到缀文者，无疑都必须具备远见卓识，才能做到相互沟通，达到"欢然内怿"的境界。朱熹做到了，朱熹不仅能够对辩敌学术洞若观火，直视本相，更能运斤成风，造语独特，表达出自己的只眼识见，体现了论辩者的心术。

朱熹的论辩造语往往能提炼所论辩人物或事物的特点，造语锋芒毕露，极具表现张力，这与其论辩心术息息相关。

如其在辩论"陆子静之学"一节中对陆九渊的用语。⑤ 陆九渊认为只要识得一心，就会万法自出，这是自己的独得之秘，因此表现出一种洒脱奔放、豪逸天纵、狂放不羁的性情来。朱熹使用了"胡叫胡喊"来形容他

① 《朱子语类》，第 3324 页。
② 《文心雕龙今译》，第 439 页。
③ 《艺概》，第 38 页。
④ 《文史通义校注》，第 257 页。
⑤ 《朱子语类》，第 2981~2983 页。见本章第二节论题一"盘马弯弓与势如破竹"之引文。

的狂放，用"直拔俊伟"来概括陆九渊对孟子之心的体认，并且又用"癫狂底圣贤"突出其唯我独尊、不拘礼节的情态，用"直截道理"来提炼其易简心悟的学术方法。这些造语，具有巨大的张力，既概括了陆九渊心学的学理特征，又描摹了陆九渊本人的性情内蕴，点活了陆九渊及其学术的眼睛，从而使语义锋棱四出，表现力强而具有声音、视觉效果；不仅使读者见得陆九渊其人及其学术，而且使读者窥到朱熹勇猛的学术品格和明辨是非的学术心性。

朱熹论辨庄子与老子学术之异的造语，体现了他犀利的识见和超群的心术。他使用"快刀利斧劈截将去"的造语，评价庄子"易以道阴阳，春秋以道名分"之语的思想性，似为褒奖之语，但"快刀利斧劈截将去"又引出"跌荡""不拘绳墨"之语，此时朱子心术已明，意欲贬斥，则先褒扬，褒扬之中已见贬斥端倪。他对老子学术的评价，使用了"齐脚敛手"的造语，挖掘出了老子"退让""隐忍"的学术内蕴。① 下文先说庄子生于淮西间蒙地，老子生于亳州明道宫，又说孟往来于齐宋邹鲁，最后说"南方多是异端"，一语已见朱熹对庄老学术的态度。朱熹的造语融汇了最普通之物"刀""斧""手""脚"，并放在特定的语境之中，很好地辨析了老子之学和庄子之学的不同之处，其造语如解牛之刀，游刃于肯綮，用平凡造语来辨析抽象之学术特征，却收到解纷乱于瞬间的功效。

（三）事类、比附与造语的寓意

何谓事类？《文心雕龙》谓"据事以类义，援古以证今者也"。② 又说"明理引乎成词，微义举乎人事"，是"经籍之通矩"。③ 朱熹的论辨在造语中引用典故成语，借古言今，对论辨事件之是非和道德伦理进行提炼，创造出新颖的话语。朱熹论辨立场鲜明，绝不遮蔽回护，因此也充满了正义和道德的力量。

朱熹在论辨"释氏之学"中，指出释氏之学的危害。④ 佛学主张只要皈依空门，即使罪恶滔天，也可做个好人，因此泯灭了是非观念，寺庙往

---

① 《朱子语类》，第 2989~2990 页。
② 《文心雕龙义证》，第 1407 页。
③ 《文心雕龙义证》，第 1411 页。
④ 《朱子语类》，第 2973 页。

往成为罪恶的避难之所。王安中（字履道），曾经追随童贯、蔡攸，恶贯满盈，被贬象州后隐遁于佛，朝廷对其平生所犯罪恶全部既往不咎。朱熹对他的恶劣行径和释氏所持观点，感到激愤，使用了"乱臣贼子之三窟耳"的造语，是对"狡兔三窟"典故的再创造，三窟之义，一谓"为文市义"，二谓"说梁王"，三谓"请先王之祭器，立宗庙于薛"，取义欺诈和谋略。① 朱熹造语"乱臣贼子之三窟"，专取欺诈、哄骗之义，"三窟"为千古成语，且带上了驳斥的情感色彩，用来揭露禅学伪善和泯灭是非的学术特性。事类的根本目的在于寓讽，吴曾祺认为"文有意之所属，而其人其事不欲明言者，于是为隐约之词，使其立意全在文字之外"。② 朱熹的论辨目的在于揭示释氏学术的欺诈和瞒骗的本质，但其不言释氏而言王安中，不言欺诈而言"三窟"，其不言释氏学术欺诈，而欺诈和瞒骗的本质已跃然纸上，这是朱熹运用事类进行造语的表达效果。

朱熹的造语不仅包含了事类，而且也运用了比附。何为比附？《文心雕龙》称"附理者，切类以指事"③，说理之前，为了避免率直，故假物托情，并且一定要选取与事理密切相关的比喻来行文。吴曾祺所谓"意所不能明者，设为他语以明之也"。④ 刘勰又说"比则蓄愤以斥言"，内心积蓄的愤怒到了极点，就会通过比喻尽情倾吐出来。比附的关键是"切类"，如果做到了"切类"，就会产生"物虽胡越，合则肝胆"的效果，即吴曾祺所谓"入理"，"入理"则"词理具胜，文之上也"。⑤ 朱熹造语中的比附，既做到了切类入理，又做到了"蓄愤斥言"。

如其在论述南宋弊政"常平仓"时的造语。朱熹论到南康与漳州两地常平仓、省仓的存粮时，使用了"浮埃空壳"一语，浮埃是指空中悬浮的微尘，空壳是指徒具形式的事物，常平仓是为了平抑粮价，省仓是为了赈荒，库存可达六七万石，却俱为"浮埃空壳"，形同虚设，这样的比附可以说是切类入理。

常平仓和省仓本是宋代政府平抑粮价减轻农民负担、赈荒救灾的主要

---

① 《战国策》，第 309~312 页。
② 吴曾祺：《涵芬楼文谈》，《历代文话》第 7 册，第 6602 页。
③ 《文心雕龙义证》，第 1337 页。
④ 吴曾祺：《涵芬楼文谈》，《历代文话》第 7 册，第 6595 页。
⑤ 吴曾祺：《涵芬楼文谈》，《历代文话》第 7 册，第 6604 页。

手段，却成为太守侵吞国家粮产、舞弊腐败的借口和工具。朱熹用"浮埃空壳"这一比喻，揭出事实真相，并一语戳穿事理，表达了满腔悲愤和怒火。可谓"蓄愤斥言"。选词造语之前，朱熹已将事理和所造之语联系起来，比附之物与所明之理犹如"肝胆相照"，不露斧凿痕迹，朱熹运思于心，脱口而出，造语一出，事理顿显，造语一出，遮蔽事物的乱石碎瓦皆被清除，虚和假、瞒和骗全部烟消云散，事件的真相和事物的本质都清晰地摆在读者面前，这是朱熹造语的艺术魅力所在。

朱熹造语何能臻于斯境？

其一，源于义理至上的衡文原则。朱熹认为"义理既明"，又"力行不倦"，"存诸中"，"发而为言"，文章就会达到"可爱可传"的境界。①《朱子语类》中的论辨就是朱熹文学理论的具体实践和应用。

其二，源于心术。何谓心术？即朱子论辨之目的和功用。其论辨之目的是斥异端，明道统，道学自任，从而致用于南宋政治。其论辨从来就是在这一心术统率下的论辨。

其三，源于修辞。朱熹谙熟于字法和句法，并能在行文中与比附、事类等方法巧妙结合起来，甚至还注意到了文字的声律音韵，因此其论辨语句简短、含义隽永；语气犀利，一语破的，一针见血，并且语脉流畅，韵脚联绵，真正做到将语意和语词锤炼于一炉，别开生面。

二　口语以破深奥，以结篇体、以明义理

《朱子语类》是语体，即朱熹脱口而出的讲说，而后为学生所记录整理的语录和文章。曾枣庄在《"散文至宋人才是真文字"》一文中将朱熹讲学语录定义为"语体文"。② 但是考察朱熹在术辨、政辨、史辨、文辨等内容上的文章，似乎将其定义为论辨更为合理。论辨也是语体的一种，是一种文类。③ 从某种程度上讲，本节对朱熹论辨中口语使用的研究，就是探讨口语对朱熹论辨作为文章的影响。

朱熹的论辨使用了大量的口语，口语的使用最主要的是对语言风格的

---

① 《朱子语类》，第 3319 页。
② 曾枣庄：《"散文至宋人才是真文字"》，《文学遗产》2009 年第 3 期，第 66 页。
③ 吴建国：《歌终而语——语的礼乐形态研究》，《文学遗产》2018 年第 6 期。

影响。曾枣庄指出，平易流畅是宋文的基本风格，这一风格为后世元、明、清古文发展和繁荣奠定了基础。宋文平易流畅风格的形成得益于宋代的讲学之风，得益于讲学对口语的训练。朱熹论辩的平易流畅与其讲学中使用口语密不可分。

（一）平易流畅与深奥艰涩

朱熹的论辩艺术，其本质就是将深奥的学术问题平易化，只有平易化，脱口而出，文章才会变得流畅，口语的加入就促进了论辩在理解上向平易化发展，在表达上向流畅化发展，变深奥为平易，变艰涩为流畅。

朱熹与陆九渊鹅湖之会的论辩是两种学术方向和两种学术方法的斗争，朱熹主张格物穷理，克尽己私，痛下"工夫"，注释前代典籍，加以讲论学问，日久天长，学问自成。陆九渊认为良知良能，人人自有，不须"工夫"，不须讲学著述，会得本心，万法自出。陆九渊把自家学术方向和学术方法概括为"易简工夫"，而把朱熹的学术方法和学术方向概括为"支离事业"。朱熹的学生提出论辩之题，"求大本总括天下万事"。朱熹认为这是江西陆九渊的心学论点，在他看来闽学必须讲究穷理格物，自有融会贯通之处，他使用口语来说明这个道理，譬如做饭，也需要"趁柴理会米"，"无道理合下便要简易"。① 朱熹认为，做饭是天下最易之事、天下最习见之事，也需要观察火候，理会米的多少；没有任何理由说做学问是最简易的事情。"趁柴理会米"这一口语具有三个特点，第一，口语与修辞方法相结合，建立了做饭与做学术之间的联系，用推理演绎之法进行逻辑思考的抽象问题，就变成可视、可感的动作思维范畴的具体事件。因而整个话语风格具有了形象性和生动性，这种思维的形象性也使得语脉贯通，行文流畅，进而形成一种平易易晓、事理和语脉流畅的语言风格，冲破了学术思想深奥、艰涩的藩篱。第二，此句中的词语"趁""理会""合下"都是日常口语交际过程中的语词，这些语词和日常语法规范的通用，使得朱熹与学生之间有身份认同之感，是一种文化背景相同的交流，便于理解和沟通。第三，"趁柴理会米"与上句"且如做饭"，两句都是由平声转入仄声，语调由上扬趋于低沉，同步而和合，读来有简易流畅之感。此语一

---

① 《朱子语类》，第2784页。

出便把深奥的学术规律变得简单化、平易化了。

（二）口语中"某"的称谓与论辨的结体

朱熹的口语体系中，经常使用"某"字来称代自己，这对论辨的行文结构产生深刻影响。《朱子语类》中共使用2269个"某"字，其主要意义有两种，一是不定代词，在文中指代某物、某地、某人等；一是人称代词，是叙述主体的自我称谓。在朱熹论辨文中，多是后一种用法，即朱熹自称。在论辨中，表示反对意见的诸如："某疑不然""某甚觉不然""某又看得亦不是""某因言某旧说诚有病"。表示肯定意见的诸如："须如某说""某之意正要如此"。表示怀疑和发问的，诸如："某之疑终不能释""某不敢信""某亦疑之""某初解诗，亦疑放那里""某问之""某问""某又问"。表示发表自己主张的，诸如："故某尝谓""据某看""某谓""只某便识得他"。表示追述过去观点的，诸如："某自二十岁时读诗""某旧作孟子或问""某旧时读诗"。表示别人观点的，诸如："汪丈尝谓某云"、其他的诸如："某最怕之"。等等。

由"某"字领起的语句或是论辨的观点，或是反对意见，或是肯定意见，或是别人的观点，或是其他的内容，都会使领起的内容成为论辨文的一个相对独立的层次，表示本层次特定的意思，并通过"某"字与上下文相衔接，使其不仅有自己的独立性，而且能与整篇文章形成一个有机整体。

例如朱熹对释氏之学的危害一节的论辨。[①] 在行文过程中，朱熹用"汪丈尝谓某云"领起汪圣锡对宗杲的肯定，说释氏之学也有"好处"，朱熹接下来用"某问之"领起另一段话，这段话是追问汪圣锡，释氏之学的好处。然后朱熹又用"只某便识得他"一语领起话语序列，阐明《楞严经》《圆觉经》的本质含义。朱熹使用的三个"某"字短语，在这篇论辨中形成一个对话机制，从整篇文章中独立出来，其主要目的是阐明释氏之学的本质。但是朱熹"某"字短语的使用，又没有完全脱离整篇文章，而揭示出释氏之学的本质，恰恰是这篇文章的核心。因此"某"字短语，在某种程度上有结构篇体的功能。

---

① 《朱子语类》，第2973页。

朱熹用"某尝说""某尝谓"领起全文的主旨句，起到统帅全篇的作用。朱熹在论辨"天下之才"一节中，用"某尝谓"连接"天生人才，自足得用"开篇明志，树立一篇之中心意思，接下来论述范仲淹才能卓越，足当仁宗之任。[①] 在评论吕夷简时用"某尝说"领起吕夷简"最是个无能底人"，阐明一篇主旨，文中列举吕夷简如何不会用人，不会选择人才，不能处理好与外族元昊的关系等。

朱熹用"某"与"公"相对，形成对话结构，给人以角色感和立体感，读此文如见两个人物言语往来、各抒己见的激烈辩论场景，仿佛听到朱熹及其弟子的言语声唾，增加了文章的真实感和可信度。如"今公掀然有……"一节论辨，朱熹对沈僩的训导。[②] 沈僩为浙中学者，师从考亭，此节主要评论浙中之学的弊端，朱熹开篇即用"公"字称谓沈僩，指出沈僩有"飞扬之心"，认为"治国平天下"，易如"指诸掌"，进一步列举张良、诸葛亮，无不从切己处做起。第二个"公"字称谓浙中学术诸公，指出沈僩思想的弊病是受浙中"英雄之学"的影响，一味放纵身心，追求"跅弛豪纵"。然后用"某"字领起自己的学术顺序，先从切己之事做起，先树立根本，再"推及其余"，然后又用"公们"领起浙东学术诸公治学顺序的颠倒，用"公"字领起对沈僩学术方向的矫正，不可失去本心，遵循下学上达的顺序。

这段论辨，不称公，即称某，再现了不同学术观点的分歧，口语中的"某"和"公"的称谓，成为结构全篇的线索。你来我往，辨析治学之理，穷究是非，形成一个完整的篇章结构。

（三）朱熹的口语贯穿事理，说理细腻、质实

朱熹论辨的口语带有理学家说理的特征，说理直白，呈现为质实、细腻的风格。如他论述秦灭六国的行径，"秦一切扫除"，"不留种子"，指出秦之暴政，又辅之以"今年捉一人"，"明年捉一人"以致"绝灭都尽"之语，激发天下人共愤，是秦灭亡的根本原因。[③] 这些语言把事理落在实处，析理必透、格物必深是朱熹语言的一个特征。

---

① 《朱子语类》，第 3088 页。
② 《朱子语类》，第 2801~2802 页。
③ 《朱子语类》，第 3218 页。

又如他对释氏学术"空寂为本"的辨析,① 也具有质实、细腻的特征。朱熹沿着儒释区别的思路来驳斥释氏之学的荒谬和错误,朱熹先以深渊为例指出其存在的问题。深渊中有水,有寒温之性,以格物穷理的途径即可明白,释氏仅说深渊空寂,说理肤浅,此时朱熹又用"只是一班两点见得些子"一语,指斥释氏之学顿悟的弊端,语言通俗、质实,但语义显豁。

再如朱熹与学生曹叔远之间对南宋执政弊端的辨析,朱熹主张应该以前朝吕大防、范纯仁调停之祸为借鉴,辨别邪正,穷究是非,对人才择优而用,不能"那边用几人,这边用几人"而重蹈元祐之祸的覆辙,对事理的邪正,对君子小人,要"端的是如何了",才能以理施政。② "下梢""端的"两词的使用,体现了朱熹对南宋执政的未来预设和穷理格物的理学精神,朱熹把对政治的理学探究,贯注于论辨语言的口头表达之中,使得论辨的语言不仅呈现了理学的思维,而且显露了质实、细腻的语言风格。

朱熹的口语灵活多变,其在论辨中巧妙运用,使得论辨既有平易流畅的体貌,又具有道学家质实、细腻的风范。在文中多使用"某""公"的称谓,既结构了全篇,又实现了内部层次的衔接和转换,还增强了不同学术观点相互碰撞的论辨锋芒,显示了朱熹论辨的个性和魅力。

三 引语及其论辨功能

朱熹论辨的艺术不仅体现在对造语和口语的精妙运用上,还体现在对前代典籍语言的引用上。朱熹在论辨中引语的数量惊人,并且引用语言的艺术,超出了前代任何一个文章家,是南宋文章家引用的圣手。

最早对文章援引之法进行研究的是南宋陈骙的《文则》。③ 他从分析《诗经》和《尚书》两部典籍入手,又列举《春秋左氏传》《国语》《大学》中援引的实例,归纳出援引指归的"两端"和具体援引的"六体"。古人文章援引的目的一是"断行事",一是"证立言"。从"断行事"出发,陈骙将援引分为"独引断事"、"多引合断"与"释义断事"三体;

---

① 《朱子语类》,第 3015 页。
② 《朱子语类》,第 2963~2964 页。
③ (宋)陈骙:《文则》,《历代文话》第 1 册,第 148~149 页。

从"证立言"出发，将援引分为"采综群言，以尽其义"、"言中引证"和"析文成言"三体。

与陈骙援引"六体"相比，朱熹论辨中的援引更加丰富和复杂，朱熹的引语涉及经史子集各个领域，独具论辨个性和艺术魅力，下面结合实例分述之。

（一）引言证事，因言辨理

引言证事是指朱熹用所引用语言来证明事件的是非对错，树立自己的正确观点，为自己的论辨观点提供最有力的支撑。例如朱熹与学生讨论《通鉴纲目》的编纂原则，朱熹引用了司马光史学巨著《资治通鉴》中"诸葛亮入寇"，用这一引语证明司马光以曹魏为正统的错误史学观，这与朱熹以蜀汉为正统的史学观点相背离，朱熹以蜀汉正统为是，以曹魏正统为非，这一引语不仅为评判史学观正确与否提供了有力的证据，而且进一步证明史学正统观的不同必然会引起史书撰写的差异。

又如朱熹批判吕祖谦以矫激为非之回护、懦弱学术个性时的引语。吕祖谦写《严子陵祠记》，指出严光没有矫激的言行，从而把自己的言行与严光统一起来。朱熹却与吕祖谦针锋相对，他赞赏的恰恰是严光慷慨奋发、矫激亢烈的言行，此时朱熹援引范仲淹《严子陵祠记》之语来辨析严光的言行是否矫激：

> 先生之心，出乎日月之上；光武之量，包乎天地之外。微先生不能成光武之大，微光武岂能遂先生之高？①

朱熹借助范仲淹之言，赞扬严光注重名节、行为高蹈、慷慨奋发的名士风范，光武的宽大胸怀与严光矫激之言行相得益彰。朱熹的引用，就是辨明严光的言行属于矫激行为，从而揭示吕祖谦退缩畏避、缺乏进取锐气的学术性格，这一段引言与朱熹在文中所举之例——孔子思鲁之狂士，统一起来，鲁之狂士，严光矫激之行，应该得到肯定，这是一种无畏无惧、勇往直前的锐气。引用之言很好地融入整个文章的语境之中，将事中之理

---

① 《朱子语类》，第 2957~2958 页。

辨析得透彻清楚，并形成一种雄辩的气势。

（二）采综群言，气壮理直

朱熹的论辩语体，有时不是单独引用，而是多重引用，形成一个多人说理、义理丰沛的语义场景，造成万马奔腾的气势。势中含理，以达到辨析事理的目的。

例如朱熹对陆九渊"良知良能"不假修为存养之论的辨析。① 朱熹提出即使是生知安行，也需要后天的学习，然后引用了子思、孟子、孔子之言。朱熹引用的都是儒家权威经典篇章中的语言。第一，他引用子思《中庸》之言"率性"，很自然地让人把"性""道""教"联系起来，学习的目的就是栽培天性。第二，朱熹引用孟子的"存心养性"，也是在谈如何对待天性的事情。第三，朱熹引用孔子《论语》之言"孝弟"和"忠信笃敬"，"孝弟"是人之根本，是一种践履，"忠信"是对说话的要求，"笃敬"是对行为的要求，二者都是围绕后天实践存养来立论的。朱熹的三次引用，犹如子思、孟子、孔子、朱熹四人千载同堂，一起痛斥陆九渊，形成一种居高临下、万马奔腾的气势，并将这种气势贯穿于说理之中，为论辩注入了力量，让人不可抗拒。

（三）以言释义，以言代论

朱熹往往能选取各家学派的核心之句，引入文中，进一步解释、辨析各个学派的学术特点和学术本质，使读者从所引之言出发，即可对各个学派的学术个性形成深刻的印象。

如朱熹对老子学术的论辩。② 朱熹首先概括其"虚静无为""冲退自守"的学术特征，然后引用《道德经》中的名句"无为而民自化"，来进一步解释什么是无为，接着又引用"载营魄"，进一步解释老子营魄合一、涤除玄览、守雌固元的学术精髓。

为了进一步辨析庄子学术、释氏之学与老子之学的不同，朱熹引用庄子关于"至人"的论述：用"挥斥八极""神气不变"，来解释辨析庄子的荒诞不经和放意狂言。最后引用"不动道场""变周沙界"之语，来辨析释氏之学的幻化和虚无。朱熹通过引用《老子》《庄子》《金刚般若经》

---

① 《朱子语类》，第 2970~2971 页。

② 《朱子语类》，第 2986 页。

中的语句，阐释三家学派的不同之处和各自的个性特征，把三种学术的本质辨析得一清二楚，给人深刻印象，读者领悟朱熹关于三家学术的引语，顺藤摸瓜，即能轻松把握三家学术之指归。

又如朱熹引用陈良的"楚产也"、许行的"南蛮鴃舌"，来解释南方多异端邪说的观点，引语一出，观点即明。① 朱熹能巧用引语直接作为自己辨析事理的语言材料，或直接用来代替自己的立论，自然轻省，融会贯通，竭尽"他山之石，可以攻玉"之能。

（四）善用经典之言衡准事件的是非曲直

引用是为了更好地辨析事理，引用的语言必须是名家口中的经典之言，这些往往蕴含深邃的道理，有利于学生对事件是非得失的深入理解。

朱熹看到南宋参加科举考试的士人数量变化，深为忧虑，他指出，过去赴试人数只有四五千人，目下已近万人，社会游手人重，一旦高中又危害朝廷。他引用了秦国著名改革家商鞅之言，"人不可多学为士人，废了耕战"②。所引之言，借商鞅之口说出，又蕴含道理，透彻地剖析了南宋社会的不良士风。

又如他对"建宁迎神"事件的辨析。③ 朱熹批驳寺庙迎神活动给普通百姓带来的危害，一家人乘船到建宁参加迎神活动，中流船沉，无一生还。朱熹借孟子之言，强调矫正"人心"、抗拒"诐行"、力辟"邪说"等改造民众和不良时弊的迫切性。孟子在儒学史上的地位，加重了所引之言的分量，也彰显出程朱理学的学术责任和历史担当。

他在辨析张魏公素养和才能优劣上，引用了杜甫的诗句"艰危须借济时才"以说明南宋的时代特征，以及张魏公堪当抗金重任的优良品质。④ 杜甫之名横贯古今，朱熹借助其言，对张浚的才能和志向做出了高度评价，给学生以深刻印象。

对商鞅、孟子、杜甫等人语言的引用，其引言本身就是一种论辨力量，借助引言，就是借助卓越之士的超凡识见，借重知名人士的影响力，

---

① 《朱子语类》，第 2990 页。
② 《朱子语类》，第 2693 页。
③ 《朱子语类》，第 2713 页。
④ 《朱子语类》，第 3150 页。

增强论辨的气势，强调事件背后的道理，给人留下不可磨灭的印象。

第五节　朱熹论辨的方法

朱熹的论辨艺术突出体现在论辨方法中，其辨析的风格仍然是以理为主，执着贯彻"道为文之根本，文为道之枝叶"的主张，但是这并不意味着朱熹不重视文章技巧，相反，朱熹在论辨过程中使用了大量的论辨方法，不拘定规，自然顺达。这些论辨方法使朱熹的论辨语体更具逻辑性、指向性，深入浅出地阐发了事理，语义显豁而深邃，行文富有错落有致的章法，读来层次清楚，变化多端，极具理趣。

一　以显明微，以大驭小——檄文之辨

朱熹辨析事理范围极广，不仅仅包括与各派学术的论证、对现实政治弊端的揭露，还包括对历史事实的辨析，对文章体例的探究，但无论何时、何地、何事，朱熹都能做到分析事理细致入微，牛毛茧丝，无不辨析。如他对"庚辰亲征诏"［按《宋史·高宗纪》与《陈康伯传》宋高宗下诏亲征事在绍兴三十一年（1161），辛巳。① 语录有误］的论辨：

> 是时陈鲁公当国，命二公人为一诏，后遂合二公之文而一之，前段用景卢者，后段用共甫者……亦做得欠商量，盖名义未正故也。记得汪丈尝以此相问，某答曰："此只当以渊圣为辞。盖前时屈己讲和也，犹以鸾辂在北之故，今其祸变若此，天下之所痛愤，复仇之义，自不容己，以此播告，则名正言顺。如八陵废祀等说，此事隔阔已久，许多时去那里来！"②

"庚辰亲征诏"名为诏书其实质是檄文。刘勰言檄文要"宣露于外，皦然明白"③，其体要为"植义飏辞、务在刚健"，"事昭而理辨，气盛而

---

① 《宋史·高宗本纪》，第 603 页；《宋史·列传第一百四十三》，第 11810 页。
② 《朱子语类》，第 3059 页。
③ 《文心雕龙义证》，第 766 页。

辞断"。① 明代吴讷也强调檄文体例的"辞直义显"。② 清代王之绩则言"檄者，激也，昔人所谓激发人心者是也"。③ 朱熹辨析诏书内容，先言诏书为拼凑文本，陈康伯执政，主持诏书拟定，用洪景卢与刘珙（共甫）二人草诏文字拼接而成，前段用洪，后段用刘，事关国体，却行事草率。后言以"八陵废祀"为亲征理由，措辞不当，取材不明，文意不显。

朱熹在文中使用了以显明微的辨析方法。"鸾辂在北"意指靖康之耻，以其作为"庚辰亲征"的理由，行文就会道理显豁，语义明白，达到"事昭而理辨"的文体要求。朱熹指出这一事件的性质和作用："鸾辂在北"一事，人人皆知，事关家国存亡，道理人人皆明。理辨才会文气贯通，力量万钧，达到"气盛而辞断"。"祸变若此，天下之所痛愤，复仇之义，自不容已"，激昂慷慨，情绪飞扬，豪情振奋，不能自已。我们设想当时李儒用记录之实景，朱熹及其弟子必然扼腕浩叹，捶胸顿足，气结声悲。朱熹和王之绩对檄文"激发人心"的文体要求可谓冥会巧合。

相反，"八陵废祀"时隔久远，事理晦涩，为事之微者，理之小者，不足以鼓舞军人斗志。"渊圣为辞""鸾辂在北"是事之显者，理之大者，以显事、大理行文，则细事、小理无不包蕴，无不明晰。

二 直击要害，釜底抽薪——诗序之辨

众所周知，宋代诗经学研究达到了一个高峰，集中体现在诗经汉学与诗经宋学的斗争上，汉学为尊序派，以范处义、吕祖谦为代表，宗奉"汉学体系的传、序、笺、疏四位一体"的原则。④ 宋学为废序派，以郑樵、朱熹为代表，倡导废序读诗。朱熹和吕祖谦是宋学派和汉学派的核心成员，他们对《诗经》的研究成果虽然体现在《诗集传》和《吕氏家塾读书记》中，但《朱子语类》保留了大量二人关于诗经学论辨的过程。这三部作品可以互相参照，可以更详细地了解二人的学术分歧，尤其是《朱子语类》，它保留了朱熹与吕祖谦言语往来的论辨细节和争论焦点，以及二人持论的依据。这些文字对于探讨朱熹的论辨艺术大有裨益。如：

① 《文心雕龙义证》，第 782 页。
② （明）吴讷：《文章辨体序说》，《历代文话》第 2 册，第 1621 页。
③ （清）王之绩：《铁立文起》，《历代文话》第 4 册，第 3787 页。
④ 夏传才：《诗经研究史概要》，清华大学出版社，2007，第 109 页。

　　如《将仲子》诗只是淫奔，艾轩亦见得。向与伯恭论此，如《桑中》等诗，若以为刺，则是抉人之阴私而形之于诗，贤人岂宜为此？伯恭云："只是直说。"答之云："伯恭如见人有此事，肯作诗直说否？伯恭平日作诗亦不然。"伯恭曰："圣人'放郑声'，又却取之，如何？"曰："放者，放其乐耳；取者，取其诗以为戒。今所谓郑卫乐，乃诗之所载。"伯恭云："此皆是《雅》乐。"曰："《雅》则《大雅》《小雅》，《风》则《国风》，不可紊乱。言语之间，亦自可见。且如《清庙》等诗，是甚力量！《郑》《卫风》如今歌曲，此等诗，岂可陈于朝廷宗庙！此皆司马迁之过，伯恭多引此为辨。尝语之云：'司马迁何足证！'子约近亦以书问'止乎礼义'。答之云：'《诗》有止乎礼义者，亦有不止乎礼义者。'"①

　　朱熹与吕祖谦的分歧有二：其一，朱熹废小序，主"淫诗说"，提出"《将仲子》诗只是淫奔"。《诗集传》云："仲子、男子之字也。我、女子自我也……莆田郑氏曰、此淫奔者之辞。"② 吕祖谦不废小序，反对"淫诗说"，提出"只是直说"。《吕氏家塾读诗记》称："学诗而不求序，犹欲入室而不由户也。"③ 《毛诗注疏》云："将仲子，刺庄公也""仲子，祭仲也"。④ 其二，朱熹主张放郑声，"放其乐耳"；吕祖谦认为"此皆是雅乐"。

　　朱熹对吕祖谦尊序说的辨析，使用了釜底抽薪之法。以小序解释经义为灶上之火，支撑"依序解诗"的理论根据即为灶底之柴。吕祖谦从司马迁《史记》论《诗经》中找到论据："三百五篇孔子皆弦歌之，以求合《韶》《武》《雅》《颂》之音。"⑤ 三百篇，全可施于礼仪，皆可弦歌之。朱熹批驳吕祖谦，认为其错误就在于宗奉司马迁关于《诗经》的这点论述。朱熹用考据的方法，辨章学术，直击要害，指出司马迁立论的绝对性：三百篇皆可歌于庙堂。朱熹认为"好事足以劝"而"恶事足以戒"，

---

① 《朱子语类》，第 539~540 页。

② 《诗集传》，第 48 页。

③ （宋）吕祖谦：《吕氏家塾读诗记》卷一，《丛书集成初编》，上海商务印书馆，第 1716 册。

④ （汉）毛亨传，（汉）郑玄笺，（唐）孔颖达疏，（唐）陆德明音释《毛诗注疏》，上海古籍出版社，2013，第 385~386 页。

⑤ （汉）司马迁撰，（宋）裴骃集解，（唐）司马贞索隐，（唐）张守节正义《史记》，中华书局，1959，第 1936 页。下引《史记》，皆出此本。

《将仲子》是恶事足戒，《郑》与《卫风》是淫奔之诗，与《清庙》曲调不同，不可"陈于朝廷宗庙"。这就抽去了吕祖谦赖以支撑"尊序说"的灶底之柴。朱熹辨析立论，既明其然，又明其所以然，对症下药，釜底抽薪，故能击中要害，一针见血。

朱熹这种釜底抽薪之法就是从吕祖谦议论的支撑文献中寻找批驳的突破口，以达到摧毁吕祖谦宗奉汉学的堡垒，从而实现论辨的目的。如：

> 《诗序》，东汉《儒林传》分明说道是卫宏作。后来《经》意不明，都是被他坏了。某又看得亦不是卫宏一手作，多是两三手合成一序，愈说愈疏。浩云："苏子由却不取《小序》。"曰："他虽不取下面言语，留了上一句，便是病根。伯恭专信《序》，又不免牵合。伯恭凡百长厚，不肯非毁前辈，要出脱回护。不知道只为得个解经人，却不曾为得圣人本意。是便道是，不是便道不是，方得。"①

这则话语仍然接续上篇话语讨论的主题，语录记录了朱熹与弟子邵浩讨论"宗序、废序"的过程。朱熹首先指出新的证据，诗序为汉卫宏所作，直接把吕祖谦深信不疑的立论之基掀翻，彻底摧毁其主序说，揭示吕祖谦立论的荒谬性。同时，朱熹又从吕祖谦的性格上大做文章，指出吕祖谦"凡百长厚"，不愿意"非毁前辈"，因此为小序百般辩解，这种性格影响了对"圣人本意"的获得。朱熹从吕祖谦回护、遮掩的性格及小序作者的不可靠性入手，深入批驳吕祖谦的"尊序说"，达到了釜底抽薪之效，体现了朱熹的远见卓识。

三 意从准况，壮辞夸饰

王充在谈到《诗经》"鹤鸣九皋，声闻于天"的表现方法时，提出了"意从准况"②的观点。鹤鸣云中，人或听或不听；鹤鸣九皋，人何以能于云间听之？王充说"欲以喻事，增而甚之"，为至当之言，"辞出溢其真"是文学作品的一种表现手段。刘勰提出"精言不能追其极"，强调"壮辞

---

① 《朱子语类》，第 2074 页。

② （汉）王充撰，张宗祥校注《论衡校注》，上海古籍出版社，2013，第 174 页。

可得喻其真"。① 何谓壮辞？此处壮辞，与精言相对，即指在艺术上夸大了的文辞。黄春贵针对刘勰的夸饰做了详细的总结，指出作者往往在时间快慢、动作速缓、性质壮弱、数量多少四个方面进行语言的放大或缩小。刘知几赋予了夸饰艺术更多的内涵，司马迁写匈奴进犯，"为偶人象郅都，令骑驰射莫能中，见惮如此"②。他认为这是史笔的夸饰，所谓"至于本事之外，时寄抑扬"，作者褒扬和贬抑的态度也是夸饰的内容。

朱熹对陈亮学术的驳斥，也使用了"壮辞"。他从利害事功入手，对其功利目的进行放大、突出，反复陈说，创造出一种振聋发聩的声势。同时，也融入了他个人对陈亮的贬抑态度。如：

> 陈同父学已行到江西，浙人信向已多。家家谈王伯，不说萧何、张良，只说王猛；不说孔孟，只说文中子，可畏！可畏！③

朱熹在这则语录中有三处极为明显的夸饰。第一，陈同父学术传播到江西，浙人已"信向"，这是一种写意的方法，意从准况，夸大了陈亮学术传播的速度。第二，"家家谈王伯""说王猛""只说文中子"，过分地夸大了陈亮学术传播的广度和深度，可谓"壮辞喻其真"。第三，语录结束，反复使用"可畏"一词，表明了朱熹的立场和态度。朱熹对陈亮学术的发展态势表示贬抑和忧虑，这种话语艺术地再现了陈亮学术的发展过程，引起了听众的注意，激发了人们的思考：为什么朱熹如此评价陈亮学术？

为了反复陈述自己的观点，朱熹不选择时地，不错过任何一个对陈亮批驳的机会，对于陈亮的《祭东莱文》，朱熹为了指出其学术性质的功利性和危害性，同样使用了"意从准况"的夸饰手段，以壮声势，进而放大这一学术弊端，以达到辨析的目的。如下文：

> 陈同父《祭东莱文》云："在天下无一事之可少，而人心有万变之难明。"先生曰："若如此，则鸡鸣狗盗皆不可无！"因举《易》

---

① 《文心雕龙义证》，第 1376 页。
② 《史记》，第 3133 页。
③ 《朱子语类》，第 2966 页。

曰："天下之动，贞夫一者也。天下何思何虑？同归而殊涂，一致而百虑。天下何思何虑？"又云："同父在利欲胶漆盆中。"①

朱熹洞若观火，从一篇祭文中即可看出龙川心事，而且在批驳中注重声势的营造。"鸡鸣狗盗"之典的使用，不但从细微末节处放大了陈亮的学术功利性，而且也把陈亮的学术贬抑到了极致，陈亮已失去了其作为学术的内在崇高品质。为了达到贬斥的效果，朱熹最后又使用了一个夸大的譬喻："在利欲胶漆盆中。"这种壮辞，不是精准的语言，但是却能"喻其真"，从而给听者和读者留下不可磨灭的印象。

朱熹从来就把浙中学术的功利性作为论辨的重点。又如他在《朱子语类》另一段文字中直言："江西之学只是禅，浙学却专是功利。禅学后来学者摸索一上，无可摸索，自会转去。若功利，则学者习之，便可见效，此意甚可忧！"② 朱熹时时观察同时代学术动向，对各家学术谨慎考究，精细分类，分析谬误，指摘缺失，并做出正确判断，为南宋学人指明了学术方向。但其在论辨上，却使用了与其谨严学术品质稍有背离的"壮辞"，直陈己见，借助这种反复夸饰来营造浩大声势，突出强调其他学派的学术缺陷和弊端，从而实现自己学术论辨的目的。汪中对文辞增饰说做了发挥，认为古人文辞有曲说，黄侃进行了系统的归纳。其一，用"玄言其理"的方法，处理"言有不能斥其事"的状况。其二，用"浑括其事"的方法，来处理"言有不能指其数"的状况。其三，用"假之物象"的方法，来处理"言有不能表其精微"的状况。其四，用"模略以为词"的方法，来处理"言有不能断限"的状况。其五，用"文而意显"的方法，来处理"言有质而意不显"的状况。③ 这些理论可作朱熹夸饰论辨艺术的参证。

四　以事揆理与衬贴

吕留良评文称"理明者，不着装点色相，亦不用空话机锋，自然神义

---

① 《朱子语类》，第 2966 页。
② 《朱子语类》，第 2967 页。
③ 黄侃：《文心雕龙札记》，上海古籍出版社，2000，第 179~180 页。

俱得"。① 揆，即揣摩。以事揆理，即揣摩、揆度事情的发展是否与事理相符，它是指在论辨过程中，用一定的事理把所有涉及的事实论据统一起来，即所有事件都为了一个中心展开，绝不旁逸斜出，牵连枝蔓。事与理互相彰明，有机地统一在篇章之中，既层次分明，又结构完整，如：

> 问："胡氏之说，只是论孔子为政正名，事理合如此。设若卫君用孔子，孔子既为之臣而为政，则此说亦可通否？"曰："圣人必不肯北面无父之人。若辄有意改过迁善，则孔子须先与断约，如此方与他做。以姚崇犹先以十事与明皇约，然后为之相，而况孔子乎！若辄不能然，则孔子决不为之臣矣。"②

这段文字是朱熹与学生针对孔子是否出仕卫国一事所进行的论辨。问语提出一个大胆的假设——卫国国君灵辄任用孔子为相。按照春秋礼的制度来揣度，孔子既然作为卫国大臣，肯定会参与辄与蒯聩的王位之争。朱熹以理揆事，按照儒家的理论推出孔子的做法，儒家崇尚"孝弟为仁之本"，辄与其父蒯聩争夺王位即为无父不孝之人，孔子肯定不会做辄的执政之臣，如果孔子出仕，则名不正。朱熹这一观点与胡安国持论相同。《论语集注》载胡氏语"夫蒯聩欲杀母，得罪于父，而辄据国以拒父，皆为无父之人，其不可有国也明矣"③，印证了这一点。但是胡安国接下来的推理与朱熹就不同了。

朱熹揣度孔子出仕必与辄"断约"。这与胡安国相异，胡氏认为孔子会"具事之本末，告诸天王，请于方伯，命公子郢而立之"，从而推出事情的发展是立公子郢。④ 朱熹揣度的是另一种情况，如果"辄有意改过迁善"，孔子怎么办？朱熹假设孔子仕卫，"必以此事告之出公"，告诉卫出公灵辄之事，即是"断约"。"若其不听，则去之耳"。胡安国与朱熹论辨的方法都是"以事揆理"，用"理"来推测事情的发展和结果。朱熹注意到了事情的发展变化，因此他的论述更加合理。

---

① （清）吕留良：《吕晚村先生论文汇抄》，《历代文话》第 4 册，第 3360 页。

② 《朱子语类》，第 1101 页。

③ 《论语集注》，《朱子全书》第 6 册，第 179 页。

④ 《论语集注》，《朱子全书》第 6 册，第 179~180 页。

朱熹的论述并没有就此结束，而是引出了唐代姚崇事件进行进一步辨析孔子出仕一事。姚崇与唐玄宗相约十事，明确君臣必须遵守的原则，然后出任宰相，朱熹借此回折上文，证明自己对孔子的假设是正确的。清代唐彪有"衬贴"之说，"文之有衬，如金玉之用雕镂，如绫绮之装花锦"，"以经史衬"，则"文章充满"，光彩自不待言。① 鞠莲隐有"借照""借顾正位"之论。② 何谓正位？"主意所在，通篇不出乎此者也"。例如《史记·万石张叔列传》，述万石君家"孝谨闻乎郡国""诸子孙咸孝"③ 为正位，述周文、张叔，也述其子孙"咸至大官"为"借照"。李德润《笔法论》提到"衬笔"，"以跌笔作衬笔，于后路更近一层，回映本位"，犹如"染叶衬花""烘云托月"。④ 郭熙《山水画论》云："海山微茫而隐现，江山严厉而峭卓，溪山窈窕而幽深，塞山童赪而堆阜。"⑤ 朱熹辨论中引姚崇事，与唐彪、鞠莲隐、李德润所论文法相契合，与郭熙画论中"海、江、溪、塞"相仿佛。

这则语录重在史辨，重在辨析历史事件中蕴含的义理，并且以事揆理，以理结篇。对孔子不出仕的假设，出于义理，即父为纲常之理。朱熹以此揆度事情的发展，孔子不仕，不会参与到卫出公与蒯聩的王位之争中去。

对孔子出仕的假设，也取决于义理，朱熹绝不脱离"理"而妄自揣测事情的发展，如果卫出公改过迁善，孔子必与卫出公君臣相约，然后可能会出仕。后姚崇出仕唐玄宗事件，既是以事揆理，以姚崇出仕唐玄宗之事揆度孔子出仕之理，也是"衬贴"，有金玉雕镂之美。

结束语

古圣用"出入无时，莫知其乡"之语来述说思想的不可约期和茫无定踪，然人类最可宝贵的就是思想，留住思想就要诉诸文章，文章曾被曹丕称为"经国大业""不朽盛事"，一点都不过分。那么语体与文章是什么关系？

首先，语体应该是文章的核心和基础。作为语体的说话是最贴近人类语言的，人类思维的成长首先是学会说话，学会用约定俗成的思维方法和语言技巧来组织语言。小学生学习作文首先从写话开始，学习写话就是训练孩子们掌握联想、对比等思维方式，进而掌握写话的技巧，进一步增饰文采，而后连缀篇章，表达更为复杂的思想。一个成人能够把一件事情的背景和主体、前因与后果、现象与本质讲述得非常清楚，但未必能写出叙事出色的好文章。反过来讲，能够用文章出色地叙述事件的人，必定能清楚讲述该事件的背景与主体、前因与后果、现象与本质。《朱子语类》和《论语集注》就是两种不同的文本，前者为语体，后者为文体。如两种文本对"肤受之愬"的解释。《朱子语类》云："愬，是逆，是切己底事……如被人骂，便说被人打；被人打，便说人要杀。盖不如此，不足以触动他也。"[1]《论语集注》云："诉冤者急迫而近身，则听者不及致详，而发之暴矣。"[2]《朱子语类》的语体文本全用口语交流，《论语集注》的文本全用洗练的文言，但二者表达的思想是一致的，朱熹不但能用书面文章讲解《论语》经义，也能够用讲解语体来表达经文要旨，二者相得益

---

[1] 《朱子语类》，第1083页。
[2] 《论语集注》，《朱子全书》第6册，第170页。

彰。无疑，朱熹在《朱子语类》中对《论语》的透彻讲解更有助于他写好《论语集注》中的解释文章。

其次，语体和文章都是思维的产物，始终以思维方法为核心，以传播思想为最终目的。借助特定的思维方式加工思考的对象，再通过说话的方法来组织自己的说话序列，就形成了某种语体。例如《朱子语类》的讲解语体。朱熹用"万物有对"的思维方法，思考《诗经》所表现的内容，而后用"锦扇开合"之法，把《大雅·绵》与《小雅·苕之华》进行对比，以表现周代兴衰的历史状况。其用"理一分殊"的思维方法思考大学的内容，进而用比类的原则来组织自己的语言序列，很自然地依据一个"爱"字，比类出"子止于孝"和"臣止于忠"的语体形式。陆机谈到思维与语言表达的关系："罄澄心以凝思、眇众虑以为言。"① 刘勰讲述了不同思维品质的人，其文章完成的速度也不一样，"俊发之士"能够做到"心总要术、敏在虑前"②，文章写得快，成就也快。"覃思的人"却"鉴在疑后、研虑方定"，故文章写得慢，"愈久而致绩"。思维与识见是文章的灵魂，无论语体还是文章都是思维的产物。

语体与文体又有着本质的区别。《朱子语类》的讲述语体、讲解语体和论辨语体都不能脱离说话的形式而存在，离开了说话的本质，语体就失去了成为语体的意义。语体是特定场合下，说话人与通话人进行沟通、传播信息和情感的口头表达形式。先秦时期对这种话语的记录文本称为"教材"。因此，张政烺称《春秋事语》是一种书籍，刘师培也称"语"为上古书籍之一种。教材与文章的本质是截然不同的，教材的最大意义就是指导说话，并通过讲说来实现教材之义，以完成传授知识、讲明道德的育人任务。文章不是说话语言，它更注重文采，具有更为广阔的组织文字之时空余地。

《朱子语类》集朱熹文章学理论和实践之大成，首先取决于它与《四书集注》的关系，《朱子语类》不但与《四书集注》有着共同的解经任务，而且《朱子语类》也把《四书集注》作为讲解对象。其次由于《朱子语类》是语体著作，研究《朱子语类》可以见到朱熹最本真、最质朴之

---

① （晋）陆机：《陆机集》，中华书局，1982，第 2 页。
② 《文心雕龙义证》，第 997 页。

面目及其学术思维、文章学思维的全过程。饶宗颐"唐宋八家朱熹应占一席"的论断依据，首推《四书集注》。《朱子语类》与《四书集注》关系密切，仅仅是语体和文体存在不同，因此研究宋代文章学，《朱子语类》应是首选文本。

《朱子语类》文章学研究有待进一步解决的问题很多，第一，《朱子语类》文章学研究探讨了讲解语体与朱熹理学思维方法的关系，但对论辨语体和讲述语体的思维特征阐述不详。

第二，语体研究史还需要进一步梳理和书写。先秦语体产生的根源、语体风貌有待进一步挖掘，傅道彬的"明德"说、吴建国的"礼乐"说、张政烺和俞志慧的"教材说"、廖群的"说体"，开辟了先秦语体研究的新思路。宋代语体与先秦语体有没有内在继承关系，这都是值得深入思考的课题。

此外，话语与文章、语体与文体、语体学与文章学的关系还需进一步厘定，这不但有赖于对传世文献和出土书籍的佐证，更有赖于学人的执着求证和严谨推论。

"文章九命"，系于识见和语言表现。《朱子语类》文章学研究是借助于詹福瑞师关于《朱子语类》语体分类的卓越见解而成篇的。回顾写作过程，步履维艰，诚有先生续命之功，才至于斯文。

参考文献

一 著作

（汉）毛亨传，（汉）郑玄笺，（唐）孔颖达疏，（唐）陆德明音释《毛诗注疏》，上海古籍出版社，2013。

（宋）朱熹：《诗集传》，上海古籍出版社，1958。

陈子展：《诗经直解》，复旦大学出版社，1983。

（汉）孔安国传，（唐）孔颖达正义《尚书正义》，上海古籍出版社，2007。

（元）陈澔注《礼记集说》，上海古籍出版社，1987。

（宋）朱熹撰，廖明春点校《周易本义》，中华书局，2012。

（三国）王弼注，楼宇烈校释《周易注》，中华书局，2011。

高亨：《周易古经今注》，中华书局，1984。

（清）惠栋：《周易述》，中华书局，2007。

杨伯峻：《春秋左传注》，中华书局，2009。

钱仲联：《十三经精华》，湖南教育出版社，1992。

（晋）郭璞注，（宋）邢昺疏《尔雅注疏》，上海古籍出版社，2010。

缪文远等译注《战国策》，中华书局，2013。

薛安勤、王连生注译《国语译注》，吉林文史出版社，1992。

曹建国、张玖青注说《国语》，河南大学出版社，2008。

徐元诰：《国语集解》，上海古籍出版社，2002。

（汉）司马迁撰，（宋）裴骃集解，（唐）司马贞索隐，（唐）张守节正义《史记》，中华书局，1959。

（东汉）班固：《汉书》，中华书局，1962。

陈国庆：《汉书艺文志注释汇编》，中华书局，1983。

（宋）范晔撰，（唐）李贤注《后汉书》卷18，中华书局，1965。

（晋）陈寿撰，（宋）裴松之注《三国志》，中华书局，1959。

（唐）房玄龄等：《晋书》，中华书局，1974。

（五代）刘昫等修《旧唐书·经籍志》，商务印书馆，1936。

（宋）欧阳修、宋祁：《新唐书》，中华书局，1975。

（唐）刘知几著，张三夕、李程注评《史通》，凤凰出版社，2013。

（宋）李心传编《道命录》，中华书局，1985。

上海师范大学古籍整理研究所编《全宋笔记》，大象出版社，2003~2018。

（元）脱脱等：《宋史》，中华书局，1985。

（明）李贽：《藏书》，中华书局，1959。

（清）黄宗羲著，（清）全祖望补修《宋元学案》，中华书局，1986。

（清）章学诚撰，叶瑛校注《文史通义校注》，中华书局，2014。

杨伯峻：《论语译注》，中华书局，1980。

程树德：《论语集解》，中华书局，1990。

刘兆伟：《论语通要》，人民教育出版社，2008。

钱逊：《〈论语〉讲义》，人民出版社，2012。

朱杰人、严佐之、刘永翔主编《朱子全书》，上海古籍出版社，2010。

杨伯峻：《孟子译注》，中华书局，1960。

王盛元：《孔子家语译注》，上海三联书店，2012。

王盛元：《孔子家语通解》，译林出版社，2014。

王国轩、王秀梅译注《孔子家语》，中华书局，2011。

杨伯峻：《列子集释》，中华书局，1979。

佚名注，（清）顾广圻识误，姜俊俊标校《韩非子》，上海古籍出版社，1996。

孟繁红、孟庆祥：《孔子集语》，黑龙江人民出版社，2003。

（汉）王充撰，张宗祥校注《论衡校注》，上海古籍出版社，2013。

纪国泰：《〈扬子法言〉今读》，巴蜀书社，2010。

程水龙：《〈近思录〉集校集注集评》，上海古籍出版社，2012。

（宋）黎靖德编《朱子语类》，中华书局，1986。

（宋）朱熹：《朱子语类大全》，刘氏传经堂，光绪二年丙子正月。

（清）张伯行：《朱子语类辑略》，福州正谊书局，同治五年。

陈秋平、尚荣译注《金刚经·心经·坛经》，中华书局，2007。

（宋）普济著《五灯会元》，中华书局，1984。

（三国）刘邵著，梁满仓译注《人物志》，中华书局，2014。

（宋）黄士毅编，徐时仪、杨艳汇校《朱子语类汇校》，上海古籍出版社，2014。

（宋）罗大经撰《鹤林玉露》，中华书局，1983。

许绍早、王万庄译注《世说新语译注》，吉林文史出版社，1996。

（明）罗贯中著，（清）毛宗岗评《注评本三国演义》，上海古籍出版社，2014。

（明）施耐庵著，（清）金圣叹评《注评本水浒传》，上海古籍出版社，2015。

袁行霈：《陶渊明集笺注》，中华书局，2011。

（清）方世举撰，郝润华、丁俊丽整理《韩昌黎诗集编年笺注》，中华书局，2012。

（宋）李复：《潏水集》卷4，影印文渊阁《四库全书》本。

（宋）刘挚：《忠肃集》卷16，影印文渊阁《四库全书》本。

（明）方孝孺：《逊志斋集》卷12，影印文渊阁《四库全书》本。

（宋）苏轼撰，张彦修点校《苏东坡文集》，珠海出版社，1996。

（宋）程颢、程颐：《二程集》，中华书局，1981。

（宋）张载著，章锡琛点校《张载集》，中华书局，1978。

（宋）陈亮：《陈亮集》，中华书局，1974。

（宋）陆九渊：《陆九渊集》，中华书局，1980。

（宋）张栻著，杨世文点校《张栻集》，中华书局，2015。

（明）李贽著，张建业译注《焚书》，中华书局，2018。

（清）钱大昕：《潜研堂文集》卷26，《四部丛刊初编》本。

（清）焦循：《雕菰集》卷13，道光四年本。

（清）阮元：《揅经室集》，中华书局，1993。

郭绍虞：《诗品集解》，人民文学出版社，1963。

（梁）刘勰著，詹锳义证《文心雕龙义证》，上海古籍出版社，1989。

黄侃：《文心雕龙札记》，上海古籍出版社，2000。

周振甫：《文心雕龙今译》，中华书局，1986。

（清）李渔著，江巨荣校点《闲情偶寄》，上海古籍出版社，2000。

（清）刘熙载：《艺概》，上海古籍出版社，1978。

（清）章学诚：《章学诚遗书》，文物出版社，1985。

王水照编《历代文话》，复旦大学出版社，2007。

余祖坤编《历代文话续编》，凤凰出版社，2013。

《钦定四库全书总目》（整理本），中华书局，1997。

王运熙、顾易生主编《中国文学批评史》，上海古籍出版社，1981。

张寿康、王凯符等撰《古代文章学概论》，武汉大学出版社，1983。

褚斌杰：《中国古代文体概论》，北京大学出版社，1984。

方柯：《论性格系统》，文化艺术出版社，1988。

詹锳：《语言文学与心理学论集》，齐鲁书社，1989。

张寅德编选《叙述学研究》，中国社会科学出版社，1989。

钟彩钧编《国际朱子学会议论文集》，台北文史哲筹备处，1993。

童庆炳：《文体与文体的创造》，云南人民出版社，1994。

蒋元伦、潘开雄：《历史描述与逻辑演绎》，云南人民出版社，1994。

罗钢：《叙述学导论》，云南人民出版社，1994。

钱基博：《中国文学史》，中华书局，1996。

袁行霈：《陶渊明研究》，北京大学出版社，1997。

张德禄：《功能文体学》，山东教育出版社，1998。

汪涌豪：《范畴论》，复旦大学出版社，1999。

王平：《中国古代小说叙事研究》，河北人民出版社，2001。

澹泊：《中国名人志》第6册，中国档案出版社，2001。

钱锺书：《谈艺录》，生活·读书·新知三联书店，2001。

李殿元、杨梅著《〈论语〉之谜》，四川教育出版社，2001。

吴承学：《中国古代文体形态研究》，中山大学出版社，2002。

李士彪：《魏晋南北朝文体学》，上海古籍出版社，2004。

贾奋然：《六朝文体批评研究》，北京大学出版社，2005。

唐君毅：《中国文化之精神价值》，江苏教育出版社，2006。

周振甫：《中国文章学史》，江苏教育出版社，2006。

周振甫：《文章例话》，江苏教育出版社，2006。

杨义：《中国叙事学》，中国社会科学出版社，2006。

章必功：《文体史话》，同济大学出版社，2006。

刘世生、朱瑞青编著《文体学概论》，北京大学出版社，2006。

张毅：《宋代文学思想史》，中华书局，2006。

夏传才：《诗经研究史概要》，清华大学出版社，2007。

高令印、高秀华著《朱子学通论》，厦门大学出版社，2007。

陈荣捷：《朱子门人》，华东师范大学出版社，2007。

马建智：《中国古代文体分类研究》，中国社会科学出版社，2008。

曾枣庄：《宋文通论》，上海人民出版社，2008。

邓广铭：《宋史十讲》，中华书局，2008。

钱锺书：《管锥编》，生活·读书·新知三联书店，2007。

俞志慧：《古"语"有之——先秦思想的一种背景与资源》，华东师范大学出版社，2010。

王水照等编《中国古代文章学的成立与展开》，复旦大学出版社，2011。

余英时：《朱熹的历史世界》，生活·读书·新知三联书店，2011。

梁启超：《清代学术概论》，上海古籍出版社，2011。

钱穆：《朱子新学案》，九州出版社，2011。

徐公喜：《闽中理学渊源考》，凤凰出版传媒集团，凤凰出版社，2011。

董乃斌：《中国文学叙事传统研究》，中华书局，2012。

刘韶军译注《宋论》卷九钦宗，中华书局，2013。

祝尚书：《宋元文章学》，中华书局，2013。

鲍鹏山：《孔子传》，中国青年出版社，2013。

徐复观：《中国文学论集》，九州出版社，2014。

束景南：《朱熹年谱长编》，华东师范大学出版社，2014。

徐公喜：《朱子学与地域文化研究》，江西人民出版社，2014。

王水照、侯林健主编《中国古代文章学的衍化与异形》，复旦大学出版社，2014。

李桂奎：《中国小说写人研究》，生活·读书·新知三联书店，2015。

傅修延：《中国叙事学》，北京大学出版社，2015。

刘勇强、潘建国、李鹏飞著《古代小说研究十大问题》，北京大学出版社，2017。

廖群：《先秦说体文本研究》，中央编译出版社，2018。

朱永嘉：《论李贽》，中国长安出版社，2018。

〔德〕康德著《纯粹理性批判》，蓝公武译，中华书局，1960。

〔德〕黑格尔著《美学》，朱光潜译，商务印书馆，1981。

〔美〕乔纳森·卡勒：《结构主义诗学》，盛宁译，中国社会科学出版社，1991。

〔希腊〕亚里士多德：《诗学》，陈中梅译注，商务印书馆，1996。

〔美〕乔纳森·卡勒著《论解构》，陆扬译，中国社会科学出版社，1998。

〔美〕威廉·詹姆士：《宗教经验之种种》，唐钺译，商务印书馆，2002。

〔美〕阿恩海姆等著《艺术的心理世界》，周宪译，中国人民大学出版社，2003。

〔法〕雅克·德里达著《论文字学》，汪堂家译，上海译文出版社，2005。

〔美〕田浩：《朱熹的思维世界》，江苏人民出版社，2009。

〔英〕卜道成著《朱熹和他的前辈们：朱熹与宋代新儒学导论》，谢晓东译，厦门大学出版社，2010。

Peter Verdonk：《文体学》，上海外语教育出版社，2012。

〔法〕约瑟夫·房德里耶斯：《语言》，岑麒祥、叶蜚声译，商务印书馆，2012。

〔澳〕马丁：《语类研究》，上海交通大学出版社，2012。

〔美〕乔治·斯坦纳著《语言与沉默》，李小均译，上海世纪出版股份有限公司，2013。

〔美〕杰拉德·普林斯著《叙事学——叙事的形式与功能》，徐强译，中国人民大学出版社，2013。

〔希腊〕亚里士多德著《形上学》，吕穆迪译述，北京时代化文书局，2014。

〔澳〕马丁：《语类关系与文化映射》，外语教学与研究出版社，2014。

〔希腊〕亚里士多德著《〈范畴篇〉笺释》，溥林译笺，华东师范大学出版社，2014。

〔英〕丹·麦金太尔、〔德〕毕翠克丝·布塞主编《语言与文体》,北京大学出版社,2014。

〔德〕马丁·海德格尔:《存在与时间》,陈嘉映、王庆节合译,熊伟校,陈嘉映修订,生活·读书·新知三联书店,2014。

〔荷兰〕米克·巴尔著《叙事学——叙事理论导论》,谭君强译,北京师范大学出版社,2015。

〔美〕戴维·赫尔曼等著《叙事理论——核心概念与批评性辨析》,谭君强译,北京师范大学出版社,2016。

〔英〕保罗·科布利著《叙述》,方小莉译,四川大学出版社,2017。

二 期刊论文

张政烺:《〈春秋事语〉解题》,《文物》1977年第1期。

胡适:《〈朱子语类〉的历史》,(宋)黎靖德《朱子语类》,台北中文出版社,1979。

钱穆:《〈朱子语类〉序》,(宋)黎靖德《朱子语类》,台北中文出版社,1979。

〔日〕冈田武彦:《〈朱子语类〉之成立及其版本》,李迺扬译,(宋)黎靖德《朱子语类》,台北中文出版社,1979。

钟彩钧:《国际朱子学会议论文集》,台北文史哲筹备处,1993。

徐时仪:《略论〈朱子语类〉在近代汉语研究上的价值》,《上海师范大学学报》2000年第4期。

廖群:《“说”“传”“语”:先秦“说体”考索》,《文学遗产》2006年第6期。

杜海军:《吕祖谦与“唐宋八大家”》,《广西师范大学学报》2006年第1期。

俞志慧:《语:一种古老的文类——以言类之语为例》,《文史哲》2007年第1期。

傅道彬:《春秋时代的“文言”变革与文学繁荣》,《中国社会科学》2007年第6期。

曾枣庄:《“散文至宋人才是真文字”》,《文学遗产》2009年第3期。

任竞泽:《论宋代语录体对文学的影响》,《文学遗产》2009年第6期。

陈滨：《宋元时期福建书院的特点及其功能》，《漳州师范学院学报》2010 年第 2 期。

李光生：《宋代书院与语录体》，《兰州学刊》2011 年第 2 期。

卫阿利：《〈朱子语类〉之读书法》，《文学界》2011 年第 4 期。

官贵羊：《语录体的几种形态及作用》，《安徽文学》2011 年第 12 期。

胡秀娟：《〈朱子语类〉成化本与朝鲜古写本之比较》，《历史文献研究》2014 年第 2 期。

徐时仪：《研读〈朱子语类〉的价值和意义》，《语言文字周报》2014 年。

冯青：《〈二程语录〉与〈朱子语类〉新词新义之比较》，《江西科技师范大学学报》2015 年第 2 期。

程碧英：《〈朱子语类〉体类词群的文化阐释》，《成都大学学报》2015 年第 3 期。

徐时仪：《〈朱子语类〉软硬反义概念词语类聚考》，《南阳师范学院学报》2016 年第 1 期。

张晓敏：《〈朱子语类〉中博与专读书法研究》，《江西科技学院学报》2016 年第 1 期。

查洪德：《研究中国文学须有中国思维》，《文学遗产》2018 年第 5 期。

吴建国：《歌终而语——语的礼乐形态研究》，《文学遗产》2018 年第 6 期。

三 硕博论文

王树瑛：《〈朱子语类〉问句系统研究》，福建师范大学博士学位论文，2006。

朱岩：《〈尚书〉文体研究》，扬州大学博士学位论文，2008。

张居三：《〈国语〉研究》，东北师范大学博士学位论文，2008。

张伟博：《〈朱子语类〉的解释学思想研究》，黑龙江大学硕士学位论文，2008。

张鹤：《〈国语〉研究》，北京语言大学博士学位论文，2009。

刘杰：《〈朱子语类〉文献语言研究》，上海师范大学博士学位论文，2010。

邓莹：《〈孔子家语〉研究》，中央民族大学博士学位论文，2011。

刘湛哲：《从语录体到语录现象》，暨南大学博士学位论文，2012。

后 记

朱熹说，文章英华与人的生命周期谷峰相近。行将知命，借助衰微之笔，将四年的读书写作与往来周折之事诉诸文章，以期为自己寂寞的经历留下雪泥爪痕。二度津门，物人俱变，不能无喜无悲。

猛浪逝川不可复回为人生一悲。四年在一生中不可谓不长，人生百年几二十五分之一。日复日，夜复夜，能做多少事。但日渐长，日渐衰颓。在英语课上曾立下读千卷书的志向，今日算账四年读书有多少内容还复记得？其间所历所感，既不能穿越过去，也不能在未来重现，悲吗？陶渊明所谓"惜哉剑术疏，奇功遂不成"，为人生一悲。四年时间潜心读书，无暇他顾，无有一种形式告慰此生。项羽三年而将五诸侯灭秦，四年来我未做得一件令自己欣慰的大事，心中实实有恨，不知此后还有多少成事的机会。离别实为人生一悲。与妻子长做"悲莫悲兮生别离"，自不待言，母亲米寿，眼睁睁别我而去，世情之悲，终不可免！母亲见我博士入学，终未见我博士毕业，一生憾事，悲从中来。

四年中多往来衡水，儿子高中毕业，有幸也来天津读书，此为人生一喜。我的每次考试，都体验着儿子高考的紧张和辛苦。儿子晚自习结束后在宿舍打给我的电话，现在还在耳边。对普通家庭来讲，高考是玩命的心跳！但结局是幸福的。四年来夫妻两地，聚少离多。双方坚守的爱情变为亲情，经历了波折变化，渐渐融化为宁静的牵挂，也是人生一喜。展卷读书的嗜好更加强烈，了解古人和古事，就买书来读，直至释怀，又为人生一喜！

然人生最喜，是泥泞处有人扶持！见过于师可堪传授。而我于孤陋寡闻、学浅才疏之质得遇詹福瑞先生，实实为人生幸事！詹先生带领我们到四库馆了解古籍的过往，刻骨铭心；安排陶文鹏先生作论文撰写的讲座，使我粗识期刊论文撰写的门径；叮嘱我到南开听张毅老师的文史通义课，收获良多；关于论文指导，恩师扶持我跋山涉险，在论文初稿完成后即指出我论文存在的问题，并提出解决的思路和办法，创造性地设计出讲述、讲解、论辨的研究方向，成就了我的博士学位论文。论文第二章六易其稿，恩师逐字逐句修改，最后大为改观。先生给我印象：望之俨然，即之亦温，听其言亦厉。

刘崇德先生是我的硕士导师，“慢赶驴”的故事在我陷入绝望时给予了莫大的温暖和鼓励，年过古稀仍然热望着自己的弟子学业有成。查洪德师给我的论文改了三章，提出了宝贵意见，打开电子文本，红黄绿三种字迹凝聚了查师对后学的提点和关切。宋常立老师在论文开题时，提出的建议长达四页，启发了我写作的思路，一笔一画，让人心生感动！

翻检过去所写小诗，与博士学业有关，遂抄录如下。

保定考博考场　2015 年 3 月 15 日上午 11 点 25 分

有物无情，草木凋零。情染物华，辉耀长空。昔年河大，柳色金嫩。今我来思，物情两迁。白云飞逝，谁察我衷！

晨起述梦（天津师大硕博 301 室）2015 年 9 月 16 日

中夜梦寐，女鬼来前。长发无面，我心悚然。我无俊颜，汝可赏玩。我无柔情，堪子缠绵。我生四纪，不可言说，鬓生二毛，萧瑟窗前。此来津门，只为学业。汝可速退，无靡好岁。吾思顾随，说辛老子，我念詹锳，诵刘彦和。援我妙笔，注我神思，劳烦先师，入我梦乡！

津门听课　2015 年 10 月 21 日

经詹师绍介于南开大学听张毅师文史通义课，晚归慨然，并忆十年前从刘崇德师读硕士事，记之述怀。

零五马场道，不知勤学苦。选题诗集传，南开来访书。宋代思想史，怅然数次归。

一五来津门，又见昔时路。天行健石碑，十载依然矗。我已飒双鬓，君还识得无？

今见张师面，慨然慰平生。侃侃谈先秦，落落数家珍。先秦诸子学，黄金是本土。

诸子各争道，秦嬴归皇统。天道在朕身，诸子不必诉。阴阳五行论，汉代董仲舒。

月移四时兴，天然万物生。节气神变化，天人有感应。汉武大一统，天道唯此术。

绵延数千年，众士辟疆土。佛理入古国，魏晋变玄学。唐代包万象，寰球多融通。

宋代复归本，二程研象理。晦庵集大成，易学有启蒙。近代辨学源，两广复两湖。

南人专学术，北人多行武。润之本韶山，北貌故独步。清初顾炎武，做音学五书。

拟音许慎异，标举一代雄。古无轻唇音，例字鹏与凤。汉书艺文志，百思不得解。

网上订广雠，千虑冀一德。不问皈依处，努力加餐饭。吟罢寂无声，三省入冥无。

读文心雕龙·诸子有感述怀　2015年10月27日

詹师列书目，彻夜读文心。屈指算时日，已近两月余。文体二十篇，篇篇有箴言。奈何脑力故，诵读实维艰。勤日月岁余，翻此册页书。诵读兼识记，注释又抄写，段段过唇舌，句句细琢磨。有时火车上，有时上课余，有时枕席间，有时梦寐起。壮岁追时光，千虑冀一得。今读诸子篇，研学得动力。七国争雄时，诸子开疆土，生命诚知危，觅道救群生，岂唯争名利，岂唯立功勋。孟轲磬折儒，庄周道鲲鹏，墨翟执俭确，尹文课名实，许行爱地理，邹衍说天文，申商仗刀锯，鬼谷有唇吻，尸佼总杂术，青史聚街谈。战国诸侯起，十家如争讼，生命垂危日，是君结穴日。无争无学术，无革无道统。任公新世界，任公新小说。唯有新世界，能开新学术。学术与国家，命脉息息通。三年好时光，殷勤莫辜负！

听赵建忠师课述怀 2015 年 10 月 27 日

虎咒变虎兔，心武得杜撰。百家讲坛上，磬折一席众。红楼是政治，石头有原型。可卿本皇亲，出身不微寒。心武索隐派，建忠初挑战，列五庆堂谱，考据加思辨。二战欧阳健，脂本是缪托。枣窗有闲笔，语涉脂评本。纸张为清代，岂能定民国。三挑四十回，是否有残稿，四美钓游鱼，语与雪芹齐。怀疑是根本，假设是良伴，台湾有学者，也发惊人语，红楼曹雪芹，竟为抄写勤。今日谈小说，本源一一列，或为四要素，竟然发新篇。骈文与辞赋，突然增其间。虽然有新意，令我心茫然。寓言与神话，史传与诸子，年代俱久远，冰川融水源。语言是根本，也须考本元。汉代无小说，也为孕育期。骈文与辞赋，独领一代雄。红楼有章目，语言接汉代。前言甄士隐，后对贾雨村。风尘与梦幻，独劈两世界。出言识通灵，对曰怀闺秀，可见骈文体，绵延至清代。遂使孕育期，多出两支流。战国多雄辩，诸子传千年。

回忆师大 2019 年 4 月 6 日

津门岁月长，一去两相忘。青鬓添华发，红颜生暗光。笔走龙蛇梦，春开桃李庞。谁能永不寐，伴此逝川响！

图书在版编目（CIP）数据

《朱子语类》文章学研究 / 刘振英著. -- 北京：
社会科学文献出版社，2021.3
ISBN 978-7-5201-8053-5

Ⅰ.①朱…　Ⅱ.①刘…　Ⅲ.①《朱子语类》-文章学
-研究　Ⅳ.①H15

中国版本图书馆 CIP 数据核字（2021）第 041875 号

《朱子语类》文章学研究

著　　者 / 刘振英

出 版 人 / 王利民
责任编辑 / 杜文婕

出　　版 / 社会科学文献出版社
　　　　　　地址：北京市北三环中路甲 29 号院华龙大厦　邮编：100029
　　　　　　网址：www.ssap.com.cn
发　　行 / 市场营销中心（010）59367081　59367083
印　　装 / 三河市龙林印务有限公司

规　　格 / 开　本：787mm×1092mm　1/16
　　　　　　印　张：21.25　字　数：348 千字
版　　次 / 2021 年 3 月第 1 版　2021 年 3 月第 1 次印刷
书　　号 / ISBN 978-7-5201-8053-5
定　　价 / 98.00 元